Logistics Management Classics 21世纪物流管理系列教材

Logistics

物流学（第二版）

钱东人 等　编著

中国人民大学出版社
· 北京 ·

图书在版编目（CIP）数据

物流学/钱东人编著．—2版．—北京：中国人民大学出版社，2014.12
21世纪物流管理系列教材
ISBN 978-7-300-20464-2

Ⅰ.①物… Ⅱ.①钱… Ⅲ.①物流—高等学校—教材 Ⅳ.①F252

中国版本图书馆CIP数据核字（2014）第302280号

21世纪物流管理系列教材
物流学（第二版）
钱东人 等 编著
Wuliuxue

出版发行	中国人民大学出版社		
社　　址	北京中关村大街31号	**邮政编码**	100080
电　　话	010－62511242（总编室）		010－62511770（质管部）
	010－82501766（邮购部）		010－62514148（门市部）
	010－62515195（发行公司）		010－62515275（盗版举报）
网　　址	http://www.crup.com.cn		
	http://www.ttrnet.com(人大教研网)		
经　　销	新华书店		
印　　刷	北京昌联印刷有限公司	**版　　次**	2010年11月第1版
规　　格	185 mm×260 mm　16开本		2015年1月第2版
印　　张	19.75 插页1	**印　　次**	2018年12月第3次印刷
字　　数	438 000	**定　　价**	35.00元

第二版前言

《物流学》初版问世已经有四年了。四年来，诸多兄弟院校的使用使它几经印刷，产生了良好的反响。在这四年里，我们国家和物流产业都有了巨大的发展和变化。在世界性的金融风暴中，中国经济一枝独秀，中国物流业仍在快速发展；中国有七个港口立于世界十大集装箱港口之列；物流教育也在经历从量到质的发展阶段。在这种形势下，修订《物流学》的任务摆在我们面前。

同时，我们在教学过程中也感到一些表述的使用不准确，一些案例已显过时，一些章节的安排有些不合适。于是，我们决定对《物流学》进行修订。

这次修订，各章均予以保留。重点修订内容包括：(1) 对第 6 章“国际物流”进行全面修改，重点在宏观层面介绍政府在国际物流中的作用，在微观层面介绍跨国公司的全球物流战略行为对国际物流的影响；(2) 第 10 章加入第 4 节——物流金融；(3) 第 9 章对物流成本管理、物流系统化管理、物流标准化管理、物流信息化管理等内容进行了大修；(4) 对各章的案例做了大幅修改或更换；(5) 一些术语的推敲和更正；(6) 一些资料和数据的更新。

本书的这次修订工作由钱东人主要负责，其中第 6 章由何雪君老师重修。我凭借多年的教学经验、对新鲜理论和事物的感知以及严谨的思维方式开展修订工作，希望本书以更好的面貌展现在我的同事和学生面前，并以此对我国的物流教育尽一点绵薄之力。

钱东人

第一版前言

我从1994年开始从事物流学课程的教学工作，至今已有17个年头了。在近20年的教学实践中，我将教案和教学体系修改了十多次，以适应物流研究和实践的飞速发展，适应学生获得更多知识和更注重实践性的需求。现在，我们将最新的体系带给大家。本书的特点是：（1）体系完整而全新；（2）文字简练而内容丰富；（3）提供丰富的案例；（4）各章末附有练习题；（5）有地域特色。特别是增加了“物流战略”一章，使本书更加贴近当今世界物流学科的前沿。

在珠三角近10年的工作和生活中，我参与了多项企业物流解决方案的制定工作，也有幸参与了一些区域物流规划研究，还与港澳地区有了密切的接触。我感受到经济发展与物流发展的紧密关系，发现了物流发展的许多前沿问题，体会到物流学科和物流产业发展的重要性。我被激励和感染着。特别是《珠江三角洲地区改革发展规划纲要（2008—2020年）》的出台，国务院《物流业调整和振兴规划（2009年）》的颁布，给了我强大的推动力。

参与本书编写的同志有钱东人（负责总撰和第1章、第7章）、彭磊（负责第3章和第8章）、周知宇（负责第2章和第10章）、燕珍（负责第5章和第6章）、郭惠馨（负责第4章和第9章）。在本书的写作过程中，得到了北京师范大学珠海分校的大力支持，本书被列入质量工程优秀教材的支持计划。在写作的过程中，我们查阅了大量国内外的资料，参考了大量已出版的书籍，有的还做了摘抄，在此向相关的作者表示感谢。当然，我们对某些问题认识还不够深刻，希望得到各位同行的批评指正。

钱东人

目　录

第1章
物流基础

学习目标

- 掌握学术物流中各种物流概念的英文原文、译文及其区别；美国物流概念的演变、各时期概念的区别。能够解释为什么物流活动存在了几千年，而物流学科只有几十年
- 掌握与物流相关的几个概念：物流与商流及流通的关系；物流与储运的关系；物流与配送的关系；物流管理与供应链管理的关系
- 掌握物流对微观经济和宏观经济的作用，以及物流的三种增值作用
- 了解国外发达国家和地区（特别是美国、日本、新加坡等国和欧洲）的物流发展特点，以及五大跨国物流公司的情况
- 了解中国物流业的发展阶段及其特点
- 掌握物流的新理念

第一节　物流的基本概念

2009年，国务院出台了《物流业调整和振兴规划》。该规划将物流业列为十大振兴产业之一，物流业将成为现代服务业的龙头产业。这说明物流的发展在理论和实践中都具有重大意义。为了深刻地理解物流，我们将从以下两个方面进行阐述。

一、直观物流

（一）物流是人类生活与生产中最基本的活动

物流与人类的物质生活和生产共生共长，源远流长。可以说，永不停息的物流是人类生活的保障，是经济社会的动脉系统，是社会生产过程连续进行的前提，是经济社会发展的物质技术基础。

试想，在人类再生产过程的四大基本环节中，哪个环节可以在没有物流保障的条件下得以实现呢？产品的生产要有原材料的供给、生产过程的物料移动以及成品的销售移动。没有物流就不可能顺利地进行生产。商品的交换首先要采购商品，然后经过适当的储存，再送到消费者的手中。商品的消费也要先获取物资资料，然后经过适当的储存，再进行消费，最后对废弃物进行处理。由此可见，物流影响到社会再生产和人们生活的全过程和全方位。

但是，在很长一段时间内，物流这一与人类生产和生活共生共长的基本活动被"隐藏"了起来，人们认识它、研究它只有几十年的历史。这与人类长期处于短缺经济状态有关。在长期的短缺经济状态中，人们为了保证基本生活，重点关注生产物资的数量，忽视了取得物资所耗费的成本。随着人类社会的进步，物资逐步丰富，数量不断增加，多数物资的供给大于需求，人们才把关注的重点移到了流通领域，即注重物资的销售。直到近几十年，人们才将关注的重点从生产、销售领域移到成本和服务领域，这便是物流研究的重点。

（二）物流是一个系统

物流包括七大功能要素，其中运输、储存、包装和装卸搬运是一直存在的要素，而流通加工、配送和现代信息技术是在现代经济中才有的功能要素。物流具有系统的特点，其中最重要的是物流的整体功能大于它所包含的七大功能之和，并消除了七大要素的利益背反现象。任何一个物流要素都不能代替物流整体系统。例如，人类对运输和储存的研究早已有之，而对物流的研究只有几十年。对运输和储存的研究并不能代替对物流的研究。

（三）物流学是一门新兴学科

物流学之所以是一门新兴学科，是因为它只有60多年的历史。"物流"一词最早起源于美国，在第二次世界大战中，首先被用于军事后勤。20世纪50年代，日本将其引入经济活动。70年代，日本成为世界上物流最发达的国家之一。70年代以后，更多的欧美国家把物流称为"logistics"。物流包含了生产领域的原材料采购、生产过程中的物料搬运与厂内物料和流通过程中的物料或销售物流，它的核心定位是"服务"。物流学的产生和发展，使资本主义国家在经济发展的过程中，认识到了除资源和人力之外可以带来利润的第三个源泉，因此物流业被称为第三利润源。

80年代，随着中国改革开放的推进和市场营销概念的引入，物流的概念进入中国。90年代，一些企业开始了物流实践的尝试。例如，1994年广州宝供公司开始为刚刚进入中国的美国宝洁公司提供专业的物流服务。直到1999年宝供才作为物流企业进行注册，这说明中国物流有了理论和实践的结合。

物流学作为一门学科，要有它的支撑与知识体系。我们认为它的知识体系如下（如图1—1所示）。

生产与流通知识的学习和实践是学习和研究物流学的重要基础。

1. 现代物流学是一门综合性学科

物流的综合性主要反映在两个方面。

（1）物流学是自然科学与社会科学的交叉，其理论与方法是在多学科的基本理论

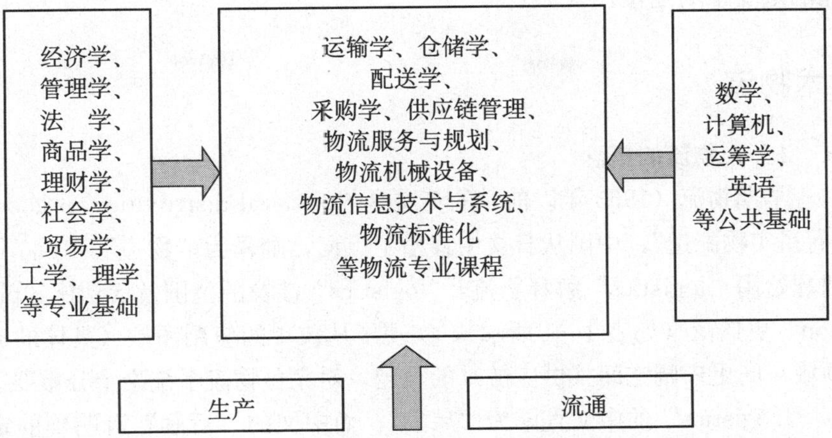

图1—1　物流学科的支撑与知识体系

上形成的，是经济学、管理学、商品学、理财学、贸易学、工学、理学、社会学、法学等学科的集成。物流科学的发展渗透着现代科学技术、现代经济理论和现代管理方法与物流实践的结合和应用。

（2）在组织物流运行中，涉及流通、生产、交通运输、邮电等领域，有关经济学、管理学、工学、理学、社会学等学科的基本原理必然反映到物流管理之中。

2. 现代物流学是一门进行系统分析的学科

物流本身是一个复杂的社会系统，同时又处在国民经济、世界经济等比它更大、更复杂的大系统之中。系统的观点（如全局观念、发展和变化观念、环境对系统的影响和制约观念以及系统分析、系统综合方法等），在物流学研究中极为重要。

3. 现代物流学是一门应用性学科

物流学是一门实践性极强的科学。目前，中国物流企业的实践进展得很快，中国物流企业遇到并且解决了许多问题，获得了丰富的经验，也吸取了教训。物流学的研究和教学只有与实践紧密结合，才能有生命力，并为中国物流的现代化发展做出应有的贡献。

4. 物流学是一门多学科的交叉学科

物流学包含了物流经济理论、物流管理理论、物流工程与技术理论、物流社会与政策理论及物流发展史等多学科理论。

（四）物流业是对经济发展具有重大影响力的朝阳产业

物流在我国作为产业发展是21世纪初的事，因此说物流业为朝阳产业。近年来，各级政府纷纷制定各地的物流发展规划，将物流业列入支柱或重点发展的产业，作为现代流通业的领头羊，相继出台了各项支持物流发展的政策和措施，使物流业得到井喷式的快速发展。物流基础设施的建设如火如荼，各种物流组织不断涌现。特别是物流的信息化建设、第三方物流的发展、配送与配送中心及物流图区的建设和实施、供应链管理及物流金融等热点问题的不断出现，使物流在宏观和微观经济生活中的作用不断增强，物流业已成为第三利润源和第三产业中的朝阳产业。物流业的发展顺应了现代生产方式的需求，极大地影响了经济发展的模式和生产方式，因此确立了物流产业的重要市场地位。

二、学术物流

（一）物流的概念

早期物流（1963 年以前）的英文是“physical distribution of good”，中文意思是“商品实物配送”，中国从日文中移植了该词，翻译为“物流”。1986 年以后，美国等国开始用“logistics”解释物流，“logistics”涉及的范围及活动比“physical distribution”更广泛（如表 1—1 所示），实现了从狭小的应用领域（具体的流通领域或军事领域）向更广阔空间（供应链）的飞越，对完善物流系统论十分重要。

“logistics”的中文直译为“后勤”，而中文的“后勤”有明确的定义，因此我们仍然坚持使用“物流”一词，但赋予了它新的含义。

表 1—1　physical distribution 与 logistics 的比较

	physical distribution	logistics
最早出现的时间	1915 年由阿奇·萧在《市场流通中的若干问题》一书中提出	1905 年由美国少校琼西·贝克提出，并在第二次世界大战中广泛应用
最先使用的领域	流通领域	军事领域
概念的外延关系	包含于 logistics	包含 physical distribution
概念的内涵	美国“63”定义	美国“03”定义
美国物流管理协会使用的名词	1963—1985 年使用	1985 年以后使用

资料来源：何明珂：《物流系统论》，北京，高等教育出版社，2004。

（二）美国对物流的定义

诸多国家对物流的定义各不相同，我们选择较权威的美国定义进行介绍和分析。美国供应链管理协会及其前身在不同阶段对物流的定义如下。

1. “63”定义

物流管理是为了计划、执行和控制原材料、在产品及产成品从起源地到消费地的有效流动而进行的两种或多种活动的集成。这些活动包括但不仅限于：顾客服务、需求预测、运输、库存控制、物流搬运、订单处理、零件及服务支持、工厂选址、采购、包装、退货处理、废弃物流回收、仓储管理。

从“63”定义可以看出，物流作为系统集成被提出，现代物流的系统性由此奠基。

2. “86”定义

物流是对货物、服务及相关信息从起源地到消费地有效率、有效益的流动和储存进行计划、执行和控制，以满足顾客要求的过程。该过程包括进向（inbound）、去向（outbound）、内部和外部的移动以及以环境保护为目的的物料回收。

“86”定义用 logistics 代替了 physical distribution，强调了物流有效率和有效益的流动，将物流的对象扩展到服务和信息。

3. “98” 定义

物流是供应链过程的一部分，是对货物、服务及相关信息从起源地到消费地的有效率、有效益的流动和储存进行的计划、执行和控制，以满足顾客要求。

“98” 定义提出了供应链的概念，并指出物流是供应链的一部分。

4. “02” 定义

物流是供应链过程的一部分，是对货物、服务及相关信息从起源地到消费地的有效率、有效益的正向、反向流动和储存进行的计划、执行和控制，以满足顾客要求。

“02” 定义强调了正向和反向流动，提出了逆向物流的概念。

5. “03” 定义

物流管理是供应链管理的一部分，是对货物、服务及相关信息从起源地到消费地的有效率、有效益的正向、反向流动和储存进行的计划、执行和控制，以满足顾客要求。这是物流概念的内涵。

物流活动包括进向和去向运输管理、车队管理、仓储、物料搬运、订单履行、物流网络设计、库存管理、供应/需求规划、第三方物流服务管理。物流的功能包括采购、生产计划与排程、包装与装配、客户服务，以及战略、战术与运作各层面的计划与执行。物流管理是一个集成的功能，除要将物流与营销、销售、制造、金融、信息技术整合外，还要协调和优化所有的物流活动。这是物流概念的外延。

“03” 定义强调了物流管理的概念，指出物流管理是供应链管理的一部分。

（三）中国的物流定义

1979 年 6 月，中国物资经济学会代表团第一次把物流的概念介绍到中国。2001 年我国颁布的《物流术语》将物流定义为：物流是物品从供应地向接收地的实体流动中，根据实际需要将运输、储存、装卸、搬运、包装、流通加工、配送、信息处理等功能有机结合来实现用户要求的过程。

本书对物流的定义为：物流是指以满足顾客需求为目的，考虑成本和效益的物质资料从供给者到需求者的实体性正向和反向移动。物流是创造时间效用和空间效用的经济活动。物质资料的这种物理性移动存在于社会再生产的全过程，包括物质资料在生产过程中各阶段之间的流动，以及从生产所在地经由供应所在地向消费所在地的流动，并包括了反向流动。

要正确理解物流的概念，应把握以下几点：

（1）物流是一个由多要素构成的系统。各要素不能代替物流整体系统。

（2）狭义的物流对象不仅包括产成品，而且包括原材料和在产品。广义的物流对象还包括信息和服务。

（3）物流的流动方向有正向的，也有逆向的，流动的目的是满足需求。

（4）物流的需求者不仅是最终消费者，而且是制造商、供应商、批发商、零售商等中间需求者。

（5）物流是一种经济活动，其目的是提高效率和增加效益。

（6）物流管理是供应链管理的一部分。

三、与物流相关的几组概念

1. *物流与商流及流通*

商流、物流、资金流、信息流，被称为商品流通中的“四流”。商流是与商品所有权交易有关的活动，是价值意义上的流通，是整个商品流通活动的主要经济内容。物流是与物资实体移动有关的活动，是指人们为解决时间、空间矛盾而进行的物资实体的物理性移动，是商品流通的支持和保障。资金流是与资金转移有关的活动。资金是价值的代表，是完成商流和物流活动的必要媒介。信息流是各种交易关系得以顺利进行和各种经济主体行为得以相互协调的媒介。在商流、物流、资金流中存在大量信息，需要进行采集、传递、分析等相关活动。

流通包含了商流、物流、资金流、信息流，是一个更大的经济范畴。商流和物流被包含在流通中，同时又是相互交叉的关系，即：在大多数社会活动中，商流与物流是并存的。但在某些活动中，可能只有商流或只有物流存在。如股票交易、期货交易、房地产交易等活动中只有商流，没有物流，而制造企业的生产物流中只有物流，没有商流。

商流与物流的统一、分离、再统一反映了人类社会经济不断发展的过程。

早期的流通是商流与物流统一的模式（如图 1—2 所示），其典型的形式是“一手交钱，一手交货”。随着交易的复杂化和交易地域的扩大，商流和物流的统一变得不合理，商流与物流的路线是完全不同的。特别是电子商务的发展，使商流和物流彻底分离（如图 1—3 所示）。但物流中的配送功能会在新的意义上使商流和物流重新统一。

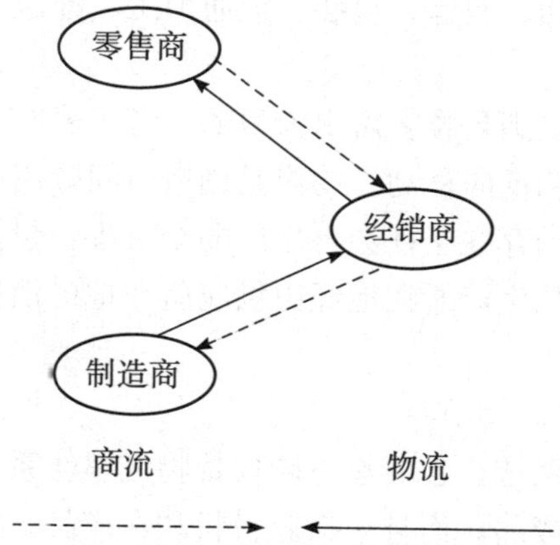

图 1—2　商流与物流统一的模式

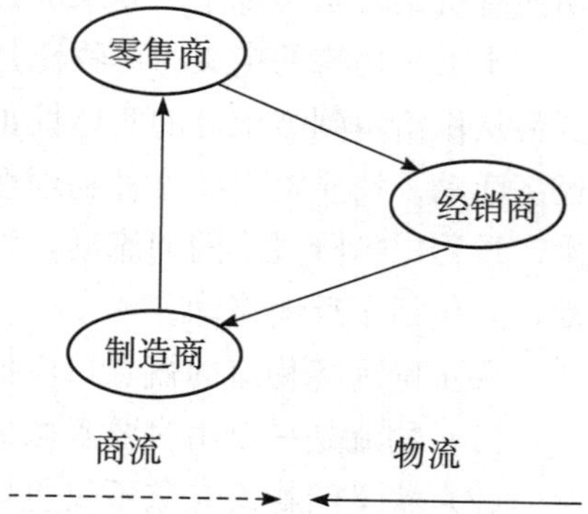

图 1—3　商流与物流分离的模式

2. *物流与储运*

人们常常将物流与储运的概念弄混，这是因为储运是物流的两个主要功能要素，又早于物流产生。物流与储运是两个不同的概念。物流是现代的、系统的、整体的概念，追求系统最优；而储运是传统的概念，是单个要素，与物流的其他要素之间存在利益背反现象。储运的内涵较小，只包括储存和运输；物流的内涵较大，不仅包括七大功能要素，还包括增值服务，并涉及供应链管理。因此，对储运的研究和实践不能代替对物流的研究和实践。

3. 物流与配送

早期物流的英文为"physical distribution"，而现在"physical distribution"译为"配送"更准确。由于英文、日文和中文间的翻译存在差异，因此物流与配送的概念常常被混淆。物流与配送的相同点在于它们都是一个集合系统，不同点则表现在以下两个方面：

（1）从物流与配送的关系来看：配送是末端物流；配送是一个比物流小的系统；配送的主体活动是分拣配货和送货运输，而物流的支柱要素是储存与运输。

（2）从物流与商流的关系来看：物流是商流与物流的分离，而配送是商流与物流的合一。

4. 物流管理与供应链管理

很多人认为物流管理与供应链管理是一回事，即：供应链管理是物流管理的升级版。我们认为，物流与供应链、物流管理与供应链管理的概念有重大的区别，两个概念在个体与群体、简单与复杂等方面都存在差别。供应链的内涵与物流的内涵有重大不同，供应链管理的外延也比物流大得多。

供应链管理是对供应链中所有重要的业务流程的管理。它代表了一种较新的业务运作方法和对所涉及业务、资源的集成和一体化。物流管理是供应链管理的三个组成部分之一。供应链管理包括以下三个部分。

（1）供应管理，涉及开发和整合供应商关系。

（2）需求管理，使用技术来准确预测需求并开发客户关系。

（3）物流管理，关注当供应链成员进行互动时，如何对产品的移动和储存进行管理。

物流管理与供应链管理的最大差异在于：物流管理是对经营过程中的产品和信息流动进行管理，比较简单；而供应链管理拓展了这个观点，更进一步地在供应链成员的流程间建立协作关系，其中包括与上游供应商和下游客户之间的关系协调。

第二节　现代物流的作用

一、物流对微观经济的作用

物流对微观经济的作用可以理解为物流对制造或流通企业的作用。

1. 降低成本

物流成本是生产成本和流通成本的重要组成部分。据有关资料统计，美国的生产成本只占工厂总成本的10%左右，其他成本是流通费用和物流成本；全部生产过程只有 5%的时间用于制造加工，其余 95%的时间用于搬运和储存。因此，对物流的改进和管理将大幅降低成本，开发物流系统被看成是挖掘金山和宝库。

通过加强物流管理，企业能极大地降低运作成本，大多企业对此都没有异议。请看下面的例子。

从图 1—4 和图 1—5 中可以看出，通过对物流的简单改进，企业可以收到降低成本的事半功倍的效果。

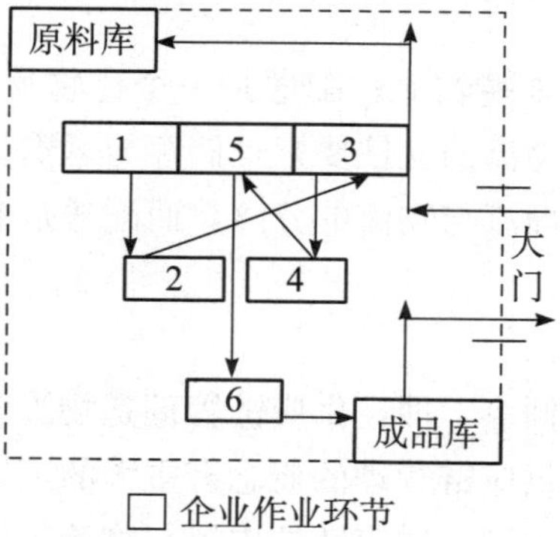

图 1—4　物流改进前的状况

资料来源：吴清一主编：《现代物流概论》，北京，中国物资出版社，2003。

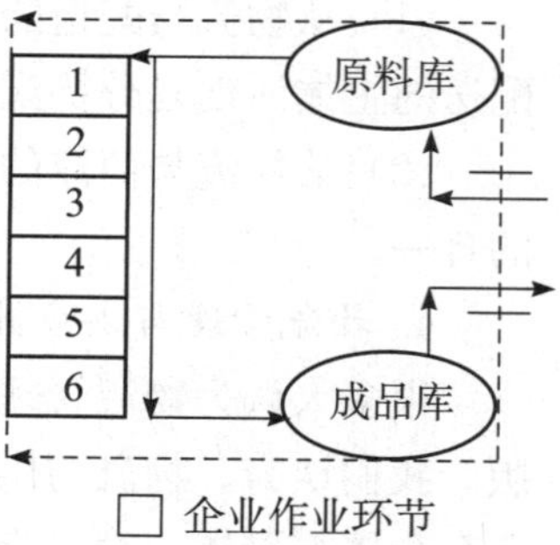

图 1—5　物流改进后的状况

资料来源：吴清一主编：《现代物流概论》。

2. 增强核心竞争力

核心竞争力是企业根据自身的特点，将企业经营的重点放在某特殊领域或某种专项业务上，在特定的行业市场中占领某细分市场，在某点形成企业自身的竞争优势。物流能力的提高，可以增加产品的价值，形成独特的核心竞争力。

物流能力的提高可以通过提高自营物流水平达到，也可以通过外包直接获取。

3. 提高企业形象

企业的销售物流是企业形象的外在表现之一。通过物流为客户提供良好的服务，密切与客户的关系，可以树立良好的企业形象。反之，物流做得不好，会直接损害企业的形象。

4. 适应和促进生产与流通方式的转变

现代物流是为适应现代生产和流通方式而产生、发展的，促进了现代生产方式和流通方式的转变，大大提高了生产和流通效率。例如，生产由大而全、小而全转变为横向一体化的供应链模式；流通由商物流统一转变为商物流分离的模式。

二、物流对宏观经济的作用

在宏观经济的大系统中，物流仅是其中的一个子系统，这个系统的运行对整个宏观经济的运行有重大影响。

1. 生产方式和产业转移中物流作用的凸显

随着社会的进步和生产力的发展，人类的生产方式发生了深刻的变化。由自给自足的自然经济到“大而全”、“小而全”的工业经济，再到今天的产业转移和外包的现代经济，物流在不同经济社会中的作用截然不同（如图1—6所示）。

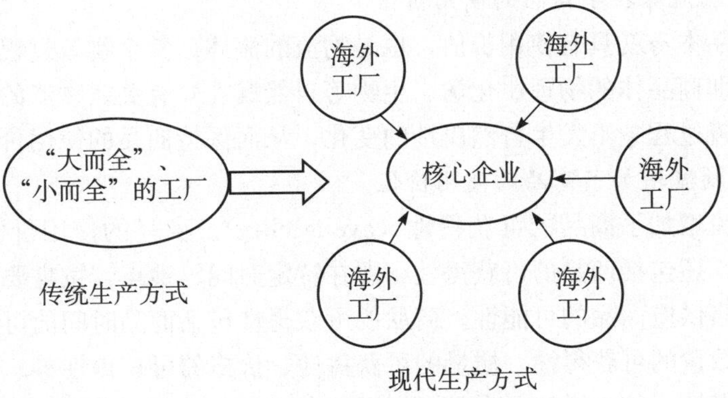

图1—6　生产方式的转变

(1) 长时期的自给自足的自然经济。人们的衣、食、住、行主要靠自己生产解决。这时物流只是生产和生活的附属物，人们对它没有太多的认识，物流当然不被重视。

(2) 到了“大而全”、“小而全”的工业经济时代，物流只是生产的附属物，被当作企业内部的事情，也没有得到足够的重视。

(3) 在现代经济中，企业要增强核心竞争力，实行产业转移和外包，甚至建立跨国公司，进行全球制造，物流就成了连接生产的桥梁，也是生产发展的瓶颈。

2. 物流发展与经济发展高度正相关

一方面，经济的发展要求物流的发展。经济总量大的地区，物流总量也大，经济发展越快，物流发展也越迅速，如珠三角和长三角地区。另一方面，物流的发展对商品生产的规模、产业结构的变化以及经济发展的速度具有促进和制约的作用。没有物流的保证，或物流技术不发达，生产的发展规模就会受到限制，市场的发展也将受到限制。物流的发展使大规模的生产和消费成为可能。同时，物流的发展进一步促进了社会分工和专业化的发展，加快了社会经济的发展。与物流一起提出的供应链整合问题，说明了物流对经济结构改造的重要贡献。

同时，物流像链条一样，把众多不同类型的企业、复杂多变的产业部门，以及成千上万种的产品连接起来，使国民经济成为一个有序运行的整体。

三、物流参与了商品价值和使用价值的形成和实现

（一）物流参与了商品价值的形成

生产成本和流通成本中包含了物流成本（如原材料的运输、储存、库存的费用以及商品包装费用等），是生产性成本，也是构成商品价值的重要组成部分，完全体现在商品价值中。物流直接参与了商品价值的形成，有些商品还占据了极大的比重，例如，牛奶和饮料的生产成本中60%以上是物流成本。因此，降低物流成本对于降低

商品生产和流通成本的作用极大。

（二）物流参与了商品使用价值的形成

1. 物流保护了商品的使用价值

商品本身就具有使用价值，也是物流的流体。整个物流过程都与流体的使用价值属性（即商品体的物理、化学、生物等自然属性）有关。物流的重要任务就是保护流体在物流过程中不发生自然属性的变化，从而保持商品的使用价值不变。

2. 物流增加了商品的使用价值

物流增加了商品的可获得性（availability）。商品的使用价值除包括商品的自然属性外，还包括商品的可获得性，即在特定时间、地点，按需要的数量、要求的质量以及价格供应商品的可能性。商品的可获得性包括商品时间的可获得性、地点的可获得性、数量的可获得性、质量的可获得性、价格的可获得性等。运输增加了商品空间的可获得性，储存增加了商品时间的可获得性，物流的其他活动影响其他可获得性。物流为商品的使用价值增加了这些有用成分。

（三）物流参与了商品价值和使用价值的实现

到达理论指出，商品被生产出来只是其生命的第一步，只有将它交到需求者的手中，才能实现其价值和使用价值，完成其使命。用到达理论代替生产理论是历史的进步。

1. 物流参与了商品价值的实现

商品的价值必须通过销售和流通环节才能实现。物流是商品销售过程中不可或缺的一部分。通过实施物流，企业能够做到“在合适的时间，将合适的商品，以合适的方式，合适的数量、质量和价格送到合适的地点”，使商品的价值得以实现。

2. 物流参与了商品使用价值的实现

商品销售的结果是将具有使用价值的商品转移给消费者，这种转移是商品使用价值实现的唯一方式。如果没有实现商品的转移，则商品的使用价值无法实现。商品的使用价值可借助物流活动最终得以实现。

四、物流对个人生活和个人发展的作用

1. 物流提高了生活的便利程度

现代物流的发展大大提高了人们的生活质量，新的生活方式正在出现。例如，配送制将人们以往的取货模式改成了送货模式；快递业使人们获取物品的速度和方式发生了改变。流通加工将商品进行初级加工，适应了现代快节奏和多样化的生活方式。冷链物流保证了物品的鲜活，从而提高了人们的生活质量。

2. 物流产业提供了更多的就业岗位和机遇

物流产业作为现代服务业的龙头，近十几年在中国发展迅速。物流产业为社会提供了大量的就业岗位和创业机会。调查显示，目前物流企业、物流园区和各类专业批发市场已经成为吸纳社会人员就业最多的领域。例如，2008 年，在内蒙古通辽市，物流业就业人数占全部城镇就业人数的 47%。随着经济发展和社会化专业分工越来

越细，物流产业的分工也越来越细，新型的物流行业（如第三方物流企业、物流园区以及制造业的物流管理人员）对各类物流人才需求极大。在建物流项目潜力巨大，将成为物流就业新的增长点。例如，在港珠澳大桥建设项目中，仅澳门地区就将增加4 000个就业岗位。港口（特别是国际、国内的枢纽港）的开发与建设吸引了众多的国内外企业，也引发了对物流人才的强大需求，并创造了大量的创业机会。

五、现代物流的增值作用

物流的增值作用主要有三种。

1. 空间效用

同一物品因所处的地点不同而价值不同，被称为空间效用，也叫场所效用。物流活动通过把货物由生产地运送到消费地，扩展了市场边界，因而增加了产品的经济价值，这就是空间效用。空间效用是通过物流中的运输功能实现的，是物流的主要作用。

2. 时间效用

同一物品因所处的时间不同而价值不同，被称为时间效用。时间效用主要是通过物流中的储存功能实现的。运输也能在某种程度上产生时间效用，因为货物不仅要送达消费者需要的地点，而且要在消费者需要的时间内送达。运输可以通过快速递送把货物送到消费地（例如采用航空运输来代替仓库），以增加时间效用。由于时间效用强调了减少备货时间，因此在今天的商业环境下显得越来越重要。

3. 形态效用

产品因形态的不同而价值不同，被称为形态效用。形态效用主要是指以制造、生产和组装来增加产品的价值。例如，将石英砂制成玻璃，极大地提高了物的价值，这说明产品的深加工创造了价值。物流中的流通加工功能就是通过简单的加工来创造形态效用。如对玻璃进行裁片，增加了其适用性，因而增加了其价值。

第三节　现代物流在国内外的发展

一、物流在国外的发展

（一）物流在美国的发展

美国是世界上最早提出物流概念的国家，也是物流理论研究和实践最先进的国家之一，为世界物流业的发展做出了杰出的贡献。

1901年，约翰·F·克罗韦尔（John F. Crowell）在美国政府的《农产品流通产业委员会报告》中首次提出了农产品物流的问题。1915年，阿奇·萧在其著作《市场流通中的若干问题》中，论述了物流在经营战略中的作用。1942年，美国著名营销专家克拉克在《市场营销原理》一书中，将物流纳入市场营销学的研究范畴。1927年，拉尔夫·布索迪在《流通时代》一书中，首次使用"logistics"来称呼物流，为物流的正式定义奠定了基础。在这一时期，人们对物流的重要性有所认识，但物流仍被作为流通或营销的附属功能来看待。

第二次世界大战期间的1941—1945年，美国军事后勤活动的开展为人们对综合物流的认识提供了重要的实证依据，推动了战后对物流的研究，提高了实业界对物流的重视程度。1946年，美国正式成立了全美输送物流协会（American Society of Traffic Logistics），它是美国第一个对专业输送者进行考察的认证组织。

1963年美国物流管理协会（Council of Logistics Management，CLM）成立。CLM是全球最有影响的物流专业组织，一直致力于推动物流业的发展，为物流从业人员提供受教育的机会和信息。为实现这一目标，CLM向从业人员提供了种类繁多的项目、服务、相关活动，鼓励从业人员的参与，让从业人员了解物流业，从而为物流事业作出贡献。CLM是全球性的物流业个人组织，拥有15 000名来自世界各地的会员，每年有超过6 000名会员参加年会活动。一年一度的美国物流管理协会年会是全球最有影响力的物流专业盛会，年会的主题代表了物流领域发展的方向，年会的专题讨论表明了物流领域的最新发展状况。

拥有40多年历史的美国物流管理协会于2005年1月1日正式更名为美国供应链管理专业协会（Council of Supply Chain Management Professionals，CSCMP），标志着全球物流开始进入供应链时代。

在实践中，一些著名的超大型的跨国物流公司（如联合包裹速递公司（UPS）、联邦快递公司（FedEX））也都起源于美国。

（二）物流在欧洲的发展

欧洲是引入物流概念较早的地区之一，也是将现代技术用于物流管理的先锋。

20世纪中期，欧洲各国为了降低产品成本，开始重视企业范围内物流过程的信息传递，对传统的物料搬运进行变革，对企业内部的物流进行必要的规划，以寻求物流合理化的途径。当时制造业采用的是加工车间模式，工厂内的物资由内部仓库提供，在企业内部实施严密的流程管理。这一时期的管理技术相对落后，信息处理的软硬件平台是自带穿孔式的计算机及相应技术。这一阶段储存和运输是分离的，各自独立运营，可以说是欧洲物流的初级阶段。

70年代是欧洲经济快速发展时期。随着商品生产和销售的进一步扩大，多家企业联合的企业集团和大公司相继出现，成组技术（GT）被广泛采用，物流需求增多。工厂内部的物流已不能满足需求，因而形成了基于工厂集成的物流。仓库已经不再是静止封闭的储存式设施，而是动态的物流配送中心。这一时期的信息交换采用电话方式，通过产品本身的标签（product tags）实现产品跟踪。企业进行信息处理的硬件平台是小型计算机，一般使用自己开发的软件。

随着经济和流通的发展，欧洲各国许多不同类型的企业（如制造商、批发商、零售商）不断地进行物流变革，建立物流系统。80年代，欧洲开始探索一种新的联盟型或合作式的物流新体系，即综合物流管理。这一时期，欧洲的制造业已经采取准时制生产（JIT），对满足客户的服务需求已发展到当天供货或当天服务。因此综合物流管理进一步得到加强，例如，组织好港、站、库的交叉与衔接，零售商管理控制总库存量、实现供应的合理化，等等。此时，第三方物流在欧洲开始兴起。

90年代，欧洲的一些跨国公司纷纷在国外，特别是劳动力成本比较低廉的亚洲地区建立生产基地。欧洲物流企业的需求信息直接从消费地获得，采用在运输链上实现组装的方式，实现了库存量的极小化。信息处理广泛采用了互联网和物流服务商提供的软件，以满足客户越来越苛刻的物流需求。

（三）物流在日本的发展

第二次世界大战后，日本作为战败国，其经济恢复成为首要问题。20世纪50年代末，日本从美国引入物流概念后，物流对促进日本经济的恢复和发展起到了至关重要的作用。

50年代，日本的经济处于起飞期，市场需求旺盛，各产业的产出规模增长迅速。同时，由于分工的深化与市场范围的不断扩大，无论是中间产品还是最终产品，进入市场流通的规模与范围都不断膨胀，进而扩大了对运输的需求。这一时期，运输是制约日本企业经营与社会经济发展的重要瓶颈。因此，重视运输和发展运输，成为这一时代物流发展的基本特征。

引入物流概念后，日本各界把物流作为一个系统来看待，认识到物流构成要素之间存在费用和效益上的二律背反关系，结束了“物流即是运输与保管”的时代。在这一时期，实现物流系统化的组织手段主要是硬件及设备方面的系统化。

70年代的石油危机使企业对生产成本的控制越来越难。降低成本、提高效益、实现物流合理化成为这一时期物流发展的主题。物流合理化既包括物流活动的合理化，又包括物流工具与设备的合理化。为了实现物流合理化，对物流各要素进行了各种技术革新：在硬件方面，包括各种运输方式的最佳组合、运输路线的合理规划、联合运输、共同运输以及低温冷藏运输工具的开发、自动化仓库建设、新材料与包装方式的开发等，例如，1972年日本拥有立体化自动仓库688座，是当时世界各国拥有自动化仓库最多的国家；在软件方面，进一步建设与完善物流管理系统与信息系统，改革物流组织。

日本政府开始积极制定和实施各种物流标准，完善物流基础设施，支持民间的各种物流合理化运动。

到90年代，日本受美国的影响，将物流概念由“physical distribution”转变为“logistics”。由此，日本的物流概念与物流实践发生了重大转变，这种转变表现在以下几个方面：

（1）物流不仅是降低成本的手段，而且是扩大销售、增加利润的“竞争战略”。

（2）物流不仅是生产的下游，而且是生产的上游，即：物流不再是生产之后的“后勤”，而是生产之前的“先锋”。

（3）组织物流的目标不仅是提高效率与降低成本，而且要实现效率、成本、服务与效益的均衡。

(4) 物流合理化不是取决于一个企业的物流合理化，而是取决于所有交易者的整体物流合理化。

(5) 物流不仅要实现物流活动要素的系统最佳，而且致力于谋求物流系统与生产、销售等整个经营系统的最佳。

日本各界开始构建“产销一体化”的物流体系，即供应商、厂商、流通企业、消费者相互协调与合作的物流体系。许多企业将企业物流的全部或部分业务包给专业化的物流公司，从而促进了物流的发展。

（四）物流在新加坡的发展

随着制造业向亚洲的转移，亚洲的物流市场不断扩大和发展，亚洲成为世界物流发展最快的地区，新加坡、韩国和中国物流的发展都值得一提。这里我们重点介绍新加坡的物流。

新加坡位于马六甲海峡，处于连接印度洋和太平洋，连接中东、南亚次大陆、欧洲和非洲的交通要冲位置，具有发展物流的得天独厚的优越条件。近年来经过马六甲海峡的船舶有 5 万～10 万艘，经过马六甲海峡的石油运输量占全球石油供应量的 50%。

随着世界经济的发展，新加坡利用良好的地理条件，积极发展现代物流业，在亚洲国家中占据了先机。新加坡的物流规模，特别是国际物流规模，居亚洲前列；新加坡的物流管理技术在亚洲具有优势，已成为亚洲乃至国际性的区域物流中心。目前，在仅有 400 多万人口的新加坡，物流公司有 80 000 多家，物流从业人员有 18 万人，物流对 GDP 的贡献率为 9.4%左右。

新加坡机场每周有 4 300 多个航班连接 60 多个国家的 182 个城市，每年接送乘客 2 000 多万人次，处理 200 万吨货物，是“世界最受欢迎的机场”。

新加坡港每年可装卸超过 2 990 万个集装箱，是世界最大的单一箱运码头经营机构。新加坡有 400 多家船务公司，与 130 多个国家和地区的 700 多个港口有业务往来，每年装运货物 9.7 亿多吨。新加坡港被美国港口协会评为“最繁忙的港口”。新加坡的远景目标是成为集海、陆、空、仓储于一体的全方位综合物流枢纽中心。

新加坡物流业的特点如下。

(1) 物流企业实力雄厚。良好的环境吸引了众多的国际著名物流公司（如全球物流巨头 UPS 和 FedEx），纷纷把亚洲区总部设在新加坡。这些国际物流公司在资金、运输工具、管理水平等方面实力雄厚，推动了新加坡本地物流业的迅猛发展。例如，新加坡航空公司、胜科集团都斥巨资发展物流产业。

(2) 效率高。新加坡物流从运输、通关到货物跟踪等各方面的效率都很高。例如，使用“贸易网络”系统实现无纸化通关，贸易、审批、许可、管制等环节通过一个电脑终端即可完成。一般一个货柜到达港口，从通关到装上运输工具，只需要 15 分钟的时间。

高效率的基础是运用高新技术，而网络技术是重中之重。新加坡物流公司基本实现了整个运作过程的自动化，一般都拥有高技术的仓库设备、全自动化的立体仓库、无线电扫描设备、自动提存系统等。网络技术包括政府的公用网络系统和物流企业的计算机技术平台。政府的“贸易网络”系统实现了企业与政府之间的在线信息交换。条形码和无线扫描仪的使用，保证了每天多达千万份的货物运送准确率达99.99%以上。

（3）专业性强。服务的专业性是物流企业能够提供高质量服务的重要原因。新加坡物流企业要么专门为某行业的企业提供全方位的物流服务，要么为各行业的客户提供某环节的物流服务。

（4）服务周到。新加坡现代物流业已转向提供量身定做的物流服务，以满足各客户的不同需求。服务范围之广，服务项目之细，可谓全球领先。公司和客户共同研究，选择一种或几种最理想的服务方式，最终找出能最大限度为客户提供低成本解决办法的方案。

新加坡将继续加强和改善空运和海运设施，进一步提高效率，增强竞争力，保持东南亚物流中心的领先地位。

（五）世界五大跨国物流企业简介

1. 联合包裹速递公司

成立于1907年的美国联合包裹速递公司（UPS），通过明确地致力于支持全球商业的目标，如今已发展成为拥有300亿美元资产的大公司，机构遍布220多个国家。2011年，UPS的年收入达到531亿美元。2008年包裹与文件的递送量约39亿件，平均每日递送量达1 550万件。2012年以现金方式出资51.6亿欧元（约合68亿美元）收购欧洲第二大快递服务企业——荷兰TNT公司。

1988年，UPS将其带有600个终端的IBM主机扩展到17，000个终端。同年，UPS收购了Roadnet和II Morrow这两家技术公司，他们开发了一套系统，使发运者能够通过计算机屏幕沿发运线路追踪每一台运送车辆，并且通过一套车上设备来调控发动机，以帮助UPS的车辆避免故障。而UPS的技术人员也开始开发与联邦快递相类似的自动包裹跟踪系统。1989年，UPS投资8 000万美元，建立了一个连接UPS全球计算机网络的计算机和电子通讯中心。1991年，UPS开始了一次大胆的行动，指望通过开发“发货信息收集器”（delivery information acquisition device，DIAD）来超过联邦快递的信息系统能力，把竞争推向高技术领域。目前，每个穿深色制服的UPS送货司机都随身配备这个小小的DIAD电子写字板，通过无线数据传输系统，在读取信息的同时将数据传输到UPS的数据网络。当收货人在电子写字板上签收货物时，所有的信息会即时传到UPS庞大的电子追踪系统，与此同时发货人就可以在网上查到这些信息，并且可以看到收货人的签名。通过DIAD，还可以将道路交通情况和什么地方有客户需要上门收货等信息传达到司机。即便有几十年的地面运输经验，UPS还是依靠全球定位系统，结合派送货物的数量来规划每个司机的送货线路。不仅如此，UPS独特的移动解决方案，还使客户可以通过掌上电脑、手机甚至无线寻呼机等，在任何地方、任何时间对自己交运的物品进行追踪。如果要交货，只要将自己所处方位的邮政编码输入掌上电脑，就能得到最近的UPS收货点的资料；或者直接使用UPS的定位软件来查找收货点的位置。

在过去的十几年里，UPS在新技术上的投资已经超过110亿美元，并且这个数字还在以每年 10 亿美元的速度继续增加，包括信息主干网的建设、PC 机和手提电脑、无线通讯和移动数据交换系统的建设等。这些投资不仅使运件的实时跟踪变得轻而易举，而且带动了全球范围内新一轮商业模式改变的浪潮。《财富》杂志戏称，今天的 UPS 已经不再是一个“有技术的卡车运输公司”(A trucking company with technology)，而是一个“有卡车的技术型公司”(A technology company with trucks)。目前 UPS 网罗了 4 000 名程序编制员和技术人员。建有两个大型的数据中心，拥有 14 台主机，每秒钟可以运行 11.34 亿条指令。UPS 还拥有 713 个中型机（mid-range computer）和 245 000 台 PC，以及 3 500 个局域网和 130 000 个连接工作站。UPS 的全球网络遍布 100 多个国家，为超过 90 万的用户提供服务。目前 UPS 的网站每天平均处理 250 万条网上货物追踪指令，通过移动无线电通讯传输的货物追踪指令达 170 万条。

UPS 应用的信息技术是现代物流的核心，也是物流现代化的标志。

从 1993 年开始，UPS 推出了以“全球物流”（world wide logistics，WWL）为名的供应链管理服务，并于 1995 年正式成立 UPS 物流集团，来统领全公司的物流服务。物流已经成为 UPS 发展最快的部门，过去两年的年增长率达到 70%。通过建立在 50 多个国家的 450 多个分拨中心，UPS 物流集团为客户提供全面的零配件和产品供应链管理，以及退货、修理等售后服务方面的物流管理，降低客户在流通领域的成本，提高服务质量。

2000 年 2 月，福特汽车公司宣布与 UPS 物流集团结成战略联盟，旨在加快福特汽车公司的成品车交付速度。通过运输网络的优化和信息技术的使用，车辆从福特公司交付到代理商和用户手中的时间可以缩短 40%，并且使准时交货成为可能。同时，联盟还将提供基于互联网的货物追踪系统，使福特汽车公司和其代理商可以在网上跟踪每辆汽车从生产到运输的全过程。这一系统最终还将向消费者开放，届时消费者不仅可以在网上订购汽车，还可以在网上查询汽车在生产和运输过程中的状况。

UPS 又将业务触角深入到金融领域。1998 年，UPS 资本公司（UPS Capital Corp.）成立，为客户提供代理收取到付货款（cash on delivery ，COD）、抵押贷款、设备租赁、国际贸易融资等金融服务。

2. 联邦快递公司

联邦快递公司（FedEx）是全球最具规模的快递运输公司，为全球超过 235 个国家及地区提供快捷、可靠的快递服务。FedEx 设有环球航空及陆路运输网络，通常只需一两个工作日就能迅速运送时限紧迫的货物，而且确保准时送达。

目前，FedEx 使用 A310、波音 727、DC－10、MD－10 及 MD－11 等机型的飞机，共有货机 700 多架。被誉为“隔夜快递业之父”的 FedEx 的创始人、美国著名企业家弗雷德·史密斯，在美国历史上首创了快递这一新兴的服务行业。

提供这种服务所需的资金是巨大的。首先要有一定数量的运输工具——飞机和汽车，还要在全国建立服务网、开通多条航线。史密斯表现出了一个企业家不可多得的胆识，毅然决定把自己的全部家产 850 万美元孤注一掷地投入到联邦快递公司，然后，竭尽全力游说华尔街的大银行家和大投资商。他很快就筹集到了 9 600 万美元，创下了美国企业界有史以来单项投入资本的最高纪录。在短短的5年内，FedEx创造了奇迹。由一无所有转变为营业额1.1亿美元、净利润820万美元的大企业。1978年4月，FedEx在纽约证券交易所正式上市，并成为全球最大的航空货运公司。

弗雷德·史密斯首创了"隔夜快递"服务，在全球范围内掀起了一场企业革命，改变了以往做生意的方式，其影响程度不亚于泰德·特纳对世界通信业的影响。FedEx是最大的由风险资本创办的企业之一，这使该公司的成功成为一种创业奇迹。

3. 中外运敦豪国际快递公司

中外运敦豪国际快递（DHL）是一家成立于美国，目前由德国与美国合资经营的速递货运公司，是全球最大的航空速递货运公司之一。公司的名称"DHL"是由三位创始人姓氏（即Dalsey、Hillblom和Lynn）的首字母组成的。1969年，DHL开通了第一条从旧金山到檀香山的速递运输航线。很快，DHL将它的航线扩展到香港、日本、菲律宾、澳大利亚和新加坡。在"致力于建立起一个崭新的、提供全球门到门速递服务网络"的构想下，20世纪70年代中后期，DHL把它的航线扩展到南美洲、中东地区和非洲。

从2002年开始，德国邮政控制了DHL的全部股权，并把旗下原有的DHL、丹沙公司（Danzas）以及欧洲快运公司整合为新的DHL。2003年，德国邮政收购了美国的空运特快公司（Airborne Express）。2005年，德国邮政又收购了英国的英运公司（Exel），并把它们整合到DHL里。至此，DHL拥有了世界上最完善的速递网络之一，可以到达220个国家和地区的12万个目的地。

2007年1月26日，DHL宣布正式启动在中国的货物空运业务。

4. 日本运通公司

日本运通公司（Nippon Express，简称日通公司）是日本典型的、最具代表性的一家物流公司，其物资运送范围之广可以用"无所不运"来形容。从民用物资到军用物资，从原材料（如石油、矿产）到商品，从现钞到黄金珠宝等贵重物品都有所涉及。只要是法律允许运输的物品，都是日通公司的运输对象。

分布在世界各地的日通公司各物流中心能够紧密衔接、协同作业，所依靠的是其庞大的计算机信息网络系统。这一系统不仅可为公司内部作业提供服务，而且可为客户随时查询物资传递动态提供服务。

以家庭投递为主的"宅配便"业务是物流公司进军的新领域。去年，日本物流公司的"宅配便"业务量高达16亿件，是当年邮政邮递小包总量的5倍。

日通公司的"鹈鹕便"业务是"宅配便"业务中的一种。日通公司在全国设立的"鹈鹕便"收寄点多达21万个。目前，"鹈鹕便"业务的营业额已占日通公司国内营业总额的20%。"鹈鹕便"业务还承运保鲜品，保鲜品会被放入可充电的冷藏箱内运送。

随着日资企业进入中国投资建厂，日通公司也进入了中国市场，主要为日资企业提供物流服务。

5. 马士基航运公司

马士基航运公司（Maersk Line）是A.P.马勒——马士基集团的核心班轮运输机构，也是世界领先的集装箱运输公司。马士基航运公司的船队由500多艘集装箱船舶组成，总容量超过 1 700 000 TEU（即 20 英尺标准集装箱）。

A. P. 马勒-马士基集团始建于 1904 年，创始人是当时年仅 28 岁的阿诺得·马勒和他的父亲马士基·马勒。他们从一艘载重仅 2 200 吨的二手汽轮起家。由于经营有方，业务发展很快，马士基集团已成为世界上最大的集装箱承运人之一。该集团总部设在丹麦哥本哈根市的埃斯普拉纳登，在全球 100 多个国家设有 325 家分支机构，约有 5 万名雇员。

A. P. 马勒-马士基集团的船队包括集装箱船、油轮、散货船、特种船、供应船和钻井设备。除经营海运业外，马士基集团还涉及物流业、石油与天然气采掘业、造船业、航空运输业、工业、零售业以及信息产业。该集团是一个综合性的大型跨国集团，还拥有航空公司和集装箱码头，在丹麦商界和政界均有较大的影响力。

早在 1928 年，A. P. 马勒先生就凭借马士基船运公司开始提供货物班轮服务，将美国与远东和欧洲联系在一起。

马士基集团在全球范围内为用户提供了可靠和综合性的服务保证。除有班轮、卡车、火车和飞机外，马士基集团还拥有自己的供料船，以提供独特的“门到门”服务。

二、物流在中国的发展

（一）储运时代

中国的物流活动早已存在，但是物流活动的各要素是以单个活动（如运输、储存、包装和装卸等）分别进行的。因此，旧中国没有物流的概念，更没有系统管理物流活动的思想与机制。

新中国成立后，实行高度集中的计划经济体制。由国家来组织国民经济的运行和多数产品的生产，特别关注的是增加产品的数量，以保证人民的基本需求。20 世纪 70 年代末，流通企业（内贸与外贸）开始组建储运公司，从商品经营机构中分离出来。我们可以把这一时期称为储运时代。

（二）现代物流的传播

在我国，物流的概念是 80 年代被引进的。1979 年，以国家物资总局为首，铁道部、交通运输部、国家经委综合运输研究所等单位共同组成中国物资流通代表团，参加了在日本举行的第三次国际物流会议，回国后撰写了考察报告，介绍了日本物流的发展情况和大会内容。1981 年，北京物资学院的王之泰教授在物资部的专业刊物《物资经济研究通讯》上发表了《物流浅谈》一文，首次完整地将物流概念引入中国。此后，“物流”一词开始见诸国内文献。

这一时期的物流研究以及物流理论的应用还侧重于宏观方面，很少对微观物流进行研究与应用，而且以探讨生产资料流通领域的物流活动为主，对其他领域的物流研究得很少。

（三）现代物流的启动

一直到 90 年代中期，现代物流才在中国真正崛起。具体表现在：

1. 现代物流组织的出现

1994 年广州宝供的出现，标志着中国本土第一个第三方物流企业的诞生，拉开了现代物流组织的序幕。这一时期，外资跨国物流公司纷纷抢占中国市场，例如，UPS、FedEx、DHL、日通、马士基等纷纷进入中国。另外，香港和记黄埔开始投资建设和经营珠三角地区的港口。

2. 政府和企业开始重视物流的发展

一些地方政府开始制定本地物流规划，出台发展物流的政策措施。一些企业也先后开展了体制改革、物流资源整合、物流技术的引进和开发、物流设施与工具的建设与更新等方面的工作。

3. 物流基础设施和物流网点建设的步伐加快

无论政府还是民间都加大了物流基础设施的投资力度。道路、桥梁、港口、站点的重大项目建设快速进行，为我国物流业的发展提供了较好的硬件平台。

（四）21世纪物流的大规模发展

中国物流作为一个蓬勃发展的产业，是21世纪初的事。

1. 物流硬件基础设施的建设加快

2012年末，中国铁路的运营里程达9.3万公里，居世界第二位。其中高铁运营里程为9 356公里，居世界第一位。2010年末，中国公路总里程突破400万公里。其中高速公路突破7.41万公里，居世界第二位。我国港口2013年在全球十大集装箱港口中占据七席：上海港吞吐3 361.7万TEU，排名世界第一；深圳港吞吐2 327.8万TEU，排名世界第三；香港吞吐2 228.8万TEU，排名世界第四；宁波-舟山港吞吐1 732.68万TEU，排名世界第六；青岛港吞吐1 552万TEU，排名世界第七；广州港吞吐1 530.92万TEU，排名世界第八；天津港吞吐1 300万TEU，排名世界第十。多处跨海大桥的建设，使中国海陆联运进入了新时代。

2. 物流规模的发展

2011年，全国社会物流总额达160万亿元，比2001年增长8倍（见图1—7）。2012年，物流业增加值为3.2亿元，占全部服务业增加值的比重为15.6%，占GDP的比重为6.8%。这说明物流业对国民经济的支柱作用在不断提升，物流行业在国民经济中的地位在稳步提高。

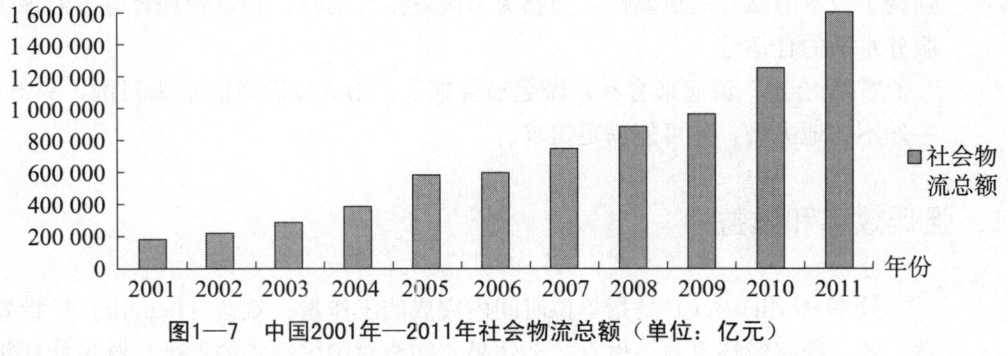

图1—7 中国2001年—2011年社会物流总额（单位：亿元）

数据来源：中国物流与采购联合会。

目前规模在10亿元以上的中国物流企业已有近百家，其中大型物流企业经营规模已经超过千亿元。如：中国远洋运输（集团）总公司、中铁物资集团有限公司、中国物资储运总公司、顺丰速运（集团）有限公司、安吉汽车物流公司、广东省航运集团有限公司、一汽物流有限公司、德邦物流股份有限公司、宝供物流企业集团有限公司等。

3. 物流组织形式的发展

企业物流获得了极大的发展。通过企业内部的流程再造和企业外部供应链的整合，企业物流作为“第三利润源”的作用凸显。越来越多的制造和流通企业将物流业务部分或全部外包给第三方物流公司，促进了这一现代物流组织形式的发展。第四方物流、物流地产等新型物流组织也在出现和发展。

4. 物流教育的发展

2000 年以前，中国的物流教育是很欠缺的。2000 年以后，物流教育出现了井喷式发展。目前，我国设有物流专业的本科院校达 300 多所，加上专科和高职院校，物流专业的在校生超过十万人。同时，物流专业也在发展，分为物流管理、物流工程和采购管理三个主要专业。物流教育的层次有本科、专科、高职，还有在职培训及物流师培训。这为物流事业的发展提供了人才基础。

第四节 现代物流的新理念

一、“7 个恰当”

现代物流可以用“7 个恰当”（7Rs）来表示，即：恰当的产品（right product）、恰当的数量（right quantity）、恰当的条件（right condition）、恰当的地点（right place）、恰当的时间（right time）、恰当的顾客（right customer）、恰当的成本（right cost）。

“7 个恰当”涵盖了现代物流的基本活动，即：强调了时间和空间的重要性，更强调了成本与服务的重要性。当物流系统发生变动时，物流管理者应不断评价成本与服务水平的合适性。

“7 个恰当”说起来容易，做起来就难了。物流以满足需求为目的，只有认真地、一丝不苟地去做，才可能满足需求。

二、强调效率和效益

效率（efficiency）是指单位时间内完成的工作量；效益（benefit）是指效果与利益。效益既有经济收益，也有社会效果。物流对国民经济的贡献，既包括从物流本身得到的直接效益，又包括由物流引起的间接效益。

在多数情况下，效率和效益是一致的。对于同一种工作，若能提高效率，也可以获得很好的效益。但两者也有不一致的时候，用同样的效率从事不同性质的工作，获得的效益可能不同。例如，我国企业与世界500强企业的境遇对比是：我们卖产品，它们卖品牌；我们卖力气，它们卖知识；我们卖市场，它们卖技术；我们卖资源，它们卖文化；我们人赚钱，它们钱赚钱。

现代物流既强调效率又强调效益，要求实现两者的统一。特别是通过物流的改善，可大幅提高生产力和收益，并获得事半功倍的效果。

三、物流具有战略意义

物流的本意是后勤保障，在现代物流中，它具有战略意义。对于具体企业来说，企业的选址、内部规划、生产线及工艺流程的设计等重大问题无不与物流有关。对于宏观经济来说，生产力布局、产业规划、基础设施建设等方面也与物流紧密联系。物流已从后卫变为先锋。只有从战略的高度来研究物流、规划和运作物流，才能使企业、产业乃至整个国民经济具有竞争力。

四、“第三利润源”、“黑大陆”和“物流冰山”

“第三利润源”、“黑大陆”和“物流冰山”理论是对物流理论的一种形象描述。

“第三利润源”理论指出，当“第一利润源”（廉价的物质资料——劳动对象）和“第二利润源”（廉价的劳动力——劳动者）枯竭时，应该利用劳动工具、劳动对象和生产力的整合获得利润。物流被认为属于这样的综合领域，因此被称为“第三利润源”。

“黑大陆”和“物流冰山”理论指出，物流是未开发的处女地。过去我们将物流和生产、物流和流通混淆在一起，并没有单独地认识和研究它。我们对物流还很陌生，认识不足，物流对于我们来说就像一片黑暗的大陆，物流冰山的大部分还未露出水面。因此，物流的发展潜力很大。

五、物流全球化

今天，经济全球化已成为现实，这是物流全球化的前提。物流全球化是经济全球化及企业实施全球战略的支持和保证。经济全球化把世界作为一个大市场，对企业的生产方式产生了极大影响。企业从全球市场获得原材料、在世界各地的工厂组织生产，然后将产品运送到世界各地的消费者手中。这种在不同国家建立生产基地，并将全球化的产品销往国际市场的做法，必将导致物流的全球化。

六、物流一体化

物流一体化是指物流不是单个的要素，而是通过整合连在一起，并形成整体。整体整合能力的强弱直接影响着企业的发展。企业内部物流一体化是在企业内部作业中将所有涉及物流的工作和功能结合起来。将企业内部物流一体化加以延伸，与供应链的上游供应商和供应链的下游客户相联系，就形成了企业外部物流的一体化，后者是供应链管理的一部分。

七、精益物流

精益物流是起源于日本丰田汽车公司的一种物流管理思想，是从精益生产的理念演变而来的，是精益思想在物流管理中的应用。

精益物流的目标可概括为：企业在提供满意服务的同时，把浪费减少到最低限度。精益物流的内涵是运用精益思想对企业物流活动进行管理。

精益物流是要消除以下七种浪费：

（1）过多生产。过多生产是指数量浪费。生产得过多和过早，经常是浪费的最大来源，影响着质量和生产率。

（2）等待。等待是指时间浪费，包括员工、材料或客户的等待。

（3）运输。运输所关心的是零部件从一个环节到下一个环节的移动，而不是效率。

（4）不适当的加工。涉及造成生产瓶颈的大型加工中心。

（5）不必要的库存。过多库存导致物料流中断和前置期延长，并需要占用空间，是时间和资源的双重浪费。

（6）多余的动作。多余的动作包括弯腰、展肢、伸出手臂、加工中的走动、获得签字和翻倒等。

（7）缺陷。缺陷是指资源质量降低，且付出了时间和金钱的代价。

八、无库存

现代生产的实际需求预测是十分困难的。库存越大，企业的风险就越大。因此，“仓库革命”的概念被提了出来。从现代物流的角度出发，仓库不再是储存物资的“蓄水池”，而是一条流动的“河”。按订单采购生产所必需的物资，从根本上消除呆滞物资（即库存）。从社会物流的角度出发，无库存理念的具体运作方式包括物流配送方式、准时生产供应方式、第三方物流方式等。

九、绿色物流

绿色物流是指在物流过程中抑制物流对环境造成危害的同时，实现对物流环境的净化，使物流资源得到最充分的利用。为了实现长期、持续、稳定的发展，就必须采取各种措施来保护自然环境。这种可持续发展战略同样适用于物流活动。环境共生型的物流管理就是要改变原来经济发展与物流、消费生活与物流的单向作用关系，在抑制物流对环境造成危害的同时，形成一种能促进经济发展和人类健康发展的物流系统，即向绿色物流、循环物流转变。

十、效益背反理论

效益背反（trade-off）理论指出，物流的若干功能要素之间存在损益矛盾，即在某个功能要素优化和利益发生的同时，可能会存在另一个或另几个功能要素的利益损失。这是一种此消彼长、此盈彼亏的现象，虽然在许多领域中这种现象都是存在的，但在物流领域中，这个问题尤其严重。

物流学理论研究致力于不断寻求解决和克服各功能要素的效益背反现象的途径，寻求物流的整体最优。

练习题

一、单选题

1. 制造企业的生产物流(　　)。

A. 只有商流，没有物流　　B. 只有物流，没有商流

C. 既有商流，又有物流　　D. 既无商流，又无物流

2. 电子商务中的软件购买(　　)。

A. 只有商流，没有物流　　B. 只有物流，没有商流

C. 既有商流，又有物流　　D. 既无商流，又无物流

3. 空间效用是由(　　)要素实现的。

A. 运输　　B. 储存

C. 装卸搬运　　D. 流通加工

4. 时间效用是由(　　)要素实现的。

A. 运输　　B. 储存

C. 装卸搬运　　D. 流通加工

5. 形态效用是由(　　)要素实现的。

A. 运输　　B. 储存

C. 装卸搬运　　D. 流通加工

二、多选题

美国的“03”定义是(　　)。

A. 物流是物资资料的有效移动

B. 物流是货物、服务及相关信息的移动

C. 物流是供应链的一部分

D. 物流管理是供应链管理的一部分

E. 物流货物从起源地到消费地的移动

F. 物流包含了正向和反向的移动

三、判断题

1. 美国从"63"定义开始使用"logistics"表示物流。(　　)

2. 物流包括商流、信息流、资金流和流通。(　　)

四、改错题

1. 效率与效益是正相关的，因此，提高效率就能提高效益。

2. 物流是生产经营活动的一部分，因此如何管理物流是一个后勤战术问题。

五、简答题

1. 为什么物流活动存在了几千年，而物流学科只有几十年的历史？

2. logistics 与 physical distribution 的概念有什么不同？

3. 商流与物流分离的优势是什么？

4. 物流与储存的区别是什么？

5. 物流与供应链的区别与共同点是什么？

6. 物流对商品价值和使用价值的作用是什么？

7. 为什么说物流是第三利润源？"黑大陆"和"物流冰山"是什么意思？

8. 什么是精益物流？

9. 请举例说明利益背反理论。

六、论述题

请说明物流在 21 世纪成为热点问题的原因。

案例分析

中国外运股份有限公司的成长

——从传统物流公司到现代物流公司的转变

中国外运的母公司——中国外运集团总公司是中国历史最悠久的运输企业，具有约 60 年的从业经验，也是中国物流市场的先驱者之一。从 20 世纪 50 年代到今天，从一个传统的运输企业演变成中国综合物流的旗舰。

中国外运股份有限公司（以下简称中国外运）成立于 2002 年 11 月 20 日，并于 2003 年 2 月 13 日在香港成功上市，是中国外运长航集团有限公司（简称中国外运长航）控股的 H 股公司。它注入了集团在香港、广东、福建、上海、浙江、江苏、湖北、连云港、重庆、江西、安徽、山东、天津、辽宁等国内发展迅速的沿海、沿江地区和其他战略性地区的核心业务、优良资产和专业化的员工队伍，承继了集团公司 50 余年从事物流运输服务所积累的丰富经验、强大稳固的客户基础和享誉全球物流运输界的品牌，成为中国外运长航发展综合物流的旗舰，其成长路径见图 1—8。2013 年底，公司拥有从业员工 28 302 名，总资产达 299 亿元，净资产达 134 亿元。

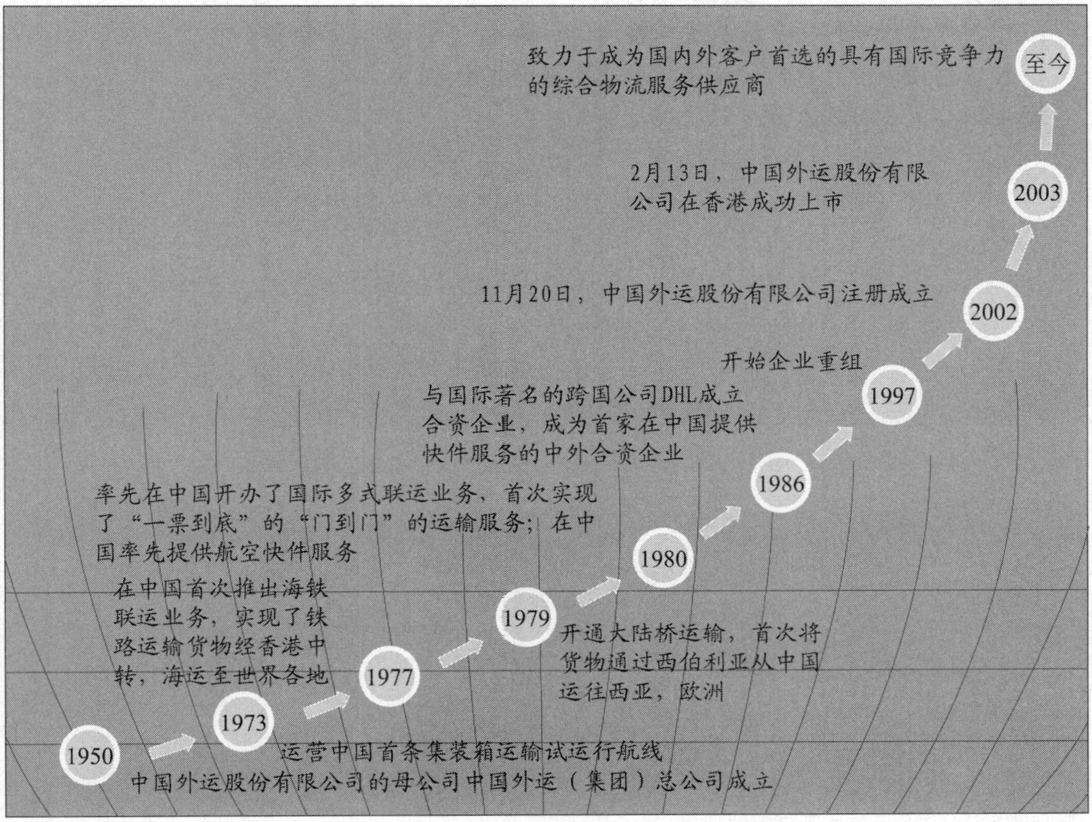

图1—8　中国外运股份有限公司的成长

中国外运集海、陆、空货运、仓储码头服务、快递、船务代理及货运代理业务于一体，为广大客户提供综合物流服务，其业务主要由所属子公司（含控股公司）实行专业经营。在营运实践中，培育和形成了综合物流所必需的全程方案设计、组织、协调、管理等综合服务能力。公司拥有内容齐全、结构均衡的战略资产。截至2013年底，中国外运拥有自营及参股码头15座，泊位71个，岸线总长9 654米；集装箱场站面积达230万平方米；仓库面积达289万平方米，包括干货库、温控库、保税库、海关监管库、危险品库等多种类型，可以满足客户的不同需求；营运车辆2 824辆，5.69万载重吨；铁路专用线7条。公司注重一体化营销体系和标准化业务操作平台的建设，建立起分工协作的一体化经营模式，打造了以海陆空货运体系为支撑、以战略资产为依托的一体化综合物流服务平台。

中国外运的服务网络覆盖中国、遍及全球主要经济区域。除公司自身拥有一个覆盖中国重要战略和沿海地区的服务网络外，还通过控股子公司中外运空运发展股份有限公司设立的分支机构，拥有覆盖国内主要城市和经济活跃地区的航空货运和快递服务网络；通过与母公司中国外运长航订立的多项服务协议，得以利用其所拥有的中国最庞大的服务网络；同时，通过与国际战略合作伙伴结成的同盟关系，在世界主要经济区域建立了强大的海外代理网络。

资料来源：根据中国外运的企业介绍材料改编。

讨论题

1. 中国外运是如何将自己从传统物流公司转变成现代物流公司的?
2. 传统物流公司与现代物流公司的业务有哪些不同?
3. 中国物流公司的发展方向应该是什么?

第 2 章

物流系统

学习目标

- 了解系统的概念、特点和模式，系统论的基本原理，系统的研究方法和模型
- 掌握物流系统的特点及其与生产系统的不同
- 掌握系统分析的内涵、要素构成及分析的步骤，使用系统分析的时机、分析的主要内容与工具，以及系统评价的指标体系
- 重点掌握物流系统设计的内涵，学会制定物流解决方案和进行物流系统规划的基本方法

第一节　系统论的基本原理与基本方法

一、系统的概念

虽然“系统”一词频繁出现在社会生活和学术领域中，但不同的人在不同的场合往往赋予它不同的含义。长期以来，对系统的定义及其特征描述尚无统一规范的定论。目前，国内比较公认的定义是：系统（system）是两个或两个以上相互作用并相互联系的要素，为了达到一定目的，以一定方式结合起来而形成的整体。

系统用数学公式可以表达为：

$$S=\{N, U\}$$

式中，S 表示系统；N 表示该系统所有组成部分或元素的集合，简称“元素集”；U 表示该系统所有组成部分或要素之间的相互作用和相互依赖的某种关系，以及该系统与其所处的环境之间的某种关系集合，简称“关系集”。

要素是构成系统的必要因素和基本单位，系统是要素存在的基础和实际载体。系统的性质是由要素决定的，有什么样的要素就有什么样的系统。要素在系统中的情况

一般可分为三种：不同数量、不同性质的要素可构成不同的系统；相同数量、相同性质的要素，仅结构方式不同，可构成不同的系统；相同性质的要素，仅数量不同，可构成不同的系统。

一般来讲，在一个给定的系统中，系统的关系分为以下三种：系统内部各部分之间的关系，即系统内部关系；系统内部各部分与该系统之间的关系，即个体与整体的关系；系统本身与外部环境之间的关系，即系统内部与外部的关系。①

理解系统的内涵，需要重点把握以下几个方面：

（1）系统中的任意要素将影响整体。

（2）可以通过对系统中一个要素的影响来影响整体。

（3）一个要素不可能实现整体功能。

（4）系统不能独立存在，要处于比它更大的系统中。

二、系统的特征和模式

（一）系统的特征

1. 集合性

系统的集合性是指系统是由两个或者两个以上有一定区别又有一定相关性的要素构成的整体。如果只有一个要素，那么这个要素本身就是一个系统，即由若干更小的要素构成的系统。例如，物流系统由储存、运输、包装、装卸、流通加工、相关信息等要素构成，其中运输系统又由铁路、公路、水路、航空和管道等要素构成。

2. 关联性

系统本身的构成要素之间存在相互作用和相互依赖的内在联系。系统不是各要素的简单相加，其要素必须是按照逻辑统一性的要求相互关联的。

3. 目的性

要素的结合是为了达到特定的目的，不同要素的结合或相同要素进行不同结合的目的可能会不一样，但它们都是为了满足特定的目的才按照特定的方式结合起来的。

4. 整体性

系统是一个整体，即：无论由什么样的要素和多少要素组成，从形态上讲都应该是一个能够与其他系统相区别，并且系统要素互相配合和协调，能够发挥特定功能的整体，系统要素只有以这种方式联合起来，才能发挥整体功能。

5. 动态性

任何一个系统都处于不断变化和运动中。系统要不断输入各种能量、物质和信息，经过转换处理，再进行满足人们某种期望的输出，而这种输出又伴随着另外一些要求的产生。系统在这个周而复始的运动变化中得以生存和发展。同时，系统总是处于一定的环境之中，当环境发生变化时，系统的功能就会受到影响，甚至改变系统的目标。因此，系统必须具备自我调节能力，以适应环境的各种变化。

---

① 参见郝渊晓：《现代物流管理》，27～28页，广州，中山大学出版社，2005。

6. 边界性

系统和要素都有明确的边界，应该能够区分。由于要素包含于系统之中，因此要素的边界小于系统的边界。同时，系统内的要素可能会产生边界交叉，但是不能完全重合，而是有各自的边界。

7. 层次性

要素和系统处于不同的层次，系统包含要素，要素包含于系统之中，要素是相对于它所处的系统而言的，系统是从它包含要素的角度来看的，一个系统总是隶属于其他更大的系统，前者是后者的一个要素。要素可称作子系统，子系统是系统的要素，是隶属于系统的系统。

（二）系统的模式

任何一个系统都是由输入、转换（处理）、输出三部分组成的，加上反馈，就构成了一个完备的系统。系统模型如图 2—1 所示。

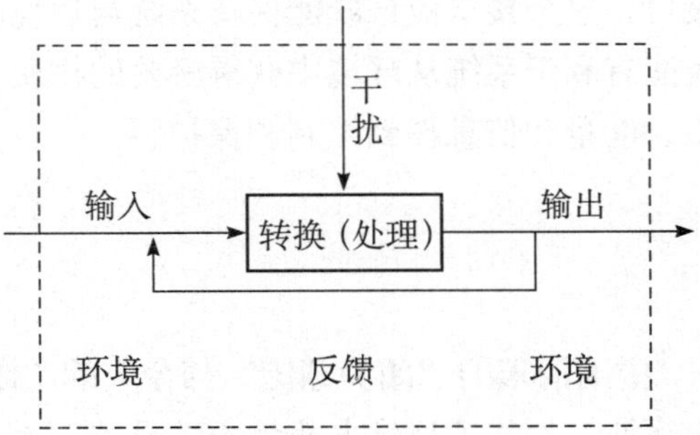

图 2—1　系统模型

资料来源：郝渊晓：《现代物流管理》，28 页。

三、系统论的基本原理

1. 系统的整体性原理

系统的整体性原理是指：系统是由若干要素组成的具有一定功能的有机整体，作为系统子单元的各要素一旦组成系统整体，就具备了独立要素所不具备的性质和功能，形成了新系统的质的规定性，从而表现出整体的性质和功能不等于各要素的性质和功能的简单相加。该原理的核心内容包括以下几点：整体由部分组成；各部分有机地构成了整体；独立的部分可以通过一体化过程形成整体；整体与部分之间存在复杂关系。至少存在以下三种关系：整体大于部分之和；整体等于部分之和；整体小于部分之和。第一种关系是正常的，是系统的重要属性，后两种关系则是由于系统出现了问题而造成的。

2. 系统的层次性原理

系统的层次性原理是指：由于组成系统的诸要素的种种差异（包括结合方式上的差异），因此系统组织在地位与作用、结构与功能等方面表现出等级秩序性，形成了具有质的差异的系统等级，层次概念就反映了这种有质的差异的不同系统等级或系统中的高级差异性。该原理的要点可以归纳如下：系统的层次是无限的；系统的层次具有相对性；系统的层次具有多样性。

3. 系统的目的性原理

系统的目的性原理是指：在与环境的相互作用中，系统在一定范围内的发展变化不受到或较少受到条件变化的影响，坚持表现出某种趋向预先确定的状态特征。该原理认为，系统的存在就是要达到某种目的，而系统的目的是通过系统的功能实现的；系统的目的是多元化的，有时还是冲突的。因此要进行协调和权衡，将目标分为不同层次、不同时间、不同重要程度等，最终形成整个系统的目的。

4. 系统的开放性原理

系统具有不断与外部环境交换物质、能量、信息的性质和功能。系统与环境的交换关系就是系统开放性的表现。系统的开放性原理认为：系统必须保持开放，没有与外部环境进行资源交换的封闭系统，必将走向灭亡；保持系统开放的关键是设计好系统与环境的接口，这个接口应该既能保持系统与环境的动态交换，又能保持系统本身的整体性；既能有利于系统从环境中获得必要的物质、能量和信息，又能保证系统本身的有用物质、能量和信息得到控制和保护。[①]

案例 2—1

中国清末的“闭关锁国”与今天的“改革开放”

清政府实行闭关政策，构筑了隔绝中外的一道堤墙，对中国社会的前进起了阻碍作用。由于对出海贸易横加限制，严重影响了经济的发展。同时，也使中国人民与世界潮流隔绝，导致中国与世界分离，不明世界大势。而清朝统治者更是闭目塞听，从而限制了中国资本主义的发展，落后于世界，由世界强国沦为众多资本主义国家剥削压迫的对象。正因为落后就要挨打，一系列战争才在中国发生。

“改革开放”，是中国共产党在 1978 年召开的党的十一届三中全会重要上提出的战略决策，是新中国成立以来的一个重要的基本国策。这个决策的成效之一是改变了中国长期以来对外封闭的情况，令中国大陆向世界开放，同时大幅提高了国内人民的生活水平，改善了国际上的形象，使中国进入了经济高速发展时期。经过 30 年的改革开放，中国国家力量大幅增强，国际地位和军事实力显著提高。2010 年，中国 GDP 超越日本，成为仅次于美国的全球第二经济大国。中国已经成为国际社会不可缺少的重要角色。

四、系统研究的一般方法和模型

1. 系统研究的一般方法

系统科学采用的一般研究方法如表 2—1 所示。

① 参见何明珂：《物流系统论》，28～30 页。

表 2—1　系统科学的一般研究方法

研究方法		特　征
分析与综合	分析	从一般到特殊，从抽象到具体，由里及表
	综合	从特殊到一般，从具体到抽象，由表及里
归纳与演绎	归纳	从现象到本质，从内容到形式
	演绎	从本质到现象，从形式到内容
实证与规范	实证	解决“是什么”（判断式）的问题
	规范	解决“应该是什么”（命令式）的问题
模拟与仿真	模拟	通过概念、实物及模型等方式还原对象
	仿真	将实物、模型等方式用计算机或其他方式还原对象

2. 系统研究的模型

模型是系统科学的重要研究方法。系统科学使用的研究模型如图 2—2 所示。

- 模型
  - 形象模型
    - 直观模型——实物模型
    - 物理模型——利用物理学中的相似原理
  - 抽象模型
    - 概念模型——利用概念、术语等表征
    - 符号模型——利用特定的符号表征
    - 逻辑模型——用流程和逻辑符号
    - 模拟模型——通过对对象逻辑关系的模拟
    - 数学模型——利用数学公式

图 2—2　系统科学使用的研究模型

第二节　物流系统

一、物流系统的概念

物流系统是由物流各要素组成的，要素之间存在有机联系，并具有使物流整体合理化功能的综合体。

物流系统是社会经济大系统的一个子系统或组成部分。具体地讲，物流系统是指在一定的时间、空间里，由所需要的物流产品、包装设备、装卸搬运机械、运输工具、仓储设施、运输道路、流通加工和废弃物回收处理设施等若干相互作用、相互依赖和制约的动态要素（即物质、能量、人员和通信网络）所构成的有机整体，并处于整个国民经济系统环境之中。

二、物流系统的模式

物流系统的基本模式和一般系统一样，具有输入、转换及输出三大功能，并通过输入和输出之间的信息反馈以及系统与社会环境的交换来实现系统的目标。

通常，物流系统具有输入、转换（处理）、输出、环境制约和反馈等功能（如图2—3所示）。

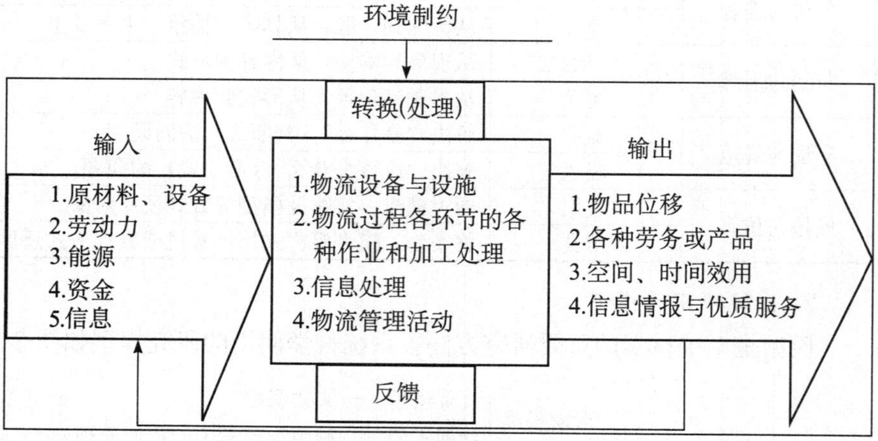

图2—3 物流系统示意图

1. 输入

物流系统的输入包括物流运作和管理所需的原材料、设备、劳动力、能源等，即：通过提供资源、能源、设备、劳动力等使物流系统运转起来。这一点与其他系统的输入原理差别不大，只是不同行业的具体输入对象不同。

2. 转换（处理）

转换（处理）是指物流本身的运作和管理过程，这一点与生产和经营企业有很大的不同。转换（处理）是物流的核心工作，包括物流设施与设备的建设、物流业务活动（如运输、储存、包装、装卸、搬运等）以及信息处理、策划和管理工作等。而生产企业的转换是生产制造；流通企业的转换是媒介交换。

3. 输出

物流系统的输出是指物流系统利用其本身所具有的各种手段和功能，对环境的输入进行各种处理后所提供的物流服务。具体内容包括产品位置与场所的转移、各种劳务（如合同的履行及其他服务等）、信息情报等。物流系统输出的产品是服务，而生产企业输出的产品是实物，这一点两者有很大的不同。

4. 环境制约

外部环境对物流系统施加的一定的约束称为外部环境对物流系统的限制和干扰，具体包括资源条件、能源、资金与生产能力的限制，价格影响、需求变化，仓库容量，装卸与运输能力，政策变化等。

5. 反馈

在把输入转化为输出的过程中，物流系统受到各种因素的限制。若不能按原计划实现，则需把输出结果返回给输入，进行调整；即使能按原计划实现，也要把信息返回给输入，以对工作做出评价，这称为信息反馈。信息反馈的内容包括各种物流活动分析报告、统计报告、典型调查、国内外市场信息与有关动态等。

三、物流系统的特点

1. 物流系统的客观存在性

物流系统本来就客观存在，但一直未被人们所认识，从而未能有效地利用系统的优势。物流系统的各要素在长期的社会发展历程中都已达到了较高的水平，因而，一旦形成物流理念、按新理念建立物流系统，就会迅速发挥系统的总体优势。从这个意义上讲，物流系统是现代科技及新理念的产物。

2. 物流系统是一个大跨度系统

物流系统是一个大跨度系统，反映在两个方面：一是地域跨度大；二是时间跨度大。国家间物流的地域跨度之大自不待言，即使是企业间物流，在现代经济社会中，跨越不同地域也是常有的事。大跨度系统带来的主要问题是管理难度较大，对信息的依赖程度高。

3. 物流系统的稳定性较差而动态性较强

物流系统和生产系统的一个重大区别在于：生产系统按照固定的产品、固定的生产方式，连续或不连续地生产，且少有变化，稳定的时间较长，而一般的物流系统要联结多个生产企业和用户，系统内的要素及系统的运行经常发生变化，难以长期稳定。稳定性差、动态性强带来的主要问题是要求系统有足够的灵活性和可改变性，这自然增加了管理和运行的难度。

4. 物流系统属于中间层次系统范畴

物流系统属于中间层次系统范畴，也就是说，物流系统本身具有可分性，可以分解成若干子系统；同时，物流系统在整个社会再生产中主要处于流通环节，因此必然受到更大的系统（如流通系统、社会经济系统）的制约。

5. 物流系统的复杂性

物流系统要素本身十分复杂，例如，物流系统的运行对象“物”，涉及所有社会物质资源，集全部国民经济产品的复杂性于一身，这必然引起物流系统的复杂性。此外，物流系统要素间的关系不如某些生产系统那样简单明了，这也增加了系统的复杂性。

6. 物流系统结构要素间的效益背反现象

物流系统结构要素间有非常强的背反现象，这种现象常称为交替损益现象或效益背反现象。对某些要素的不当处理会引起系统总体恶化的结果。发生这种现象的主要原因是物流系统的“后生性”。由于物流系统中的许多要素在按照新理念建立物流系统前早已是其他系统的组成部分，因此，往往较多受到原系统的影响和制约，而不能完全按照物流系统的要求运行。

四、物流系统的分类[①]

物流系统分类的视角有很多，我们可以按照物流发生的位置、物流运行的性质、

---

① 参见《物流系统的含义及其分类》，载 http：//www.dada56.com.cn/wuliuzhishi/dada-20050820-03.htm，2005年8月20日。

物流活动的范围以及物流构成的内容来对物流系统进行分类。

（一）按物流发生的位置分

按照物流发生的位置，物流系统可划分为企业内部物流系统和企业外部物流系统。

1. 企业内部物流系统

企业内部物流系统主要是指企业内部经营运作所涉及的物流活动。例如，制造企业所需的原材料、能源、配套协作件的购进、储存、加工直至形成半成品、成品最终进入成品库的物料和产品流动的全过程。

2. 企业外部物流系统

企业外部物流系统主要是指企业作为一个系统与组织以外的系统产生联系所涉及的物流活动。例如，对于制造企业，物料、外协件从供应商所在地到该企业仓库为止的物流过程，从成品库到各级经销商，最后送达最终用户的物流过程，都属于企业外部物流系统。

（二）按物流运行的性质分

按照物流运行的性质，物流系统可划分为供应物流系统、生产物流系统、销售物流系统、回收物流系统和废弃物流系统。

1. 供应物流系统

供应物流系统是指从原材料、燃料、辅助材料、机械设备、外协件、工具等从供应商处的订货、购买开始，经过运输等中间环节，直到收货人收货入库为止的物流过程。供应物流系统通过采购行为使物资从供货单位转移到用户单位，一般是生产企业进行生产所需要的物资供应活动。

2. 生产物流系统

生产物流系统是指从原材料投入生产起，经过下料、加工、装配、检验、包装等作业直至成品入库为止的物流过程。生产物流的运作过程基本上是在企业（工厂）内部完成的。流动的物品主要包括原材料、在产品、半成品、产成品等，这些物品在企业（工厂）范围内的仓库、车间、车间内各工序之间流动，贯穿企业的基本生产和辅助生产、附属生产等生产工艺流程的全过程，是保证生产正常进行的必要条件。生产物流的运作主体是生产经营者，部分生产物流业务可以延伸到流通领域，例如，第三方物流企业提供流通加工服务。

3. 销售物流系统

销售物流系统是指成品由成品库（或企业）向外部用户直接出售，或经过各级经销商直到最终消费者为止的物流过程。从事销售物流运作的经营主体可以是销售者、生产者，也可以是第三方物流经营者。

4. 回收物流系统

回收物流系统是指物品在运输、配送、安装等过程中所使用的包装容器、装载器具、工具及其他可以再利用的废旧物资的回收过程中发生的物流。回收物流主要包括边角余料，金属屑，报废的设备、工具形成的废金属和失去价值的辅助材料等。

5. 废弃物流系统

废弃物流系统是指对废弃杂物的收集、运输、分类、处理等过程中产生的物流。

废弃杂物一般包括伴随产品生产过程产生的副产品、废弃物以及生活消费过程中产生的废弃物等。废弃物流通常由专门的经营者经营，例如，国外有第三方物流经营者参与废弃物流作业过程的实例。

（三）按物流活动的范围分

按照物流活动的范围，物流系统可划分为企业物流系统、区域物流系统和国际物流系统。

1. 企业物流系统

企业物流系统是指围绕某企业或集团产生的物流活动。它包括企业或集团内部的物流活动，也涉及相关的外部物流活动（如原材料供应市场和产品销售市场）。企业物流活动往往需要考虑供应物流、生产物流和销售物流之间的协调，以及相应的一体化规划、运作和经营。

2. 区域物流系统

区域物流系统是指以某经济区或特定地域为主要活动范围的社会物流活动。区域物流一般表现为通过一定地域范围内的多个企业间的合作、协作，共同组织大范围专项或综合物流活动的过程，以实现区域物流的合理化。区域物流通常需要地方政府的规划、协调、服务和监督，在促进物流基础设施的科学规划、合理布局与建设发展等方面，地方政府应给予支持。例如，在规划某区域物流系统时，省域、城市物流系统，公路运输站场规划与布局等一般需要考虑区域物流设施与企业物流设施的兼容性和运行方式。

全国物流系统可以看作扩大的区域物流系统。在全国范围内进行物流系统化运作时，需要考虑综合运输及运网体系、物流主干网、区域物流及运作等。

3. 国际物流系统

国际物流系统是指在国家（或地区）与国家（或地区）之间的国际贸易活动中发生的商品从一个国家或地区流转到另一个国家或地区的物流活动。国际物流涉及国际贸易、多式联运和通关方式等内容，需要国家间的合作，以及国内各方的重视和积极配合参与，通常比国内物流复杂得多。

（四）按物流构成的内容分

按照物流构成的内容，物流系统可划分为专项物流系统和综合物流系统。

1. 专项物流系统

专项物流系统是以某产品或物料为核心内容的物流活动系统。常见的产品有粮食、煤炭、木材、水泥、石油和天然气等。专项物流往往需要专用设施、专用设备与相应物流过程的配套运作才能完成。

2. 综合物流系统

综合物流系统是包括社会多方经营主体及多种类产品、物料构成的复合物流系统。

从不同的角度对物流系统进行分类，可以加深我们对物流性质、过程的理解和认识，有利于更好地进行物流系统的规划、设计、运营组织与管理。

第三节　物流系统分析与评价

一、物流系统分析概述

（一）物流系统分析的内涵

物流系统分析是从系统的最优出发，在选定系统目标和准则的基础上，分析构成系统的各级子系统的功能和相互关系，以及系统与环境的相互作用；运用科学的分析工具和方法，对系统的目的、功能、环境、费用和效益等进行充分的调研、收集、比较、分析和数据处理，建立若干替代方案和必要模型，进行系统仿真；将各种结果与目标进行比较和评价，寻求系统整体效益最佳和有限资源配备最佳的方案，为决策者提供科学的依据和信息。

（二）物流系统分析的要素

1. 目标

目标是对系统的要求，是系统分析的基础。系统分析人员最初也是最重要的任务就是了解领导者的意图，明确存在的问题，确定系统的目标。

2. 可行方案

方案是指各种可能实现系统目标的途径、措施和办法，可行方案是指其中最合适的那一种方案。系统分析所要解决的问题就是寻找可行方案。

3. 费用和效益

费用是实施方案的实际支出，而效益是指方案实施后获得的成效。建立一个系统必然会发生费用，而建立系统的目的是获得效益。费用和效益是对方案的约束条件，只有效益大于费用的设计才是可取的。

4. 模型

模型是对系统本质的描述，是方案的表达形式。凭借模型可以对不同方案进行分析、计算和模拟，以获得各种方案的性能、数据以及其他信息。

5. 评价标准

评价标准是目标的具体化，是对系统价值的度量，用以评价各种可行方案的优劣。评价标准必须恰当，而且要便于使用。

从这些要素可以看出，物流系统分析是在明确系统目标的前提下进行的，经过开发研究得到能够实现系统目标的各种可行方案后，首先建立模型，并借助模型进行效果—费用分析，然后根据评价标准对可行方案进行综合评价，以确定方案的优先顺序，最后向领导者提出系统分析的结论（如报告、意见或建议），以辅助领导者进行科学决策。①

---

① 参见郝渊晓：《现代物流管理》，37～38页。

（三）物流系统分析的步骤

1. 明确问题，确立目标

在对某系统进行分析时，首先必须明确所要分析问题的目的和系统当前的状态，然后分析问题的构成和范围，即：要回答做什么，为什么要做，最后确定系统的总目标。

2. 搜集资料，分析问题

在提出问题和确立目标之后，还必须广泛搜集与解决问题有关的一切资料（包括历史和现实资料、文字资料和数据资料），尤其要重视反映各种要素相互联系和相互作用的资料。在对物流系统进行分析时，应将与系统进行物质、能量、信息交换的主要外部条件作为系统的环境因素加以分析。

3. 建立模型

通过模型技术，建立问题的数学模型或其他形式的模型。模型不是系统本身，而是对系统的描述、模仿或抽象，反映实际系统的主要特征。利用模型预测各方案可能产生的结果，并根据其结果说明各方案的优劣。

4. 系统优化

用最优化理论和方法，对所构造的系统模型进行最优化求解。如有足够定量的因素，可用数学的方法建立数学模型，运用运筹学等技术寻求最佳方案，复杂问题可运用计算机求解。在定量优化的基础上，再考虑定性因素，并进行综合调整，使整体优化更切合实际。

5. 综合评价

在对系统的若干方案进行优化后，还要进行综合评价。如果几个替代方案各有千秋，需要按既定的系统指标体系定出综合评价标准。通过评价标准对各方案进行综合评价，确定各方案的优先顺序，以便决策者作出决策。

若决策者对上述方案不满意，则按前面所述步骤对各因素进行调整，重新进行分析；若决策者对上述方案满意，则可实施。

二、物流系统分析的目的与内容

（一）物流系统分析的目的

物流系统分析的目的各有不同，一般包括但不仅限于以下七种：物流系统优化；物流项目建设；企业物流合作；物流技术更新；物流软件开发；物流市场研究；政府物流规划。下面分别进行阐述。

1. 物流系统优化

制造商、分销商、物流公司等为了明确制定公司的物流发展战略、重组物流流程、优化物流网络等，或者为了对本公司物流系统、物流与供应链系统进行诊断，需要对物流系统进行调查和分析。这项工作可能聘请咨询公司来做，也可能由公司自己组建项目小组来完成。20 世纪 80 年代以来，TCL、美的、科龙、海尔等制造商都曾花巨资请咨询公司做物流咨询；中国外运股份有限公司、中远集团、中海集团、扬子江快运、中邮物流等也都聘请咨询公司做过物流系统优化和设计。咨询公司一般需要与委托方一起成立项目组，共同对委托方的物流系统进行调查和分析。

2. 物流项目建设

企业要申请政府提供的物流建设项目及其专项资金（如发改委提供的物流基础设施建设与改造资金，物流中心建设与改造、物流信息系统建设等专项资金），或者申请的银行贷款等，都需要提供《项目可行性研究报告》和《项目建议书》。这两份文件的编制基础都是对目标物流系统的系统分析。通过系统分析，证明项目和系统的建设具有可行性，供专家和管理部门在审批时参考。

3. 企业物流合作

从2005年1月1日开始，中国的物流市场向外国企业全面开放，物流外包以及物流企业间的兼并、整合和合作等逐渐成为中国物流市场发展的一种趋势。为了达成合作协议，双方都要对对方的物流系统进行充分的调查和分析，以评估合作的领域、方式和前景。

4. 物流技术更新

发达国家的物流业是大量应用高科技工具和设备的领域。在中国，这些物流技术和设施设备迟早会被普遍应用。比如，快速反应的物流系统、自动化的物流中心或配送中心、自动化立体仓库、自动分拣系统、全球卫星定位技术（GPS）物流跟踪系统、条形码系统等设施设备和技术现已开始在中国使用。在实现技术本土化的过程中，我们需要对中国的物流系统进行深入分析，并结合中国国情开发出相应的物流技术、设施设备和应用系统，而不是一味照搬外国的技术。

5. 物流软件开发

计算机软件开发商为了开发物流管理信息系统，必须首先进行物流系统需求分析，据此确定用户的需求，并将其提交给软件工程师进行编程。由此可见，需求分析是软件开发的基础，通常由物流系统分析师来完成。

6. 物流市场研究

从2000年开始，国内外许多著名的咨询公司、中介机构和专家每年都提供中国物流市场研究报告。比如，摩根士丹利、JP摩根、普华永道、埃森哲、美智（Mercer）、国际数据（IDC）、麦肯锡等公司纷纷发表了针对中国第三方物流市场的调研报告。这些研究报告力求对中国的物流市场和物流系统进行分析，为国内外的投资者提供决策参考。

7. 政府物流规划

在中国，由地方政府主持编制物流发展规划的做法已十分普遍。地方政府的物流规划往往外包给咨询公司、科研机构、大学等来完成。在项目推进过程中，一般由专家、政府相关部门人员组成项目组，地方政府出面组织各部门汇报物流情况，项目组一般采取各种方式进行调研，最后由项目组对该地的物流系统进行深入分析，并进行评价，提出规划方案和实施建议。物流系统分析是规划项目的重要研究内容。

（二）物流系统分析的内容

物流系统分析的内容主要可以概括为物流系统主体分析和物流系统环境分析两个方面。

1. 物流系统主体分析

物流系统的主体包括供应商，以及需要进行物流系统分析的企业、客户、合作伙伴、主要竞争者。物流系统主体分析主要围绕上述五个主体从战略与战术、组织与人事、市场与运作、财务、固定资产、技术、管理、渠道、信息系统、供应链、物流七要素、风险和服务等 13 个方面进行，具体内容如表 2—2 所示。

表 2—2　　物流系统主体分析的内容

项目	内容
战略与战术分析	企业物流战略与战术、竞争力、优势、劣势、竞争战略；采用第三方物流的比例与态度
组织与人事分析	决策层、管理层、运作层；组织结构、人员结构；薪酬体系、绩效评估；企业制度、企业文化
市场与运作分析	物流市场供求、物流市场竞争、市场占有率；经营目标、经营战略、经营手段；物流运作业务流程；绩效评估指标；物流系统运作功能（如运输、仓储、装卸、包装、流通加工、物流信息、物流增值服务）
财务分析	物流业务量、物流业务收入、物流价格、物流成本、税费、利率、汇率、固定资产、无形资产、现金流、银行存款、债务、内部收益率、财务净现值、投资回收期、投资利润率、借款偿还期、利息备付率、偿债备付率、敏感性和盈亏平衡点分析
固定资产分析	物流基础设施配套状况，物流网点的选址、数量、结构与运作状况；运输工具数量及结构，仓库数量及结构，叉车数量及结构；物流中心占地面积，物流中心其他设施设备；其他物流设施设备
技术分析	机械化、自动化、信息化、标准化水平；设施设备的具体技术
管理分析	管理层次与幅度、管理人员、管理组织、管理制度、管理方法、管理手段、管理现状
渠道分析	商流渠道、物流渠道、信息流渠道、资金流渠道、渠道之间的合作；渠道运作与现状；渠道长度和宽度、渠道结构、渠道效率
信息系统分析	信息系统的规模、功能、运行状况、设备、运行环境；信息系统与外界的互联，公共信息可用量
供应链分析	供应链集成状况、建立供应链关系的协议、与供应链伙伴的关系、在供应链中的位置、与供应链伙伴合作的态度、与供应链伙伴合作的深度和广度
物流七要素分析	流体、载体、流向、流量、流程、流速、流效及其相互关系
风险分析	战略风险、管理风险、市场风险、财务风险、运作风险、人员风险、行业风险
服务分析	服务项目、服务成本、服务水平、顾客满意度、服务创新、服务竞争力

2. 物流系统环境分析

物流系统环境分析主要从政治、行政、经济、技术、社会、地理、文化、环保、法律等九个方面进行。各因素涉及的主要内容有：

（1）政治因素，如国家政体、政局、对外关系。

（2）行政因素，如宏观管理，行政管理、行政规章、地区封锁与区域合作状况、道路交通管理制度，地区物流发展差距。

(3) 经济因素，如银行、税务、工商、海关、商检、检疫、保险，经济政策，经济发展状况，对外开放状况，外国竞争者进入状况，支付方式。

(4) 技术因素，如与物流相关的机械设备以及通信、信息采集等信息技术。

(5) 社会因素，如社会稳定状况、公众对物流的认识、商业道德与信用、人际关系。

(6) 地理因素，如物流基础设施地区分布、各地区气候对物流的影响。

(7) 文化因素，如风俗习惯、文化传统、商业惯例。

(8) 环保因素，如环保规定、包装和废弃物产生量、噪声和空气污染程度、包装材料要求。

(9) 法律因素，如与物流相关的法律法规。

三、物流系统分析的方法

物流系统分析可以采用的方法有很多。快速发展的科学提供了许多研究方法，这些方法以“分析”为主要特征，但是，科学发展的实践告诉我们，“综合”是科学的方法，也能产生新的科学。分析和综合是一对相反的过程，已被广泛应用在物流系统研究中。在进行物流系统研究时，使用的方法除分析和综合外，还包括归纳、演绎和推理等，而且所有分析方法均可归为三个类别，即调查类、实验类、假设类，下面将分别进行说明。

（一）调查类分析方法

1. 问卷调查分析方法

这是以问卷为基础，将所要收集的信息和数据以问卷和表格的形式发放给被调查者，请被调查者填写对有关问题的意见和建议来间接获得材料和信息的一种方法。

按照被调查者填写方式的不同，问卷调查可分为自填式问卷调查和代填式问卷调查。其中，自填式问卷调查按照问卷传递方式的不同，可分为报刊问卷调查、邮政问卷调查和送发问卷调查；代填式问卷调查按照与被调查者交谈方式的不同，可分为访问问卷调查和电话问卷调查。

2. 现场调查分析方法

这是由调查人员深入到现场实地调查取样、采集数据，并对数据进行分析的方法。为了获得对物流系统的直观认识，调查人员最好到现场进行调查。

现场调查分析方法主要包括强制性调查、街头拦截调查、入户调查、跟踪调查、现场定点计量、盘点、考察、观测、观察等。

3. 访谈调查分析方法

访谈调查分析是指通过与被访问对象面对面的深度问答方式进行调查，并根据访谈结果对所调查的问题进行分析的方法。按照双方参与访谈的人员构成，又可分为一对一、一对多、多对一及多对多四种方式。

访谈调查分析的方法有很多，如专家意见法（也称德尔菲法，即专家之间背靠背地独立发表意见）、头脑风暴法（被访问者之间面对面地相互启发）等，这些方法可使物流系统分析更全面，设计更合理。

4. 文献研究分析方法

作为一种调查分析方法，文献研究（document study）在经典的学术研究中占有重要地位。文献是前人研究成果的总结，通过研究文献，可以了解在本领域人类已经明确和不明确的认知范围，然后做进一步的研究，以便提高研究效率，减少重复研究。国内的物流理论与实践均落后于发达国家，这是不争的事实。因此，在物流系统的调查和分析中，充分研究国外文献可以尽快缩短我国在物流理论与实践上与发达国家的差距。

可以采取的文献研究分析方法包括经典著作研究、学术流派研究、专题文献比较研究（按国别、时代、学派、作者、观点、方法等进行比较研究）、专题文献综述研究等。

（二）实验类分析方法

1. 实验室实验

一谈到实验总让人想到实验室。古往今来，实验室实验被认为是最科学的研究方法。只要能够设计出合适的实验方案，就可以验证相关数据、理论和观测结果，得到与已经发表的对某问题认识结论不同的研究结论，开发出新材料、新产品、新设备等，因此，实验室实验的意义十分重大。实验室实验可分为以下几种：

（1）验证型实验。是指已经对研究对象有一定了解，并形成一定认识或提出某种假说，为验证这种认识或假说是否正确而进行的一种实验。比如，海关对进口商申报的进口食品进行实验室检验；配送中心在收到供应商所送的货物后需要进行抽样检查；等等。这些都是验证型实验，主要检查对象是否达到相应的要求和标准。

（2）发明型实验。是指主要涉及新材料、新产品、新设备、新工艺等的创新性实验。例如，科学家为了发明强度高、重量轻、价格低的新型材料，需要设计各种不同配方，在实验室反复做实验，找出最佳配方；工程师为了优化生产工艺在实验室做实验。

（3）观测型实验。是指主要通过分析人员直接观察所需分析的对象，以获取数据，把握规律的实验方法。例如，老师在物流实验室中观察学生的实验操作过程，以优化流程设计。

物流系统分析应该借助实验室实验，物流研究人员、物流管理人员、物流运作人员应该像其他科学研究人员一样，设计一些验证型、发明型和观测型的物流实验。

2. 现场实验

现场实验与实验室实验一样，可分为验证型实验、发明型实验和观测型实验。与实验室实验不同的是，现场实验的实验地点在现场，而不是在实验室。例如，在企业工作现场对新发明的物流设备或技术进行实验性运用。

3. 计算机模拟实验

计算机模拟实验（或称仿真实验）是利用信息技术、计算机技术、网络技术、数据库技术、建模技术等综合模拟再现物流系统的全部或部分的实验。计算机模拟实验可分为三种类型，即验证型模拟实验、发明型模拟实验和观测型模拟实验，其内容与实验室实验、现场实验相似，这里不再赘述。

（三）假设类分析方法

假设是在观测基础上根据事实或经验得出的猜测。它是对单个事件或者现象所作出的基于观测而未经证实的理性解释。假设类分析方法是基于假设对事物进行分析的方法。在物流系统分析中，经常使用假设类分析方法，所分析的内容取决于假设的类型。

假设的分类方法有很多，主要有以下几种：按假设的表达方式，可分为明示假设和暗示假设；按假设的结构，可分为独立假设和条件假设；按假设的来源，可分为统计假设、经验假设和观测假设。

假设在物流活动中普遍存在，物流系统最基本的假设有以下两个：

1. 系统边界假设

在讨论物流时，一定要事先约定到底指的是哪个物流系统。这一点往往容易被忽视，结果造成大家都在谈物流，但是视角不同，有的谈销售物流，有的谈制造物流，还有的谈供应链物流，这样不利于对本来需要探讨问题的深入研究。如果事先明确定了边界，则可避免出现这样的问题。

2. 系统优化假设

该假设要说明的是，物流系统优化是动态的。由于系统的边界不同，纳入目标函数中的变量不同，当然结果也就不同，所以物流系统优化要随着系统边界的调整而动态进行。同时，物流系统内外部客观条件的变化会影响系统优化的结果。这时，不应该追求实现最优（但是应该积极争取），而是应该追求实现次优。

四、物流系统分析的工具

物流系统分析的工具主要分为三类，即统计分析工具、运筹学分析工具和 Excel 分析工具。下面分别进行简单的介绍。

1. 统计分析工具

物流系统分析使用的统计分析工具主要包括概率与抽样工具、时间序列工具、假设检验工具、参数估计工具、回归分析工具、方差分析工具、敏感度与风险分析工具、帕累托分析工具以及因果分析工具等。

2. 运筹学分析工具

运筹学是为解决物流优化问题而发展起来的。运筹学分析工具（如线性规划分析工具、网络分析工具、排队论分析工具和决策分析工具等）是物流系统分析的基本工具。

3. Excel 分析工具

Excel 是一个卓尔不群的系统分析软件。一般人都会使用其电子表格功能，其实，该软件最吸引人之处在于其强大且极易使用的数据统计、数据分析功能以及开放式的接纳和外挂各种以宏的方式出现的管理科学应用软件的能力。

Excel 实际上是一个数据处理平台。不仅拥有对数据进行简单的录入、编辑、排序、筛选、计算、查询等数据处理功能，以及数据处理结果的表现功能（即 Excel 出色的图形、透视表工具），还拥有许多其他的功能（如与 SPSS、SAP 等数据分析软件交换数据功能、无限扩展的函数及宏的录制功能、VBA 编程环境及编程功能等），为进行数据分析提供了良好的环境，为多样化的数据分析应用软件提供了很好的应用空间。

需要说明的是，这三类具体分析工具往往需要通过图形、表格、模型及相关软件来表现分析的结论或者计算分析的结果。

五、物流系统分析的过程

物流系统分析的过程如图 2—4 所示。

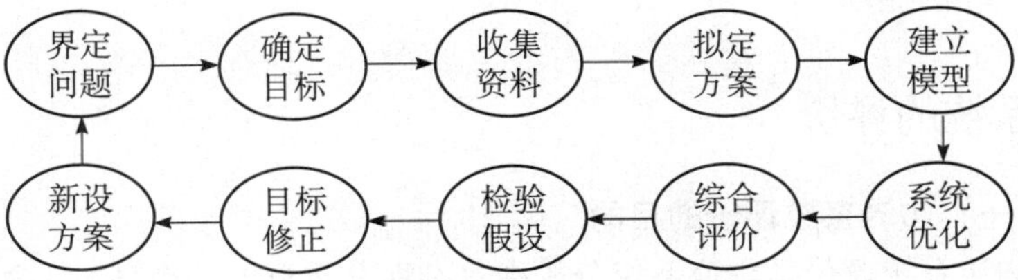

图 2—4　物流系统分析的过程

1. 界定问题与确定目标

如前所述，物流系统分析是以特定问题为对象的，因为外部环境的变化和系统自身的发展会使企业经常面对一些新问题。因此，在进行系统分析之前，首先要明确所要研究问题的性质，划定所要研究问题的范围。只有对所产生的问题进行清楚的界定（如问题要素间的相互关系以及同环境的关系等），才能保证物流系统分析有可靠的起点。物流系统分析的目的是解决问题，因此要确定具体的目标，因为物流系统分析是针对所提出的具体目标而展开的。

2. 收集资料与拟定方案

在明确了问题与目标之后，就可以着手进行相关资料的收集，并拟定方案了。资料收集是一项基础性工作，拟定方案或建立模型必须以资料为依据，后期方案的可行性论证更需要精确可靠的数据。因此，物流系统分析准备工作做得如何，关键要看资料收集环节。收集资料通常要借助调查、实验、观察、记录以及引用外国资料等方式。在拥有翔实资料的前提下，拟定并提出系统分析方案。

3. 建立模型与系统优化

建立模型的目的是通过模型的确立找出说明系统功能的主要因素及其相互关系。物流系统分析模型主要包括图式模型、模拟模型和数字模型。通过相关模型的建立，可得出影响系统功能和目标的主要因素及影响程度，从而确认这些因素的相关程度，进而找到总目标和分目标的达成途径及其约束条件。在建立模型并进行相关分析和预测之后，还要针对这一结果提出解决问题的若干方案，并运用最优化理论和方法，对这些方案及其应用模型进行仿真和优化计算，求出几个替代解。

4. 综合评价与检验假设

根据最优化理论和方法所得出的替代解，利用相关技术手段，在考虑前提条件、假定条件和约束条件后，对前面提出的各方案进行定量和定性的综合分析，进一步将所有因素做综合考虑并加以研究，得出每个方案的利弊得失和成本效益，从而得出综合结论。然后，在不同的假设下对各种可行方案进行比较，并以试验、抽样、试行等方式鉴定所得结论，直至得到满意的答案。

5. 目标修正与新设方案

一般来讲，物流系统分析在完成综合评价与检验假设步骤（即找到满意的答案）后就可以停止了。不过，对于复杂的物流系统来说，物流系统分析通常不能一次完成。为了完善和修订方案，有时需要根据分析结果对提出的目标进行再探讨，甚至在重新界定问题范围后再做系统分析。一旦有了重新开始的必要，物流系统分析又会开始新一轮的循环。

六、物流系统的评价

（一）物流系统评价的目的

物流系统评价是物流系统分析中复杂而又重要的一个环节。物流系统评价是指从技术和经济两个方面对建立的各种物流系统方案进行评价，并从中选择出技术上先进可行、经济上合理的最优系统方案的过程。

物流系统功能、目标和要求的实现程度，是以系统的功能与为利用这些功能所支付的费用之间的比例关系是否合理来衡量的。所以，物流系统评价的目的主要是从系统功能、目标、要求以及费用方面对系统进行分析和评价，考核其满足程度，借以发现问题，提出改进措施，并在修改后建立系统的最优方案，为决策提供科学依据。同时，通过对系统的分析和评价，肯定系统，运用系统，以及对系统的“价值”作出评价。

系统的价值是系统功能与所支付费用之间的比值，用公式表达如下：

$$\text{系统价值（value）}=\frac{\text{系统功能（function）}}{\text{所支付费用（cost）}}$$

简记为$V=\frac{F}{C}$。

这就是价值分析中价值的含义。

价值分析法实际上是从技术和经济两个方面对物流系统进行评价的。因为物流系统功能的实现是以系统技术的先进适用为保障的，费用的多少体现了物流系统在经济上的合理程度，所以物流系统评价应从系统的总体评价出发，综合评价系统价值各方面的得与失，尽可能把不同方面的评价尺度统一起来，这样才能得到真实、完整的评价结果。

（二）物流系统评价的原则

物流系统是一个非常复杂的人造系统，涉及范围广，构成要素多且关系复杂，这些都给系统评价带来了一定的难度。为了对物流系统作出一个正确的评价，应遵循下列基本原则：

1. 保证评价的客观性

评价的目的是决策，评价的质量影响着决策的正确性，因此，必须保证评价的客观性。必须弄清资料是否全面、可靠、正确，防止评价人员的倾向性，并注意人员的组成是否具有代表性。

2. 坚持技术上先进适用、经济上合理的原则

物流系统功能的发挥、目标和要求的实现，很大程度上取决于物流技术本身的先进性和适用性，因为物流技术的先进性和适用性是影响物流速度快慢、系统可靠性强弱的主要因素。经济上的合理性反映了物流系统的物化劳动和活劳动消耗情况，以尽可能少的消耗获取良好的经济效果，是经济管理工作的出发点和落脚点，也是物流系统的目的所在。

3. 坚持局部效益服从整体效益的原则

物流系统由若干子系统或要素构成，如果各子系统的效益都是好的，则整体的效益会比较理想。在某些情况下，有些子系统是经济的，效益是好的，但从全局看并不经济，这种方案当然是不可取的；反之，在某些情况下，从局部看某子系统是不经济的，但从全局看整个系统是较好的，这种方案就是可取的。因此，我们所追求的是整体效益最优，要求局部效益服从整体效益。

4. 指标体系的建立和评价指标的确定应坚持先进合理性和可操作性原则

影响物流系统功能发挥的因素很多，因此，在建立物流系统指标体系时，不可能面面俱到，应在突出重点的前提下，尽量做到先进合理，坚持可操作性。可操作性主要表现在：设置的评价指标既要可行又要可比。可行主要是指指标设置应符合物流系统的特征和功能要求，不能脱离现有的技术水平和管理水平来确定一些无法达到的指标。制定的评价标准既不能过高也不能过低，应以平均水平为依据。可比主要是指标评价项目的含义确切，便于进行比较，评出高低。

5. 在定性分析的基础上坚持定量分析，对系统作出客观合理的评价结果

在对物流系统进行评价时，应坚持定性分析与定量分析相结合的原则，并且在定性分析的基础上进行定量分析，既要反映物流系统实现功能的程度，又要确定其量的界限，才能对系统作出客观合理的评价结果，最终确定最优方案。

（三）物流系统评价指标体系

对不同的方案进行评价和选优，必须建立能对照和衡量各替代方案的统一标准，即评价指标体系。评价指标体系是指衡量系统状态的技术、经济指标，是系统规划和控制的信息基础。建立一套完整的评价指标体系，有助于对物流系统进行合理的规划和有效的控制，准确反映物流系统的合理化状况以及评价改善的潜力和效果。

1. 物流生产率指标

物流生产率指标是指物流系统投入产出转换效率的指标。物流系统的运行过程是以一定的劳动消耗和劳动占用（投入）完成某种服务（产出）的过程。物流系统的投入包括人力资源、物质资源、能源和技术等，各项投入在价值形态上统一表现为物流成本。物流系统的产出是为生产系统和销售系统提供的服务。物流生产率指标是物流

系统指标体系的重要组成部分，通常包括实际生产率、资源利用率、行为水平、成本和库存五个方面的指标。

（1）实际生产率。物流系统的实际生产率是指系统实际完成的产出与实际消耗的投入之比，如人均年仓储物品周转量、运输车辆每吨年货运量等。

（2）资源利用率。物流系统的资源利用率是指系统需要的投入与实际投入之比，如运输车辆的运力利用率、仓储设施的仓容利用率等。

（3）行为水平。物流系统的行为水平是指系统实际产出与期望产出之比，主要指标有每人每小时的实际件数与定额数之比等，用于对系统各生产要素工作定额的完成情况进行评价。这一指标有时也用完成工作的规定时间与实际使用时间之比来衡量。

（4）成本。物流系统的各项投入在价值形态上统一表现为物流系统的成本。成本能有效地反映物流系统的运行状况，并且是评价物流过程中各项活动的共同标准。因此，可以通过比较成本与产出的价值量或实物量来衡量物流系统的实际生产率，或者通过实际成本与成本定额的比较来衡量物流系统的行为水平。

（5）库存。物流系统的库存是指系统劳动占用形式的投入。库存的数量与周转速度是体现物流投入产出转换率高低的重要标志，主要指标有库存周转天数、库存结构合理性等。

2. 物流质量指标

物流质量指标是物流系统指标体系的重要组成部分，是对物流系统产出质量的衡量。按照物流系统的产出，可将物流质量指标划分为物料流转质量和物流业务质量两类。

（1）物料流转质量。物料流转质量是对物流系统所提供的物品在数量、质量、时间、地点等方面的正确性评价。

1）数量的正确性。是指物流过程中物品实际数量与要求数量的符合程度，常见的指标有仓储物品盈亏率、错发率等。

2）质量的正确性。是指物流过程中实际质量与要求质量的符合程度，常见的指标有仓储物品完好率、运输物品完好率、进货质量合格率等。

3）时间的正确性。是指物流过程中物品流向的实际时间与要求时间的符合程度，常见的指标有及时进货率、及时供货率等。

4）地点的正确性。是指物流过程中物品流向的实际地点与要求地点的符合程度，常见的指标有送货差错率等。

（2）物流业务质量。物流业务质量是指对物流系统的物流业务在时间、数量等方面的正确性及工作的完善性的评价。

1）时间的正确性。是指物流过程中物流业务在时间上实际与要求的符合程度，常见的指标有采购周期、供货周期、发货差错平均处理时间等。

2）数量的正确性。是指物流过程中物流业务在数量上实际与要求的符合程度，常见的指标有采购计划完成率、供应计划完成率、供货率、订货率等。

3）工作的完善性。是指物流过程中物流业务工作的完善程度，常见的指标有对用户咨询的响应率、用户特殊送货要求的满足率、售后服务的完善性等。

(四) 物流系统评价的步骤

物流系统评价是指根据明确的目标来测定对象系统的属性，并将这种属性变为客观定量的计算值，或者主观效用的行为过程。这一过程包括三个关键步骤：明确评价目的；建立评价指标体系；选择评价方法，并建立评价模型。

1. 明确评价目的

对物流系统进行综合评价，是为了从总体上把握物流系统的现状，寻找物流系统的薄弱环节，明确物流系统的改善方向。为此，应将物流系统各项评价指标的实际值与设定的基准值相比较，以找出现实系统与基准系统的差别。基准值的设定通常有以下三种方式：

(1) 以物流系统运行的目标值为基准值，评价物流系统对预期目标的实现程度，寻找实际与目标的差距所在。

(2) 以物流系统运行的历史值为基准值，评价物流系统的发展趋势，从中发现薄弱环节。

(3) 以同行业的标准值、平均水平值或先进水平值为基准值，评价物流系统在同类系统中的地位，从而找出改善物流系统的潜力。

2. 建立评价指标体系

从系统的观点看，系统的评价指标体系是由若干单项评价指标组成的有机整体。应反映评价目的的要求，并尽量做到全面、合理、科学、实用。为此，在建立物流系统综合评价的指标体系时，应选择有代表性的物流系统特征值指标，以便从总体上反映物流系统的现状，发现存在的主要问题，明确改善方向。

3. 选择评价方法，建立评价模型

在对物流系统进行评价时，应注意以下两点：

(1) 评价指标多且划分为不同层次，可通过逐级综合得出对各部分的评价及对系统的总体评价结果。

(2) 由于管理基础工作等方面的原因，因此有些指标无法精确量化；同时，由于物流系统是多属性的复杂系统，评价结果用一个数值来表示不够全面和精确，因此对物流系统的评价一般采用综合评价方法。由于对各指标进行等级评价具有一定的模糊性，因此通常采用模糊数学的方法对物流系统进行综合评价。

第四节　物流系统的设计

物流系统设计的目标是通过对物流大系统的整体设计和管理，以最佳的结构、最好的配合，充分发挥其系统功能，实现整体物流的合理化。

物流系统设计（logistics system design）是指经过系统分析，完成物流系统硬件结构和软件结构体系的构想，形成物流系统组织设计和技术方案的过程。

我们可以从宏观和微观两个层面来把握物流系统设计的内涵。从宏观上看，物流系统设计是指一个国家或经济区域的物流系统设计，也可以称为物流体系规划，这是一个“物流大系统”的规划或设计；从微观上看，物流系统设计是指企业或企业之间的物流系统设计，也可以称为物流解决方案。应该说，宏观意义上的物流系统设计（规划）和微观意义上的物流系统设计在内容上是有区别的。本章将主要介绍微观层面的企业物流系统设计。

企业进行物流系统设计，首先要进行物流系统组织设计，然后进行物流系统技术设计。物流系统组织设计是物流系统技术设计的前提，确定了技术设计的纲领和基本要求。下面仅对物流系统设计的原则、目标、程序等加以介绍。

一、物流系统设计的原则

物流系统由诸多要素构成，各要素之间以及物流系统与外部环境之间是相互影响、相互作用的，因此，在进行物流系统设计时，必须坚持以下四个原则。

1. 内部环境与外部环境相结合的原则

一个企业的物流系统不仅受到企业内部各种因素（如企业规模、产品特征、员工素质、管理组织等）的影响，而且受到社会经济环境、市场状况和供应条件等外部环境因素的影响。物流产品的社会需求量、供应量、运输量和资金拥有量等方面制约着物流系统活动，并与其他社会、经济、政策以及科学技术等因素一起，共同构成了一种复杂的社会环境关系。因此，在进行物流系统设计时，要充分考虑外部环境因素，并将其与企业自身特征相结合，使企业的物流系统保持足够的开放度。

2. 管理整合、组织整合和运作整合的原则

管理整合是指管理决策和信息处理的整合设计；组织整合是指组织架构的整合设计；运作整合是指业务流程的整合设计。一个完善的物流系统设计应该体现在管理、组织和运作三个层面的整合上，这一原则同时也是考核物流系统设计水平的重要标准。

3. 局部效益与整体效益相结合的原则

物流系统设计的总原则是追求整体效益最佳。因此，在设计时需要注意的是：有时从部门的角度看物流系统不是最经济的，但从整体的角度看是最好的；有时从物流子系统的局部效益来看不是最经济的，但从物流系统的整体效益来看是最好的。

4. 当前利益与长远利益相结合的原则

在进行方案优选时，既要考虑当前利益，又要考虑长远利益。一般来说，物流系统设计方案的选择要兼顾当前和长远的利益。如果采用的方案对当前和长远都有利，这样的方案当然最为理想；如果对当前不利而对长远有利，则要经过全面分析再得出结论。

二、物流系统设计的目标

企业的物流系统设计具有双重目标，即管理目标和经营目标。管理目标主要体现

在战略方面，即追求对企业战略的贡献；经营目标主要体现在追求营运的高效率和高效益。除实现成本降低和服务优化这一核心目标外，一般来讲，企业的物流系统设计还应该努力实现以下几个目标。

1. 过程优化

通过对信息化手段的应用，实施动态管理，加快过程与过程之间的衔接，同时优化并缩短整个产、供、销过程，并尽可能满足客户的服务需求，从而使企业取得最大的效益。

2. 计划准确

企业的销售计划、生产计划、采购计划的制定要克服盲目、缺乏信息共享及实效性的缺陷，理顺整个物流系统的计划流程，形成以市场终端需求（订单）为引导的计划机制，从而迅速响应市场需求的变化。

3. 管理协调

管理协调的具体内容包括：商流管理和物流管理的协调；不同层次的计划之间的协调（如战略级的、战术级的、运作级的计划之间的协调）；部门之间的协调（如采购、生产、销售部门之间的协调）。管理协调使物流成为推动管理目标实现的有力支撑点。

4. 配合紧密

为了提高物流系统的运行效率，应提高物流相关企业之间的数据标准化与共享程度，从而提高对前端市场的需求预测能力和反应能力，使物流相关企业之间能够紧密配合，实时跟踪市场动态。

三、物流系统设计的程序

与其他系统设计一样，物流系统设计有既定的组织程序。不过，由于设计的物流系统有不同的应用范围，因此，物流系统的设计程序也不同。例如，企业之间的物流系统与企业内部的物流系统的范围是不同的，因此，物流系统的设计程序有很大的差别。一般来讲，物流系统的设计过程可以分为五个阶段，即可行性分析与项目规划阶段、搜集和分析数据阶段、物流系统方案设计阶段、提供建议与方案实施阶段以及运行与改进阶段。

（一）可行性分析与项目规划阶段

1. 可行性分析

可行性分析主要是指针对需要进行物流系统设计或改进的企业进行全方位的诊断分析，然后进行项目规划。可行性分析包括企业物流现状分析、物流发展机会分析和物流成本效益分析，这些分析决定了企业应该建立什么样的物流系统。可行性分析是下一步“项目规划”的基础工作。

（1）企业物流现状分析。包括针对企业内部、外部以及技术进行的分析与评价等。其中，企业内部分析与评价主要是检查企业的所有物流环节，不但要重新审视作业环节的合理性，而且要评估决策过程的科学性，并重新制定或衡量有关客户服务或绩效考核的指标等。企业外部分析与评价是对供应商、客户和消费者的外在关系的分析，这些因素构成了企业物流经营的外部环境，因此要重点对市场发展趋势、企业自身以及竞争对手的能力进行分析和评价。技术评价与分析是对各环节的关键技术与能力的评价与分析，需要考虑现行技术与最先进技术的差距、新技术的应用潜力等。

（2）物流发展机会分析。现状分析的目的就是找到或发现改进的机会，即：通过对当前的物流过程与实践进行评价，确定具有改进潜力的事项。例如，对现行预测技术是否先进以及如何下订单并处理订单等问题进行分析，找到可以提高和改善的环节。

（3）物流成本效益分析。物流成本效益包括服务改进和成本降低。服务改进是指对货物的可得性、服务质量与服务能力的提高，服务的提高可以增加现有用户的忠诚度并吸引新客户加盟。同样，服务改进是在成本增加的基础上实现，还是在成本降低的基础上实现，是企业必须权衡的问题。随着先进物流技术的不断应用，服务改进与成本降低的矛盾并非不可调和，相反，这一对比分析结果将成为实施项目设计的关键依据。

2. 项目规划

在可行性分析有了结果之后，可以考虑进行项目规划。项目规划主要包括以下几个方面的内容。

（1）总体目标。总体目标包括物流系统设计或改进的成本与服务期望，即：以总成本为约束条件，在总成本的预算内制定能够给客户带来最高服务水平的目标，并且，这一目标必须是可衡量的。

（2）约束条件。约束条件表明了在潜在机会分析的基础上，企业对物流系统修正范围作出的限制。这是因为不同企业所拥有的资源和能力是不同的，企业必须根据自身的实际情况，在一定约束条件下找到解决问题的方案。

（3）衡量标准。在项目计划中，还要制定相应的衡量标准，最终用来评价项目的成功与否。

（4）分析方法。在明确了以上内容后，就要选择分析的技术了。对分析技术的选择必须考虑评估目的与所需的信息。

（5）工作计划。在上述工作的基础上，还要制定一个工作计划，并明确完成计划所需要的时间和资源。

（二）搜集和分析数据阶段

1. 搜集数据

物流系统设计需要大量的数据支持，能否搜集到这些数据并进行科学分析是进行物流系统设计的关键。一般来讲，这项工作分为以下几个步骤。

（1）确定数据分析方法。方法决定工作内容，只有在确定要采用什么样的数据分析方法以后，才可以有效地组织、整理数据。事先确定分析方法的目的是避免无序、杂乱无章地搜集数据，降低后期分析的难度。此外，不同的分析方法对数据量及数据组织的要求都不一样，有些分析方法还要求先行建立相关模型。

（2）给出基本假设。任何物流系统设计都是面向企业未来发展的，因此，其适用性不应该仅仅停留在现状上，还要放眼未来。通过一些有根据的假设（如市场、产品的变化，企业产品与竞争对手的发展趋势，需购置的设备因技术进步或其他原因而被淘汰的可能性等），在设计中识别和预先处理一些将来可能出现的问题。

(3) 确定各类数据来源。是指确定各类数据都在什么地方，可以通过哪些途径搜集。例如，关于企业自身的销售量、客户分布以及运输量之类的数据可以从企业的历史记录中获得；关于整个市场的分布、运输线路的分布、相关政策的技术要求等数据则要通过专业咨询机构或其他途径来获得；关于竞争对手的一些数据，有些可以在公布出来的材料中获得，有些可以通过购买或咨询的方式获得。

(4) 搜集数据。待有关前期的准备工作就绪以后，便可进入搜集数据并整理分析阶段。这一阶段花费的时间可能较长，而且往往容易出错。因此，搜集的数据应该具有有效性、代表性和适用性。

2. 分析数据

在搜集完数据后，或者搜集数据的同时，可以开始进行数据分析工作。在分析数据阶段，主要任务包括以下几个方面。

(1) 定义所分析的问题。在确定了问题后，可以减少数据分析的复杂性，缩短数据分析时间。

(2) 基本结果检验。利用各种方法分析数据，然后将结果与过去的数据进行比较，对那些有较大变化的数据应特别注意，检查是否存在错误。

(3) 结果比较。对分析结果进行评价，检查所确定的问题是否得到了合理解释，如果结论是否定的，应查找原因并对各分析结果作出相应调整。

(三) 物流系统方案设计阶段

在数据搜集和分析结束以后，利用分析的结果以及确立的基本思路，依照物流系统的设计原则和要求，从全局出发进行物流系统方案设计。需要说明的是，物流系统方案设计是一个持续甚至反复的过程，在设计过程中，应针对某些问题进行新一轮的调查或数据搜集工作。当然，所设计的方案不是唯一的。

(四) 提供建议与方案实施阶段

在物流系统方案设计结束以后，可以提交物流系统设计方案，并提出相关建议，该阶段的具体内容如下。

1. 向管理层推荐两到三个最佳方案

应说明推荐方案优于其他方案的地方，并对几个推荐方案作出比较，说明各自侧重点的不同，分析优劣之处。

2. 对推荐方案进行成本评估

从中长期发展的角度对几个推荐方案进行成本评估，这是因为某方案可能要求的前期投资比较大，但该方案会使企业的物流系统在同行中保持较长时间的技术优势。

3. 进行风险分析

即：判断市场可能产生哪些变动，这些变动对所推荐的方案影响有多大。

4. 进行灵敏度分析

即：对提出的几个推荐方案进行灵敏度分析，通过假设某些数据发生改变来验证是否为最佳方案，如果需要加以调整，还要弄清楚调整的幅度与发生改变的数据之间的关系是怎样的。

（五）运行与改进阶段

选择最佳方案并投入使用后，物流系统设计并没有就此完成，还要试运行并观察一段时间，发现问题及时改进，或者进行必要的系统更新，直至运行状况良好，达到预期的目的并产生良好的效益。

练习题

一、单选题

1. 在团队管理中，存在“1＋1＞2”的效应，体现了物流系统的（　　）特性。

A. 整体性　　B. 目的性

C. 动态性　　D. 层次性

2. （　　）指标不属于物流生产率指标。

A. 实际生产率　　B. 资源利用率

C. 进货质量合格率　　D. 成本

二、多选题

1. 一般来讲，在一个给定的物流系统中，物流系统的关系包括（　　）。

A. 系统内部关系　　B. 个体与整体的关系

C. 系统内部与外部的关系　　D. 个体与外部的关系

2. 系统论的基本原理是（　　）。

A. 系统的整体性原理　　B. 系统的层次性原理

C. 系统的目的性原理　　D. 系统的开放性原理

E. 系统的优化性原理　　F. 系统的功能性原理

3. 物流系统按照物流活动范围可分为（　　）。

A. 企业物流系统　　B. 区域物流系统

C. 国际物流系统　　D. 外部物流系统

E. 生产物流系统　　F. 供应物流系统

4. 物流系统分析的主体是（　　）。

A. 供应商　　B. 企业

C. 合作伙伴　　D. 主要竞争者

E. 客户　　F. 所在环境

三、判断题

1. 系统中的任意要素将影响整体。（　　）

2. 系统不能独立存在，要处于比它更大的系统中。（　　）

3. 物流系统属于中间层次系统范畴。（　　）

4. 物流系统结构要素间存在非常强的背反现象。(　　)

5. 运输车辆的运力利用率和仓储设施的仓容利用率都是物流实际生产率指标。(　　)

四、简答题

1. 什么是系统？请举例说明人类系统思想的应用。

2. 系统具有哪些特征和基本原理？

3. 物流系统分析的要素和基本步骤是什么？

4. 进行物流系统评价的指标有哪些？

5. 物流系统与生产系统有哪些不同？

五、分析题

战国时（公元前353年），魏国围赵国都城邯郸。赵国求救于齐国。齐将田忌、孙膑率军救赵，趁魏国都城兵力空虚，引兵直攻魏国。魏军回救，齐军趁其疲惫，于中途大败魏军，遂解赵围。事见《史记·孙子吴起列传》。此种战略后来常为兵家所采用，称为“围魏救赵”法。

问：“围魏救赵”这个故事体现了什么思想？在物流系统中是否有类似的情形？试举例说明。

案例分析一

超载怪圈

1. 案例背景

2003年12月1日，北京市、天津市和河北省、山西省、内蒙古自治区政府联合展开行动，通过严查、禁行、罚款、没收等各种措施全面整治超载超限运输车辆。为什么要治理超载？下面这组非常直观的数字能够让我们体会到超载带来的问题。2002年，河北省发生的交通事故中有21%是由超载行驶引起的。河北省每年因超载超限总损失达到40亿元，13条主要高速公路中有9条出现不同程度的破损，18座高速路桥梁成为危桥并需要马上大修。若载重10吨的货车超载1倍，则对公路的破坏力相当于正常载重的16倍；若载重10吨的货车超载2倍，则对公路的破坏力增加80倍；一条设计使用寿命为15年的公路，如果行驶的车辆超载1倍，则其使用年限将缩短90%，即只能使用1年半的时间；每年超载车辆给公路造成的损失高达100亿元……那么，超载现象为何如此之盛？

2. 超载的由来

这里有另外一组数据：在山西大同，一吨原煤出厂价格为85元，每吨原煤交纳45元煤检费和5元出井费，即一吨煤实际出厂价格为135元。如果运到河北宣化，每吨售价为220元，这样，每吨可获得毛利85元。以东风153型12吨载重货车为例，车主每售出一车煤可以获得毛利1 020元，但是减去途中过路费470元，消耗柴油费800元，实际亏损250元。此外，车主每月需要缴纳2 200多元养路费和6 000～7 000元车辆租赁费，花费3 000元雇佣两个司机，还有一些汽车维修、交警罚款等不确定的费用。通过这组数据，我们很容易计算出来，按照目前煤运的市场价格以及核定的吨位运输，车主必定亏损。车主只有超载才能盈利，于是又多了一项费用——超载罚款，车主只好进一步超载，超载怪圈就此形成。

3. 怪圈分析

在这个系统当中，涉及的因素包括货主、运输公司、交通部门、路政部门、收货人和消费者。他们之间的关系如图2—5所示。

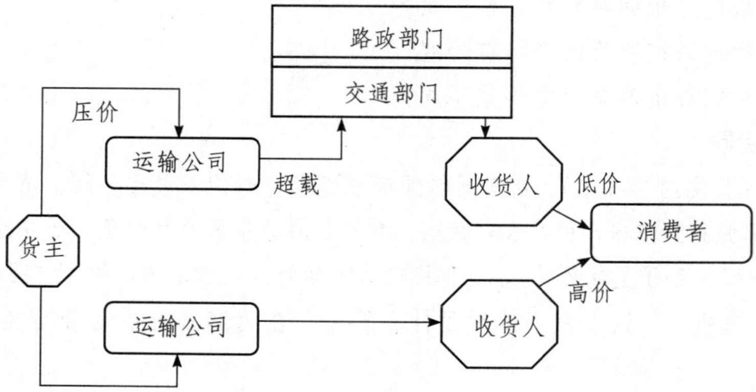

图2—5 运输系统关系图

系统中的各因素都是相互影响、相互制约的，而且所产生的结果是环环相扣的，直至最后，若消费者对产品的价格不满意，必然会影响到产品的销售，因此给货主带来压力，从而货主又会进一步采取措施……

目前，全国公路车辆运输成本非常高，在这个高昂的运输成本中，最重要的一项是公路收费，这些收费占到公路运输成本的20%以上。此外，还有一些不合理且名目繁多的收费。经比较，中国公路收费比欧洲高9倍。山西大同市交管部门曾经做过一次试验，用红岩牌16吨载重货车按照规定装载，从大同运往天津，途中没有任何违规行为，到达天津后，该货车亏损3 200多元。在全国公路车辆运力总体供大于求的情况下，运输者为了抢占市场，只好竞相压价，再通过超载弥补这部分损失，将希望寄托于罚款与超载所得之间的那一点差额。用他们的行话说就是："加一块板，挣的是路桥费；加两块板，挣的是油费；加三块板，挣的是罚款；加到第四块板，挣的才是自己的。"

由此可见，超限超载现象屡禁不绝从表面看是利益驱使所致，但是在这个现象的背后是一个长期结成的痼疾——公路货运行业的畸形生态，即：货主为了能够让消费者得到低价产品，就向运输企业压价，而运输企业为了生存，必须不断地通过超载来弥补费用，从而谋取自己的一部分利益。不可否认，这是一个恶性循环。在这种状况下，系统的运作不可能是长久而稳定的。事实证明，一罚了之不是消除这种怪圈现象的有效手段，罚款并不能促成市场机制的回归，更不可能优化货运市场环境。因此，如何才能真正让这个系统按照自身的规则正常运作，是整个系统中各因素需要认真考虑的问题。

资料来源：何明珂：《物流系统论》。

讨论题

1. 你能分析出导致超载的原因吗？
2. 请对超载超限现象进行分析，并提出解决方案。

3. 据了解，出现超载超限问题的车辆运输的多是煤炭这样的货物，而运输鲜活产品类车辆的超载现象并不那么严重，这能够说明什么问题？

案例分析二

美的公司北方生产基地的销售物流设计方案

2008年初，远在南方的美的公司为了扩大北方市场，争夺竞争对手市场份额，经过仔细考察与研究，决定在邯郸建立生产基地，进行家用空调的生产。按照美的一贯的做法，这次同样决定选择当地的物流企业进行销售物流的运作。

创业于1968年的美的，目前有集团员工近8万人，拥有美的、威灵等十余个品牌。当前旗下设有中央空调事业部、家用空调国际事业部、家用空调国内事业部、洗衣机事业部、冰箱事业部、生活电器事业部、环境电器事业部、微波电器事业部、洗涤电器事业部和整体厨卫事业部等十个事业部门。

除顺德总部外，美的集团还在国内的广州、中山、安徽芜湖、湖北武汉、江苏淮安、云南昆明、湖南长沙、安徽合肥、重庆、江苏苏州等地建有生产基地；在国外的越南平阳基地已建成投产。营销网络遍布全国各地，并在美国、德国、日本、香港、韩国、加拿大、俄罗斯等地设有16个分支机构。

美的邯郸生产基地位于邯郸开发区东区，全面建成后项目总占地面积约为1 000亩，预计第一年产量为150万套（一套包括一件室内机与一件室外机），三年为350万套。该项目的签约标志着美的正式布局华北区域。目前美的拥有的生产基地主要位于华东、华中、华南地区，美的华北基地的建设将与现有基地协同，全方位辐射国内市场主销区域，同时满足产业转移和低成本制造条件，巩固美的白色家电的成本优势并保证经营收益。

邯郸基地是美的在北方建立的第一个生产基地，目前只能借鉴南方生产基地的销售物流情况。虽然美的目前的销售仍然采用一级经销商、二级经销商到零售商的渠道，但它的第三方物流公司一般把产品直接运送到指定的二级经销商或零售商处，从而缩短了与市场的距离。也就是逐步将渠道扁平化。物流公司所掌握的市场流量信息的有效性相对提高，为物流部门的库存预测提供了帮助。华东区域各线路是“香饽饽”，因为此地区运输量大，平时市场价格波动相对稳定。西南及东北各线路是公认的“骨头”线路：量小且偏远。

具体客户如表2—3所示。

表2—3 邯郸生产基地建成后第一年主要面向的销售商

客户名称	所属营销中心	预计销量（套）
新疆A公司	新疆产品管理中心	71 498
天津市A公司	天津产品管理中心	102 220
陕西A公司	陕西产品管理中心	126 601
陕西B公司	陕西产品管理中心	93 019

续前表

客户名称	所属营销中心	预计销量（套）
太原A公司	山西产品管理中心	70 480
山东A公司	山东产品管理中心	137 331
大连A公司	辽宁产品管理中心	64 234
沈阳B公司	辽宁产品管理中心	39 846
长春A公司	吉林产品管理中心	58 621
哈尔滨A公司	黑龙江产品管理中心	83 141
郑州A公司	河南产品管理中心	125 289
石家庄A公司	河北产品管理中心	162 134
甘肃青云A公司	甘青宁产品管理中心	44 217
北京A公司	北京产品管理中心	191 350
北京B公司	北京产品管理中心	130 017

从体积、重量等产品物流属性来看，家用空调产品品种相对单一，同时，客户对物流服务要求并不高，关键在于价格。其产品主要面向中心城市和仓储中心。家用空调物流成本以隐性的方式包含在产品价格中。物流成本的高低一定程度上影响到产品价格的高低及竞争力。

因此要认识到，在美的集团的销售物流运作中，运输报价和成本是关键部分，关键是在借鉴南方生产基地物流运作情况的基础上，尽可能地降低成本。家用空调单位产品的物流成本占相应产品价格的比例较高的，降低物流成本对降低产品整体成本的作用更为显著。怎样才能结合家用空调的物流特性，做出合理的运输与配送规划，使物流成本尽量降低呢？

资料来源："邯运杯"第二届全国大学生物流设计大赛参赛案例。

讨论题

1. 请根据上述资料设计美的空调华北地区的物流解决方案。
2. 做好物流解决方案还需要哪些资料？应该去哪儿调研？
3. 说说物流解决方案的关键内容和步骤。

第3章

物流要素

学习目标

- 掌握物流七大流动要素的含义、特点及其相互关系
- 掌握物流的资源要素及网络要素
- 重点掌握物流七大功能要素的定义、地位和功能；特别掌握五种运输方式的特点和适用性，库存的正面和反面作用，库存的管理方法，主要的集装技术，配送和配送中心的分类，物流信息、物流信息系统、物流信息平台、物流信息技术对物流概念和产业的影响

第一节 物流流动要素

如果把物流作为一种具有经济目的的“流”来分析，可以发现这个“流”必须具备一些重要的组成元素，这就是物流的流动要素。从“流”的角度看，为了达到物流的目的，物在时间和空间上的转移过程中具有七个要素（根据七个要素的英文首字母，简称为OCDADSE）①：流体（object of flow）、载体（carrier）、流向（direction of flow）、流量（amount and volume of flow）、流程（distance of flow）、流速（speed of flow）、流效（effectiveness of flow）。任何物流都具有这七个要素。

一、流体

流体即物流中的“物”，一般是指物资实体，现在扩展到服务及相关信息。

可以用价值密度来反映流体的价值特性。价值密度是单位流通所含的价值，可以

---

① 参见何明珂：《物流系统论》。

是每吨商品的价值、每立方米商品的价值、每件商品的价值。流体的价值密度是有多种用途的重要参数，反映了商品的贵贱和生产过程的技术构成，对物流部门确定物流作业方案以及货物保险条款都有参考价值。

流体结构规划是物流经营规划中最重要的内容之一。通过研究流体结构，可以为经营者优化商品生产和经营品种结构提供依据。

不同的流体影响了物流载体的类型和规模，从而决定了流向和流量，影响了流程、流速和流效。

二、载体

载体是指流体借以流动的设施和设备。载体分为以下两类：

1. 设施

设施是指基础设施（如铁路、公路、水路、港口、车站、机场等）。这些设施大多是固定的，需要高额投资，且使用年限较长，对物流的发展具有战略性意义。

2. 设备

设备是指直接承载和运送流体的设备（如车辆、船舶、飞机、装卸搬运设备等），这些设备大多是移动的，使用年限相对较短，需要依附于固定设施才能发挥作用。

物流载体是物流系统最重要的资源，决定了物流的质量、效益和效率。尤其是基础设施，决定了物流系统网络的形成、运行和物流的发展。物流载体也是物流学科研究的重要内容（如配送中心选址、载体的配套等）。

三、流向

流向是指流通从起点到终点的流动方向，分为正向和反向两类。

正向物流的起点是供应链的上游，终点是同一供应链的下游。正向物流是物流的主要流向。

逆向物流的起点是供应链的下游，终点是同一供应链的上游。造成逆向物流的原因主要有：(1) 发货错误；(2) 收货错误；(3) 贸易壁垒；(4) 用户退货；(5) 商品维修；(6) 产品召回；(7) 库存改制；(8) 包装回收；(9) 废弃物处理；(10) 托盘周转；(11) 车辆空回。逆向物流往往需要花费更多的成本，应该最大限度地减少逆向物流的成本，而有些逆向物流（如包装物回收、废弃物处理等）能产生正面的效益。对于企业来说，逆向物流是不可避免的。

四、流量

流量是通过载体的流体在一定流向上的数量表现。流量分为两类：

(1) 实际流量，即实际发生的物流流量。

(2) 理论流量，即从物流合理化角度看应发生的物流流量。

根据不同的计量方式，流量又可以分为：按流体统计流量；按载体统计流量；按流向统计流量；按发运人统计流量；按承运人统计流量。

从物流管理的角度看，理想状况的物流应该是在所有流向上的流量都均匀分布，以实现物流资源利用率最高、组织管理最容易的目标。

五、流程

流程是指载体在一定流向上行驶路径的数量表现。流程、流向和流量一起构成了物流向量的三个数量特征。

流程分为两类：

(1) 实际流程，即物流设计中经过的路程。

(2) 理论流程，即可行路径中的最短路径。

一般来说，流程越长，物流运输成本就越高，因此，欲降低运输成本，就要设法缩短运输里程。

六、流速

流速是指单位时间流通转移的空间距离。流速由两部分组成，即流程和所用时间。其公式如下：

流速＝流程/时间

流体在转移过程中总是处于两种状态之一，即运输或储存。储存是导致流速降低的原因。运输的工具及搬运方式的不同也对流速产生影响。因此，要提高流速从而提高商品周转速度，就必须从决定流速的两个方面着手进行合理规划。

七、流效

流效是指物流的效率与效益。

物流效率（efficiency）是指单位人力、资本、时间等要素的投入所完成的物流量的大小。物流效益（effectiveness）是指单位人力、资本、时间等要素的投入所完成的物流收益的大小。物流效益与效率两者从根本上是一致的，但也经常发生冲突。

物流的流体、载体、流向、流量、流程、流速和流效七要素之间有极强的内在联系。流体决定了载体的类型和规模以及流向和流量，载体对流向和流量有制约作用。载体的状况对流体均产生影响。流体、载体、流向、流量、流程决定了流速，流体、载体、流向、流量、流程、流速的具体运作决定了流效。

案例3—1

美的公司运输环节的物流七要素

美的公司厨具事业部（以下简称A）于2003年12月10日晚上7点打电话给安得物流

公司客户代表（以下简称 B），要求在当晚 9 点将厨具事业部的一车产品（电暖器 500 台，每台占地面积 0.8 立方米，重量为 25 公斤，占地面积总计 40 立方米，总重量为 12.5 吨）通过公路运输送到北京的客户处，从顺德到北京的公路运输距离约为 2 400 公里。B 接到电话后表示半小时内告知 A 能否安排车辆。晚上 7 点半后，B 打电话告知 A 可以派出一辆额定载重量 20 吨的卡车，但需要等候 1 个半小时（一个半小时后公司从广州调来的卡车才能到达顺德）。晚上 9 点，B 带车来到 A 的仓库。晚上 9 点半，电暖器被装上卡车，并办理好交接手续，卡车出发。A 公司要求 B 公司追踪此车，并于 3 天内（不迟于 2003 年 12 月 13 日晚上 12 点）将货物交到北京的客户手中，且在 3 日内 B 必须每隔 8 小时向 A 汇报一次卡车的位置。12 月 13 日晚 10 点半，卡车准时到达北京的客户手中并安全卸货。A 和其北京的客户均很满意，并按合同向 B 支付运费。

以上案例虽然只是美的物流系统中的一个运输环节，但具有完整的物流系统所需的七个要素。

可以用物流的七要素来描述这个过程（如表 3—1 所示）。

表 3—1　　美的公司运输环节的物流七要素

	流体	载体	流量	流向	流程	流速	流效
实施方案	电暖器	(1) 卡车 1 辆 (2) 额定载重量20吨	(1) 500台 (2) 每台占地面积 0.8 立方米，重量为 25 吨	顺德——北京	2 400 公里	(1) 3 天内到达 (2) 平均时速 11 公里	(1) 安全 (2) 准时 (3) 满意 (4) 按合同结算费用
备选方案							

资料来源：何明珂：《物流系统论》。

物流的七要素横跨整个供应链，存在于原材料采购、制造、销售、消费、废弃物回收等任何类型的物流环节中，也存在于运输、储存、包装、装卸、流通加工、物流信息等各种物流活动中，以及公路运输、铁路运输、水路运输、航空运输、管道运输等各种运输系统中。因此，分析物流七要素既可以帮助我们更好地认识物流系统，又可以对物流学科体系的建设以及物流产业的发展起到重要的促进作用。

第二节　物流资源要素和物流网络要素

一、物流资源要素

物流资源是物流活动运行的基础和条件。物流活动需要的资源种类繁多，如果从物流系统特性的角度分析，物流系统资源可以分为运输资源、储存资源、包装资源、装卸资源、流通加工资源和物流信息处理资源。[①] 其中，运输资源和储存资源是最关

① 参见唐纳德·鲍尔索克斯：《物流管理——供应链过程的一体化》，北京，机械工业出版社，1999。

键的物流系统资源。下面主要介绍这两种资源。

（一）运输资源

运输资源是最重要的物流资源之一。从流动要素的角度看，运输资源是物流的载体，包括以下三类。

1. 运输基础设施

运输基础设施往往是固定在某个地点或线路上的，如铁路、公路、机场、港口、专用通信线路、雷达、码头等。

2. 运行设备

运行设备往往是独立的，以基础设施为运行条件并且与其相配套，如港口的集装箱装卸搬运车、汽车、火车、轮船、飞机等。

3. 运输网络

运输网络是一种重要的运输资源，例如，公路、铁路、航空等基础设施的规划应考虑如何覆盖国土、增加覆盖密度，使物流畅通。

运输的基础设施具有战略性意义，投资巨大，一般要由国家统筹，并吸收各方资金进行建设。运输运行设备具有战术性意义，其增加和运行主要通过市场进行配置。

（二）储存资源

储存资源也是最重要的物流资源之一，分为以下两类。

1. 基础设施

基础设施包括仓库、货场、站台、堆场等。不同的物流场所，其设施配置不同。

2. 在基础设施中进行具体储存运作的设备

进行具体储存运作的设备包括货架、托盘、叉车、分拣机、巷道机等。

每种资源要素都有不同的档次、不同的配套设施及附属资源，因此一个完善的物流系统需要的资源要素有很多。对于物流系统资源的用户来说，应该在现有的各种物流系统资源中进行充分的比较和选择。一定的物流系统资源可以有不同的配置方式。

二、物流网络要素

物流系统的网络由三个基本要素构成，即点、线、网。

（一）点

在物流过程中供流动的商品储存、停留以便进行相关物流后续作业的场所称为点（如工厂、商店、仓库、配送中心车站、车站、码头等），也称节点。点是物流设施集中的地方，也是物流管理和大部分作业的实施地，因此点的选择和建设对物流的效率和效益影响极大。

从功能的角度来看，物流中的点分为以下三类。

1. 单一功能点

单一功能点是只具有某种功能或者以某种功能为主的点，这类点所需的基础设施往往比较单一，业务比较简单，适合进行专业化经营。

2. 复合功能点

复合功能点（如周转型仓库、港口、车站等）往往具有两种以上的主要物流功能，拥有配套基础设施，处于物流过程的中段。

3. 枢纽点

枢纽点（如大型物流中心、全国配送中心、城市物流基地等）的功能比较齐全，具备庞大、配套的基础设施及附属设施，对整个物流网络起着决定性和战略性的控制作用。

（二）线

连接物流网络节点的线路称为线，也称连线。线是通过一定的资源投入形成的。线是矢量，分为正向的线和反向的线。

物流网络中线的特点如下：

1. 方向性

方向性是指同一路线上有两个方向的物流同时存在，但正向物流多于反向物流。

2. 有限性

有限性是指线连接着点，一条线总有起点和终点。

3. 多样性

线是一种抽象的表述。公路、铁路、水路、航空线路、管道等都是线的具体存在形式。

4. 连通性

线必须通过载体才能连通。线间转换一般在点上进行。

5. 选择性

两点间具有多种线路可以选择，既可以在不同的载体之间进行选择，又可以在同一载体的不同路径间选择。物流系统理论要求两点间的流程最短，因此，需要规划路线和载体。

6. 层次性

可以将物流线分为干线和支线。

（三）网

如果按物流运动的程度（即相对位移大小）观察，物流的过程是由许多运动过程和许多相对停顿过程组成的。物流网络是由执行物流运动使命的线路和执行物流停顿使命的节点两种基本元素组成的。物流点和线的有机联系使物流网络形成动态的联系。物流网络图如图 3—1、图 3—2 所示。

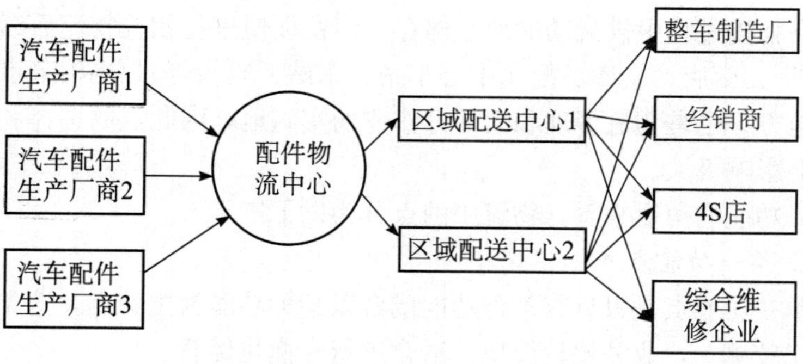

图 3—1　物流网络图（以汽车物流网络为例）

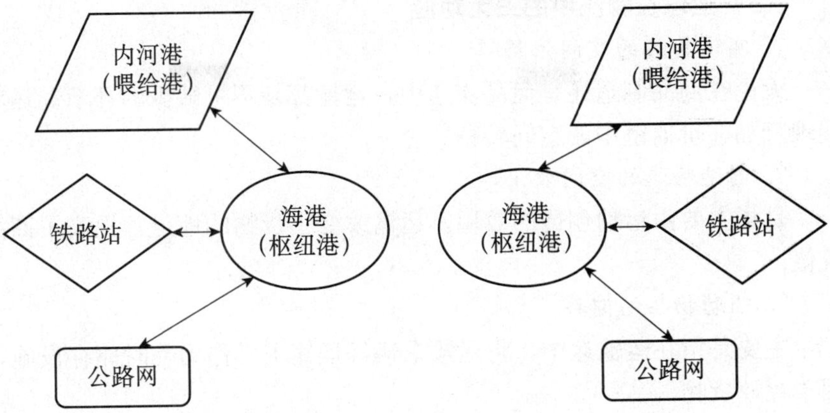

图 3—2　物流网络图（以海港为中心）

全部物流活动是在线路和节点上进行的。其中，在线路上进行的活动主要是运输（包括集货运输、干线运输、配送运输等）。物流功能要素中的其他功能要素（如包装、装卸、保管、分货、配货、流通加工等）都是在节点上完成的。

从物流运作形态的角度将物流网络的内涵确定为：建立在物流基础设施网络之上、以信息网络为支撑、按网络组织模式运作的三大子网有机结合的综合服务网络体系。物流的三大子网分别是：

（1）物流组织网络，是物流网络运行的组织保障。

（2）物流基础设施网络，是物流网络高效运作的基本前提。

（3）物流信息网络，是物流网络运行的重要技术支撑。

第三节　物流功能要素

物流功能要素包括运输、储存、包装、装卸搬运、流通加工、配送、物流信息等七个。

一、运输

（一）运输的定义、地位和功能

运输是指物品借助运力（如设备和工具）在不同地域范围内（如两个城市间）发生的位置移动。运输和搬运的区别在于：运输是在较大范围内的活动；搬运是在同一地点的活动。运输是物流体系中重要的功能要素。现代物流业的快速发展同样为传统运输业的转型、扩大、提升提供了众多的商机。

运输是物流系统的两大支柱之一，是国民经济的动脉。运输是物流主要功能要素之一，物流过程中的很大一部分是通过运输实现的。运输是“第三利润源”的主要源泉。

（二）运输在物流中的三大功能

1. 实现物品的空间位移

无论在商品制造还是商品流通中，运输都是不可缺少的环节。运输的主要功能是实现产品在价值链中的空间转移。

2. 创造物流的空间效用

是指主要由运输创造的效用。运输改变了货物的地点，提高了商品的价值和使用价值。

3. 辅助物品的储存

主要是指在运输途中，将运输车辆等运输工具作为临时储存设施，在一段时间内用于存放货物。

（三）运输方式

1. 铁路运输

铁路运输是指使用铁路列车运送货物。它主要承担中长距离、大批量的货物运输，是干线运输中的主要运力。其优点是运送速度快，载运量大，不大受自然条件影响；缺点是建设投入大，只能在固定线路上行驶，灵活性差，需要其他运输方式配合与衔接。长距离铁路运输分摊到单位运输成本的费用较低，短距离铁路运输的成本很高。

2. 水路运输

水路运输是指使用船舶在内河或海洋运送货物。在综合交通运输体系中，它与铁路运输都扮演着主要运力的角色。其优点是成本低，能进行长距离、大批量的货运；缺点是受自然条件（如水域、港口、水位、气候等）影响较大，以至有时要中断运输；运输速度慢，同样需要其他运输方式配合与衔接。

3. 公路运输

公路运输是指使用机动车辆在公路上运送货物。它主要承担短距离、小批量货运，是铁路、水路运输方式不可缺少的接驳工具；还承担铁路、水路运输难以实行地区的长距离、大批量货运。其优点是灵活性强，建设投入低，便于因地制宜，实现“门到门”运送，因此近年来，在有铁路、水路运输的地区，较长距离、大批量的运输也较多采用公路运输。其缺点是单位运输成本相对较高。

4. 航空运输

航空运输是指使用飞机等航空器运送货物。它主要承担价值高或赶时间的货运。其优点是速度快；缺点是单位运输成本很高，且受自然条件影响大。

5. 管道运输

管道运输是指使用管道运送气体、液体和粉状固体货物。它是靠压力推动物体在管道移动实现运送的。其优点是封闭运输，可避免货损货差；缺点是管道设备固定，运输货物受限制，灵活性较差。

以上五种不同运输方式的比较如表 3—2 所示。

表3—2 不同运输方式的比较

方式	优点	缺点
铁道运输	可长距离运输，运量大，运费低，不受气候限制	灵活性差，需配合与衔接
公路运输	空间、时间自由（灵活性强），短距离费用低，使用方便	易发生事故，环境污染，长途运输不利，运载量小
水路运输	运载量大，不受道路限制，价格便宜，是国际运输的主要方式	速度慢，周期长，易受天气影响
航空运输	速度快，适合保鲜物品、高附加值物品、紧急物资	费用高，运量小
管道运输	密闭装备能避免散失遗漏，运量大（连续性），不必包装，使用安全，事故公害少	品种只限于气体、液体和粉状物，输送地点受限制

6. 联合运输

联合运输是一种综合性的运输形式，指将两种或两种以上的运输方式或运输工具连接起来，实行多环节、多区段相互衔接的接力式运输。联合运输简称“联运”，国外称为协同直达运输，并以集装单元作业为配合手段。在国际贸易中，国际联运十分畅行。例如，大陆桥的运输，即：一段陆路连接两段水路，或一段陆路连接一段水路的运输。

联合运输具有以下优点：

（1）可缩短货物运输的在途时间。

（2）可加快车船的周转速度，提高运输工具的利用率。

（3）可简化托运手续，方便用户。

（4）有利于开展集装箱单元化运输，使集装单元化技术得到充分的发挥。

（四）运输合理化

运输合理化是运用系统理论和系统工程的原理和方法，充分利用各种运输工具和运输方式，选择合理的运输路线，以最短的路径、最少的环节、最快的速度和最少的劳动消耗，组织好物质产品的运输活动。主要包括如下要点：

1. 合理选择各种运输工具和运输方式

不同的运输工具和运输方式有着不同的特点，适用于不同物品的运输。例如，铁路运输适用于大批量的干线运输；汽车运输的最大特点是“灵活”，适用于“门对门”的运输；水路运输的费用最低，如果时间允许，则是干线运输和国际运输的首选；空运速度快，费用高，适用于高价值和紧急物品的运输；等等。各种形式的联运可以提高运输的效益；直达直线的运输在大批量的运输中经济效益最好。选择合适的运输工具和运输方式，是合理运输的第一步。

2. 合理选择运输路线

为了避免空驶、相向、对流、过远、倒流、迂回等不合理的运输路线，可以用线性规划和运筹学等方法，确定最佳的运输路线。

3. 运输作业的合理组织

根据运输货物、要求、工具的不同，进行运输的合理组织（如中转运输和直达运输的选择、整车和零担运输的选择、运输数量的选择等），以提高运输的效率和效益。

4. 运输费用的控制

由于运输费用是物流中占比最大的一种费用，因此控制运输费用可大大提高利润水平。运输的动态性极强，不可测因素多，控制运输费用要有一定的方法（如提高车船技术装载量等）。

二、储存

（一）储存的定义和功能

储存是指对物品（如商品、货物、零部件等）的保存与管理，即：在保证物品的品质和数量的前提下，依据一定的管理规则，在一定期间内把物品存放在一定场所的活动。①

要注意区分储存、保管、库存这三个不同的概念。储存主要是从经济和管理方面（如存货的控制）来考虑的，强调目的性。保管是储存的继续，是保护储存物品的价值和使用价值不受损害的过程，主要是从技术和技术管理方面（如物品的养护、技术维护等）来考虑的。库存是指在仓库中的存货，广义上是指各环节的存货，强调数量。物品的储存是保管的前提，保管的作用是保障储存物品能够以备再用。只要有物品的储存，就要对物品进行保管。只有把储存和保管两者有机结合，才能更好地发挥其功能，实现其在物流中的时间效用。在经济短缺时期，强调保管；在经济发展时期，强调储存，特别是库存控制。

储存与运输是物流的两个主要功能要素，"运输"改变了物品货物的空间状态，而"保管储存"改变了物品货物的时间状态。储存使物品货物安全放置一段时间，从而实现了物品货物在供应链中上下环节的衔接；还能调节上下环节流量的差异，从而保证了生产与流通的正常，使社会再生产不断发展。储存的这两个作用被形象地比喻为"蓄水池"与"调节阀"。

从现代物流系统的观点来看，储存主要有四大功能。

1. 供需调节功能

生产和消费不可能同步。如空调等产品，生产是均衡的，而消费是不均衡的；粮食等产品，生产是有间隔的，而消费是连续的。这都需要储存作为平衡环节加以调控，把生产和消费协调起来。

2. 价格调节功能

由于储存调节了供需，因此产品价格的稳定得以实现。

3. 调节货物运输能力的功能

不同运输方式的运量并不匹配，这种运力的差异往往要通过储存来进行调节和衔接。

4. 配送和流通加工的功能

现代物流中，用来储存物品的仓库往往不仅具备储存保管的功能，还增加了分

① 参见宋华等：《现代物流与供应链管理》，北京，经济管理出版社，2000。

拣、配送、流通加工、信息处理等功能，使得仓库成为物流的重要节点之一。

库存也存在负面影响，主要包括：

(1) 增加储存成本。储存需要花费人工和库租等成本。

(2) 占压商品资金。货物是货币的物化形式。当大量库存存在时，必将占用大量资金。尤其是在库存流动性差时，大量资金就被凝固起来。资金凝固可能引起企业资金链的断裂，这是最可怕的事情。有人称之为“可怕的库存——企业的毒瘤”。

(3) 增加有形和无形损失。例如，水果存放在仓库，就可能存在腐烂的风险，这就是有形损失。而手机存放在仓库，可能面临竞争对手推出类似功能产品的风险，从而不得不降价，这就是无形损失。

(二) 仓储运作

1. 储存设施——仓库及货架

进行仓储活动的主体设施是仓库。仓库一般是指具有储存功能的设施，是对物品进行集中、整理、保管和分发等工作的场所。也可以简单地描述为：仓库是储藏、保管物品的场所的总称。按仓库建筑结构的不同，可划分为简易仓库、平房仓库、楼房仓库、立体仓库、罐式仓库等。

货架是直接保管物品的主要设施。在仓库中使用货架可以使储存向立体发展，从而充分利用仓库空间；避免物品相互之间的堆积，防止损失；使物品对号入座，存取方便，有利于达到“先进先出”的管理要求。随着仓库专业化、机械化、自动化水平的提高，客观上要求仓库具有更高的效率，这就产生了各种不同类型的特殊货架。特殊货架主要包括阁楼式货架、可进车货架、密集型货架、立体仓库中的高层货架等。

2. 储存作业

仓库保管作业按业务活动可分为三个阶段。

(1) 物品入库阶段。物品入库阶段是根据物品的入库计划和供货合同的规定进行作业的。在接收物品入库时，需要进行一系列的作业活动（如货物的接收、验收、办理入库手续等）。

(2) 物品仓储保管阶段。该阶段是物品在整个储存期间，为保持物品的原有使用价值，仓库需要采取一系列的保管、保养措施（如货物的堆码，盖垫物品的维护、保养，物品的检查、盘点，等等）。

(3) 物品发放阶段。该阶段是根据货主开出的出库证明，为使物品准确、及时、安全地发放出去所进行的一系列作业活动（如备料、复合、装车等）。

仓储保管作业活动内容如表3—3所示。

表3—3 仓储保管作业活动内容

业务阶段	业务活动	作业内容
入库阶段	1. 接运	(1) 车站、机场提货 (2) 短途运输 (3) 货场交货
	2. 验收	(1) 验收准备 (2) 实物验收、质量数量验收记录 (3) 登账建卡

续前表

业务阶段	业务活动	作业内容
仓储保管阶段	1. 储存保管	(1) 分类整理 (2) 上垛、堆垛 (3) 倒垛 (4) 储存经济管理（定额、财产处理） (5) 安全管理
	2. 维护保护	(1) 湿度控制 (2) 维护保养 (3) 检查、盘点
物品发放阶段	1. 出库	(1) 核对凭证 (2) 审核、划价 (3) 备料、包装 (4) 改卡、记账
	2. 发运代运	(1) 领料或送料 (2) 代办托运

3. 储存方式

现代储存方式以“先进先出”为原则，主要有三种实现方式。

(1) 贯通式货架系统。是指利用货架的各层形成贯通的通道，从一端存入物品，从另一端取出物品，物品在通道中自行按先后顺序排队，不会出现“越位”的现象，保证先进先出。

(2)“双仓法”储存。是指给每个储存对象准备两个仓位或货位，轮流进行储存与取出，规定必须在一个货位取光后才可补充，也能保证先进先出。

(3) 计算机存取系统。采用计算机管理，在存放时输入时间记录，编入一个简单地按时间顺序输出的程序，取货时计算机就能按时间给予指示，以保证先进先出。

为了提高储存效益，还需要提高储存密度，提高仓容利用率，采用有效的储存定位系统和有效的监测清点方式。

4. 仓储保管技术

仓储保管技术实际上是对储存物品在保管过程中的维护、保养和管理，目的在于保证物品原有的使用价值不在仓储保管中受到损害。其内容主要包括：(1) 仓库温湿度的调节和控制；(2) 密封（封库和封垛）和吸湿；(3) 金属材料和金属制品的养护技术；(4) 储存物品的霉变防治技术等。

（三）库存的数量控制

储存合理化是用最经济的办法实现储存功能，其实质是在保证储存功能实现的前提下，投入尽可能少的资源。

1. 库存物资重点（ABC）管理方法

ABC 管理法又称 ABC 分析法，根据“关键的少数，次要的多数”这一基本思想，将研究对象的构成要素按一定的标准区分为 A、B、C 三类，并根据事物的特性，分别对 A、B、C 各类给予不同的管理（如重点管理或一般管理等）。ABC 管理法如表 3—4 所示。ABC 分类图如图 3—3 所示。

表 3—4　　　　ABC 管理法

分类	资金占用率	品种占用率
A	80%	15%
B	15%	20%
C	5%	65%

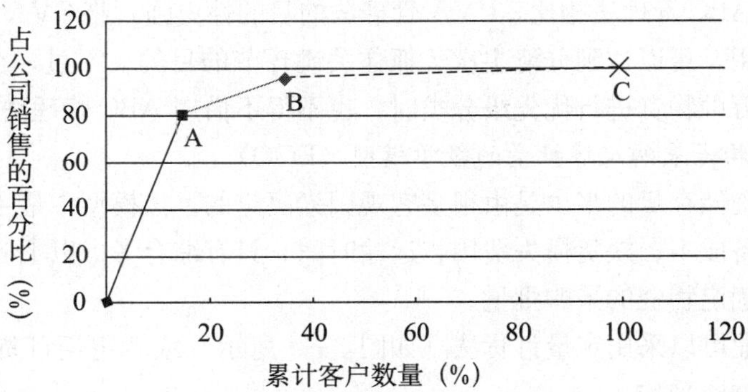

图 3—3　ABC 分类图

一般来讲，A 类物资是关键的少数物资，其品种占总品种数的 5%～15%，而其资金要占到总金额的 60%～80%；B 类物资是一般的物资，其品种和资金都占到总数的 15%～20%；C 类物资是次要的多数物资，其品种往往要占总数的 60%～80%，而资金只占到总金额的 5%～15%。对物流管理而言，在使用 ABC 管理法时，可简化为按品种分为 A、B、C 三类，其比例为1∶2∶7；而资金分为 A、B、C 三类，其比例为 7∶2∶1。

ABC 管理法在物流管理中得到了广泛的应用，可以在物资分类订购、销售、资金管理、成本管理、仓储管理以及物资保管、运输、配送等方面应用。

2. CVA 管理法

由于 ABC 管理法有不足之处，通常表现为 C 类物资得不到应有的重视，而有些 C 类物资的短缺也会导致生产线的停工，因此，有些企业在库存管理中引入了关键因素分析（critical value analysis，CVA）管理法。

CVA 管理法的基本思想是把存货按照关键程度分成四类，即：

（1）最高优先级。这是经营的关键性物资，不允许缺货。

（2）较高优先级。这里指经营活动中的基础性物资，但允许偶尔缺货。

（3）中等优先级。这多属于比较重要的物资，允许合理范围内缺货。

（4）较低优先级。这是经营中需要，但可替代的物品。

表 3—5 描述了按 CVA 管理法划分的存货种类及其管理策略。

表 3—5　　　　CVA 管理法的存货种类及其管理策略

存货类型	特　点	管理措施
最高优先级	经营管理中的关键物品，或 A 类重点客户的存货	不允许缺货
较高优先级	生产经营中的基础性物品，或 B 类客户的存货	允许偶尔缺货

续前表

存货类型	特　点	管理措施
中等优先级	生产经营中比较重要的物品，或C类客户的存货	允许合理范围内缺货
较低优先级	生产经营中需要，但可替代的物品	允许缺货

与ABC管理法相比，CVA管理法的目的性更强。将CVA管理法与ABC管理法结合使用，可以达到分清主次、抓住关键环节的目的。不过，在使用CVA管理法对成千上万种物资进行优先级分类时，也不得不借用ABC管理法进行归类。

3. 物资采购经济批量的数学模型（EOQ）

物资储存量的多少是由很多客观因素决定的。该模型中最主要的因素有：订货成本、储备成本、缺货损失费用、运输时间。只有综合考虑以上各种因素和费用，才能正确地确定物资的采购批量。

企业可以采用定量订货法（如图3—4所示）或者定期订货法（如图3—5所示）来进行物资采购。

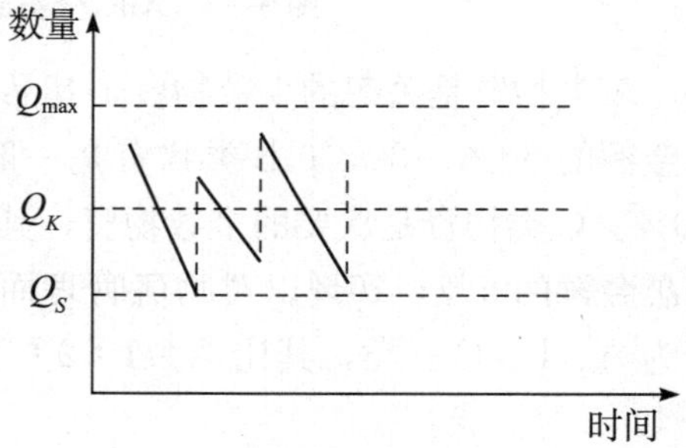

图3—4　定量订货法

说明：Q_{max}为最高库存量；Q_k为订货点；Q_s为安全库存量。此方法的核心是确定订货点和订货批量；特点是订货点和订货批量固定，订货期不固定。

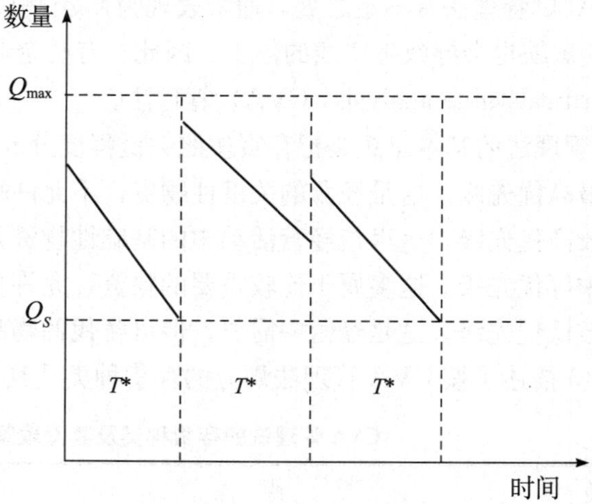

图3—5　定期订货法

说明：Q_{max}为最高库存量；Q_S为安全库存量；T^*为订货周期。

定量订货法的特点是每次订货的批量和订货点确定，而订货的时间不确定。每次订货的批量叫经济批量。定期订货法的特点是订货周期和最高库存是固定的，而每次的订货量不固定。

4. 零库存的思想

零库存即企业不拥有库存，这是库存的最高境界。没有库存就没有了库存的负面影响，从而可降低企业经营的风险。但零库存必须建立在对企业生产和经营的高度保障的基础之上。零库存可以表现在一些物流节点上；要保证社会再生产的顺利进行，则社会总库存不能为零，但会大大减少。零库存的实现方法，目前主要有准时制库存（just in time inventory）管理、配送制的集中库存管理和 VMI 库存管理。

5. VMI 库存管理

VMI 的全称是供应商管理库存（vendor managed inventory，VMI），是一种以用户和供应商双方都获得最低成本为目的，在一个共同的协议下由供应商管理库存，并不断监督协议执行情况和修正协议内容，使库存管理得到持续改进的合作性策略。这种库存管理策略打破了传统的各自为政的库存管理模式，体现了供应链的集成化管理思想，适应市场变化的要求，是一种新的、有代表性的库存管理思想。

实施 VMI 的好处：对采购方的好处：大大减少了企业采购原材料库存管理的费用；减少了采购物流的风险；削减了牛鞭效用；减少了资金占用。对供应商的好处：一是可以直接获得库存信息，实现以“库存换信息”的战略思想；二是供应商可以获得相对稳定的市场。三是改善服务。获得信息和市场是对供应商最大的好处。

实现 VMI 库存管理的要点是：一要有供应链和供应链管理的存在，二要有信息化的支持。

案例 3—2

美的的 VMI 库存管理

在价格大战、库存灾难、产能过剩、利润滑坡的竞争压力下，除进行产品和市场创新外，挤压成本成为众多空调厂商舍此无它的生存之道。此时一线品牌美的悄然出手，其出招直指终端代理商。在广东地区，美的为终端经销商安装金算盘财务进销存软件。这是美的日益浮出水面的“业务链条前移”策略，是实现“供应商管理库存”和“管理经销商库存”的一个步骤。

美的虽多年位居空调产业的三甲之列，但也不无一朝城门失守之忧。业内统计数据显示，全国空调厂商的库存量约为 700 万台。长期以来，美的空调一直自认成绩不错，但是依然有最少 5～7 天的零部件库存和几十万台的成品库存。在强手如云的市场中，这一数字仍然不能让美的熟寐。相对于其他产业的优秀标杆，这一存货水准甚至让它有些汗颜。例如，戴尔等跨国公司的供应链管理就让美的大为心仪。

美的在 2002 年开始导入供应商管理库存。美的是供应链里面的“链主”（通常也叫核心企业），供应商则追求及时供货。

对于美的来说，较为稳定的供应商共有300多家，零配件（如出口、内销产品）加起来一共有3万多种。但是，65%的供应商在美的总部顺德周围，还有部分供应商距美的的车程在3天以内（如广东的清远一带），只有15%的供应商距离美的较远。在这个现有的供应链之上，美的实现VMI的难度并不大。

对于这15%的远程供应商，美的在顺德总部（美的出口机型都在顺德总部生产）建立了很多仓库，然后把仓库分成很多片区。运输距离长（运货时间为3～5天）的外地供应商一般都会在美的的仓库里租赁一个片区（仓库所有权归美的），并把零配件放到片区里面储备。

在美的需要用到这些零配件的时候，就会通知供应商，然后完成资金划拨、取货等工作。这时，零配件的所有权才由供应商转移到美的——在此之前，所有的库存成本都由供应商承担。

此外，美的基于甲骨文（Oracle）公司的企业资源计划（ERP）软件与供应商建立了直接的交货平台。供应商在自己的办公地点就能看到美的的订单内容（如品种、型号、数量和交货时间等）。供应商不用安装一整套甲骨文的ERP系统，而是通过Web登录到美的公司的主页上。

原来供应商与美的的每次采购交易要签订的协议非常多。而现在进行了大量的简化——美的在每年的年初确定供货商，并签下一揽子的总协议。当价格确定下来以后，美的就在网上发布每次的采购信息，然后由供应商确认信息，一张采购订单就完成了合法化的程序。

美的实施VMI后，供应商不需要像以前一样疲于应付美的的订单，只要保持适当的库存即可。美的有比较强的ERP系统，可以提前预告供货情况，并告诉供应商需要的品种和数量。供应商不用备很多货，一般满足3天的需求即可。

实施VMI以后，美的零部件库存周转率上升到每年70～80次。零部件库存天数也由原来平均的5～7天大幅降低为3天左右，而且这3天的库存也是由供应商管理并承担相应成本的。库存周转率提高后，一系列相关的财务风向标也随之"由阴转晴"，让美的欣喜不已：资金占用量减少，资金利用效率提高，资金风险下降，库存成本直线下降。

近一年来，美的的材料成本大幅下降。但是，美的的供应链上还有相当大的优化空间在等待着更多的努力——部分长线材料、10%的进口材料（主要是集成电路等），因为整个国际运货周期和订货周期都比较长，还需要美的自己备货：例如镀锌板就需要两个月左右的存货，有些材料甚至更长——需要六个月库存。

问题讨论：

1. 美的的原材料VMI库存管理模式，对美的和供应商有哪些好处？
2. VMI的库存管理模式在成品库存管理上如何运用？
3. VMI的库存管理模式在进口原材料管理上如何运用？
4. 使用VMI库存管理模式的要点。

6. 联合库存管理

联合库存管理（jointly managed inventory，JMI），是一种在VMI的基础上发展起来的上游企业和下游企业权利责任平衡和风险共担的库存管理模式。联合库存管理强调供应链中的各个节点同时参与，共同制定库存计划，使供应链过程中的每个库存管理者都从相互之间的协调性考虑，保持供应链各个节点之间的库存管理者对需求的预期保持一致，从而消除了需求变异放大现象。传统库存管理方法与联合库存管理方法的对比见图3—6、图3—7。

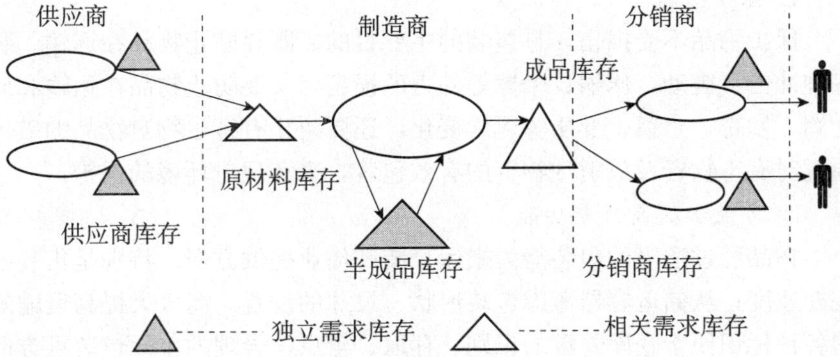

图3—6 传统库存管理方法

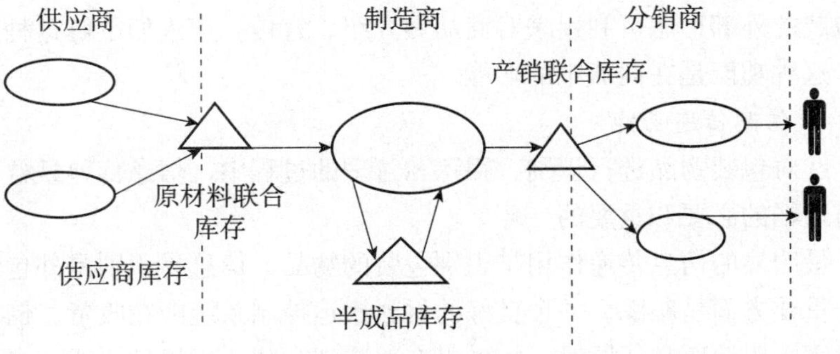

图3—7 联合库存管理方法

三、包装

（一）包装的定义和功能

包装是指采用适当的材料，制成与物品相适应的容器，以便进行装卸、搬运、运输、保管和销售，使之不受外来因素的影响，顺利地实现商品的价值和使用价值而采用的一种综合性的经济措施。具体来讲，包装有两层含义：（1）静态的含义。是指能合理容纳商品，抵抗外力，保护宣传商品，促进商品销售的物体（如包装容器等）。（2）动态的含义。是指包扎、捆裹商品的工艺操作过程。

因此可以说，包装是包装物和包装操作的总称。

人们对包装概念的理解和应用，是随着社会生产的发展而不断变化的。早期人们对商品进行包装，主要是为了保护商品；随着科学技术的不断进步和商品经济的发展，人们对包装的认识不断深化，赋予其新的内容，既要方便商品运输、装卸和保管，又是商品在生产领域的延续；现代包装向消费领域延伸，成为“无声的推销员”。

根据包装作用的不同，可以分为商业包装和运输包装。物流中所探讨的包装主要是指运输包装或者物流包装。从物流的角度看，包装是生产的终点，却是物流的起点。正是由于有了包装，物资产品才具有了物流的可能性。

包装在促进国民经济的发展中具有独特的功能，主要包括以下内容：

1. 保护功能

保护物品不受损伤，是包装的主要目的。既要防止物品在运输、装卸过程中受到各种冲击、震动、压缩、摩擦等外力的损害，又要防止物品在运输和储存过程中发生受潮、发霉、生锈、变质等化学变化，还要防止有害生物对物品的破坏。另外，还要通过对有害物资及放射性物资的有效包装，来实现对环境的保护。

2. 方便和提高效率功能

物品经过适当的包装能为搬运、装卸作业提供方便。特别是集装的使用，能加快装卸速度；从储运容器考虑包装形状、尺寸的设置，能大大提高运输效率；包装物上的各种标识便于仓库管理的识别、存取、盘点，合理的单元包装可方便消费者使用。

3. 促进销售功能

产品内包装的装潢设计是促销手段之一。精美的包装能激发人们的消费欲望，同时包装的外部形态可利用来对商品做介绍、宣传，使人们了解这种商品，购买这种商品。这种功能是在商流中的功能。

4. 信息传递功能

在对包装物品进行识别、跟踪和管理的过程中，信息传递日益重要，已成为物流渠道通畅的必要和重要的一环。

最明显的信息传递作用是识别包装的物品。信息易识别是外包装的主要要求。另一个重要方面是跟踪。一个良好的材料搬运控制系统能在收货、储存、取货、出运的各过程中跟踪商品。同时，能提供有关装卸和防止货损的说明，对专门的商品装卸提出要求（如玻璃容器装卸要求、温度限制要求、堆垛要求、潜在的环境要求等）。

（二）包装材料

包装材料与包装功能具有密切联系。由于包装材料的物理性能和化学性能千差万别，包装材料的选择对保护物品有各种不同的重要作用。常用的包装材料有以下几种。

1. 纸质包装材料

在包装材料中，纸质包装材料应用最广泛。它的品种最多，耗量也最大。纸具有价格低，质地细腻均匀，耐摩擦，耐冲击，容易黏合，不受温度影响，无毒、无味，适于包装生产的机械化等优点。纸作为包装材料可被制成纸袋、纸箱、瓦楞纸箱等。但是纸的防潮、防湿性能差，这是纸质包装材料最大的弱点。

2. 塑料包装材料

各种塑料包装物有塑料盘、塑料瓶、塑料袋、塑料箱等。它们在现代包装中所处的地位越来越重要。塑料包装材料的特性和优点包括：

（1）透明。对容器里的物品不必打开包装便可一目了然。

（2）有适当的强度。可以保护被包装物品的安全。

(3) 密封性能好。有比较好的防水、防潮、防霉等性能。

(4) 具有耐药、耐油性，且耐热、耐寒性能比较好，对气候变化有一定的适应能力。

(5) 有比较好的防污染能力。使所包装的物品既安全又卫生。

塑料的品种超过千种，用于包装的材料主要有聚乙烯、聚丙烯、聚氯乙烯、聚苯乙烯等十几种。但一些塑料的可降解性差，易造成对环境的污染。

3. 木质包装材料

木材作为包装材料的历史十分悠久。几乎所有的木材都可以成为包装材料，特别是作为物品的外包装材料，更显示出其抗压、抗震等优点。但由于木材资源有限，而且木材用途比较广泛，作为包装材料是一种浪费，因此逐渐被塑料、复合材料、胶合板等取代。木材包装材料一般有木箱、木桶、木笼等。

4. 金属包装材料

金属被压制成薄片后，可用来包装物品，通常有金属圆桶、铁罐、钢瓶、金属网笼等。在金属包装材料中，用量最大的是马口铁和金属箔。

马口铁（即镀锡薄钢板）具有坚固、抗腐蚀、容易进行机械加工、表面容易印刷和涂饰等优点，尤其用马口铁制成的容器具有防水、防潮、防污染等优点，所以，马口铁是比较理想的包装材料。

金属箔是把金属压延成很薄的片，多用于食品包装（如糖果、肉类、奶油、乳制品的包装）。目前，用金属与纸复合制成的包装材料具有广泛的用途。

5. 纤维包装材料

纤维包装材料是指用各种纤维制作的袋装包装材料。天然的纤维有黄麻、红麻、大麻、青麻、罗布麻、棉花等，经工业加工提供的纤维材料有合成树脂、玻璃纤维等。这些种类的材料一般具有韧性好、耐拉耐磨、价格便宜等优点。

6. 陶瓷与玻璃包装材料

陶瓷与玻璃包装材料具有耐风化、不变性、耐热、耐酸、耐磨等优点，尤其适合各种液体物品的包装。这类包装容器容易清洗和消毒灭菌，能保持良好的清洁状态；同时它们可以回收复用，有利于降低包装成本。但是，它们最大的弱点是不耐冲击、震动，容易破碎。

7. 复合包装材料

复合包装材料是指把两种以上具有不同特性的材料合并制成包装物，以改进单一材料的性能，发挥包装材料的复合优点。常见的复合材料有三四十种，使用最广泛的是塑料与玻璃复合、塑料与塑料复合、塑料与金属箔复合、塑料与纸张复合等。

要根据物品的包装要求选择合适的包装材料，将其制作为合适的包装形状，从而提供包装应有的功能。

（三）包装的技术和机械

1. 主要的包装技术

包装技术是根据产品对包装的不同要求，在包装设计、材料选择、型号和规格确定等方面，采取正确的包装方法和相应的包装机，以最低的消耗，保证产品安全地输送到用户手中。

按不同的需求，包装技术可划分为以下几种：

（1）防震包装技术。为了防止商品在运输过程中的震动、冲击对商品造成损害，在包装材料中加入各种防震材料以吸收外力冲击的技术，称为防震包装技术。防震包装的主要内容是选择防震材料及材料的厚度。

（2）防锈蚀包装技术。是指采用一定的工艺，将防锈蚀材料涂在被包装物的表面，以防止其锈蚀损害的技术。防锈材料主要分为防锈油和氧化防锈剂两种。

（3）防霉腐包装技术。是指通过劣化不利的环境因素，达到抑制或杀死微生物，防止内装物霉腐，保护商品质量的技术。这种方法主要适用于水果、食品、粮食等的保鲜。防霉腐包装主要包括耐低温包装、防湿包装、防潮包装等。

（4）防虫包装技术。是指为了防止商品因储存被虫咬坏而采用驱虫剂，达到保护商品不受损害的技术。常用的防虫药品有有机磷酸酯系列杀虫剂。

（5）真空包装和充气包装技术。真空包装是指将物品装入气密性容器后，在容器封口之前抽真空，使密封后的容器内基本上没有空气的技术。真空包装一般用于肉类食品、谷物加工品以及易氧化变质商品的包装。真空包装一方面能减少脂肪氧化，另一方面具有抑制细菌生长的功能。所以，对食品常采用真空包装。

充气包装是采用二氧化碳（CO_2）或氮气（N_2）等不活泼气体置换包装容器中空气的一种包装技术。这种方法的基本特点是不采用高度真空，使氧气浓度保持在1%～2%。由于所充气体能够控制，因此能防止物品的变质、发霉，抑制氧化，实现商品保鲜。火腿、香肠、腊肉、烤鱼和水产加工产品常采用这种充气包装。

（6）收缩包装和拉伸包装技术。收缩包装是指用收缩薄膜包裹物品或内包装件，再对薄膜进行适当的加热处理，使薄膜收缩紧贴于物品或内包装件的技术。收缩包装用于运输包装，具有包装方便、效率高，便于装卸搬运、方便交换点验的特点。拉伸包装是依靠机械装置，在常温下将弹性薄膜围绕包装件拉伸紧裹，并在其末端进行封合的包装技术。拉伸包装无须加热，可节能5%。它既可用于单件商品的包装，也可用于集合包装。

2. 现代集合包装技术

现代集合包装技术是采用先进的包装技术，进行集合包装，有利于节约包装费用，提高经济效益。现代集合包装主要分为三种：

（1）集装箱。集装箱是一种用于货物运输，便于使用机械装卸的组合包装容器，也称"货箱"。国际上从1955年开始正式使用民用集装箱。集装箱的优点是：结构坚固，能长期反复使用；途中中转时可以不动容器内的货物而直接换装；能进行快速装卸，并能从一种运输工具上直接方便地换装到另一种运输工具上；能提高货物的完好率，大大减少破损率；能充分利用包装容积。它的缺点是：自重大；回收管理困难。

国际标准箱单位（twenty-foot equivalent unit，TEU）常用来表示船舶装载集装箱的能力，也是集装箱和港口吞吐量的重要统计、换算单位。TEU是以长度为20英尺的集装箱为国际计量单位，即TEU＝twenty-foot equivalent unit，20英尺标准集装箱（长20英尺×宽8英尺×高8英尺6英寸）。常用集装箱类型及尺寸如表3—6

所示。

表3—6 常用集装箱类型及尺寸

类别	1A	1B	1C	1D	1E
长度（英尺）	40	30	20	10	7
宽度、高度（英尺）	8	8	8	8	8
重量（吨）	30	25	20	10	7

（2）托盘。托盘是指一种便于装卸、运输、保管、使用的，由可以承载单位数量物品的负荷面和铲车插口构成的装卸用垫板。因为它很像可以托起食品的盘子，所以形象地称之为“托盘”。现代托盘是随着集装箱和集合包装而出现的一种新的物流技术。托盘最早产生于美国、日本等发达国家。初期作为叉车的附属装卸工具与叉车配套使用，以便实现机械化作业。第二次世界大战后，托盘逐步称为一种储存工具。到20世纪60年代，托盘已成为一种不可少的运输工具和销售工具。目前，托盘已进入物流的整个过程，成为一种物流工具，是实现物流合理化的一个重要条件。

托盘的优点包括：可以有效地保护商品，减少物品的破损；可以适应港口、货物机械化作业的要求，加快装卸、运输速度，减轻工人的劳动强度；可以节约包装材料，降低包装成本，节约运输费用；可以促进国际和国内港口作业的机械化，加快包装向规格化、标准化和系列化迈进的步伐。同时，与集装箱比，托盘具有自重轻、易于回收的优势。

托盘的种类很多，最主要的是平托盘、柱式托盘、箱式托盘和轮式托盘等。

（3）集装袋。集装袋是一种柔软、可曲折的包装容器，是由可折叠的涂胶布、树脂加工布及其他软性材料制成的大容积的运输袋。采用这种包装，不仅有利于提高装卸效率，特别适用于散装粉粒状货物的包装，有利于促进散装货物包装的规格化、系列化，降低运输成本，而且还具有便于包装、储存及造价低等优点。因此，近年来世界各国广泛采用集装袋来运输粉粒状货物。集装袋的出现和使用是粉粒状货物装运方式的一次质的革命。

3. 包装机械

包装机械主要包括：

（1）裹包包装机械，用于包装块状产品。

（2）充填包装机械，用于粉状、颗粒状的固态物品。

（3）罐装包装机械，用于罐装液体和半液体物品。

（4）封口机械，用于各种包装容器的封口（如玻璃瓶加盖、布袋口缝纫、封箱封袋机械等）。

（5）贴标机械。

（6）捆扎机械。

（7）热成型包装机械。

（8）真空包装机械。

（9）收缩包装机械。

（10）其他包装机械（如洗瓶机、烘干机、检测机、盖印机等）。

（四）包装合理化

1. 合理设置包装方式

需要考虑的第一个因素是装卸。不同的装卸方式决定了不同的包装方式。例如，需要手工装卸的商品，包装及货物本身的重量必须限制在手工装卸的允许范围之内，一般设定为工人体重的40%左右；包装的外形尺寸也应适合手工操作。在发展国际性物流的趋势下，还要考虑不同地区物流载体的装卸交接，各种商品都按统一的规格尺寸进行包装，这些规格尺寸的单元基础叫“物流集装基础模数”（或“包装模数”），现在国际上已基本确定为600毫米×400毫米，其他规格尺寸按此倍数推导，例如，还可以采用1 200毫米×1 000毫米（其中1 200毫米是600毫米的两倍，而1 000毫米是由600毫米加400毫米得出的）。

需要考虑的第二个因素是保管。采用高层堆放的商品应要求包装有比较高的强度，以免压坏等。

需要考虑的第三个因素是运输。如果进行长距离及多次中转的运输，则要求采用严密厚实的包装；而短距离汽车运输，可采用轻便、防震的包装等。

2. 合理选用包装材料与技术

包装材料与技术涉及包装成本与包装效益，这是一个二律背反的问题。包装不足是指包装材料强度低，技术简易，例如，包装层次少，包扎与装订力度较小，这样成本虽低，但保护效果较差，往往会造成物流中的损失，并且损失大于包装成本的降低；包装过剩是指采用了不必要的包装物或包装层次过多，效果强但成本较高，加重了消费者的负担。这些都是在包装设计中要避免的问题。

3. 方便物流资源的回收利用，实现物流资源再循环

在这方面可以有许多措施，主要包括：

（1）采用通用包装外形，例如，按上述标准模数尺寸制造通用包装箱，无论在什么地方卸货后，都可以转用于其他包装。

（2）梯级利用，是指经过这样考虑设计的包装物，在一次使用后进行简单处理可转做他用。例如，大纸板箱可改制成小纸板箱，等等。

（3）多用途、多功能的外形设计，例如，盛装饮料的包装物在腾空后可转做杯子，等等。

四、装卸搬运

（一）装卸搬运的含义和特点

装卸搬运是指在同一地域范围内进行的，以改变物品的存放状态和空间位置为主要内容和目的的活动。这里的“运”与运输的“运”在范围上是不同的。

装卸搬运活动在整个物流过程中具有伴生性，辅助、支持了其他功能的实现，因此在整个物流中占有很重要的地位。一方面，物流过程中的各环节之间的衔接，以及同一环节的不同活动的衔接，都要依靠装卸搬运，从而使物品在各环节、各种活动之间处于连续运动或流动状态。另一方面，各种运输方式之所以能联合运输，

也是因为有装卸搬运作业的帮助。在生产领域中，装卸搬运作业已成为生产过程中不可缺少的组成部分和直接生产的保障环节。装卸作业包括：

(1) 装货卸货作业。是指往运输工具上装上货物和从运输工具上卸下货物的活动。

(2) 搬运移送作业。是对物品进行短距离的移动（如水平、垂直、斜行等移动）活动。

(3) 放置取出作业。是指在运输工具或仓库内的指定地方按要求的位置与形状放置物品，或将放置堆叠好的物品取出的活动。

(4) 配货作业。是将物品从原来放置的位置取出后，进行分类整理，再按规定的要求集中，以便按一定的批量准备移动或使用的活动。

装卸搬运是伴随生产过程和流通过程各环节所发生的活动，又是衔接生产各阶段和流通各环节之间相互转换的桥梁。装卸搬运是在物流中出现最频繁的功能，影响物流的效率和效益。调查显示，我国机械工业企业生产1吨的产品，需要经过252次吨的装卸搬运；铁路运输的货物，需要少则6次，多则十几次乃至几十次的装卸搬运，其费用约占运输费用的25%～30%。

装卸搬运是保障生产和流通其他各环节得以顺利进行的条件。它的工作质量会对生产和流通其他各环节产生很大的影响，可能使生产过程不能正常进行，或者使流通过程不畅。所以，装卸搬运对物流过程其他各环节所提供的服务具有劳务性质，提供的是“保障”和“服务”。

装卸搬运是物流过程中的一个重要环节，制约着物流过程的其他各项活动，是提高物流速度的关键。由于装卸搬运是伴随物流过程其他环节的一项活动，因而往往不能引起人们的足够重视。可是，如果忽视装卸搬运，生产和流通领域轻则发生混乱，重则造成停顿。由此可见，改善装卸搬运作业，提高装卸业合理化程度，提高物流服务质量，发挥物流系统整体功能，等等，都具有重要的意义，起着十分明显的作用。

(二) 主要装卸搬运机械设备

主要装卸搬运机械设备按用途分类如表3—7所示。

表3—7　装卸搬运机械设备按用途分类

	设备名称	备注
单件作业	桥式类型起重机、门式类型起重机 臂式类型起重机、梁式类型起重机 悬挂式输送机、带式输送机 板式提升机、电梯、升降台、升降机 大型叉车、侧叉、跨车 件货装（卸）船（车）机 各类分拣设备 盘式输送机、链式输送机	单件作业的各种装卸搬运设备也可用于集装单元的装卸搬运作业

续前表

	设备名称	备注
集装作业	集装箱龙门起重机、岸臂集装箱起重机 集装箱叉车、集装箱跨船 侧面类型集装箱装卸车 水平类型集装箱装卸车 滚袋类型集装箱装卸车 挂车和底盘车、牵引车、托盘搬运车 移动器、堆垛机、码盘机、卸盘机、给盘机、汽车尾盘装卸装置	
散装作业	斗式类型装卸机、斗轮类型装卸机 侧翻类型装卸机、抓斗类型装卸机 连续输送机、气力输送装置	

主要装卸搬运机械设备按运行特点分类如表 3—8 所示。

表 3—8　装卸搬运机械设备按运行特点分类

类别	设备名称	特点
起重机械	轻小起重设备（如葫芦、绞车） 升降机（如电梯、升降机） 起重机（如桥式、门式、臂式、梁式类型起重机）	间歇动作 重复循环 短时载荷 升降活动
输送机械	有牵引构件的输送机（如带式输送机、板式输送机、悬挂输送机、斗式提升机、板式提升机、链式输送机、自动扶梯） 无牵引构件的输送机（如螺旋输送机、震动输送机、辊子输送机） 气力输送装置（如悬浮式气力输送装置、推动式气力输送装置）	连续动作 循环运动 持续载荷 路线一定
工业车辆	叉车（如前移式叉车、插腿式叉车、跨车、侧插单斗装卸机、牵引车、挂车、底盘车）	轮式无轨迹底盘上装有起重、输送、牵引或承载装置，进行流动作业
专用机械	翻车机、堆取料机、堆垛机、拆垛机、分拣专用机械设备，集装箱专用、托盘专用、船航专用、车辆专用装卸机械	带专用取物装置的起重、输送机械或工业车辆的综合，一般进行专用作业

装卸搬运中经常使用的机械设备主要包括：

（1）叉车。叉车可以进行水平搬运，也可以进行垂直装卸，是目前物流活动中使用最多的机械之一。

（2）起重机。主要用于垂直装卸。

（3）输送机。广泛应用于收货入库和出运货物作业，同时，常用于作为拣选系统的基本设备，进行水平搬运。

（4）堆垛机。主要用于仓库作业。

（三）装卸搬运的合理化

1. 提高装卸搬运的活性

装卸搬运的活性是指货物的存放状态对装卸搬运作业的难易程度，亦称货物的

“活性”，常用活性指数表示。活性指数分0～4共五个等级，分别表示活性程度从低到高（如表3—9所示）。由于装卸搬运是在物流过程中反复进行的活动，因此其速度决定了整个物流速度。每次装卸搬运的时间缩短可能微不足道，但多次装卸搬运的累计效果十分可观，因此，提高装卸搬运活性对合理化来说是很重要的因素。

表3—9 货物的活性指数

货物的存放状态	活性指数
散放	0
预垫、易索或置于企业内部使用的各种集装器具中	1
存放于行业范围内流动的各种集装器具中	2
存放于全国流动的各种集装器具中	3
全国流动的各种集装器具置于运输工具中	4

2. 防止无效装卸

无效装卸可造成装卸成本的浪费，货物受损可能性增大，同时可降低物流速度，因此应该尽量防止无效装卸。无效装卸具体反映在以下几个方面：

（1）过多的装卸次数。

（2）过大的包装装卸。包装过大过重，在装卸时实际上是反复在包装上消耗不必要的劳动。

（3）无效物资的装卸。进入物流过程的货物，有时混杂着没有使用价值或对用户来说没有使用价值的各种掺杂物（如煤炭中的矸石、矿石中的水分、石灰中的未烧熟石灰及过烧石灰等）。在多次装卸中，实际是在对这些无效物资反复消耗劳动。

3. 充分利用重力或消除重力影响，减少装卸的能源消耗

在向下装卸时，考虑重力因素，可以利用货物本身的重量，进行有一定落差的装卸，以减少或根本不消耗装卸的能源，这是合理化装卸的重要方式。例如，在卡车或火车卸货时，使其与地面转运的运输工具有一定的高度差，利用溜槽、溜板之类的简单工具，可以依靠货物本身重量从高处自动下滑到低处。

在向上装卸时，尽量消除或减弱重力的影响，可以减少装卸劳动的消耗。例如，在进行两种运输工具的换装时，采用不落地搬运就比落地搬运要好。后者使物品落地后再抬升一定高度进入第二种运输工具，就会因为克服物品的重力而发生能源消耗，如能减少这种消耗，就是合理化装卸的体现。

如装卸平台的使用就是最典型的消除重力影响的方法。装卸平台是用于调节月台与货车之间高度差的液压、气动或机械装置，可以帮助用户安全、高效地装卸各种高度和大小的货车。使用时，可将装卸平台搭接在货车尾部，使得搬运叉车得以从月台进入货车装卸货物。装卸平台广泛应用于邮政、粮食、车站码头、海洋运输等行业。

在人力装卸时，一装一卸是爆发力的运用，如果还要搬运行走一段距离，体力消耗就很大，会导致疲劳。所以，在人力装卸时，如果能配合以简单机具，做到“持物不步行”，则可以大大减少装卸劳动量，实现装卸合理化。

4. 合理利用机械

装卸搬运机械化是提高装卸效率的重要环节。装卸机械化程度一般分为三个级别：第一级是用简单的装卸器具；第二级是使用专用的高效率机具；第三级是依靠电脑控制实行自动化、无人化操作。以哪个级别为目标实现装卸机械化，不仅要从是否经济合理来考虑，而且要从加快物流速度、减轻劳动强度和保证人与物的安全等方面来考虑。

装卸搬运机械的选择必须根据装卸搬运物品的性质来决定。对以箱、袋或集合包装的物品可以采用叉车、吊车；货车装卸、散装粉粒装物品可用传送带装卸；散装液体物可以直接向装运设备或储存设备装取。

5. 集装或散装原则

即以托盘、集装箱为单位进行组合后的装卸。实现单元组合，可充分利用机械进行操作。其优点是：

（1）操作单位大，作业效率高。

（2）能提高物流的“活性”。

（3）操作单位大小一致，容易实现标准化。

（4）装卸不触及货物，对物品有保护作用。

但这种装卸搬运方式并不是对所有货物都适用。

一些货物，如煤、矿石等，采取散装机械（如传送带等）进行作业，可以提高装卸效率。

五、流通加工

（一）流通加工的含义

流通加工是现代物流运作中出现的新事物。长期以来，人们一直认为，生产是通过改变物的形态来创造价值；流通只是媒介商品交换，而保持物的原有形态和使用价值。流通现代化的发展，使上述观念发生了很大的变化。现在，发达国家广泛开展流通过程中的加工活动，以使流通过程更加合理。例如，日本东京、大阪、名古屋地区的90家公司，在仓库或配送中心配有加工设备的公司超过一半，流通加工的规模也很大。

流通加工是由流通企业为了弥补生产过程中加工活动的不足，更有效地满足用户或本企业的需求，更好地衔接各环节的生产与消费而进行的，在流通领域根据需要对产品进行包装、分割、计量、组装、贴价签、商品检验等一系列简单作业的简单加工活动的总称。流通加工是现代经济中产生的新的物流要素，但不是所有货物都要通过流通加工。流通加工创造了一种新的生产方式，为低成本地满足高水平的服务目标的实现提供了一种途径。

流通加工与生产加工的主要区别在于加工对象和加工深度，而在加工方法、加工组织、加工生产管理上没有大的区别。

1. 流通加工与生产加工在加工对象上的区别

流通加工的对象是进入流通领域的商品，已具有商品的性质；生产加工的对象是某种最终产品形成过程中的原材料、零部件和半成品。

2. 流通加工与生产加工在加工深度上的区别

流通加工一般是简单加工，加工的内容（如板材的剪裁、玻璃的开片等）是浅层的，生产加工的复杂程度和其加工的深度要远远高于流通加工。

3. 流通加工与生产加工在责任人上的区别

流通加工的组织者是流通组织，以销售和流通需要、消费者要求为目的进行加工组织活动；生产加工由生产企业为责任人和组织者，以产品设计和加工技术要求为目标。

4. 流通加工与生产加工在附加价值上的区别

从价值观点看，生产加工的价值在于创造商品价值和使用价值；流通加工的价值在于完善物资的使用价值，一般在并不对加工对象做大的改变的情况下提高商品价值。

（二）流通加工的类型

1. 以保存产品为主要目的的流通加工

对生活消费品的流通加工是为了使生活资料的消费者对消费对象在质量上保持满意（如水产品、蛋产品、肉产品等要求的保鲜加工、冷冻加工和防腐加工，丝、麻、棉织品的防虫、防霉加工等）。对生产资料的流通加工有金属材料的防锈蚀加工，木材的防腐朽、防干裂加工，水泥的防潮、防湿加工，等等。

2. 为满足用户多样化需要的流通加工

为满足用户对产品多样化的需求，同时保证社会高效率的大生产，将生产出来的单调产品进行多样化改制加工，是流通加工中占有重要地位的一种加工形式。例如，对钢材的剪裁加工；对平板玻璃按需要规格的开片加工；木材改方材、板材的加工；商品混凝土和商品水泥制品的加工；等等。对于生产用户而言，这种加工可以缩短企业的生产流程，使生产技术密集程度提高，生产周期缩短。

3. 为消费方便、省力的流通加工

如粮食行业的面食加工，副食行业的盘菜、半成品加工，商场的首饰加工和服装加工等，都不同程度地满足了消费者的方便、省力的要求。

4. 为提高产品利用率的流通加工

流通加工是把多个制造企业对多个客户供应的商品集中进行专业加工，其加工效率比分散加工要高得多。对于用量少和满足临时需要的使用单位，如果没有专业流通而只能依靠自行加工，则不论加工水平还是加工的成本都无法与专业流通加工相比，即使是有相当规模的企业进行的加工活动，与专业的流通加工相比，其劳动生产率也相对较低。通过流通加工进行集中开料，能够合理套裁，因材施用，裁完大件剩余的边角料还可再裁小件，明显地提高原材料的利用率，例如，从平板玻璃集中开裁的经验来看，玻璃的利用率可从 60%左右提高到 85%～95%。

5. 为提高物流效率，降低物流损失的流通加工

一些物资由于本身的特殊形状，在运输、装卸中效率极低，易发生损失。经过流通加工（如自行车的销售点组装、石油天然气的液化加工等），可以弥补这些物流的缺陷。

6. 为衔接不同的运输方式，使物流更加合理化的流通加工

由于现代社会生产的相对集中和消费的相对分散，流通过程中衔接生产的大批量、高效率的输送和衔接消费的多品种、少批量、多户头的输送之间存在很大的矛盾。有些流通加工形式可以比较有效地解决这些矛盾。以流通加工点为分界线，从生产部门至流通加工点可以形成大量的、高效率的定点输送；从流通加工点至用户可以形成多品种、多批量、多户头的灵活输送。

7. 为实现配送进行的流通加工

配送中心为了满足对物资供应数量、供应构成的要求，通过对物资的各种加工活动（如化整为零、定量供应、定时供应等），实现配送活动。

（三）几种典型的流通加工

1. 钢材的流通加工

经过流通加工的钢材数量，在发达国家占的比例比较高。例如，日本有35%左右的钢材是经过流通加工再配送给各用户的。钢材的流通加工方式以剪板、切割、轧钢、打孔、冷拉、集中下料为最多。

2. 水泥的加工

目前主要有以下三种水泥加工方式：(1) 将大批量、长途、散装输送来的水泥转换为纸袋包装或小规模的包装；(2) 将出厂的熟料运送到使用地区分散磨制成水泥；(3) 将水泥和沙石一起搅拌成各种标号及特性的生混凝土作为商品出售。

3. 木材的流通加工

木材的流通加工基本上有两种方式：一种是将木材磨制成碎屑，制成造纸原料，然后进行配送和输送；另一种是将木材加工成各种规格的半成品，如将原木加工成板材、方材等。

4. 燃料的加工

对燃料进行流通加工的目的主要是便于运输。例如，将煤炭磨成粉，再用水调和成泥浆状，然后用管道运输；将天然气压缩成液体，然后装罐输送；等等。这些都是有效的流通加工方式。

5. 平板玻璃套裁加工

是指流通企业设立的玻璃加工套裁中心，负责按用户提供的图纸或规格尺寸进行统一的套裁开片，向用户供应成品，用户可以直接安装使用。

6. 保税区的加工贸易

由于保税区实行的是“境内关外”的政策，因此在保税区进行进出口物资物流、加工贸易保税料件拥有很多优势，而这些优势是在完全合法的海关监控下获得的。在保税区进行流通加工可以获得免税的优惠，进而获得降低成本、增加利润的效果。

（四）流通加工的合理化

要实现流通加工合理化，主要应考虑以下几方面：

1. 加工与配送相结合

加工与配送相结合是将流通加工设置在配送点中，一方面按配送的需要进行加工；另一方面加工又是配送业务流程中分货、拣货、配货的环节之一，加工后的产品

直接投入配货作业，这就无须单独设置一个加工中间环节，而使流通加工与中转流通巧妙地结合在一起。这是当前对流通加工做合理选择的重要形式，在煤炭、水泥等产品的流通中已表现出较大的优势。

这里提到“流通加工地点设置”的问题是流通加工合理化的重要因素。既然考虑与配送的结合，那么流通加工地点应设置在需求地区，或者设置在运输线路的交接点、交通枢纽等地区，如果选址不当，会使物流费用大大增加。

2. 加工与配套相结合

配套是指对使用上有联系的用品集合成套地供应给用户使用。例如，方便食品的配套包括食品生产企业的产品（如各种即食或速熟食品），还有餐具生产企业的产品（如各种一次性餐具）。最典型的配套配送是汽车零配件的配套集成。自20世纪70年代起，日本厂商就确立了要求零部件厂商不断提高质量、降低成本、缩短交货时间的“金字塔结构”的配套体系。“金字塔结构”是以业务层层转包为基础的，整车厂和零部件企业之间关系密切，整车厂只与一级供应商有配套的关系。一级供应商数量少，只有十几家或几十家，具有产品开发能力，是总成系统、模块的供应商；一级供应商与二级供应商之间有协作配套关系，二级供应商与三级供应商之间也有协作配套关系，一般有四级甚至五级协作配套关系。厂家数量逐级增多，最终形成“金字塔结构”整（车厂）零（部件企业）关系。各级供应商要将其负责生产的部件进行配套集成配送给供应链的下一级，以提高生产效率。

3. 加工与合理运输相结合

利用流通加工，在支线运输转干线运输或干线运输转支线运输的连接环节上，进行适当的加工，从而大大提高运输及运输转载水平，促使两种运输方式都实现合理化。

4. 加工与合理商流相结合

流通加工和配送的结合，提高了配送水平，强化了销售，是加工与合理商流相结合的一个例子。另外，通过简单地改变包装的加工，形成合适的批量以方便购买，通过组装帮助用户完成使用前的装配、调试，都可以有效地促进商流。

(五) 避免不合理的流通加工

流通加工的不合理表现在以下几个方面：

1. 流通加工地点设置不合理

为衔接单品种、大批量生产与多样化需求的流通加工，加工地应设在需求地区，才能实现大批量的干线运输与多品种末端配送的物流优势。将流通加工地设置在生产地区是不合理的。而为方便物流进行的流通加工环节应设在产地，如果设在需求地，不但没有解决物流问题，而且又增加了一个流通环节，也是不合理的。

2. 流通加工与生产加工的分工不合理

流通加工要与生产加工形成合理的分工。分工不合理，即：本来应由生产加工完成的，却错误地由流通加工完成；或本来应由流通加工完成的，却错误地由生产过程去完成。

流通加工不是对生产过程的代替，而是一种完善和补充。如果工艺复杂，技术要求较高，或加工可以由生产过程轻易解决，就不宜再进行流通加工。如果流通加工环节设置不当，则会出现与生产夺利的恶果。流通加工的作用不大，形成多余环节。

3. 流通加工的成本过高，效益不好

流通加工之所以能够有生命力，是因为产出投入比较高，因而起着补充和完善的作用。如果出现相反情况，应视为不合理。

六、配送

（一）配送的概念与特征

配送（distribution）是指在经济合理区域范围内，根据用户要求，对物品进行拣选、加工、包装、分割、组配等作业，并按时送达指定地点的物流活动。配送是"配"与"送"的有机结合："配"是对货物进行集中、拣选、包装、加工、组配和配置；"送"是以各种不同的方式将货物送达至指定地点或用户手中。配送是综合、一体化、现代化的物流活动，是社会经济和社会分工发展到一定水平的产物，是以现代送货形式实现资源优化配置的经济活动。它不仅实现了物流流体的按需合理流动；也实现了物流资源，如运输资源和存储资源的高效利用。

（二）配送的类型

（1）按配送出发地，可以分为配送中心配送、仓库配送、商业门店配送、厂矿企业的配送。

（2）按配送对象的种类和数量，可以分为单品种、大批量配送，多品种、小批量配送，配套配送。

（3）按配送的时间和数量，可以分为定时配送（如日配、看板供货）、定量配送、定时定量配送、即时配送、定时定路线配送。

（4）按配送企业的业务关系，可以分为专业性独立配送、综合配送、共同配送。

（三）配送中心及其类型

配送中心是位于物流节点上，专门从事货物配送工作的经营组织和经营实体。配送中心是配送活动的集散地和发源地，属于物流运动的枢纽。配送中心集集货、分货和流通加工于一体，是现代化、多功能的物流组织。配送中心的分类方法有以下几种：

（1）按机能进行分类，可以分为转运中心（transfer center，TC）、分销中心（distribution center，DC）、储存中心（stock center，SC）、加工中心（process center，PC）。

转运中心的主要功能是传送，不具备商品保管、在库管理等功能，使用这种模式的配送中心，商品在配送中心的储存时间较短，储存量较少。分销中心具有商品保管、在库管理等管理性功能，同时也从事商品周转、分拣和配送等业务，这种模式的配送中心一般设立在口岸或者中心城市，往往大批量进货，然后分装组配，及时分送，通常不具有长期储存商品的功能。储存中心兼有储存和配送双重功能，并且以储存保管功能为主，因此往往拥有较大规模的仓储设施。加工中心的主要功能是对产品进行再次加工，以保证上市即可出售且消费。

（2）按经济功能，可以分为供应配送中心、销售配送中心、储存配送中心、分货配送中心、加工配送中心。

（3）按服务范围和服务对象，可以分为城市配送中心、区域配送中心。

（4）按处理或经营的货物种类，可以分为综合配送中心与专业配送中心。

（5）按经营主体，可以分为代理性配送中心、自营性配送中心、共同配送中心。

（四）配送操作的主要环节

1. 备货

是配送操作的基础环节，包括筹集货物和储存货物。筹集货物包括订货、进货、集货以及相关的验货、结算等一系列工作。储存货物有两种状态，即暂存形态和储备形态。

2. 理货

包括货物分拣、配货和包装等经济活动。

3. 送货

末端运输经常要对运输方式、运输工具和运输路线进行选择。汽车是主要运输工具。

（五）分拣和配装技术

1. 拣选式配货技术

由负责理货的工人或理货机械，巡回于货物的各储货点，按理货单指令，取出所需货物，巡回一遍，则为一个客户将货配齐，配齐后的货物立即配装（如图 3—8 所示）。拣选式配货技术分为摘果式、人到货前式等。

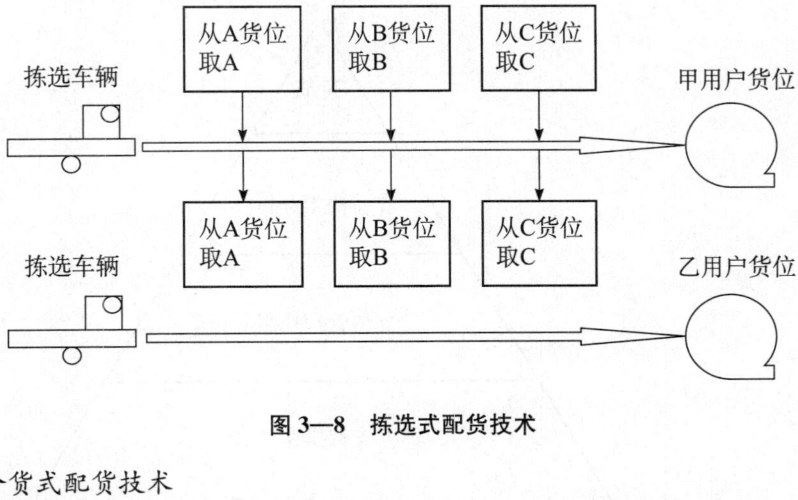

图 3—8　拣选式配货技术

2. 分货式配货技术

分货人员或分货工具从储存点集中取出各用户共同需要的货物，然后巡回于各用户的货位之间，将这种货物按用户需要量分放，再集中取出共同需要的第二种，如此反复进行，直至用户需要的所有货物都分放完毕，同时完成各用户的配货工作（如图 3—9 所示）。分货式配货技术分为播种式、货到人前式等。

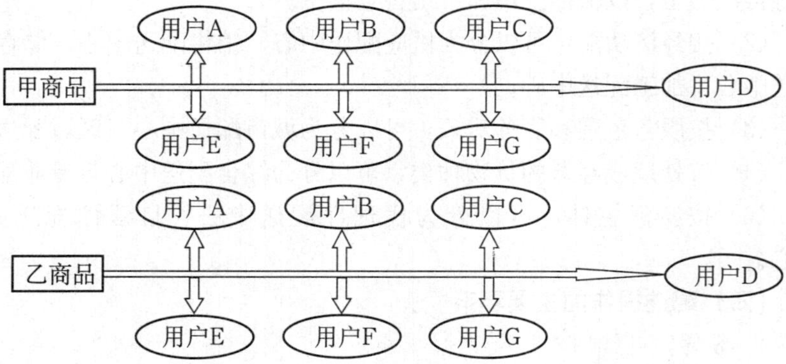

图 3—9 分货式配货技术

七、物流信息

（一）物流信息的概念

物流信息可以分为狭义的物流信息与广义的物流信息。狭义的物流信息是指与物流活动（如运输、储存、包装、装卸搬运、流通加工等）有关的信息，主要用于支持物流配送活动的管理和决策。广义的物流信息不仅包括与物流有关的信息，还包括与其他流通活动有关的信息（如商品交易信息和市场信息等）。

物流信息的特征主要表现为信息量大、动态性强、更新快、来源多样化，同时物流信息逐步趋于标准化。物流信息在物流系统中起着神经中枢的作用，主要功能是支持操作、支持管理控制、支持决策分析和支持战略计划（如图 3—10 所示）。

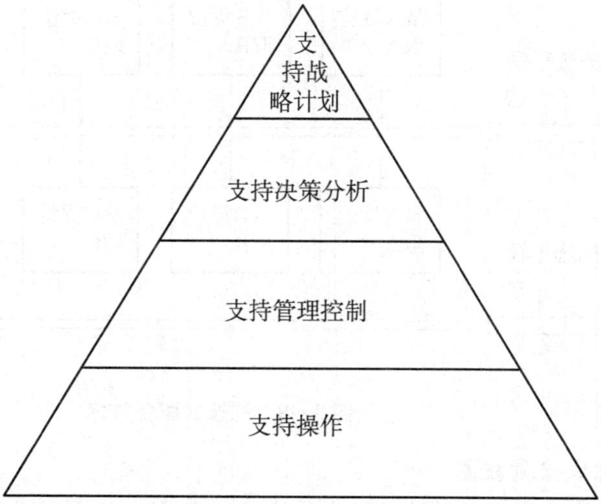

图 3—10 物流信息的作用

（二）物流信息系统

物流信息系统（LIS）作为企业信息系统（MIS）的一部分，是通过对与物流相关信息的处理加工来达到对物流、资金流的有效控制和管理，并为企业提供信息分析和决策支持的人机系统（如图3—11所示）。

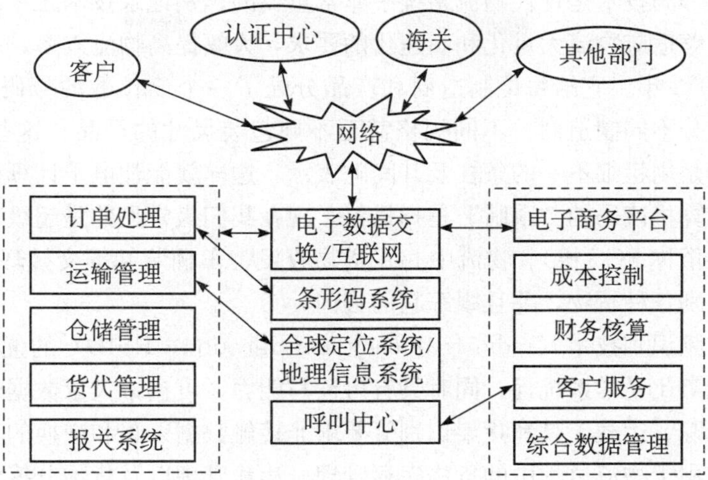

图3—11 物流信息系统结构

（三）物流信息平台

物流信息平台是GPS、GIS和电子商务等多种技术在经贸、交通、仓储、货运代理、联运、集装箱运输以及政府行业管理等物流相关领域的集成应用，是依托区域综合物流信息服务中心的一种重要的基础系统。物流信息平台的主要功能如图3—12所示。

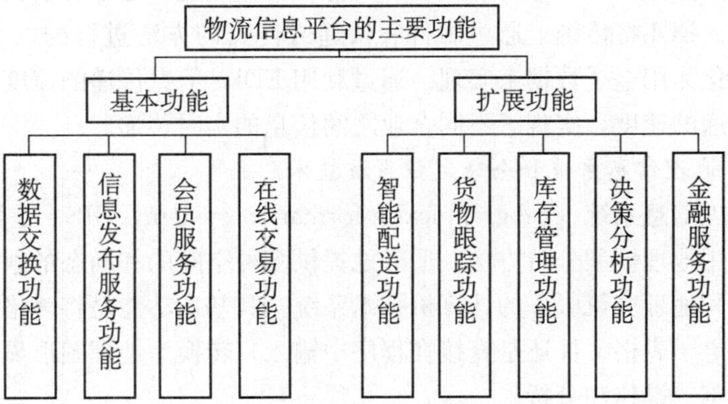

图3—12 物流信息平台的主要功能

（四）主要信息技术在物流领域的应用

信息技术（information technology，IT）泛指拓展人的信息处理能力的技术，主要包括传感技术、计算机技术、通信技术、控制技术等。它可取代或辅助人们完成对信息的识别、监测、变换、储存、传递、计算、控制和利用。

物流信息技术在不断地快速更新，但是用于物流活动的技术主要有以下几种。

1. 识别记录技术

识别记录技术对物流活动非常重要。物流中心面对着众多客户、繁多存货以及在不同时间的不同要求，必须加以准确识别，同时要及时、精确地记录，这是很不容易做到的。

条形码技术是现代物流系统中非常重要的识别记录技术之一。它可以快速采集信息，能够适应物流大量化和高速化的要求，大幅提高物流效率。条形码用于一般产品是在 1972 年。它给每位制造商和产品分配了一个 5 位数的号码，根据不同的号码，可以区分不同制造商、不同规格甚至不同包装尺寸的产品。这些号码不是用数字表示，而是用粗细不一的条杠及其间隙表示，这样就能让电子计算机识别，即“读码”。电子计算机读码的“眼睛”是扫描仪。现在我们最常见的是超级市场收款处使用的扫描仪（俗称 POS 机）。物流中心在货物收发、车辆装卸等交接环节安置各种扫描仪，就能识别各种货物，并且跟踪它的去向。

射频识别技术（radio frequency identification，RFID）的优点是不局限于视线，识别距离比光学系统远，同时具有可读写能力，可携带大量数据，难以伪造。适用于物料跟踪、运载工具和货架识别等要求非接触数据采集和交换的场所。射频识别技术可以应用于物流过程中的货物库存管理、运输管理以及货物分拣管理，能大大提高物流效率，降低物流成本。

2. 电子数据交换技术

当今世界，计算机、网络无所不在，这给物流管理带来了极大的便利。这里介绍其中一种典型的应用技术——电子数据交换技术（EDI）。国际标准化组织（ISO）将 EDI 定义为“将商业或行政事务处理按照一个公认的标准，形成结构化的事物处理或信息数据格式，从计算机到计算机的数据传输”。EDI 被认为是企业之间计算机与计算机交换商务文件的标准形式，是在标准化基础上，通过计算机联网进行数据的传输与交换。EDI 将传统上通过邮件、快递或传真的方法进行的两个组织之间的信息交流，转化为用电子数据来实现。通过利用 EDI，信息传递的速度大大高于传统方法下信息传递的速度，实现了不同企业之间信息的实时传递。

3. 地理信息系统和全球定位系统技术

地理信息系统（geographical information system，GIS）是以地理空间数据为基础，采用地理模型分析方法，适时地提供多种空间的和动态的地理信息，是一种为地理研究和地理决策服务的计算机技术系统。其基本功能是将表格型数据（无论来自数据库、电子表格文件还是直接在程序中输入）转换为地理图形显示，然后对显示结果进行浏览、操作和分析。

全球定位系统（global positioning system，GPS）具有在海、陆、空进行全方位实时三维导航与定位的能力，在物流领域可以应用于汽车自定位、跟踪调度，以及铁路运输管理和军事物流管理。

4. 数据挖掘和数据管理技术

数据挖掘（data mining，DM）是从大量的、不完全的、有噪声的、模糊的、随机的数据中提取隐含在其中的、人们事先不知道的，但又是潜在有用的信息和知识的过程。随着信息技术的高速发展，人们积累的数据量急剧增长，如何从海量的数据中提取有用的知识成为当务之急。数据挖掘就是为顺应这种需要应运而生并发展起来的数据处理技术，是知识发现（knowledge discovery in database）的关键步骤。

数据管理是利用计算机硬件和软件技术对数据进行有效的收集、存储、处理和应用的过程，其目的在于充分有效地发挥数据的作用。实现数据有效管理的关键是数据组织。

由于物流的信息量大，动态性强，更新快，因此，要从这些海量数据中找出企业管理所需的信息，往往需要借助数据挖掘和数据管理技术。

（五）物流信息化

现代物流的观念形成和产业发展以及组织演变和运作方式，都与现代信息技术的应用分不开。现代信息技术在物流领域的应用，推动了物流信息化的进程。

1. 现代信息技术是现代物流观念和物流产业形成的前提

物流观念实际上有一个不断丰富和演绎的过程。传统的物流早已实际存在，但被分散在不同的经济部门，或由一个企业的不同职能部门来掌控。因此物流被分解为若干阶段和环节来进行。在这种条件下，物流活动的运行实际上是被动的，即：生产商产生需求信息后，要求物流供应商来完成。由于技术的障碍，物流与信息之间的交流与共享是非常缓慢的，滞后于许多管理活动，因此，20世纪60年代之前，人们把物流领域看成是“黑大陆”。这说明对该领域的管理活动及其效率很难把握。还有人说，如果物流瓶颈不解决，即使生产进入了21世纪，物流仍将停留在19世纪。

20世纪70年代后，发达国家开始注重和强化对物流活动的管理，形成了一些环节的物流信息管理系统，提高了本环节的物流效率。90年代后，随着EDI、互联网、射频识别等许多信息技术的群体性的突破，以及这些技术被广泛用于企业管理，特别是物流管理活动，物流活动发生了根本性的变化。由于采集技术、传播技术以及处理技术的广泛应用，物流信息不再局限于某个物流环节，而是存在于整个供应链上。所有的企业和管理者都能很透明地看到这些信息，以便根据这些信息开展必要的管理、协调和组织工作。这时，信息的共享超越了企业的边界，使物流活动可与原有的生产过程或商品销售过程分离开来，成为一种独立的经济活动。进入90年代以后，出现了大量的第三方物流企业，这实际上是与现代信息技术的广泛应用结合在一起的。因此，我们得出这样的结论：信息技术的应用是促成物流活动从生产销售活动分离出来，成为一个新的经济领域的前提或技术条件。这时的物流概念已不再仅仅是一个企业内部的管理概念，而是一个产业的概念，或一种新型的现代的概念。

2. 现代信息技术对物流活动和物流产业运作方式的巨大影响

过去的物流活动是一种按照“推式”方法进行的活动，即：生产者生产出产品后，要求物流供应商按照它的要求经过几个中间环节，最后送到消费者手中。现代经济是市场竞争性经济，商品的生产活动和销售活动不是围绕着生产者进行的，而是围绕着消费者进行的。这就是说，消费者的需求信息通过市场信息系统的共享以后，传达到生产者和流通者，生产者和流通者按照市场的信息来组织自己的经营活动，即按照“拉式”的方法组织生产和流通。这样物流活动的运行方式发生了巨大的变化：

（1）物流活动由一个被动的载体转变为一个主动的载体，物流组织者根据市场的信息来合理组织安排库存和调配资源，保证市场供应。因此，物流活动从一个被动的市场信息的接受者转变为经济活动整个流通过程的组织者。

（2）由于信息技术的方法应用，实现了信息的透明度和信息共享，因此物流从过去的局部、分散的活动，变为整个供应链上系统化、全程化的活动。

（3）通过现代信息技术，整个供应链的参与者共享信息，使物流由过去的“黑大陆”变为一个从生产者到消费者的透明管道。所有物流的参与者都能根据充分信息合理进行分工和市场定位，并进行规范化的运作。

物流运行的透明化、信息化和主动化是信息技术发达以后物流运行的主要特征。

3. 现代信息技术对物流产业组织的影响

传统物流分散在不同的企业和企业内的不同部门进行，物流的组织功能不存在，其功能仅仅是配合企业的产品销售或原材料的采购。比如在生产企业，物流处于一个很低的层次，其组织管理主体多元化。到了20世纪五六十年代，由于物流观念的形成和应用，企业物流被单独研究和管理，先进的企业成立了专门的物流管理部门，在企业管理中占有相当的地位。随着信息技术的发展，特别是EDI的应用，物流活动从原来的制造企业或商业企业中独立出来，形成了第三方物流企业，这时，物流活动从原来一个企业内部单一环节上的管理活动逐步成为一种独立的企业活动。到了21世纪初，很多新型的物流企业再次出现。于是人们开始谈论第四方物流企业，甚至第五方物流企业。这种现代信息技术对物流组织的影响，并逐步升级的过程可以概括为：

（1）80年代以前，物流组织是以企业内部信息为基础的企业内部一体化物流组织。

（2）八九十年代以后，物流组织是以电子数据交换技术为基础的专业化物流组织，即早期的第三方物流企业。

（3）近年来，出现了以网络通信技术为基础的物流过程一体化组织，即供应链的管理者。这是更高层次的物流专业企业。

我们看到，在物流组织的逐步演进、不断发展和创新的过程中，信息技术有很大的影响。

4. 现代信息技术发展对物流产业市场竞争格局的影响

（1）从竞争的主体上看。在传统的物流活动中，物流竞争的主体是工商企业，因为物流活动停留在企业的内部。随着现代信息技术的发展和新的物流组织的出现，竞争主体转移到物流企业之间，特别是第三方物流企业之间。

（2）从竞争的范围上看。传统物流活动往往表现在单一的仓储、运输、包装等环节上，工商企业关注这些单一环节的管理水平和管理效率的提高。供应链和第三方物流形成以后，物流的竞争从单一环节的竞争转移到了物流供应链的整个过程的竞争。

（3）从竞争的手段上看。20世纪80年代，发达国家的物流竞争主要是物流设施的竞争，比如，借助自动化仓库、多式联运等物流设施来提高自身的效率。随着信息技术的发展和供应链的形成，可以通过信息技术把资源整合到一起，提高物流整体的运作效率。也就是说，信息处理、信息管理的能力决定了整个供应链对市场的反应能力，决定了对顾客提供高效率、高水平的服务能力，因此，目前发达国家的物流竞争已从关注物流设施的提高转移到对顾客的响应能力，而这种响应能力恰恰建立在信息的广泛完善和应用之上。所以，物流竞争已经从原来关注物流设施水平转向了信息管理能力的增强和信息技术的提高。

目前，物流信息化已成为现代物流发展的前沿问题。例如，美国著名的物流公司UPS已由一家拥有信息技术的货车运送公司变成了拥有货车的信息技术公司，这是具有突破性变革的典型案例。

因此，我们认为，未来物流的趋势不仅是以信息技术为支撑的现代物流的发展，而且表现为以物流配送为媒体实现信息的大规模快速传递，即实现物流的信息化。

练习题

一、单选题

1. 关于储存，下列说法中正确的是(　　)。

A. 主要从研究技术和技术管理来考虑，保护物品的价值和使用价值不受损害的过程

B. 在经济短缺时期更加强调储存，特别是库存控制

C. 主要实现物流的空间效用

D. 副作用是会增加有形和无形损失的机会

2. 在仓库或货车站使用装卸平台是为了(　　)。

A. 利用重力　　B. 减少重力

C. 负重不行走　　D. 提高搬运活性

3. (　　)被称为供应链上管理库存的方法。

A. ABC　　B. CVA

C. VMI　　D. 零库存

4. 按配送对象的种类和数量进行分类，最典型的配送方式是(　　)。

A. 单品种、大批量配送　　B. 多品种、小批量配送

C. 配套配送　　D. 即时配送

二、多选题

1. 在物流七大功能要素中，物流发展到现代才具有的功能是(　　)。

A. 运输　　B. 储存

C. 包装　　D. 装卸搬运

E. 流通加工　　F. 配送

2. 包装在物流中的功能包括(　　)。

A. 保护功能　　B. 方便与提高效率功能

C. 销售功能　　D. 信息传递功能

E. 衔接功能　　F. 储存功能

3. 主要的集装技术包括(　　)。

A. 集装箱　　B. 托盘

C. 吊车　　D. 集装袋
E. 叉车　　F. 冷链技术
4. 流通加工的目的和结果是(　　)，因此是在现代经济中产生的新的物流要素。
A. 适应个性化消费需求　　B. 高效率大规模生产的需求
C. 提高物流效率的需求　　D. 提高加工效率和设备利用率
E. 提高原材料利用率的需要　　F. 降低费用的需要
5. 配送与物流的主体活动不同，主要体现在(　　)。
A. 运输　　B. 储存
C. 分拣配装　　D. 末端送货
E. 信息处理　　F. 客户服务
6. 目前国外发展最快的配送中心是(　　)。
A. 转运中心　　B. 分销中心
C. 储存中心　　D. 加工中心
E. 综合配送中心　　F. 专业配送中心

三、判断题

1. 物流提出零库存是库存的最高境界，因此商品储存是不必要的。(　　)
2. 在大型仓库中设置装卸平台是为了解决装卸搬运中利用重力的问题。(　　)
3. 运输的功能主要是实现位移，但也可以辅助储存。(　　)
4. 物流的流动七要素是指运输、包装、储存、搬运、流通加工、物流信息、配送。(　　)

四、简答题

1. 比较各种运输方式的优缺点。
2. 简述 VMI 库存管理方式对供应链上游和下游的好处。
3. 为什么说现代信息技术改变了物流业?
4. 解释配送是以现代送货形式实现资源优化配置的经济活动。

案例分析一

沃尔玛的信息技术实践

一、沃尔玛的信息技术

20 世纪 50 年代末，当第一颗人造卫星上天的时候，现代通讯技术在世界零售商业界还无人问津。而 70 年代沃尔玛就率先使用了卫星通讯系统。21 世纪伊始，沃尔玛又投资 90 亿美元开始实施“互联网统一标准平台”的建设。凭借先发优势和科技实力，沃尔玛的店铺冲出阿肯色州，遍及美国，走向世界。

沃尔玛领先于竞争对手，先行对零售信息系统进行了非常积极的投资：与其说它是零售企业，不如说它是科技企业。它最早使用计算机跟踪存货（1969），全面实现 S. K. U. 单品级库存控制（1974），最早使用条形码（1980），最早使用 CM 品类管理软件（1984），最早采用 EDI（1985），最早使用无线扫描枪（1988），最早与宝洁公司等大供应商实现 VMI-ECR 产销合作（1989）。在信息技术的支持下，沃尔玛能够以最低的成本、最优质的服务、最快速的管理反应进行全球运作。尽管信息技术并不是沃尔玛取得成功的充分条件，但一定是必要条件。这些投资都使得沃尔玛可以显著降低成本，大幅提高资本生产率和劳动生产率。

沃尔玛的全球采购战略、配送系统、商品管理、人力资源管理、天天平价战略在业界都是可圈可点的经典案例。可以说，所有的成功都建立在沃尔玛利用信息技术整合优势资源，信息技术战略与传统物流整合的基础之上。可以说，强大的信息技术和后勤保障体系使它不仅在经营商品，更在生产商店，经营物流。

90 年代沃尔玛提出了新的零售业配送理论，开创了零售业的工业化运作新阶段：集中管理的配送中心向各商店提供货源，而不是直接将货品运送到商店。其独特的配送体系，大大降低了成本。加速了存货周转，形成了沃尔玛的核心竞争力。早在 90 年代初，沃尔玛就在公司总部建立了庞大的数据中心，所有店铺、配送中心和经营的所有商品，每天发生的一切与经营有关的购销调存等详细信息，都通过主干网和通信卫星传送到数据中心。任何一家沃尔玛商店都具有自己的终端，并通过卫星与总部相连，在商场设有专门负责排货的部门。沃尔玛每销售一件商品，都会即时通过与收款机相连的电脑记录下来，每天都能清楚地知道实际销售情况，管理人员根据数据中心的信息对日常运营与企业战略作出分析和决策。

沃尔玛的数据中心已与 6 000 多家供应商建立了联系，从而实现了快速反应的供应商管理库存（VMI）。厂商通过这套系统可以通过沃尔玛的电脑系统和数据中心，直接从 POS 机了解到其供应的商品流通动态状况，如不同店铺及不同商品的销售统计数据、沃尔玛各仓库的存货和调配状况、销售预测、电子邮件与付款通知等等，以此作为安排生产、供货和送货的依据。生产厂商和供应商都可通过这个系统查阅沃尔玛产销计划。

沃尔玛总部的通讯网络系统使各分店、供应商、配送中心之间的每一个进销调存节点都能形成在线作业。使沃尔玛的配送系统高效运转。这套系统的应用，在短短数小时内便可完成“填妥订单——各分店订单汇总——送出订单”的整个流程，大大提高了营业的高效性和准确性。

二、沃尔玛的整合物流体系

沃尔玛在美国本土已建立 62 个配送中心，整个公司销售商品 85%由这些配送中心供应，而其竞争对手只有约 50～65%的商品是集中配送的。沃尔玛完整的物流系统号称“第二方物流”，相对独立运作。不仅包括配送中心，还有更为复杂的订单处理系统、自动补货系统等。其配送中心的平均面积约 10 万平方米，相当于 23 个足球场，全部自动化作业，现场作业场面就像大型工厂一样蔚为壮观。

沃尔玛公司共有六种形式的配送中心：第一种是“干货”配送中心。第二种是食品中心（相当于我们的“生鲜”）。第三种是山姆会员店配送中心。第四种是服装配送中心。第五种是进口商品配送中心。第六种是退货配送中心（其收益主要来自出售包装箱的收入和供应商支付的手续费）。

其配送中心的基本流程是：供应商将商品送到配送中心后，经过核对采购计划、进行商品检验等程序，分别送到货架的不同位置存放。提出要货计划后，电脑系统将所需商品的存放位置查出，并打印有商店代号的标签。整包装的商品直接由货架上送往传送带，零散的商品由工作台人员取出后也送到传送带上。一般情况下，商店要货的当天就可以将商品送出。

沃尔玛要求它所购买的商品必须带有UPC条形码，从工厂运货回来，卡车将停在配送中心收货处的数十个门口，把货箱放在高速运转的传送带上，在传送过程中经过一系列的激光扫描，读取货箱上的条形码信息。而门店需求的商品被传送到配送中心的另一端，那里有几十辆货车在等着送货。其十多公里长的传送带作业就这样完成了复杂的商品组合。其高效的电脑控制系统，使整个配送中心用人极少。数据的收集、存储和处理系统成为沃尔玛控制商品及其物流的强大武器。

为了满足美国国内3 500多家连锁店的配送需要，沃尔玛公司在国内共有近3万辆大型集装箱挂车，5 500辆大型货运卡车，24小时昼夜不停地工作。每年的运输总量达到77.5亿箱，总行程6.5亿公里。合理调度如此规模的商品采购、库存、物流和销售管理，离不开高科技的手段。为此，沃尔玛公司建立了专门的电脑管理系统、利用卫星定位系统和地理信息系统调配控制运营。

全球4 500多个店铺的销售、订货、库存情况可以随时调出查看。公司5 500辆运输卡车全部配备了卫星定位系统，每辆车在什么位置，装载什么货物，目的地是什么地方，总部一目了然。可以合理安排运量和路程，最大限度地发挥运输潜力，避免浪费，降低成本，提高效率。

沃尔玛正是通过信息流对物流、资金流的整合、优化和及时处理，实现了有效的物流成本控制。从采购原材料开始到制成最终产品，最后由销售网络把产品送到消费者手中的过程都变得高效有序，实现了商业活动的标准化、专业化、统一化、单纯化，从而达到了实现规模效益的目的。

资料来源：根据深圳博维企业咨询公司的培训案例改编。

讨论题

1. 沃尔玛使用了哪些信息技术？
2. 沃尔玛是如何组织企业配送的？
3. 信息管理促进了物流速度的提升，如何理解用信息流整合物流和资金流？

案例分析二

香港地铁列车器械成功应用RFID技术完成在线诊断

一、实施背景

连接香港与深圳的地铁，每天的运载量高达几十万乃至上百万人次，每3分钟就有一趟列车开出，全线服务列车约30辆。因列车每天服务时间长达18小时，每个站停留时间短到1分钟，过去地铁难以即时检查车辆的健康状况。动力系统、供电系统等经常在高温或者长期运作后，在列车运行时出现异常，多次造成列车停留在路上，地铁也因此延时数小时，多班列车滞留，在大陆游客旅游高峰期、港人返乡高峰期、上下班高峰期，带来的经济损失难以估计。

即使列车回到工厂，工程师们也无法每次对每辆列车的上百个重要器械逐一进行测试检查。检查耗时长，而且需要有丰富经验的技术人员才能通过列车在厂的情况判断列车可能在运行时出现的问题。每个部件的价格昂贵，但是检测却极其缺乏。

二、RFID温控也能当列车的医生

从系统启动到现在，地铁通过温控回传信息，成功提前排查出列车故障，阻止列车可能出现在路中瘫痪的情形。而总厂检测的技术人员改变了检测的流程，远程通过wifi网络，接入到每个站点接收每趟列车的器械温度信息，实现远程诊断、回厂马上能维修。

三、温度标签优异的性能

1. 标签能记录存储温度点、时钟、标签电池状态等信息，存储空间高达1 000条信息，当列车经过站点，不用20秒就能完全传输温度信息，控制中心可以一览每个器械的健康状况，真正实现每分钟都在实时报告。

2. 温度标签采集温度环境支持超高温（+220℃）。使用性能优越的PT100温度探头，标签温度校准报告已获得权威机构（包括质检总局）认证。

3. 温度标签能紧贴在器械上，固定方式目前提供圆环状及柱状探头，大大减少了因接触不良而导致温差的可能性。

4. 现有探头线具有耐+220℃高温、抗压、抗拉等特点，探头线长度规格最长支持300cm，可灵活安装到车底的各种恶劣环境。

5. 标签具备先进的省电模式，开放设定功能，用户自主设定温度标签发送间隔、接收间隔、记录启动、记录间隔。

当列车晚上回总站后，进入停止记录模式。

资料来源：根据深圳市宝荣盈丰科技有限公司提供的素材改编。

讨论题

1. 说明RFID的含义及应用范围。

2. 香港地铁列车器械是如何使用RFID技术进行在线诊断的？

第4章

企业物流

学习目标

- 掌握企业物流的含义和特征；掌握企业物流与社会物流的联系与区别；掌握企业物流在企业经营中的地位及企业物流的重要性
- 重点掌握企业物流的四个子系统。掌握不同类型企业物流的不同
- 掌握企业供应物流构成与基本流程，供应物流的模式和新的服务方式，以及供应链下供应物流的特点
- 重点掌握企业生产物流的类型；生产物流的空间组织和时间组织的方法及各自的特点；TOC生产物流管理
- 掌握销售物流的主要环节；销售物流的目标；销售物流的组织形式；DRP的意义及实施
- 了解逆向物流的含义和特点，逆向物流覆盖的领域

工业企业、流通企业、农业企业的生产和经营等，每时每刻都与物流相联系。物流已渗透到企业的各项经营活动之中。其中，工业企业物流（也称制造业物流）具有典型的特征。这里讲的企业物流主要是指制造业物流。

第一节　企业物流的含义与重要性

一、企业物流的含义及企业物流系统的特征

（一）企业物流的含义

现代企业是经济社会系统的基本单元，是市场的主体。企业的生产活动是一个受到外界市场环境的干扰，具有输入、转换和输出功能，并通过市场信息反馈不断完善

自身功能的自适应体系。其中，企业购进原材料和投入其他生产要素表现为系统的输入；生产过程是对生产要素的加工处理，即生产要素向新产品的转换；而产品的销售表现为系统的输出，以满足市场的需要。同时，产品的销售情况表现为需求信息的反馈，从而使企业再生产过程进行自我调整，并按新的市场需要重新组织企业的生产经营活动。可以说，企业生产经营活动本身是物资资料实体由一种形态功能转换为另一种形态功能的运动过程。物资资料在企业生产经营过程中所发生的一切物流活动，构成了企业的物流。

企业物流（internal logistics）是指企业内部的物品实体流动。它是从企业角度研究与之有关的物流活动，是具体的、微观的物流活动的典型领域。企业物流可分为几个不同类型的具体物流活动，如企业供应物流、企业生产物流、企业销售物流、企业回收物流、企业废弃物物流等。事实上，现代企业物流是一个挑战与机遇共存的领域，包括对信息、运输、存货管理、仓储、物料搬运、包装等作业领域的综合管理过程。

企业物流的概念从提出发展到相对比较成熟与完善，经历了近 40 年的时间。在这近 40 年的时间里，企业物流的概念几乎每 10 年就得到一次极大的更新与充实。从本质上说，企业物流是企业的产品或服务的一种存在与表现形式。企业物流概念刚出现的时候，仅仅指产品从生产出来后到消费者手中的这一段时间的存在与表现形式；到 1992 年，物流已经作为一个复杂的企业运行过程而存在。到 21 世纪，随着供应链管理思想的提出，企业物流作为供应链管理的基础更加受到重视。企业已经由单纯的个体企业上升到企业群、产品群或产业链条上不同企业所形成的供应链。

（二）企业物流系统的特征

1. 实现加工附加价值

企业物流与社会物流有着本质的不同。企业物流对于实现时间价值和空间价值的贡献不大，主要是实现加工附加价值的经济活动。企业物流伴随着生产加工而发生、运动，其空间转移消耗不大；时间价值不但不高，而且会成为降低企业效益的因素。企业物流的极强的伴生性，决定了其对加工附加价值的提高作用极大。

2. 企业物流的主要功能要素是搬运

与社会物流的主要功能（运输和储存）不同，企业物流的主要功能要素是搬运。许多制造企业的生产过程，实际上是物料不停搬运的过程。在不停搬运的过程中，物料得到了加工，改变了形态，发生了各种各样的化学的、物理的变化。变化是在不断的搬运流动过程中实现的。

配送和批发企业的内部物流，实际上也是不断搬运的过程。通过搬运，商品完成了分货、拣选、配货工作，完成了大改小、小集大的换装工作，从而使商品形成了可配、可送、可批发的形态。

3. 企业物流具有极强的伴生性

生产企业的物流往往是生产过程的一部分或一个伴生部分。这一点决定了企业物流很难与生产过程分开而形成独立的系统。在研究生产物流时，一些人试图将纯生产和纯物流细分，而单独研究生产物流系统，这样做意义不大。

在总体伴生的同时，企业物流也有与生产工艺过程可分割的局部物流活动，这些局部物流活动有着自身的界限和运动规律，当前企业物流的研究大多是针对这些活动的。这些活动主要是仓库储存活动、接货物流活动、车间及分厂之间的运输活动等。

物流企业、批发企业的内部物流活动与生产企业不同，是一个典型的包含若干物流功能要素的物流活动，而不是伴生性的物流活动。

4. 企业生产物流具有稳定性和连续性

企业物流是一种工艺过程性物流。企业工艺、生产装备及生产流程是确定的，因此企业物流成为稳定性物流，成为工艺流程的重要组成部分。由于具有这种稳定性，因此企业物流的可控性、计划性很强。对物流的改进只能通过对工艺流程的优化来实现。

企业的生产物流把整个生产企业的所有孤立的作业点、作业区域有机地联系在一起，构成了一个企业内部物流结构网络。静态的“点”表示物料处在空间位置（如装卸搬运点、运输点、库房等）。而生产物流动态运动的方向、流量、流速是使企业生产有节奏、有次序地连续不断运行的基础。

5. 企业生产物流关注的重点是物料流转

在生产企业中，物料流转贯穿生产、加工过程的始终。在厂区、库区、车间与车间之间、工序与工序之间，以及机台之间，都存在大量、频繁的原材料、零部件、半成品和成品的流转运动。生产物流的目的就是提供畅通无阻的物料流转，保证生产过程的顺利。研究物料流转规律，对合理选择与运用搬运设备，充分利用物流空间，提高物流效率，减少物流费用，都是极其重要的。

6. 企业物流成本与服务具有二律背反性

企业成本的“二律背反”是指企业物流成本与服务水平之间的两重矛盾。企业肩负着“降低企业物流成本”和“提高服务水平”两大任务，这两者是相互对立的关系。要使整个物流合理化，必须寻求两者的平衡。

（三）企业物流系统的目的

企业物流系统的目的在于追求物流合理化，加快物流速度，降低物流费用，即：通过开发物流，促进物流合理化，以实现企业生产流程的合理化，使企业经济效益不断提高，挖掘“第三利润源”。

二、企业物流与社会物流的联系与区别

（一）企业物流与社会物流的联系

两者是微观物流与宏观物流的关系。

1. 从系统网络上看

如果把社会物流看成是一个物流系统网络，那么企业物流是物流系统的一个子系统和网络上的一个节点（或称物流据点）。所以，只有把社会物流和企业物流联系起来看，才能构成物流系统的网络体系。

2. 从两者之间的关系看

企业物流是社会物流的基础，而社会物流是企业物流赖以生存的外部条件，即：

企业物流是社会物流之“源”，又是社会物流之“汇”，只有在企业“流”出很多产品，并流入别的企业，或企业的原材料从别的企业流入的条件下，社会物流才能运动起来。

3. 从两者物流的连续性看

只有把社会物流与企业物流联系起来，才能理解物流在时间和空间上的连续性。物流的这种连续性保证了社会再生产循环过程的不断进行。

4. 从物流系统功能的发挥上看

社会物流像一根无形的链条，把所有企业物流联系在一起，发挥物流系统的整体功能。或者说，企业处于社会物流的环境之中，企业物流的输入功能表现为社会物流的输出功能，而社会物流的输入功能表现为企业物流的输出功能。

(二) 企业物流与社会物流的区别

企业物流和社会物流各自具有不同的规律和特点，这就决定了它们的差异。

1. 从范围大小来看

企业物流仅是一个企业的物流，属于微观物流；而社会物流处在整个社会范围内，属于宏观物流。

2. 从物流所处的领域来看

虽然社会物流包含着企业物流，但社会物流侧重于流通领域的物流；而企业物流虽处于社会物流环境之中，但侧重于生产领域的物流。

3. 从与商流之间的关系来看

社会物流以商流为前提，即没有商流就没有物流；企业物流由于侧重于企业内部，在一般情况下只有单纯的物流，不发生物质资料所有权的转移，即不发生商流。

4. 从物流规律来看

社会物流的涉及面广，影响因素多，且随机性强，变化大；相对而言，企业物流由于范围小，涉及因素较少，以及生产类型、生产效果相对稳定，因此，物流的规律性强，物流网络严谨。

三、企业物流在企业生产经营中的地位

1. 现代企业的生产经营过程是物质资料实体不断运动的过程

企业物流过程反映了企业生产经营管理的全过程。在企业生产经营系统的输入——转化——输出的过程中，除价值转移外，其余都是围绕物质资料的使用价值、形态功能的不断交替来满足社会需要的。无论从企业生产经营的职能来看，还是从生产管理的角度来看，企业的生产经营活动无一不是伴随着物流开展和运行的。

2. 企业生产经营过程的组织与管理是一个物流的组织管理过程

组织生产过程，主要考虑产品的特点和生产的专业化程度。生产的专业化可以用企业的生产类型来表示，即大量生产、成批生产或单件小批生产等。生产类型的本身也反映了企业物流的特点和形式。例如，与成批生产、单件小批生产条件下的原材料的投入，生产过程中零部件在各生产阶段内部的流动相比，大量生产条件下的原材料

的投入，生产过程中零部件在各生产阶段之间的流动，无论在流量还是流动形式上，都具有自身的特点。

3. 企业物流具有战略性意义，是企业战略的组成部分

物流会影响企业的生存和发展。在产品的开发、设计，物料采购，工艺生产，产品销售，企业经营方针的决策，以及企业的计划、指挥、协调、控制等职能发挥作用的各环节，都要体现物流战略。

四、企业物流需要研究和解决的问题

从影响物流合理化的因素来考察物流问题，主要解决以下几个问题。

1. 工厂的布局和选址问题

工厂的选址和合理布局不仅直接关系到企业自身的物流合理化，而且关系到社会物流的合理化。如工厂选址问题，一方面要考虑企业生产和企业物流与社会物流的适应性；另一方面，要考虑各种各样的社会因素、地理因素、水文因素和物流因素等。具体来说要考虑原材料的供应物流和产成品的销售物流等问题，否则将带来严重后果。二汽在20世纪60年代建厂时，选址的指导思想是“靠山、分散、隐蔽”的六字方针，用备战思想指导经济建设，选在湖北十堰的大山里。结果物流困难，成本很高。而21世纪，日本的汽车生产建厂投资转向中国大陆，在广州花都建设了丰田、本田和日产“三杰”领军的汽车城。这里物流便捷，又靠近生产资料供应和产品销售市场。加速了广东汽车业的崛起。

2. 厂区规划和厂区物流设计

按照一般厂区规划的原则，结合企业生产规模、产品的特征，合理规划厂区各单位的相对位置和生产方式，使厂区在空间结构和时间组织上，既有利于生产，又能节约物流费用。

3. 工作地或工位的配置和生产线的设计

即车间布置。合理的工作地或工位配置和生产线，对物流合理化和降低费用有重要意义。

4. 仓储管理和库存控制

包括原材料、产成品和生产过程中在产品的数量控制、储存方式与方法等管理活动。

五、企业物流的重要性

企业物流的重要性表现在以下几个方面。

（一）面向生产的企业物流是现代物流的弱点

在我国，企业物流的研究是一个明显薄弱的环节。我国物流的研究和发展基本上集中于面向流通的物流，而企业物流发展非常落后，以至于“中国的物流还在企业的大门外徘徊”。企业物流管理不畅，时间、空间浪费大，物料流混乱，重复搬运，流动路径

不合理，产品供货周期长，废弃物回收不理等问题，不仅直接阻碍企业生产效率的提高，而且占用大量资金，成为企业的包袱。企业本身物流管理混乱、物流水平低下，企业与社会第三方物流的结合就缺乏黏性。在英语中，对“物流”的表述从“physical distribution”发展到“logistics”，我们也从中看到了对企业物流认识的发展。

（二）企业物流是我国物流业发展的关键

1. 工业企业是拉动物流业发展的动力源

工业企业是“物”的提供者和需求者，因此是物流服务的最大需求者，是物流产业发展的需求源泉。我国工业的大规模发展，带来产品数量的大幅增加和生产资料需求的增加，企业内部物流管理的复杂化，使物流需求的绝对量增加。同时，物流外包促进了企业物流需求向社会的释放，促进了第三方物流的发展，推动了物流业的进步。

2. 企业物流需求具有行业个性化和企业个性化的特点

物流需求从一开始就具有行业个性化的特点。例如，我国的家电行业对于集配式物流和 JIT 物流要求较高，形成了行业物流服务的特殊性，且行业内不同企业也不相同。这与重化工业的大批量、单品种的生产和运送有极大的不同。物流服务提供者必须面对多层次的需求来规划物流服务。

3. 企业物流的投入回收较快，风险较低

宏观物流业的发展需要惊人的投入，且受益周期较长，风险较大。相反，在工业企业中，供应物流与生产往往是利润埋藏相对集中的环节，尤其是当前在先进制造技术和先进制造模式的支持下，容易实现无缝衔接等物流管理，易于在短期内见到经济效益。企业物流投入能够很快收到回报，这是当前有实力的工业企业纷纷加大物流方面投入、组建或分离出物流运营部门的一个重要原因。

4. 工业企业物流发展滞后，制约物流业的发展

中国物流业的发展与工业企业的物流需求存在一定的距离，即：企业物流发展在社会物流中没有找到有效的帮助和依托，而社会物流的发展也没有在工业企业需求中找到可落实的动力和指引，结果使本应双方互动的发展，处于一种相互束缚的状态。

从本质上讲，社会物流的发展是由社会生产的发展带动的，一旦企业物流管理达到一定水平，就会对社会物流服务提出更多的数量要求和更高的质量要求，那时，物流业大发展的时期就到来了。如果片面强调流通而忽视生产领域物流，则可能形成物流业内部的发展瓶颈。

（三）物流对企业战略（生产模式）具有重大意义

迈克尔·波特在《竞争优势》一书中指出，企业竞争的成功只能通过成本优势或价值优势来实现。当前，既能提供成本优势又能提供价值优势的管理领域是极少的，而物流则是这些不多的管理领域中的一个。企业物流管理已成为现代企业管理战略的一个新的着眼点。

企业物流对生产的外包衔接、供应链生产方式的形成给予了大力支持，促进了新的生产方式的形成。

（四）物流能显著增加客户价值

如果产品或服务不能在客户所希望消费的时间、地点提供给客户，就没有价值。由于物流提供了形态效用、时间效用和空间效用，因此显著增加了客户价值。

（五）企业物流是企业的第三利润源

物流成为企业的第三利润源是基于两个自身能力。

1. 物流对企业营销成本产生重要影响

物流是企业成本的重要组成部分。要通过物流合理化、现代化等一系列活动降低成本，支持营销、生产、采购等活动。物流作为主体，可以为企业提供大量直接和间接的利润，是形成企业经营利润的主要活动。

2. 物流活动提高了企业对用户的服务水平，进而提高了企业的竞争能力

通过物流活动的服务保障，企业以其整体能力来压缩成本、增加利润。

第二节　企业物流活动分析

企业生产经营活动是供、产、销三个阶段的统一。物流贯穿这三个阶段，包括供应物流、生产物流、销售物流以及逆向物流四个子系统（如图 4—1 所示）。

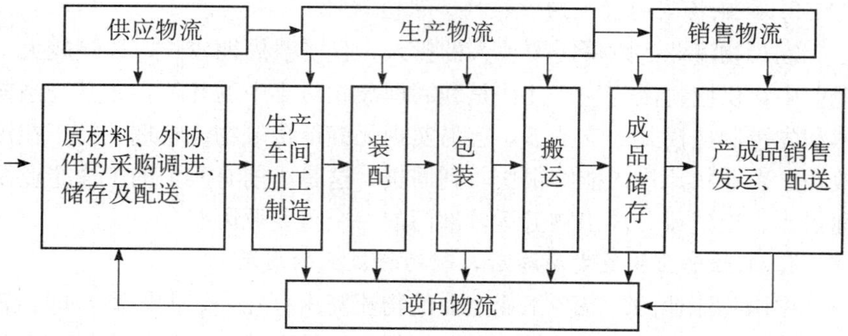

图 4—1　企业物流的构成

一、企业物流的分类

由于企业性质、物流活动主体和加工制作方法的不同，企业物流的特点和组织有着明显的不同。

（一）按企业性质不同进行分类

1. 工业生产企业物流

工业生产企业物流是典型的企业物流活动，包括四个子系统，即供应物流子系统、生产物流子系统、销售物流子系统以及废弃物物流子系统。

工业生产企业种类非常多，物流活动也有差异，按主体物流活动的不同，可大体分为四种。

（1）供应物流突出的类型。这种物流系统，供应物流突出而其他物流较为简单，在组织各种类型工业企业物流时，供应物流的组织和操作难度较大。例如，采取外协方式生产的机械、汽车制造等工业企业物流便属于这种物流类型。一个机械的几个甚

至几万个零部件，有时来自全国各地甚至全球，这一供应物流范围大，难度大，成本高，但制成一个大件产品（如汽车）以后，其销售物流就很简单了。

（2）生产物流突出的类型。这种物流系统，生产物流突出而供应、销售物流较为简单。典型的例子是生产冶金产品的工业企业，供应的是大宗矿石，销售的是大宗冶金产品，而从原料转化为产品的生产过程及相伴随的物流过程都很复杂，有些化工企业（如化肥企业）也具有这样的特点。

（3）销售物流突出的类型。例如，很多小商品、小五金等，大宗原材料进货，加工也不复杂，但销售要遍及全国或很大的地域范围，其物流属于销售物流突出的工业企业物流类型。又如，水泥、玻璃、化工危险品等，虽然生产物流较为复杂，但其销售时物流难度更大，问题更严重，有时会出现大事故或付出大代价，因此其物流也属于销售物流突出的类型。

（4）废弃物物流突出的类型。有一些工业企业几乎没有废弃物的问题，但也有废弃物物流十分突出的企业（如制糖、选煤、造纸、印染等工业企业）。在后者中，废弃物物流组织得如何几乎可以决定企业能否生存。

2. 农业生产企业物流

农业生产企业中农产品加工企业的性质及对应的物流与工业企业是相同的。农业种植企业物流是农业生产企业物流的代表，这种类型企业的四个物流子系统也具有特殊性。

（1）供应物流。以组织农业生产资料（如化肥、种子、农药、农业机具）的物流为主要内容；除物流对象不同外，这种物流和工业企业供应物流类似，没有大的特殊性。

（2）生产物流。种植业的生产物流与工业企业生产物流区别极大，主要区别是：

1）种植业生产对象在种植时是不发生生产过程位移的，而工业企业生产对象要不断位移，因此，农业种植业生产物流的对象不需要反复搬运、装放、暂存，进行上述物流活动依靠的主要是劳动手段（如施肥、浇水、打药等）。

2）种植业是一个周期性的生产物流活动，停滞时间长而运动时间短，与工业企业最大的区别点在于，后者的生产物流几乎是不停滞的。

3）生产物流周期长短不同。一般工业企业生产物流周期较短，而种植业生产物流周期长，且有季节性。

（3）销售物流。以组织农业产品（如粮食、棉花等）的物流为主要内容。其销售物流的一大特点是，在诸功能要素中，储存功能的需求较高，储存量较大，且储存时间长，对“蓄水池”功能要求较高。很多产品（如水果、蔬菜）要求冷链物流。

（4）废弃物物流。种植生产的废弃物物流也具有不同于一般工业企业废弃物流的特殊性，主要表现为以重量计。废弃物物流重量远高于销售物流。

3. 流通企业物流

与生产企业相比，流通企业物流最大的特点是没有生产物流，因为没有生产加工过程。采购供应物流和销售物流在不同的流通企业也有所差别。

（1）批发企业物流。批发企业是商品流通的重要组织者，除组织商流外，物流是其重要的服务功能。批发物流的表现是大进大出，但出的批量会变小，批次会变多。批发企业长期以来被称为“蓄水池”，可见其储存功能十分强大，并且对商品流通量和流通时间具有调节作用。

（2）零售企业物流。零售业处于流通的末端，提供针对最终消费者的商品销售和服务的活动。零售企业的采购供应物流表现为多品种、小批量、多批次，多由供应商或第三方物流企业完成，以保证不脱销、不断档、不缺货来支持销售。连锁零售企业的供应物流由本企业的配送中心来完成。

零售企业的销售物流主要是大件商品的送货和售后服务。大部分零售企业在销售后由用户自己完成物流，因此销售物流不是这类企业的主要物流形态。

（二）按物流活动主体进行分类

1. 企业自营物流

是指企业自备车队、仓库、场地、人员，以自给自足的方式经营物流。这是一种比较初级的物流形式，但目前仍然是我国企业物流的主要形式。原因有二：一是一些企业不需要外包或不愿意外包，或找不到合适的物流公司，只能采取这种企业物流方式；二是一些大企业（如海尔和沃尔玛）物流实力强大，将物流作为核心竞争力。

2. 专业物流公司

是指提供一两项专业服务的公司（如只提供公路运输服务的公司，或只提供仓储服务的公司），我们把这种服务叫做第二方物流服务。第二方物流服务提供的是标准化的服务，往往不能满足企业全方位物流服务的需求。

3. 第三方物流

是指由物流的供方和需方以外的物流企业提供物流服务的模式。第三方物流不仅是物流运作业务的外包，而且是将物流管理与运作的一体化外包。它是发达国家的主要物流模式。

二、企业供应物流

（一）供应物流的概念

供应物流是指为生产企业提供原材料、零部件或其他物品时，物品在提供者与需求者之间的实体流动。它包括原材料等一切生产资料的采购、进货运输、仓储、库存管理、用料管理和供料运输。

供应作为生产准备工作的重要组成部分，是生产得以正常进行的首要条件。供应商供应物料的数量、质量和供货时间，直接影响到生产的连续性和稳定性，供应过程中发生的费用则直接构成产品的生产成本。因此，供应不仅是一个保证供应的问题，而且要以最低成本、最少消耗、最快速度来保证生产的物流活动。

（二）供应物流的构成

供应物流主要包括以下几项功能，其系统功能结构如图 4—2 所示。

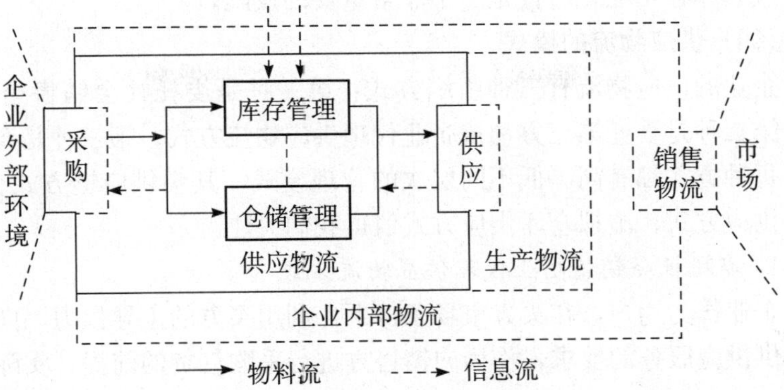

图 4—2　供应物流系统功能结构图

1. 采购

采购是供应物流与社会物流的衔接点，是依据企业生产计划所要求的供应计划制定采购计划，并选择和购买所需物品的活动。负责市场资源、供应商、市场变化等信息的采集和反馈任务。

2. 供应

供应是供应物流与生产物流的衔接点，是依据供应计划、消耗定额进行生产资料供给的作业活动。供应负责原材料消耗的控制。生产企业的供应方式有两种基本形式：一种是用料单位到供应部门领料；另一种是供应部门按时按量送料（配送）。

3. 库存管理

库存管理是供应物流的核心部分，依据企业生产计划的要求和库存状况，制定订货策略、库存控制策略，并负责库存计划的执行与反馈修改。

4. 仓储管理

仓储管理是供应物流的转折点，负责购入物资的接货、生产供应的发货以及物料保管工作。

（三）供应物流的基本流程

1. 取得资源

取得资源是完成所有供应活动的前提。取得什么样的资源，是核心生产过程提出的，同时也要按照供应物流可以承受的技术条件和成本条件辅助这一决策。

2. 组织企业外物流

所取得的资源必须经过物流才能达到企业。这个物流过程是企业外部的物流过程，在物流过程中，往往要反复运用装卸、搬运、储存、运输等物流手段才能使取得的资源到达企业。

3. 组织企业内物流

如果企业外物流只到达企业的“门”，则以“门”作为企业内外的划分界限；如以企业的仓库为外部物流终点，则以仓库作为划分企业内、外物流的界限。这种从“门”和仓库开始继续到达车间或生产线的物流过程，称作供应物流的企业内物流。

传统的企业供应物流都以企业仓库为调节企业内外物流的一个节点，因此，企业的供应仓库在工业化时代是一个非常重要的设施。

（四）供应物流的模式

企业的供应物流有三种组织方式：第一种是委托社会销售企业代理供应物流方式；第二种是委托第三方物流企业代理供应物流方式；第三种是企业自供物流方式。

每种方式都有高、低不同层次的管理模式，其中供应链方式、零库存供应方式、准时供应方式、虚拟仓库供应方式值得我们关注。

1. 委托社会销售企业代理供应物流方式

企业作为用户，在买方市场条件下，利用买方的主导权力，向销售方提出为本企业提供供应服务的要求，作为向销售方进行采购订货的前提。实际上，销售方在实现了自己生产和经营的产品销售的同时，也完成了对用户的供应服务，以此占领市场。这种供应服务是销售方企业发展的一个战略手段。

这种方式的主要优点是：企业可以充分利用市场经济造就的买方市场优势，对销售方（即物流的执行方）进行选择和提出要求，有利于实现企业理想的供应物流设计。

这种方式存在的主要问题是：销售方的物流水平可能不够高。因为销售方毕竟不是专业的物流企业，有时候很难满足企业供应物流高水平化、现代化的要求，例如，企业打算建立自己的广域供应链，这就超出了销售方的能力，难以实现。

2. 委托第三方物流企业代理供应物流方式

这种方式是在企业完成了采购程序之后，由销售方和本企业之外的第三方从事物流活动。当然，第三方从事的物流活动应当是专业的，而且有很高的服务水平。该第三方所从事的供应物流，主要向买方提供服务，同时也向销售方提供服务，在客观上协助销售方扩大市场。

由第三方从事企业供应物流的最大好处是，能够承接这项业务的物流企业必定是专业物流企业，有高水平、低成本、高服务地从事专业物流的条件、组织和传统。不同的专业物流公司瞄准的物流对象也不同，有自己特有的具备核心竞争能力的装备、设施和人才，这就使企业有了广泛的选择余地，可进行供应物流的优化。

在网络经济时代，很多企业要构建广域的或者全球的供应链，这就要求物流企业有更强的能力和更高的水平，一般生产企业不可能做到。从这个意义上讲，必须依靠从事物流的第三方企业来做这项工作。

3. 企业自供物流方式

由企业自己组织所采购的物品的本身供应的物流活动，这在卖方市场的市场环境状况下，是经常采用的供应物流方式。

这种企业在组织供应的某些种类物品方面，是有一些优势（如设备、装备、设施和人才方面）的，这样，由企业组织自己的供应物流未尝不可，在新经济时代，对这种方式也不能完全否定。关键在于技术经济效果的综合评价。但是，在网络经济时代，如果不考虑该企业的核心竞争能力，不致力于发展这种竞争能力，仍然抱着“肥水不流外人田”的旧观念，虽可取得一些眼前利益，但必将以损失战略的发展为代价，是不可取的。

(五) 供应物流领域新的服务方式

供应物流领域新的服务方式主要有以下三种。

1. *准时供应方式*

在买方市场环境下，供应物流活动的主导者是买方。购买者（即用户）有极强的主动性，用户企业可以按照最理想的方式选择供应物流；而供应物流的承担者，作为提供服务的一方，只有提供最优的服务才能够被用户所接受。从用户企业一方来看，准时供应方式是一种比较理想的方式。

准时供应方式是按照用户的要求，在计划的时间内或者在用户随时提出的时间内，实现用户所要求的供应。准时供应方式大多是双方事先约定供应的时间，互相确认时间计划，因而有利于双方做好供应物流和接货的组织准备工作。

采用准时供应方式，可以派生出零库存方式、即时供应方式、到线供应方式等多种新的服务方式。

2. *即时供应方式*

即时供应方式是准时供应方式的一个特例，是指完全不依靠计划时间而按照用户偶尔提出的时间要求，进行准时供应的方式。这种方式一般作为应急方式采用。

在网络经济时代，由于电子商务的广泛开展，在电子商务运行中，消费者提出的服务要求大多缺乏计划性，而又有严格的时间要求，因此，在新经济环境下，这种供应方式有被广泛采用的趋势。

需要说明的是，由于这种供应方式很难实现计划和共同配送，因此，一般成本较高。

3. *看板方式*

看板方式是准时方式中一种简单有效的方式，也称"传票卡制度"或"卡片制度"，是日本丰田公司首先采用的。在企业的各工序之间，或在企业之间，或在生产企业与供应者之间，采用固定格式的卡片为凭证，由下一环节根据自己的节奏，逆生产流程方向，向上一环节指定供应，从而协调关系，做到准时同步。采用看板方式，有可能做到供应库存为零。

(六) 供应链管理下的供应物流

供应链管理的发展使供应物流发展进入了新的阶段。供应链管理强调核心企业与相关企业的协作关系，通过信息共享、技术扩散（交流与合作）、资源优化配置和有效的价值链激励机制等方法实现经营一体化。

在供应链条件下，供应物流将融入其发展中，采购、库存控制将与供应链中的其他成员紧密整合，采购、库存将不再是单个企业的行为，市场竞争将是供应链间的竞争。生产厂商和供应商将结成战略伙伴关系。信息共享使销售商根据需求动态、库存，利用网络向生产商发出商品信息，生产商根据生产情况和销售进货情况，制定生产计划，将原材料品种、数量订单通过网络向供应商发送。由于信息畅通、及时，可以对客户的需求作出快速反应，因此能降低库存，提高整体的服务水平。由于供应链管理的目标是将整个供应链上的所有环节的市场、分销网络、制造过程和采购活动联系起来，以实现顾客服务的高水平与低成本，赢得竞争优势，因此供应物流最终将与其他部分整合在一起，成为供应链发展中不可分割的重要组成部分。

（七）供应物流的合理化

实现供应物流的合理化，是保证企业良好的生产秩序和降低产品生产成本的重要内容。改善供应物流管理，必须抓好以下几方面的工作。

1. 准确预测需求

这里所讲的需求是以企业生产计划对各类物资的需求为依据确定的物资需求量。生产计划是根据市场对各种产品的需求量制定的，而供应计划是依据生产计划下达的产品品种、数量需求以及各种材料的消耗定额和生产工艺时序制定的。制定切实可行的生产计划，确定合理的物资消耗定额，是预测需求的关键。要准确预测需求，有效的工具是 MRP 和 ERP。

2. 合理控制库存

供应物流中断将使生产陷于停顿，因此，企业必须有一定数量的物资储备，以保证生产正常进行。这种储备包括以下两个方面。

一是正常库存。由于物资的采购是批量进行的，而生产是连续进行的，两者的节奏并不一致，因此，要保证生产，必须有正常库存。

二是安全库存。为了防止发生意外事故和不可知因素的影响，在供应活动受到阻碍时，需要有安全库存，以保证生产的正常进行。

库存控制是实施合理储存的重要手段。通过制定适宜的订货策略和科学的库存计划，保证物资有合理的储存量、储存结构、储存时间和储存网络，从而降低库存占用资金，节约物流成本。VMI 和 JMI 是有效控制库存、减少库存成本的工具和手段。

3. 科学采购

科学采购是从源头上对供应物流实施合理化管理的重要方面，其关键是做好采购决策。采购决策包括市场资源调查、市场变化信息的采集和反馈、供应商选择以及进货批量、进货时间间隔的确定等内容。科学采购的要求如下。

首先，深入开展市场调查，掌握市场信息。要对所需原材料的资源分布、数量、质量和市场供需要求等情况进行调查，作为制定长远的采购计划的依据；同时，要及时掌握市场变化的信息，并对采购计划进行调整、补充。

其次，谨慎选择供应商。根据企业的生产需求，对供应商的供给能力，原材料的质量、价格、供货时间、供货方式和运输方式等多种因素进行比较，选定合适的供应商。同时要建立供应商档案，作为评价供应商的重要依据。

最后，制定正确的采购策略。确定正确的采购批量和进货时间间隔，控制库存，不仅可使企业生产不受影响，而且费用最省。

4. 强化供应保障

（1）采用合理的运输方案，选择合适的运输工具，力求使运输线路短、环节少、速度快、费用省。

（2）引进先进的仓储管理系统，利用计算机进行物料进、存、耗的动态管理。采用先进设备进行机械化、自动化的仓储作业。

(3) 在服务方面注意选择合适的供应模式，改进供应手段，增加供应的方便性，提高供应的可靠性，降低服务费用。

5. 逐步提高供应物流水平

从我国的实际情况看，提高供应物流水平要有计划、有步骤地进行。

第一阶段，在各供货单位分别送货的情况下，依靠调整送货批量、时间间隔等措施降低物流费用。

第二阶段，从更广泛的角度将企业内的在产品和产成品的输送、配送中心与营业场所间的输送（国外购进的原材料也包含在内）统筹规划，建立综合供应物流体系。

三、生产物流

生产物流研究的核心问题是如何对生产过程中的物流和信息流进行科学的规划、管理与控制。企业生产物流是企业物流的关键环节，研究生产物流的基本原理，掌握不同生产类型的物流特征，对于企业优化物流管理具有重要意义。

(一) 企业生产物流的概念

企业生产物流是指伴随企业内部生产过程的物流活动。在生产过程中，原材料、在产品等按照工艺流程在各加工点、企业内部供应库之间不停顿地移动、转移，形成了生产物流。调查显示，生产过程中 90%的活动属于物流，因此，物流的效率和组织对生产的效率和质量有重大影响，也是“物流冰山”的重要一角。

管理企业生产物流的目标是：

(1) 提供畅通无阻的物料流转，以保证生产过程顺利、高效地进行。

(2) 减少物料搬运的数量、频率和距离，减少搬运费用，降低成本。

(3) 防止物料损坏、丢失以及人员设备事故。

(4) 通过有节奏的生产组织，减少生产过程中的在产品的过多堆存。

(二) 产品开发与设计中的物流课题

产品开发与设计包括功能设计、式样设计、生产设计和包装设计等。

1. 功能设计

是在销售物流工作提供的信息和研究资料的基础上，开展价值分析，为新产品的开发和老产品的改造提供依据。要从质量、品种、成本、可靠性等方面综合考虑（即考虑质量、性价比），以适应市场的需求。

2. 式样设计

精巧的式样设计关系到产品的最后形象。产品式样是用户和消费者最为关心的，因此，要能满足消费者的需求和爱好。产品式样决定了原材料的种类和物流要求。

3. 生产设计

生产的方式能影响产品的最终成本。生产设计与生产费用有关。生产设计应考虑到原材料、配料、半成品、成品在机台、工序、车间、仓库之间的装卸搬运等物的流通问题，使其省时、省力、连贯化、自动化、均衡化，任何物流的阻塞和低效率都会导致生产成本的提高。

4. 包装设计

产品设计包括包装决策。从产品决策开始就要考虑包装设计，包装既能充当不说话的推销员，又可在装卸、保管、运输的物流中保护商品，降低费用。

产品开发与设计的确定，解决了生产什么产品的问题。还需要进一步确定生产方法、生产工艺并安排生产计划，解决如何进行生产、质量控制、生产批量、生产周期、生产进度等问题。因此，以销定产之后的重要决策是以产定供。理想的物资供应方式是实现无库存的滚动式生产。根据生产的批量、工艺、质量、时间、成本要求，准时、无挤压、不间断地送货到加工机组。

（三）企业生产的类型

研究生产物流的特征，必须首先研究企业生产的类型。

1. 根据生产物流的稳定性和重复性划分

可以把生产过程划分为单件生产、大量生产、成批生产三种类型。

(1) 单件生产。其特点是产品对象基本上是一次性需求的专用产品，一般不重复生产。产品的品种繁多，生产对象不断变化，生产设备和物流设备采用通用设备。

(2) 大量生产。其特点是生产的品种少，每种产品批量大、生产重复度高。产品在一定时期内具有相对稳定的需求。

(3) 成批生产。其生产的对象是通用产品，生产具有重复性，产量介于大量生产和单件生产方式之间。通常可划分为大批量生产、中批量生产和小批量生产。

2. 根据物料在生产工艺过程中的特点划分

可以把生产过程划分为固定式生产、流程式生产、加工装配式生产。

(1) 固定式生产（又称项目型生产）。是指制造大型设备，建造大型设施。从物料流动特征来看，固定式生产有两种状态：一种是物料进入生产场地后就被凝固在场地中，与生产场地（如住宅、厂房、公路、铁路、机场、大坝等）一起形成最终产品；另一种是物料进入生产场地后，“滞留”很长一段时间，形成最终产品（如大型机电设备、轮船、飞机等）后再流出。

(2) 流程式生产（又称连续性生产）。是指生产均匀、连续地进行，不能中断。生产出的产品、使用设备以及工艺流程都是固定且标准化的。在这种生产方式下，其物料管理的重点是保证连续供应物料和确保各生产环节的正常运行。

(3) 加工装配式生产（又称离散性生产）。是指产品由许多零部件构成，各零部件的加工过程彼此独立，整个产品的生产工艺是离散的。在这种生产方式下，其物料管理的重点是在确保及时供料和零件、部件加工质量的基础上，准确控制零部件的生产进度，缩短生产周期，既减少在产品积压，又保证产品的成套性。

（四）生产物流的类型

生产物流的类型是生产的产品产量、品种和专业化程度在企业技术、组织和经济上的综合反映，在很大程度上决定了企业的生产结构、工艺流程、工艺装备、生产过程的组织形式及生产管理方法。在生产系统中，生产作业与物流作业紧密联系，相互交叉，物料按照工艺流程流动。生产类型决定了与之匹配的生产物流类型，而生产物流的组织、管理状况又直接影响到企业生产的正常进行。

通常，根据物流连续性特征从低到高，产品需求特征从品种多、产品少到品种少、产品多，把生产过程划分为五种类型。与这种生产类型划分方法相对应，生产物流也可以划分为五种类型，依对角线排列依次是：项目型生产物流，单件小批量型生产物流，多品种、小批量型生产物流，单品种、大批量型生产物流，多品种、大批量型生产物流（如图 4—3 所示）。一般而言，沿对角线来选择和配备生产物流的活动比较符合技术经济效益原则。

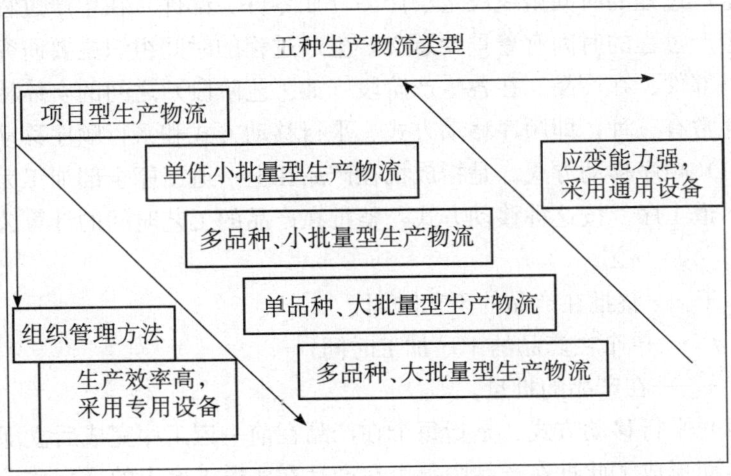

图 4—3　不同生产模式的生产物流系统

（五）生产过程中的物流组织

生产过程的物流组织是与生产过程同步进行的。伴随着生产过程的空间和时间组织，物流也存在空间组织和时间组织问题。

1. 生产过程的空间组织

生产过程的空间组织是指企业内部各生产阶段或生产单位组织及其空间位置，决定了物料的空间结构和流动特征。为了使生产过程具有连续性和节奏性，必须从空间上把生产过程的各环节有机地组织起来，使它们能密切配合、协调一致。生产过程的组织形式主要取决于产品特点、工艺特点以及专业化程度。一般生产过程各生产单位的组织形式包括两种基本形式（即对象专业化和工艺专业化），还包括兼有这两种形式特点的混合组织形式。

对象专业化的特点是按不同的产品（如零件、部件）设置生产单位。在这种形式的生产单位里，集中着生产同类产品（如零件、部件）所需的各种机器设备和各种不同工种的生产工人，对同类产品进行着不同的工艺加工。一般来讲，对象专业化的生产中，在产品在单个地连续不断地向生产的下游移动，在移动中完成各阶段的制造，最后形成成品。对象专业化的生产线实际上也是一条在产品移动的传输线。因此，要根据产品的不同来设计不同的生产线，满足生产的需求。

工艺专业化的特点是按不同的生产工艺设置生产单位。在这种形式的生产单位中，集中着同类工艺设备和同工种的生产工人，对不同类产品进行着相同工艺的加工。工艺专业化生产过程中，在产品移动呈现出间歇式、批量化的特点。因此，要选择合适的机械做合适的移动。

显然，这两种不同的生产单位组织形式，无论在生产单位内部各生产阶段，还是在各生产单位之间，以及物流形式和物流量大小等方面均有很大的差异。因此，根据企业的生产特点和专业化程度确定合理的生产单位和空间组织形式，是企业物流合理化研究的一项重要内容。

2. 生产过程的时间组织

生产过程的时间组织决定了产品（如零件、部件）在生产过程中的时间长短，对缩短生产过程的时间有着重要意义。生产过程的时间组织主要研究生产过程产品（如零件、部件、在产品）在各生产阶段（如工艺阶段）之间的实体移动方式。时间组织方式通常有三种，即顺序移动方式、平行移动方式和平行顺序移动方式。

（1）顺序移动方式。是指成批在产品在上一道工序全部加工完之后，整批集中运送到下道工序。按这种移动方式，整批在产品的工艺时间的计算公式为：

$$T=n\sum t$$

式中，T——整批在产品的工艺时间；

t——单个在产品的工序加工时间；

n——在产品的批量。

（2）平行移动方式。是指每个在产品在前一道工序完成后立即移到下一道工序加工，从而形成了此批在产品中每个在产品在各道工序上的平行移动和加工。按这种移动方式，整批在产品的工艺时间的计算公式为：

$$T=\sum t+t_{长}(n-1)$$

式中，$t_{长}$——在此批在产品中，加工时间最长的在产品工序时间；

其他符号含义同前。

（3）平行顺序移动方式。是指结合平行移动和顺序移动方式，既考虑了相邻工序时间的交叉，又保持了整批在产品在工序上的顺序加工。在这种形式下，当前一道工序时间大于后一道工序时间时，后一道工序开始加工的时间至少要推迟到前一道工序完成后，方可保证连续加工。而当前一道工序时间小于后一道工序时间时，后道工序只要留出前道工序完成一个在产品的时间即可开始加工。按这种移动方式，整批在产品的工艺时间的计算公式为：

$$T=n\sum t-(n-1)\sum t_{短}$$

式中，$t_{短}$——顺次两道工序相比，其中较短的工序时间；

$\sum t_{短}$——所有较短工序时间的总和；

其他符号含义同前。

在上述三种在产品的移动方式中，整批在产品工艺时间最短的属平行移动方式；顺序移动方式工艺时间最长；平行顺序移动方式介于两者之间。组织在产品的移动，要合理选择机器设备和工人数量的合理配置，并对工艺顺序进行合理安排，才能起到缩短工艺时间、加快物流速度、提高生产效率、降低生产成本的作用。

（六）生产物流的控制

在实际的生产物流系统中，由于受内外部各种因素的影响，计划与实际之间会产生偏差。为了保证计划的完成，必须对物流活动进行有效的控制。

1. 生产物流控制的内容

（1）进度控制。物流控制的核心是进度控制，即：物料在生产过程中的流入、流出时间以及物流量的控制。

（2）在产品控制。在生产过程中对在产品进行静态、动态控制以及占有量的控制。在产品控制包括在产品实物控制和信息控制。有效地控制在产品，对及时完成作业计划和减少在产品积压均有重要意义。在产品的数量控制是直观的生产物流控制质量的表现。

（3）偏差的测定和处理。在作业过程中，按预定时间及顺序检测执行计划的结果，掌握计划量与实际量的差距，根据发生差距的原因、差距内容及严重程度，采取不同的处理方法。首先，要预测差距的发生，事先制定消除差距的措施（如动用库存、组织外协等）；其次，为了及时调整产生差距的生产计划，要及时将差距的信息向生产部门反馈；最后，为了使本期计划不做或少做修改，要将差距的信息向计划部门反馈，作为下期调整的依据。

2. 生产物流控制的手段

要实现对生产物流的控制可以采用不同的形式，但无论采取何种形式，都具有一些共同的要素。这些要素包括以下几个方面。

（1）强制控制和弹性控制。即通过有关衡量标准、严密监督等手段进行的强制控制或自觉控制。

（2）目标控制和程序控制。目标控制通过核查生产实际结果与计划的差异来实施控制。控制通过对生产程序、生产方式进行核查来实施。

（3）管理控制和作业控制。管理控制的对象是全局。管理控制是指为使系统整体达到最佳效益而采用总体计划来调节各环节、各部门的生产活动。作业控制是对某项作业进行控制，是局部的，其目的是保证其具体任务或目标的实现。有时不同作业控制的具体目标之间可能会出现脱节或矛盾的情况，需要管理控制对此进行协调，以使整体达到最优效果。

（七）以约束理论为指导的生产物流管理

1. 约束理论的基本思想及核心内容

约束理论（TOC）把企业看作一个完整的系统，认为任何一种生产体制都至少会有一个约束因素，正如链条中最薄弱的那一环决定着整个链条的作用一样。正是各种各样的制约（瓶颈）因素限制了企业生产产品的数量和利润的增长。因此，企业只有通过逐个识别和消除这些约束，使得企业的改进方向和改进策略明确化，才能实现“有效产出”的目标。

为了达到这个目标，约束理论强调：

（1）在能力管理和现场作业管理方面寻找约束因素。约束因素是多方面的，如市场、物料、能力、工作流程、资金、管理体制、员工行为等，其中，市场、物料和能力是主要约束因素。

（2）应该把重点放在瓶颈工序上，保证瓶颈工序不发生停工待料的问题，提高瓶颈工作中心的利用率，从而得到最大的有效产出。

（3）根据不同的产品结构类型、工艺流程和物料流动的总体情况，设定管理控制点，例如，如果约束来自市场，则根据市场的约束制定物料的初步生产规划，生成主生产计划。

2. 运用 TOC 理论组织生产物流

运用 TOC 理论组织生产物流，对生产物流进行计划与控制的关键步骤是：

（1）识别企业的真正约束（瓶颈）点。这是控制物流的关键。一般来说，当需求超过能力时，排队最长的机器就是瓶颈。如果管理人员知道一定时间内生产的产品及其组合，就可以按物料清单计算出要生产的零部件。然后，按零部件的加工路线及工时定额，计算出各类工序的任务工时，并将任务工时与能力工时进行比较，负荷最高、最不能满足需求的机床就是瓶颈。找出瓶颈之后，可以把企业里所有的加工设备计划分为关键资源和非关键资源。

（2）依据瓶颈约束，建立产品产出计划。建立产品产出计划的前提是使受瓶颈约束的物流达到最优。为此，需要按有限能力法进行生产安排，使瓶颈机器最大限度地工作。对于约束资源安排作业计划，则按无限能力倒排法，使之与约束资源上的工序同步。

（3）在所有瓶颈和总装工序前设置“缓冲器”（可分为“库存缓冲”与“时间缓冲”），保证瓶颈资源得以充分利用，防止出现等待任务的情况，从而实现企业最大的产出。

（4）对企业物流进行平衡，使得进入非瓶颈的物料被瓶颈的产出率所控制。

TOC 理论是在频繁多变的市场波动使得企业内部生产能力不平衡现象尤为突出的背景下产生的。它迫使企业生产中每道工序的库存水平、批量大小、提前期等各项指标都要适应这种动态变化，多应用于离散型生产环境。

案例 4—1

伟创力的生产线创新和“瓶颈”法的使用

珠海伟创力数码公司生产数码相机。他们根据产品的特点使用了小型的 U 形生产线，以无能源消耗的形式，加快了在产品的流动。在现场管理中，使用了“瓶颈”管理方法。每月分析一次工序上运行最差的环节，挂上“瓶颈”的牌子，以此促进这一环节的改进。不久，这种方法收到了提高整个生产线效率的效果。

四、销售物流

（一）销售物流的概念

生产企业和流通企业售出产品发生的物流活动称为销售物流。销售物流是生产者与用户或消费者之间的物流，包括产成品的库存管理、仓储、发货运输、订货处理与客户服务等活动。销售物流是企业物流与社会物流的又一个衔接点，与企业销售系统相配合，共同完成产品的销售任务。销售物流也是我们在企业物流中最早发现的物流系统。

(二) 销售物流的主要环节

1. 产成品包装

产成品包装是生产的最后环节，也是物流系统的起点。既要考虑对商品的保护，又要考虑对销售的促进，还要考虑成本费用。

2. 产成品储存

保持合理库存水平，及时满足客户需要，是产成品储存的最重要的内容。产成品的可得性是衡量企业销售物流系统服务水平的一个重要指标。

3. 订单服务

订单服务是指按客户的订单将货物装运发出直至送到客户手中的服务过程，是企业销售物流工作中最重要的内容之一。订单服务包括订单传递服务、订单处理服务、订单分拣与集合服务三部分内容。

(1) 订单传递服务。指从客户发出订单直到企业收到订单期间所进行的一系列工作。

(2) 订单处理服务。指从接受订货到发运交货（包含受理客户收到货物后的反馈意见）的处理单据的过程，包括确认交易、下达发运指令、备货整装、制单等工作。

(3) 订单分拣与集合服务。包括填制单据、组织货物分拣及装车发运等内容。

上述三个部分紧密结合，形成了完整的订单服务过程。随着计算机和现代化通信设备的广泛应用，以及电子订货方式的广泛采用，企业建立电子订货服务系统，已成为扩大销售、改善物流服务质量的重要内容。

4. 产成品的发送

根据产成品的批量、运送距离、地理条件、时间、费用、运输质量要求以及运输工具情况，制定运输、配送方案，组织产成品的发送。

5. 装卸搬运

包括对产成品进行装卸、搬运等作业活动。应重视装卸搬运质量，避免把货物弄脏或损坏，从而影响产品销售。无论客户还是厂商都希望降低装卸搬运的费用，使之最小化。

6. 信息处理

流通中的信息包括物流信息和商流信息两类。商流信息中的交易、合同等信息，不仅提供了交易的结果，而且提供了物流的依据。物流信息中的库存量信息，不仅是物流的结果，而且是商流的依据，两者紧密相连、相互交叉。这就要求企业建立和完善销售系统和物流系统的信息网络，加大两者协作的深度和广度，并建立与社会物流沟通和联系的信息渠道。

销售物流几乎包括了物流所有的功能要素，是一个典型的相对独立的小物流系统。人们对物流的认识也是从这里开始的，销售物流的英文最早就是“physical distribution of goods”。

(三) 销售物流的目标和作用

1. 销售物流的目标

销售物流的目标是：以最低的成本和最佳的服务将产品在适当的时间送达适当的

地点。但成本和服务是利益背反的，销售物流的效率是寻求成本和服务的平衡。企业在制定物流目标时，要考虑企业成本、消费者要求和竞争者状况三个方面。

2. 销售物流的作用

销售物流不仅是销售的附属，而且具有独特的作用。

（1）销售物流使产品价值和使用价值真正得以实现。否则它只是可能性产品。

（2）销售物流的好坏影响企业的形象。有效的储存、运输和送交等，使产品适时、适地、适量地提供给消费者，这样就会在消费者心中树立起企业效率高和信用好的声誉，即向客户提供了增值产品。

（3）销售物流合理化，有利于降低成本，提高企业经济效益。销售物流成本的降低是“成本经济的最后据点”。

（四）销售物流服务

1. 销售物流服务及其构成要素

销售物流服务即销售物流中的客户服务，包括时间、可靠性、通信和方便性四个要素。

（1）时间。时间要素通常是指订货周期（也称提前期），是从客户确定对某种产品有需求到需求被满足之间的时间间隔。时间要素主要受订单传送时间、订单处理时间、订货准备时间以及订货装运时间等变量的影响。客户订货周期的缩短标志着企业销售物流管理水平的提高。

（2）可靠性。可靠性是指根据客户订单的要求，按照预定的提前期，安全地将订货送达客户指定的地点。它包括提前期的可靠性、安全交货的可靠性、正确供货的可靠性等。可靠的提前期能使客户的库存、缺货、订单处理和生产计划的总成本最小化。安全准时交货可以降低库存量，减少缺货损失，降低库存成本；正确供货可以避免给客户造成失销或停工待料的损失。

（3）通信。与客户通信是监控客户服务的可靠性的关键手段，设计客户服务水平必须包括客户通信，通信渠道应对所有客户开放。没有与客户的联系，管理者就不能提供有效、经济的服务。

（4）方便性。方便性是指服务水平具有灵活性。它体现在根据客户的不同要求以及具体情况，提供适宜的服务。只有这样，才能使管理者针对不同客户以最经济的方式满足其需求。

2. 提高销售物流服务水平的意义

销售物流服务的重要性表现在以下三个方面。

（1）提高销售收入。销售物流服务是企业物流的重要因素，直接关系到企业的市场营销。服务是产生差异性的重要手段，搞好销售物流服务可以使企业产品与客户印象里的其他产品相区别。一般来说，提高客户服务水平可以增加企业销售收入，提高市场占有率。

（2）提高客户满意度。客户服务是由企业向购买其产品或服务的人提供的一系列服务。消费者关心的是所购买的全部产品，即：不仅仅是产品的实物特点，还有产品的附加价值。而销售物流服务就是提供产品附加价值的活动，能增加购买者所获得的效用。良好的销售物流服务会提高产品价值和客户满意度，因此，许多企业都将销售物流服务作为企业物流的一项重要功能。

(3) 留住客户。研究表明，与开发新客户相比，留住现有客户的成本更低，而且满意的客户会带来新客户，并且愿意支付溢价；相反，一个对服务提供者感到不满的客户将被竞争对手所获得。目前留住客户已成为企业的战略问题，物流领域的高水平客户服务是吸引并留住客户的重要手段。

总之，提高销售物流客户服务水平是提高企业竞争优势的重要途径，企业的销售物流服务与产品质量具有同等的重要性，应该引起企业管理者的高度重视。

(五) 销售物流的组织形式

目前，企业销售物流的组织形式主要有企业自营销售物流和委托给物流企业（包括第三方物流企业）进行销售物流。当企业进行物流决策时，应根据自身的需要和资源条件，综合考虑以下各方面因素。

1. 物流对企业成功的重要程度和企业对物流的管理能力

如图 4—4 所示，如果物流在企业战略中起关键作用，但自身物流管理水平很低，对这类企业（Ⅱ）来说，组建物流联盟即包给第三方物流企业，将会在物流设施、运输能力、专业管理技巧上收益极大；对于物流在其战略中不占关键地位，但其物流管理水平很高的企业（Ⅳ）来说，可能寻找伙伴共享物流资源，但管理不外包，通过增大物流量获得规模效益，降低成本；如果企业（Ⅰ）有很高的顾客服务需求标准，物流成本占总成本的比重极大，企业自身物流管理能力强，一般不会选择外购物流服务，而采用自营的方式；对那些物流在其战略中地位并不重要，自身物流管理能力比较欠缺的企业（Ⅲ）来说，采用第二方物流企业是最佳选择。

物流对企业成功的重要程度	企业对物流的管理能力：低	企业对物流的管理能力：高
高	寻找物流伙伴（第三方物流）（Ⅱ）	自营（Ⅰ）
低	交给物流企业（Ⅲ）	伙伴关系的领导者（Ⅳ）

图 4—4　决策状态

资料来源：马士华、林勇：《供应链管理》，北京，机械工业出版社，2000。

2. 企业对物流控制力的要求

企业所处的市场环境竞争越激烈的企业，越要强化对供应和分销渠道的控制，因此越应该自营物流。一般来说，主机厂或者最终产品制造商对渠道或供应链过程的控制力比较强，往往选择自营物流，即作为龙头企业来组织全过程的物流活动和制定物流服务标准。

3. 企业产品自身的物流特点

对于大宗工业品原料的回运或鲜活产品的分销，应利用相对固定的专业物流服务供应商和短渠道物流；对于全球市场的分销，应采用地区性的专业物流公司提供支援；对于技术性较强的物流服务（如口岸物流服务），应采用委托代理的方式；对于非标准设备的制造商来说，自营物流虽有利可图，但还是应该交给专业物流服务公司去做。

4. 本企业和第三方物流企业的规模和实力

一般来说，大中型企业实力雄厚，有能力建立自己的物流系统，保证物流服务的质量，还可以利用过剩的物流网络资源拓展外部业务，为其他企业提供物流服务。而小企业受人员、资金和管理资源的限制，物流管理效率难以提高，更倾向于外包。同时，第三方物流企业满足本企业对原材料及时需求的能力和可靠性也是考虑物流战略时至关重要的因素。

5. 物流系统总成本

应考虑自营和外包的物流系统总成本，选择成本最小的物流系统进行。

一般来说，如果企业规模小，并且物流不是关键因素，而产品需要大量的物流运送，就应该与物流公司合作，这样更有利于企业的发展，使得企业有更多的时间、人力、物力、财力来发展自己的核心业务。如果企业规模、市场份额都比较大，则应自己承担物流运送，这样可以扩大企业的规模，增加企业的利润，使企业向多元化方向发展。这种方式对整个企业影响较小，更有利于企业的发展。但如果企业是集约型的，就应该适当地把物流包给第三方物流企业，致力于自己的核心业务。然而，现实中是否进行物流外包的选择往往更为复杂。

（六）销售物流的计划与控制

1. 配送需求计划的含义

配送需求计划（distribution requirement planning，DRP）的定义是："MRP 原理和技术在配送领域中的应用。该技术主要解决分销物资的供应和调度问题。" DRP 是一种既保证有效地满足市场需求，又使得物流资源配置用量最省的计划方法。

DRP 主要解决分销商品的供应计划和调度问题，在两类企业中得到应用：一类是流通企业（如储运公司、配送中心、物流中心、流通中心等），这些企业的基本特征是不一定搞销售，但一定有储存和运输业务，其目标是在满足用户需要的原则下，追求有效地利用资源（如车辆等），达到总费用最低；另一类是大型的生产企业，它们有自己的销售网络和销售物流系统，具体组织储、运、销活动。这两类企业的共同之处是：

（1）以满足社会需求为宗旨。

（2）依靠一定的物流能力（如储、运、包装、装卸搬运能力等）来满足社会的需求。

（3）从制造企业或物资资源市场组织商品资源。

2. 实施配送需求计划的意义

应用 DRP 的潜在经济效益很大。据一些成功实施 DRP 的企业总结：在实施

DRP 以后，客户服务水平从 85%提高到 97%；物流系统库存量减少 25%；物流成本减少 15%；库存积压物资减少 80%。更重要的是，实施 DRP 还能为企业带来难以用数字描述的、更为广泛的潜在效益。

（七）销售物流合理化

销售物流是市场营销销售的战略手段，不仅要考虑物流效率，而且要考虑企业销售政策和服务水平。目前发达国家销售物流合理化的形式主要包括：

（1）大量化。通过延长备货时间，以增加运输量来实现物流的合理化。日本家用电器工厂把“当日配送”改为“次日配送”就属于这一类。为了鼓励运输大量化，日本采取“大量（集装）发货减成收费制”。

（2）计划运输。即以销售计划为基础，按规定渠道把一定量的货物直接送达地点。对某些季节性消费的产品，可能会出现运输车辆过剩或不足，或装载效率下降等影响物流效率的问题。为了与这种波动相适应，可以事先与买主商定进货时间和数量，制定配送计划。

（3）商物分流。具体做法之一是订货活动与配送活动相分离。在配送中将自备卡车运输、委托运输和共同运输联系起来，提高运输效率。在设施上将销售网点设施与仓库等物流设施分离，比如，集中设库。这种将批发和零售的大量物流活动相分离的做法，不仅可提高物流效率，而且有利于流通的系统化。

（4）差别化。是根据商品流转快慢和销售对象规模的大小，把保管场所和配送方式区别开来。对周转快的商品群分散保管；反之，则集中保管，以压缩流通库存。对供货量大的商品实行直接送货；对供应量小而分散的商品实行营业所供货或集中配送。差别化的目的是既要节约物流费用，又要提高服务水平。

（5）共同化。共同化是物流合理化的最有效措施。在中国，超出单一企业的物流合理化界限的物流合理化被视为最有发展前途的方向，正在进行种种尝试。一方面，通过本行业组合形成垂直方向的共同化；另一方面，通过与其他行业企业之间联合形成水平方向的共同化。

五、逆向物流

（一）逆向物流的含义

逆向物流（reverse logistics）最早由斯托克于 1992 年在提交给美国物流管理协会（CLM）的一份研究报告中提出。他在报告中指出：逆向物流是一种包含了产品退回、物料替代、物品再利用、废弃处理、再处理、维修与再制造等流程的物流活动。

我国在 2006 年修订的国家标准《物流术语》中把逆向物流分为回收物流和废弃物物流两大类。

回收物流（returned logistics）是指不合格物品的返修、退货以及周转使用的包装容器从需方返回到供方所形成的物品实体流动。比如，回收用于运输的托盘和集装箱，接受客户的退货，收集的容器、原材料的边角料，零部件加工中的缺陷在产品等销售方面的物品实体反向流动过程。

废弃物物流（waste material logistics）是指将经济活动中失去原有使用价值的物品，根据实际需要进行收集、分类、加工、包装、搬运、储存等，并分送到专门处理场所时形成的物品实体流动。

逆向物流有广义和狭义之分。狭义的逆向物流是指由于环境问题或产品已过时等原因而进行的产品、零部件或物料回收的过程。它是将排放物中有再利用价值的部分加以分拣、加工、分解，使其成为有用的资源，重新进入生产和消费领域。广义的逆向物流除包含狭义的逆向物流的内容外，还包括废弃物物流的内容，其最终目标是减少资源使用，并通过减少使用资源达到减少废弃物的目标，同时使正向以及回收的物流更有效率。

（二）逆向物流的成因

1. 经济利益的驱动

随着电子商务的快速发展以及在线零售商和邮寄公司的兴起，企业为由于广泛采用的自由退货政策带来的大量退货而承担的损失越来越大。据商务部的信息，2013年中国电子商务交易总额已达10万亿元，其中网络零售将超过1.8万亿元，中国由此超越美国成为世界第一大网络零售国。又据报道，2013年“双十一”，仅天猫的退货率就高达25%。退货作为逆向物流的一个部分，平均占到销售量的6%。[①] 有研究表明，消费者的退货会导致零售商利润降低4.3%，生产商利润降低3.8%。

2. 基于环境法律法规的压力

经济全球化的推进让各国开始密切关注环境保护问题，各国都从自身可持续发展的目标出发，对破坏环境的商品及商品包装制定相关法律，并进行严格监控。因此，越来越多有关环境的法律法规要求生产商对整个产品生命周期负责，对各类电子、包装、汽车等产品的返回采取相应的回收措施。

（三）逆向物流的特点

从物流中衍化出来的逆向物流具有自己的特点。

1. 逆向物流的发生具有高度的不确定性

逆向物流产生的地点、时间以及回收品的质量和数量难以预测，这导致了逆向物流供给的高度不确定性，再加上已恢复或再使用产品市场的高度不确定性，使得对回收产品的需求更是难以预测，因此供需平衡难以掌握。逆向物流，尤其是退货物流，一般来讲没有历史数据可供参考，它的零星发生和大规模突然发生都是很难预测与计划的，往往只能是在事情发生以后才开始被动地应付。

2. 逆向物流具有运作的复杂性

逆向物流的方式因产品的生命周期、产品特点、所需资源、设备等条件不同而复杂多样，因此比正向物流中的新产品生产过程存在更多的不确定性和复杂性。一个企业的逆向物流实施直接受消费者、供应商、竞争对手以及政府机构等四种环境因素的

---

① 资料来自商务部电子商务和信息化司副司长聂林海2013年12月19日在上海举行的“第二届中国电子商务年会”上的讲话。

影响。所以，公司很难做出战略决策来高效且经济地运作逆向物流系统。

3. 逆向物流具有实施的困难性

逆向物流普遍存在于企业的各项经营活动中，从采购、配送、仓储、生产、营销到财务，需要大量的协调和管理。虽然在一些行业，逆向物流已经成为在激烈竞争中找到竞争优势进而形成核心竞争力的关键因素，但是许多管理者仍然认为逆向物流在成本、资产价值和潜在收益方面没有正向物流那么重要，因此分配给逆向物流的各种资源往往不足。另外，相关领域专业技术和管理人员的匮乏，相应逆向物流网络和强大的信息系统及运营管理系统支持的不足，都成为逆向物流有效实施的障碍。

（四）逆向物流所覆盖的领域

1. 生产过程中的逆向物流

我们以手机生产过程为例加以说明。

（1）工艺性排放物。在手机的加工生产过程中，排泄物的产生取决于工艺流程和技术水平的条件，其排放时间、数量、种类有一定的规律，能形成稳定的物流系统，可就地处理。

（2）生产过程的废品、废料。手机的生产数量有一定的计划性和规律性，在工艺流程中可以就地回收，很少进入社会物流系统。

（3）装备、设施和劳动工具的报废。手机生产使用的工具等会由于正常使用寿命的终结或意外损坏而丧失使用价值，或者由于设备更新而淘汰。这些可以随机处理。

2. 流通过程中的逆向物流

最典型的是汽车运输产生的包装废弃物（如木箱、台架、捆带等），这些废弃物有的可以直接回收利用，有的要进入物资大循环再生利用。

3. 消费过程中的逆向物流

消费过程中主要的逆向物流问题包括故障维修、问题产品退换和废旧产品的回收利用。

（1）故障维修。消费者在使用过程中由于使用操作不当或产品零部件损坏等原因而使产品不能使用。故障维修一般由企业在各地的客户服务中心进行。

（2）问题产品退换。在产品“三包”期限范围内，产品存在非人为损坏的情况下，经过客户服务中心的检测，消费者可到购买地进行退换。同时问题产品将被封包送返厂商。

（3）产品使用年限已到或由于其他原因提前终结使用或报废。出于资源再利用和环境保护等目的，必须对废旧、废弃产品进行处理，以实现资源的再利用。

（五）逆向物流的实施

1. 回收物流的实施

（1）企业可再生资源的回收和利用。众所周知，一部分排泄物可以回收并再生利用，称为可再生资源。自然界的物资不是无限的，例如，森林的采伐、矿山的开采都是有一定限度的。在资源日渐枯竭的今天，人类社会越来越重视通过回收物流将可以利用的废弃物进行收集、加工，重新补充到生产、消费系统中去。

可再生资源的回收对于整个社会有着十分重要的意义。利用可再生资源不仅可以解决资源紧缺问题，减少成本，增加效益，而且对于解决环境问题，减少流通费用也起着十分积极的作用。例如，废纸回收已成为造纸业原料供应不可缺少的一环。据统计，钢铁产量有近三分之一来自回收的废钢。在日本，每年报废的汽车达600万辆，其中半数以上被分解成废钢、橡胶和玻璃，再进行回收利用。城市垃圾中的一些成分也可以加工成肥料或燃料，有些废物、废材经过适当加工，甚至可以直接成为商品进入消费领域。

（2）企业废旧包装的回收和利用。企业在流通过程中也会产生排放物。流通也是产业部门，需要消耗燃料以及其他动力与资源，这些都会产生废弃物。流通部门最典型的废弃物是被捆包的物体解捆以后所产生的废弃捆包材料（如木箱、编织袋、纸箱、纸带、捆带、捆绳等）。这些废旧包装如果只使用一次，势必会造成资源浪费，并且会产生大量的垃圾。对于这些废旧包装可以进行二次利用，但需经过必要的技术处理，不能影响其再次使用。处理按以下流程进行：废旧包装——统一回收——综合利用技术——验收——复用。

2. 废弃物物流的实施

首先，消费者将废弃物通过有偿的形式卖给回收企业，或直接将其抛弃，后经废品回收人员将其拣回并最终到回收企业集中。然后回收企业将对回收来的废弃物进行检验、分类、再加工。最后配送到需求方，以实现废弃物的再利用价值。若废弃物具有较大的价值，制造商可直接回收。例如，消费者可以将报废的汽车直接返回给制造商。

从回收废品的种类来看，废弃物的回收利用可以分为以下几种。

（1）包装材料，如货盘、瓶子。

（2）可置换的备用件，如机器零件、电视显像管。

（3）耐用消费品，如复印机、电冰箱。

废弃物物流管理是一项复杂的系统工程，应按照一定的原则进行。

第一，效益平衡原则。废弃物物流管理的目的是追求社会效益和企业效益的最大化。在大多数情况下，这两个目标并不是一致的。例如，企业为了保护环境要付出高昂的成本来对其废弃物进行回收与处理，一些企业可能为了自己的利益而不惜以牺牲环境为代价。一味地追求一个目标而忽视另一个目标会给社会或企业带来消极后果。因此，在废弃物物流系统的设计和管理中，应使两个效益达到平衡，这样才有利于废弃物物流管理的长期有效开展。

第二，事前控制原则。废弃物物流是在正向物流后进行的，这一阶段往往被人们所忽视，或者往往只考虑到了"送"的问题而很少考虑"收"的问题。这势必会增加废弃物物流管理的成本和难度。因此在产品的研发和设计阶段就应把以后的回收问题考虑进去，例如，设计使用便于拆卸、可回收利用、可降解的包装等。

第三，系统化原则。废弃物物流涉及社会、企业和个人利益，即使在同一个企业内部也涉及多个部门（如研发部、营销部、采购部、财务部等）。因此在废弃物物流管理中要用系统的观点来考虑问题，统筹规划，全面考虑各方的利益。

练习题

一、单选题

1. 企业物流系统实现了(　　)。

A. 时间价值　　B. 空间价值

C. 加工附加价值　　D. 成本价值

2. 企业物流的主要功能是(　　)。

A. 运输　　B. 储存

C. 包装　　D. 搬运

3. 企业物流与社会物流相比，其特点在于(　　)，因而是可控的。

A. 稳定性　　B. 趋势性

C. 随机性　　D. 变动性

4. 生产物流最重要的关注点是(　　)。

A. 物料流转　　B. 成品储存

C. 货物运输　　D. 包装回收

5. 工业企业物流与流通企业物流的不同是没有(　　)。

A. 供应物流　　B. 生产物流

C. 销售物流　　D. 回收物流

6. 生产过程中时间最短的生产方式是(　　)。

A. 顺序移动方式　　B. 平行移动方式

C. 平行顺序移动方式　　D. 混合方式

7. 销售物流中主要使用(　　)。

A. MRP　　B. MRPⅡ

C. ERP　　D. DRP

8. 企业生产物流中，生产过程的时间组织方式(　　)。

A. 决定了产品（如零件、部件）在生产过程的时间长短

B. 有对象专业化和工艺专业化两种基本形式

C. 指企业内部各生产阶段或生产单位组织及其空间位置

D. 决定了物流的流动

9. 对象专业化的生产空间组织形式适用于(　　)。

A. 大批量、专业化生产　　B. 小批量、专业化生产

C. 小批量、多品种生产　　D. 大批量、多品种生产

10. 关于销售物流，下列说法中正确的是(　　)。

A. 委托给第三方是较好的选择

B. 从企业成本高低的角度衡量是否采用第三方

C. 销售物流只是流通企业售出商品的过程
D. 要从企业成本、消费者需求和竞争者三方面综合考虑

二、多选题

1. 企业物流由(　　)组成。
A. 采购供应物流　　B. 生产物流
C. 销售物流　　D. 回收物流
E. 消费物流　　F. 公共物流

2. 销售物流包括(　　)。
A. 商品包装　　B. 原材料搬运
C. 在产品储存　　D. 订单处理
E. 发送运输　　F. 客户服务

3. 供应物流包括(　　)功能。
A. 采购　　B. 供应
C. 仓储管理　　D. 库存管理
E. 生产计划　　F. 客户服务

4. 供应物流领域新的服务方式包括(　　)。
A. 准时供应方式　　B. 即时供应方式
C. 看板方式　　D. ABC 方式
E. CVA 方式　　F. MRP 方式

5. 企业物流与社会物流，(　　)。
A. 前者是后者在系统网络上的一个节点
B. 两者都侧重于流通物流
C. 两者都以商流为条件
D. 前者是微观物流，后者是宏观物流
E. 企业物流是社会物流的条件
F. 社会物流与企业物流的联系表现了物流的时间上和空间上的连续性

6. 企业生产过程中的空间组织(　　)。
A. 指企业内部各生产阶段或生产单位组织及其空间位置
B. 决定了物流的空间结构
C. 决定了产品（如零件、部件）在生产过程的时间长短
D. 往往按对象专业化的形式组织
E. 有顺序移动、平行移动和平行顺序移动三种方式
F. 适用于大批量产品的生产

7. 企业生产中的物流活动包括(　　)。
A. 原材料、在产品的搬运　　B. 原材料、在产品的暂存
C. 产成品的搬运　　D. 产成品的仓储和库存控制
E. 生产过程的空间组织　　F. 生产过程的时间组织

8. 与正向物流相比，逆向物流的特点是(　　)。

A. 发生的不确定性
B. 运作的复杂性
C. 实施的困难性
D. 网络的强大性
E. 据点的固定性
F. 数量的巨大性

三、判断题

1. 企业在产品开发设计过程中不涉及物流的课题。( )
2. 销售物流是制造企业物流中最有特色的部分。( )
3. 销售物流委托给第三方是较好的选择。( )
4. 逆向物流物资资料是从供应商到消费者的运动。( )
5. 为了提高物流效益，在研究生产物流时，可以将纯生产与纯物流分开研究。( )
6. 企业经营过程的组织与管理，就是一个物流的组织管理过程。( )
7. 逆向物流主要发生在流通领域和生产领域。( )

四、简答题

1. 对象专业化与工艺专业化的生产组织形式的物流有什么不同？说明各自的优缺点和适用性。

2. 企业销售物流的组织形式分为哪几种？企业在选择自身销售物流的组织形式时，主要考虑哪些因素？

3. 企业物流与物流企业有什么不同？

4. 为什么说面向生产的企业物流是现代物流的弱点？

5. 在供应链方式下，采购物流发生了哪些变化？

6. 在供应物流模式中，你认为比较适合目前生产方式的是哪种模式？

7. 大量、成批、单件生产的物流有什么不同？

8. 项目性生产、流程式生产、加工装配性生产的物流有什么不同？

五、分析题

1. WCL公司在现场管理中使用了“瓶颈”管理方法。每月分析一次工序上运行最差的环节，挂上“瓶颈”的牌子，以此促进这一环节的改进。不久，这种方法收到了提高整个生产线效率的效果。请问：这种方法来源于什么理论？请说出其基本思想。

2. Yantra是美国马萨诸塞州吐克斯伯利镇的一家供应链执行商。该企业也使用退货政策来管理保修问题。保修问题只是Yantra的客户——CellStar提供的诸多逆向物流服务中的一项。CellStar是美国得克萨斯州北部卡罗顿市的一家移动电话的物流服务提供商。CellStar提供的一项新服务——Omnigistics，是专门为移动电话退货处理设计的。据CellStar副总裁兼总经理克里斯·史密斯介绍，该企业的前向物流非常成熟，但是逆向物流十分薄弱，绝大多数使用电子制表软件和其他国产软件。

另外，移动电话行业还有许多问题。不同的移动电话不仅结构、样式各异，所应用的软件技术不同，而且保修政策也各不相同。严格来讲，每月都有无数部移动电话从客户端退回。这些退回的移动电话都必须经过检验和评估，以确定是否能保修、修理是否经济。特别是当客户退回在保修期内的电话时，企业又得给客户提供另外一部电话，新移动电话的平均销售价格为150美元，又是一笔昂贵的费用。CellStar提供的Omnigistics服务主张为客户修好那部移动电话，而不是换部新的，这样就可以降低30%～40%的成本。

由于Omnigistics的诞生，当客户的移动电话出现问题并且在保修期内时，他们会直接打电话到电话中心。然后，电话中心记录下这部电话的信息，并通过电子数据将那个客户的资料传输一份给CellStar。第二天，CellStar就会邮递给客户另外一部价格、型号相当的新电话。收到这部新电话的同时，客户会用刚刚收到的包装退回那部出现问题的电话。在最初客户给电话中心打电话时，有关这部电话的所有信息，包括产品序列号，都会被输入Yantra的系统。序列号也有助于Omnigistics确定产品是否仍然在保修期内。同时，当退回的产品在逆向物流链上流动时，也可以计算出它的劳动成本。

Omnigistics不仅带来了成本的降低和客户服务水平的提高，而且使企业获取了更多的信息。CellStar向零售商和制造商报告修理任务的总数，可以获取许多有价值的可靠信息，这可以使企业提前采取措施。另外，CellStar按照环保要求处理退货产品为公司的发展提供了很大的发展空间。因为2005年加利福尼亚州将实行一部新的法律，这部法律要求移动电话的运输商和零售商必须按照环保要求处理终端电话。

问题：1. 移动电话逆向物流的复杂性表现在哪些方面？

2. 逆向物流的发展空间在哪些方面？

案例分析

让物流与制造“同步”

Mirong公司是一家跨国的汽车传动总成制造商。在汽车制造业的个性化生产越来越明显之时，Mirong公司遇到了严峻的挑战。“我们必须面对客户越来越高的期望值”，公司总裁马克先生说，“个性化意味着大宗的订单将会消失，而交货期成为首当其冲的关键要素”。

在汽车制造的产业链条中，有大量像Mirong公司这样的配套供应商。过去，他们可以像“卫星厂”一样，与总装厂之间结成紧密的合作伙伴关系。现在，情况正在发生变化。个性化生产直接改变了汽车制造业的生产模式，小批量、快节奏的供货要求，让Mirong这样的零配件、总成厂商，感受到了制造业“紧追客户需求多样化的步伐”在加快。

按Mirong公司的现状，计划排程系统显然不能仅仅满足于对既有的生产计划进行分解，也不能仅限于对物料需求的计算。制造环节必须与物流环节保持同步，这样才能同时解决“制造什么”和“何时制造”的问题。

物流环节是制造业新的瓶颈。是提高“准时交货率”关键。提高准时交货率的措施，实际上有利于降低库存和运营费用。“实现这一点的关键，是在以计划排产系统为基础的ERP系统之外，再添加具有整合供应商信息的SCM系统”。

过去的工厂间“同步”是通过大量的会议、人员访问、沟通与协调来实现的。由于传统的制造模式是基于大批量规模制造的，所以留给沟通与协调的时间还比较充裕。“我们有足够的时间和合作伙伴去交换信息”，因为供货商与Mirong公司之间存在“相互依赖”的关系。“这种依赖关系某种程度上有消极影响”，由于大宗合同把供应链的上下游紧密地联系在一起，供货商的主要精力花费在“如何制造”上，对改善合作伙伴之间的信息沟通“缺乏必要的激励，也缺乏必要的手段”。

在认识上“同步”更重要

个性化制造的一个重要特征就是，大批量订单被小批量订单所代替，同时订单发出的频度会大大增加。在这种情况下，需要调整的就不仅仅是制造模式，供应模式也需要同步改善。

为此，公司根据客户需求下达的生产计划，就不仅仅要抵达制造车间，还需要同时“抵达相关的供应商那里，以便他们‘同步’做出反应。”

改善供应链的努力，通过引进 SCM 系统来具体实施。在 SCM 中，更为重要的是合作伙伴必须认识到这个问题的重要性，必须在思想上“同步”。“跨越企业边界的合作，可以通过一套软件系统、工具来具体实现，但指挥这套系统的最终力量仍然是大脑。”

超越伙伴关系

供应链是汽车制造业的重要组成部分。总装厂和零部件供应商之间的合作关系，是汽车业蓬勃发展的重要因素。经过 8 年的实证研究，英国学者理查德·拉明（Richard Lamning）得出了一个令人深思的结论：汽车制造业供应链伙伴关系的格局正在发生变化。

拉明的研究成果，体现在他于 1993 年出版的著作《精益供应》（*Beyond Partnership*），该书的副标题是“创新与精益供应战略”（*Strategies for Innovation and Lean Supply*）。

汽车业的发展，是观察制造业发展趋势的一个重要窗口。汽车制造企业不仅包括总装厂，还包括众多设计、制造和提供汽车部件、总成和其他各种“系统”的公司。汽车制造的物流过程，是汽车行业新型伙伴关系的典范。这一典范是由日本企业率先缔造的，如“丰田制造模式”。

但是，在信息化程度日益提高的今天，制造业同样面临新的挑战，这个挑战来自“更加灵活、流畅的物流”，和“个性化定制”的需要。

由于新技术的大量采用，以及客户对产品的个性化需求，零部件制造商和总装厂之间的关系，已经不是简单的“卫星厂与总装厂”，或者“一对一”的紧密合作关系。总装厂与零部件供应商之间将出现“多与多”的对应关系。如此一来，传统的“合作伙伴”的理念，在如此复杂多变的产业格局中，就显得较为狭窄。

技术革新和合作战略，是影响汽车业客户与供应商双边关系的关键因素。因此，汽车行业制造模式与供应模式的转型，在信息化的大背景下显得尤其重要。精益生产的精髓，在于不折不扣地将这些原则当作制造战略的根本。在世界先进制造企业推行以丰田方法为核心的精益制造体系 40 年后，国际汽车计划项目（IMVP）的研究表明：精益制造与大规模生产有显著的区别。

在大多数情况下，就从事同一项工作而言，大量生产模式下，制造商所付出的努力是精益制造生产商的两倍。这些大量浪费的无效工作主要集中在重复劳动、修正不合格产品上。

事实上，精益制造的思想已经延伸到了设计领域和物流领域。而且，传统的“合作伙伴关系”给进一步优化制造业产业链条带来了内在的弊端。原来的伙伴关系是基于大规模生产的假设的。在越来越个性化定制的制造环境和制造要求下，核心总装厂周围有一大批忠心耿耿的“卫星”供应商，这本身就是一种低效和浪费的格局。

美国通用汽车公司的调查发现，通用体系中子公司提供的零部件价格，比独立供应商的要高50%。在信息化和全球化的进程中，传统制造业的两大特征受到挑战：一个是以总装厂为核心的供应链一体化组织形态；另一个就是大规模制造模式。挑战的力量源泉，来自精益思想，即精益制造和精益供应。

资料来源：根据深圳博维企业咨询公司的培训案例改编。

讨论题

1. 在个性化生产的时代，物流系统运作的关键任务是什么？
2. 个性化制造的一个重要特征是什么？物流与制造“同步”的关键在哪里？
3. 如何实现物流与制造“同步”？

第5章

区域物流

学习目标

- 掌握区域物流的概念和特点、区域物流体系、区域物流与区域经济的关系
- 重点掌握区域物流规划的含义及内容，区域物流规划的原则、目标、发展措施及发展对策；区别物流园区、物流中心、配送中心的异同
- 掌握城市物流的概念及要点、城市物流的特点、城市物流系统的构成；重点掌握城市物流规划的内容和城市物流中心的类型

第一节　区域物流概述

一、区域物流的概念

区域一般是指某个行政区域或两个以上行政区域的联合体。区域物流是指区域之间及区域内部的物的流动，是在一定的区域地理环境中，以大中型城市为中心，以区域经济发展规模和范围为基础，区域内外物资从供应地到接收地的实体流动。我国的行政区域划分为省、市、县、乡等。从这个意义上讲，区域物流包括省域物流、城市物流、县区物流、农村物流等。

区域物流活动凭借区域内的物流基础设施条件，将多种运输方式及物流节点有机衔接，并通过物流业务活动的有机集成来提高本区域物流系统的水平和效率，扩大物流活动的规模和范围，辐射其他区域，促进区域经济协调发展，提高区域经济运行质量，增强区域综合经济实力。

从现实来看，区域物流联合体主要包括两大类：第一类是一国之内的区域联合体；第二类是跨越国境的区域联合体。第一类联合体的例子有我国传统的东北、华北、华东、华南、西北、西南等六大区域，以及近年出现的新区域联合体（如珠江三

角洲、长江三角洲、环渤海经济圈、大西北经济区等）。与此相对应，产生了东北物流、华北物流、珠三角物流、长三角物流、大北京物流等。第二类联合体的例子有北美自由贸易区、东北亚经济圈、欧盟联合体等，其特点如下：一是联合体的成员是多国的；二是联合体的成员只是某个国家的部分行政区域。例如，东北亚经济圈的主要成员有中国的天津、大连、青岛、烟台，日本的福冈、北九州、下关，韩国的釜山、仁川、蔚山。由于这种跨国区域联合体的存在，因此，也就自然产生了跨国性区域物流（如东北亚物流）。当然，这种跨国区域物流具有双重属性，即：可以划归为区域物流，也可以划归为国际物流。

二、区域物流的特点

（一）主体多元化

由于区域物流中的“区域”首先是一个地理区域，在这个地理区域内，往往存在数量庞大的微观物流组织，这些微观物流组织是各种物流经营主体，组织间存在竞争与协作关系，从而形成复杂的物流市场竞争结构。同时，区域物流的行政管理主体也是多元的，区域物流行政管理主体之间存在竞争与协作关系（如围绕区域物流行政管理权的竞争）。因此，区域物流存在物流经营主体及物流行政管理主体之间的多元化竞争和协作关系。

（二）区域边界的多变性

随着经济资源、产业结构、物流技术、信息技术等的变化，区域物流中的“区域”成员及区域边界也会发生相应的变化，导致区域的经济规模与结构发生相应的变化，从而导致该区域的物流规模与结构发生变化。当区域经济繁荣时，该区域的物流规模及其辐射范围都会相应扩大；相反，当区域经济衰退时，该区域的物流规模及其辐射范围就会缩小，甚至被整合到其他区域（如一些资源枯竭的城市）。上述物流环境的变化，将改变原有区域的成员构成，或者导致新成员的加入或原有成员的退出，从而导致区域边界的扩大、重组、缩小甚至消失。这就是说，区域物流的区域边界是经常变化的，而且缺乏稳定性。

案例 5—1

欧盟的成立与发展

1965 年 4 月 8 日，法、意、原联邦德国、荷、比、卢六国签订了《布鲁塞尔条约》，决定将欧洲煤钢共同体、欧洲原子能共同体和欧洲经济共同体统一起来，称为欧洲共同体（简称欧共体）。1991 年 12 月 11 日，欧共体马斯特里赫特首脑会议通过了建立“欧洲经济货币联盟”和“欧洲政治联盟”的《欧洲联盟条约》。1993 年 11 月，欧共体正式更名为欧盟。2002 年 11 月 18 日，欧盟 15 国外长会议决定邀请塞浦路斯、匈牙利、捷克、爱沙尼亚、拉脱维亚、立陶宛、马耳他、波兰、斯洛伐克和斯洛文尼亚 10 个中东欧国家入盟。2007 年 1 月，罗马尼亚和保加利亚两国加入欧盟，2013 年 7 月克罗地亚正式加入欧盟。欧盟经历了 7 次扩大，成为一个涵盖 28 个国家、总人口超过 5 亿，2013 年的 CDP 达 16.106 万亿美元的，当今世界上经济实力最强、一体化程度最高的国家联合体。

案例 5—2

“珠三角”概念的变化

“珠三角”概念最早起源于20世纪90年代初。90年代后期，在“小珠三角”的基础上出现了“大珠三角”的概念。2003年，又提出了“泛珠三角”的概念。至此，“珠三角”实际上涵盖了“小珠三角”、“大珠三角”、“泛珠三角”三个不同层面（既相互区分又紧密关联）的概念。

1994年10月8日，“珠三角”概念首次正式提出。广东省委在七届三次全会上提出了建设珠江三角洲经济区。“小珠三角”是由珠江沿岸的广州、深圳、佛山、珠海、东莞、中山、惠州、江门、肇庆9个城市组成的区域。“大珠三角”有两个不同的区域：一是指“小珠三角”和港澳地区；二是指粤港澳地区。“泛珠三角”包括珠江流域地域相邻、经贸关系密切的福建、江西、广西、海南、湖南、四川、云南、贵州和广东9个省区，以及香港、澳门两个地区，简称“9+2”。“珠三角”概念的变化与扩大，是与珠三角经济的高速发展分不开的。珠三角是我国发展最快、经济总量最大的区域之一。

（三）组织和管理的难度大、成本高

由于区域内存在数量庞大的物流经营主体，又存在多个物流行政管理主体，因此，要组织和管理好区域物流，难度很大，成本很高。这要求区域物流的组织与管理者探讨科学的管理体制与管理方法，不仅要有效率观念，而且要有效益观念。特别是对于包含多个行政区域的区域物流的组织和管理者，在组织或加盟区域物流之前，应充分考虑区域物流的组织与协调成本及其分担形式，不能盲目增加区域物流的加盟成员或扩大区域边界。

三、区域物流的体系

（一）跨国区域物流

是指跨越国境的区域物流。它是区域物流中层次最高、规模最大、范围最广、管理难度最大的区域物流。因为跨国区域物流的组织和管理涉及许多难题（如区域成员的国境贸易政策（关税）、经济体制、生活习惯、文化传统、商品的腹地延伸、物流设施的共享、物流设备与工具的通用性、物流信息标准化等），同时跨国区域物流的经营主体和管理主体更加复杂，因此，要组织好跨国区域物流，必须建立一个全新的跨国区域物流管理体制，协调各种关系，才能发挥跨国区域物流在促进跨国区域经济发展中的作用。

跨国区域物流是经济全球化的重要体现，也是世界物流发展的必然趋势。随着世界各国贸易与投资壁垒的逐步降低甚至消亡，不同国家的不同地区，特别是地理上相邻或经济上有较大互补与互利关系的地区，将越来越倾向于构筑一个超越国家界限的

经济区域，即：在经济全球化的背景下，经济生活中的国家概念将日益淡薄，世界经济将由以国家为单位的经济逐步转化为以跨国区域为单位的经济。作为经济活动中的物流，也必将由以国家为单位的国家物流时代，逐步进入以跨国区域为单位的跨国区域物流时代。

（二）大区物流

是指一国之内的若干行政区所组成的区域联合体物流（如珠三角物流、长三角物流、东北物流、华北物流等）。大区物流包含的区域边界较大，区域成员较多，往往包含若干省区。大区物流之所以能够形成，是因为大区内的区域成员在产业结构、地理位置、产业分工、物流资源等方面具有明显的互补关系。因此，通过组织大区物流，加强大区成员之间的物流协作，可以获得更好的绩效，也可以增强大区的经济竞争优势。但大区物流的组织有相当的难度，要协调好各种关系。

（三）省域物流

是指一个省内的物流。省域物流的组织和管理相对比较容易，即使省域内存在若干层次的区域物流，但由于在行政上隶属于一个省，因此协调比较容易。

（四）城市物流

城市物流既包括城市内部的物流，又包括以城市为中心的城市之间、城市与农村之间的物流。城市是区域的政治、经济、文化的中心，也是区域物流的中心。研究区域物流，应当以城市物流为重点。

（五）农村物流

是指以乡镇和村为活动基地的物流。农村物流与农村的产业结构有直接关系。农村物流的主体、客体、网点及组织与管理，与城市物流有许多不同之处，是一个值得研究的物流领域。

四、区域物流的地位和作用

区域物流是区域经济的重要组成部分，其组织和管理水平关系到区域经济的运行质量，是促进区域经济和社会协调发展的重要力量，具有重要的地位和作用。

（一）区域物流与区域经济的关系

区域物流与区域经济是相互依存的统一体，存在高度正相关的关系。区域经济发展要求有与之相适应的物流服务网络系统，区域物流的存在和发展是以区域经济的存在和发展为前提的，没有区域经济就没有区域物流。区域物流是区域经济的重要组成部分，区域物流的发展能够为区域经济发展提供通畅高效的物资实体流动平台，为区域经济顺利发展提供保障。区域经济的发展水平、产业结构、产业布局、产业升级都直接影响着区域物流的需求总量和水平，而区域物流又具有能动作用，作为区域经济的基础产业，它的发展有利于促进区域生产力的发展。

1. 区域经济对区域物流发展的作用

（1）区域经济发展的规模决定着区域物流的发展规模。物流业在行业属性上归于服务业，需要依附于生产制造业和商贸流通业而存在，它的价值最终要在商品价值上体现。因此，区域经济发展的规模大、生产和商贸繁荣，区域物流业发展的规模和空间也大。例如，我国已经形成了几个经济发达区域，如长三角经济区、珠三角经济区、环渤海经济区等，同时它们也是我国现代物流业发展集中的区域。我国现代物流业的发展实践表明，物流总是伴随商流而生。区域经济越发达，制造及商贸越活跃，现代物流业就越有市场基础。

(2) 区域经济发展的水平和层次决定着区域物流发展的水平和层次。经济越发达对物流业发展的要求就越高，同时也就越有可能为物流业提供比较扎实的经济基础和物质技术条件。如果缺乏一定的经济基础和物质条件，物流业既不可能有充足的发展理由和动力，又很难获得发展所必备的交通、通信、仓储等硬件条件和人才、管理、文化等软件条件，也就不可能达到很高的水平和层次。因此，有什么样的经济发展水平就有什么样的物流服务需求。

(3) 区域经济的结构决定着区域物流结构。区域的产业结构及其变化趋势，对物流基础设施及区域物流结构以及服务水平有着重要的影响。例如，中西部地区，因为原材料工业、农业是其产业结构中的主体，区域物流主要是以铁路、水路为运输方式的大宗货物运输；而东部的高新技术产业及制造业对原材料供应及产成品销售可采用多种运输方式，而且对时效和区域物流的服务水平要求较高，由此决定了东西部地区不同的物流发展结构。

2. 区域物流对区域经济发展的作用

(1) 对区域产业发展的支撑作用。区域物流产业发展与其他产业发展互为依托，只有当其他产业（特别是制造业、商业等）发展到一定阶段时，物流业才能够发展起来。区域物流业的发展，对其他产业的发展具有支撑作用，区域物流业能够为这些产业发展提供有效的配套，促进产业链延伸。例如，制造业需要上游企业为其组织原材料，并为下游企业提供产品，这就需要依赖现代物流将原材料送到生产企业，将产品送到世界各地。因此，只有发展区域的现代物流产业，进一步提高区域现代物流的发展水平，才能更好地支撑区域产业的发展。

(2) 对区域产业结构优化的作用。区域经济的产业结构合理与否，直接影响区域经济发展的快慢。区域产业结构的发展方向是合理化和高度化。合理化主要是以第三产业的发展水平来衡量的；高度化是第一产业向第二、第三产业升级演进，由劳动密集型向资本、技术密集型产业演进的过程。现代物流业的本质是第三产业，是现代经济社会化分工和专业化高度发展的产物，是技术密集型和高附加价值的高科技产业，具有资产结构、技术结构、劳动力结构高度化等特征。因此，发展区域物流产业可以丰富产业形态内容，优化区域产业结构，促进区域经济发展。

(3) 对区域相关产业的带动作用。区域物流能够进一步强化区域经济的集聚与扩散，一方面通过集聚效应促进区域自身的发展，另一方面通过扩散效应带动周边地区的发展。发展区域物流，能够在某种程度上弥补区域要素禀赋的不足。对于大多数企业来说，与外部环境密切联系的纽带就是采购市场和销售市场，现代物流业能够在很大程度上降低运输费用，使得企业的区位选择更加自由，生产要素的传输和流动速度更快，从而加速生产要素的集中和扩散，这样必然能够吸引更多的企业进入，带动相关产业的发展。

（4）对区域经济竞争力的提升作用。一方面，从现代物流业的纵向看，物流涉及运输、储存、装卸、搬运、包装、流通加工、配送等环节，以及为上述各环节提供装备与配套服务的许多领域，从而构成一个庞大的网络系统，现代物流产业通过对核心竞争力产生影响而最终促进区域经济竞争力的提升；另一方面，从物流服务所涉及的横向看，物流服务几乎涉及国民经济的各个方面，是一个跨行业、跨部门、跨地区的基础性产业，具有强大的经济渗透带动效应。现代物流业的发展将会带动物流基础设施、技术改造、技术创新的投资，也会带动机械、电子、信息和通信等行业的进一步发展。通过物流产业对区域经济的拉动作用和对相关产业升级的促进和带动作用，有利于提高区域经济的基本发展与运行能力，能够形成区域经济的比较竞争优势。

（二）区域物流与区域交通的关系

由于物流的重要构成要素是运输，因此，区域物流的核心问题也就是区域交通问题。区域交通运输的能力和管理水平，是区域物流能力与区域物流效率的决定性因素。因此，要发展区域物流，首先要发展区域交通，如合理布局区域交通网络，建立和完善区域交通设施，更新交通工具与设备，改革交通运输管理体制和经营方式，提高交通工具与设备的使用效率，缓解交通拥堵，减少交通事故等。另一方面，区域物流的发展也对区域交通形成了巨大的压力，提出了更高的要求，带来了许多新的问题。因此，要解决区域交通问题，实现区域交通合理化，就要实现区域物流的合理化。可见，区域物流与区域交通是共生共存的，没有区域交通的合理化，就没有区域物流的合理化。反之亦然。

例如，港珠澳大桥的建设，是在“一国两制”的背景下，由三方（并吸取民间）投资的重大交通基础设施。它的建成将贯通珠三角东西两岸的交通，密切港澳与内地的联系。不仅港珠澳三地受益，还将粤港澳周边100多个城镇纳入了同一个三小时车程辐射圈。另外，也解决了珠江入海口公路网链缺口造成珠江西岸在引进外资方面明显落后的问题。可以相信，如果以公路、铁路桥或隧道连接两岸，构造一个完整的道路网，这种便捷的物流通道和格局，将给大珠江三角洲带来可观的经济效益。

（三）区域物流与城市建设的关系

物流对区域经济、政治、文化和生活的中心城市会产生重大影响。主要是物流的线路（如铁路、公路、桥梁、隧道、管道等）、物流设施与网点（如车站、港口、机场、仓库、配送中心、物流中心、流通加工中心等）的布局与建设都集中在城市或与城市相连接，从而使物流问题成为城市建设与发展中的一个非常重要，也非常难解决的问题。同时，城市建设与发展又时刻离不开物流的支持，没有发达的物流，城市建设也无从谈起。因此，要将物流线路、物流设施与网点的规划纳入城市规划，并按提高物流效率与完善城市功能相结合的原则进行综合规划与建设。

例如，港珠澳大桥的珠海落脚点的选择，经过几番讨论，最终确定在人口密集、商业繁华的拱北，对珠海城市建设发生了重大影响。珠海将由交通的终点变为枢纽点，城市内部的交通也将随之发生适应性变化。

（四）区域物流与区域环境的关系

物流对经济与社会的发展，不仅具有极大的正效应，而且具有非常大的负效应，即物流造成的外部不经济（如交通拥挤、交通事故、噪声、大气与水的污染、生活空间缩小、居住成本上升等），特别是环境污染是物流所产生的最重要的负效应。因此，要保护环境，提高环境质量与可持续发展的能力，物流领域具有重大潜力，从而也会做出巨大贡献。随着环境压力的日益加大，向物流要环境，向物流要发展，将成为越来越重要的区域发展战略。

第二节　区域物流规划

区域物流规划是在正确认识区域物流规模、结构与特点的基础上，根据区域经济与社会发展目标，对一定时期内（一般为中长期）区域物流发展的目标、区域物流资源的建设、区域物流发展战略与对策进行系统设计。制定区域物流发展规划，是实现区域物流健康、快速发展的第一步。

区域物流规划一般包括区域物流总体规划、城市物流规划和物流园区规划等三个层次。区域物流总体规划是最基本、最高层次的规划。城市物流规划是从属于总体规划的第二层次的区域物流规划。物流园区，也叫物流产业园区或物流产业区，是指物流设施、物流网点、物流企业、物流业务等高度密集集中的空间区域。一个城市，特别是大城市，往往存在若干各具特色的物流产业园区。因此，物流产业园区的规划是城市物流规划的重要组成部分。

一、区域物流规划的原则

1. 系统性原则

即在制定物流规划时，首先必须对区域物流中的各种物流要素构成进行系统思考、系统设计，解决“利益背反”问题。其次，必须系统地思考区域物流与其他区域经济与社会发展规划的相互关系。最后，必须全面系统地考虑各地区、各部门之间的分工、管理权限与既得利益，以减少区域物流规划的实施障碍。

2. 战略性原则

指在进行区域物流规划时，必须对区域物流中的各种要素进行长期的（或前瞻性的）、战略性的思考和设计。主要体现在三个方面：一是长期性，即：对规划要素的评价、取舍要有战略视角，例如，对区域物流基础设施与重点物流网点的空间布局、功能结构、作用能力、建设标准等，要从长期的角度进行评价与决策。二是全局性，即：规划要考虑全局的效果，而不是局部。三是柔软性，即：考虑各种环境因素可能发生的变化，使物流规划能适应环境的变化或减少适应与调整的成本。

3. 科学性原则

指在进行区域物流规划时，必须对各种规划要素进行科学的调查、分析、定位，并利用科学的方法和程序进行规划。

4. 可行性原则

指在进行区域物流规划时，必须使各种规划要素的定位、目标、措施适合本地区的实际情况，具有可操作性。既要着眼于中长期，又不能脱离国情和区情。因此，要与国内外可比区域的物流发展水平相适应，与本区域经济与社会发展的总体水平相适应，还要考虑到区域内的一些弱势地区或部门的“落后性”与“跟随能力”。

二、区域物流规划的内容

1. 区域物流发展的战略定位

区域物流发展的战略定位主要包括两个层次：一是区域物流在区域、全国、跨国区域乃至全球物流中的战略定位；二是区域物流在该区域经济与社会发展中的战略定位。

在第一层次的战略定位中，分为三种不同层次的定位。

（1）在国内某个区域中，该区域物流的定位。

（2）在全国范围内，该区域物流处于何种地位。

（3）在跨国区域或全球物流中的战略定位。

进行战略定位，应考虑本区域的历史、现状、发展趋势、比较优势，还要确定在各种物流方式的组合中，哪种物流方式为本地区的核心物流方式，等等。

在第二层次的战略定位中，主要内容是确定本区域物流在本区域经济中是一般性产业，是支柱产业，还是战略产业。

2. 区域物流发展的目标

区域物流发展目标是区域物流发展战略定位的体现，也是区域物流发展的具体方向。区域物流发展目标要用一系列的数量指标和质量指标来表述，主要包括资源类指标与产出类指标。

资源类指标包括：区域物流基础设施发展指标，物流网点发展指标，物流设备与工具发展指标，物流信息化发展指标，物流科技发展指标，物流人才发展指标等。

产出类指标主要包括：物流量指标，物流产值指标，物流就业指标，物流成本指标，物流产业化指标，物流环境指标等。

3. 区域物流发展的措施

区域物流发展的措施大体可以分为三类，即强制性措施、诱导性措施、服务性措施。

强制性措施是指各种微观物流主体必须执行的措施，主要是各种法律；诱导性措施，也叫激励性措施，主要是指促进或激励微观物流主体为实现区域物流发展目标而进行积极努力的各种经济政策；服务性措施是指区域物流管理者为实现区域物流发展目标，而向区域内微观物流主体提供的各种支持与服务。由于区域物流发展的目标形式与特点不同，因此各种措施的适应目标及其效果也不同，这就要求针对不同的发展目标采取不同的措施。

三、区域物流网络系统

区域物流网络系统是由物流节点和物流通道等基础设施构成的。

(一) 物流节点

区域物流节点主要包括物流园区（基地）、物流中心、配送中心、车站、港口、货场等物流活动聚集地。这些节点根据区域及中心城市区位、交通、产业以及物流的流向、流量等因素，按照物流节点的功能，构建形成多功能、多层次（物流园区、物流中心、配送中心）的物流网络节点系统。物流网络节点的公共基础设施建设是确保物流活动得以顺利开展的基本条件。

在 2006 年修订的中华人民共和国国家标准《物流术语》(GB/T18354) 中，对物流园区、物流中心、配送中心的概念做了较全面的解释。

物流园区，也称物流基地，是多种物流设施和不同类型物流企业在空间上集中布局的场所，是具有一定规模和综合服务功能的特定区域。一般而言，物流园区是由多家符合相关条件的专业从事物流服务、拥有多种物流设施的不同类型的物流企业在空间上相对集中分布而形成的场所，是具有一定规模和综合服务功能的物流集结点。物流园区的服务领域和辐射范围广，连接区域及城市之间的物流活动，提供集约化和规模化的综合服务。

物流中心是从事物流活动的具有完善的信息网络的场所或组织，应基本符合下列要求。

(1) 主要面向社会提供公共物流服务。

(2) 物流功能健全。

(3) 辐射范围大。

(4) 存储、吞吐能力强，能为转运和多式联运提供物流支持。

(5) 为下游配送中心提供物流服务。

(6) 物流业务统一经营管理。

配送中心是从事配送业务的具有完善的信息网络的场所或组织，应基本符合下列要求。

(1) 主要为特定的用户服务。

(2) 配送功能健全。

(3) 辐射范围小。

(4) 多品种、小批量、多批次、短周期。

(5) 主要为末端客户提供配送服务。

物流园区、物流中心、配送中心是三种不同规模层次的物流节点。三者的主要区别体现在以下三个方面。

（1）从规模来看，物流园区是巨型物流设施，其规模最大，物流中心次之，配送中心最小。

（2）从流通货物来看，物流园区的综合性较强，专业性较弱；物流中心在某个领域综合性、专业性较强，具有这个领域的专业性；配送中心则主要面向城市生活或某类型生产企业，其专业性很强。

（3）从节点功能来看，物流园区的功能十分全面，存储能力大，调节功能强；物流中心的功能健全，具有一定的存储能力和调节功能；而配送中心的功能较为单一，以配送功能为主，存储功能为辅。

（二）物流通道

物流通道是指连接物流节点的公路、铁路、航道、管道及其基础设施。物流通道及其基础设施是区域现代物流产业发展的硬件基础和条件，同时也是整合和改善区域物流基础设施、提高区域物流效率的关键环节。

四、区域物流发展对策

为了促进区域物流的发展，区域物流组织与管理者必须针对各地区的经济资源、经济结构与经济、社会发展目标，以及区域物流的特点与比较优势，制定切实可行的物流发展对策。主要包括：

1. 明确区域物流在区域经济、社会发展中的战略地位

可以说，区域物流对于区域经济与社会发展越来越具有战略意义，一定要解决区域物流发展的观念制约问题。

2. 建立并完善区域物流管理体制

区域物流的管理体制大体包括三个层次：一是管理主体，可以是政府，也可以是行业协会，必须具有法定的管理权威和公认的受托管理权，在两个以上的行政区联合体中，往往是管理主体缺位，这是区域物流管理的难题之一；二是管理范围和管理内容，主要管理中观的区域物流问题，而不是微观的物流主体运作和经营问题；三是管理手段，可以将经济、法律和行政手段并用。

案例 5—3

广州市为了加强对广州物流的管理，建立了有多个政府部门参加的现代物流联席会议制度。2005 年，由市发改委、交委、经委等多个单位组成的广州市现代物流联席会议制度正式建立，初步理顺了广州市物流管理体制，使以往的多头管理、部门之间缺乏有效的沟通和相互的支持，影响管理效率，甚至出现扯皮的现象得到一定的改善。

资料来源：钱东人、彭磊等编著：《珠三角物流》，北京，物资出版社，2010。

案例5—4

珠中江一体化

在依靠单兵作战创造了夺目的经济奇迹之后，珠三角九城终于开始以一体化“姿势”再次起跑。按照珠三角改革发展规划纲要以及广东省贯彻实施纲要的决定，珠三角九座城市按照地缘关系划分成广州、佛山、肇庆，深圳、东莞、惠州，以及珠海、中山、江门三大经济圈。此举意在以一体大同来破解社会管理上的多元化状态。处于珠三角西翼的珠中江三市，要实现一体化面临诸多问题：一是行政壁垒，如何打破？二是地方利益，如何分配？三是行政思维，能否刷新？四是考核体制，如何确立？五是财政体制，如何倾斜？还有个性化的问题：总量太小，如何跨越？

要真正收获一体化的大未来，唯有创新、唯有担当。目前珠海、中山、江门三市环保部门日前签订了《珠中江环境保护区域合作协议》，正式启动了三市的环保合作。三市市长定期举行例会，就三市的交通一体化出台了具体措施，出现了跨越两城的公交车。2013年珠海市交通运输局正式公布针对三地联合编制的《珠中江交通基础設施一体化规划》，珠中江三地拟共同构建“十横十四纵十五加密线”区域高快速路网、“六横九纵十条加密线”区域主干路以及九段市际联系支线，旨为构建“珠中江一小时生活圈”，需耗时五至十年方可建成。

资料来源：《香港文汇报》(记者：张广珍)。

3. 制定科学的区域物流发展规划

区域物流发展规划大体包括下列内容。

(1) 物流基础设施发展规划（如铁路、公路、海运或内河航线与航道、车站、港口、机场等的规划）。

(2) 大型物流网点的规划（如物流中心、仓库、配送中心、流通加工中心等数量、空间布局、作业能力、技术水平、功能结构等）。

(3) 主要物流设施、工具的开发与引进规划（如运输工具（机车、车辆、货运客车、船舶等）、装卸搬运工具、包装工具、存储工具的开发与引进等）。

(4) 物流标准化与信息化规划（如物流标准的制定与推广措施、信息技术与手段的普及及应用、区域信息平台的建设与更新等）。

(5) 物流效率规划（如区域物流成本目标与措施）。

(6) 物流环境规划（如物流环境标准与保证措施）。

4. 完善区域物流的投融资体制

物流资源的建设需要大量的资金。区域物流管理部门要解决区域物流发展所需的大量资金，必须建立与完善区域物流的投融资体制。

(1) 建立区域物流领域的公共投资保障机制。制定公共投资计划，使区内物流领域的公共投资规模与区内整体公共投资规模同步增长，以保证区域经济的发展，特别是区域物流发展对物流领域公共投资的需求。

(2) 制定有关政策，鼓励并吸引民间投资主体为物流领域，特别是物流基础设施领域投资。为此，可以考虑建立区域物流基础设施的多元投资及其相应的利益分享机制。

（3）完善外商投资体制。改善投资环境，扩大外商向物流领域投资的范围，积极吸引外商资本向区域物流领域投资。

（4）培育区域金融市场。发展民间金融机构，鼓励国有与民间金融机构为物流领域提供融资服务。同时制定相应的政策，促进境外金融机构为区域物流领域提供融资服务。

（5）发展多种金融工具与金融手段，丰富金融品种，创造物流领域融资的新方式。

（6）借鉴国外经验，促进区域物流设施、设备、工具等租赁事业的发展，提高区域物流资源的使用效率。

5. 加强区域物流基础设施与物流信息平台的建设

保证区域物流基础设施和物流信息平台能够满足区域物流发展的需要。

6. 提升区域物流设备与工具的技术水平，推进区域物流的设备与工具标准化、物流作业标准化和物流服务标准化

例如，推广先进物流设备与物流技术的应用经验；积极开展物流设备与工具的研发活动；制定相关的鼓励政策，促进微观物流主体更新物流设备与工具；等等。

7. 促进物流方式的革新，实现区域物流的可持续发展

从各国物流发展的历史来看，公路物流的发展速度相当快，公路物流成为各国最主要的物流方式，也是物流服务供给的绝对主流。但在现有的运输方式中，公路运输对环境破坏最大（如大气污染、交通事故、噪声等），是各国环境公害的主要制造者。因此，要积极推广“物流模式转换运动”，以及低公害的物流设备和工具。我们不能满足于“向物流要效率、要效益”，还要“向物流要环境”。

8. 培育物流市场主体，促进区域物流市场竞争

物流产业既具有垄断性（如物流基础产业），又具有竞争性（如一般性物流服务业），但总体上是一个充满竞争的产业。物流管理者要至少做好以下三方面的工作：

（1）培育物流市场主体，即：培育能够独立开展经营，承担经营风险，拥有与支配经营收益的物流事业主体。

（2）制定公开、公正、公平的物流市场竞争规则。

（3）规范物流市场的竞争行为，限制各种不正当、不公平的竞争行为。

截至 2014 年，中国的物流市场拥有 700 多万家物流企业，其中外资企业有 700 多家。但外资企业占据了 8%的市场份额。并在 3 个领域形成了垄断，即：国际快递、航运物流、产业附属物流业，如汽车物流、特种钢物流等。其中 FedEx、UPS、DHL 和 TNT 控制了我国国际快递的 80%。① 目前我国的本土物流企业规模小，没有一家企业能占有 1‰的市场份额，尚无力与国际物流大鳄抗衡。培育我国本土物流企业成为物流市场的主体，是我们的紧迫任务。

① 资料来源：龚晓丹：《全面开放后我国物流市场结构分析》，载《世界经济情况》，2009（1）。

第三节　城市物流

一、城市物流的概念与特点

（一）城市物流的概念

城市物流是指物质资料在城市内部各经济部门之间、城市与城市之间、城市与周围农村之间的物理性移动过程。在这里，关于城市物流的概念还要说明以下几点。

（1）城市物流的概念指出了城市物流包括的范围，即是以城市为依托的区域物流。

（2）城市物流的概念与城市经济涉及的范围是一致的。

（3）城市物流既属于中观物流，也属于区域物流。它必须服从于区域经济的需要，它的发展必须与区域经济发展相协调。所以，加强城市物流基础设施的建设，提高物流技术水平，加快物流速度，对区域经济的发展具有极为重要的意义。

（二）城市经济的形成是城市物流存在的条件

一方面，城市的兴起和城市经济的形成是社会生产发展和商品经济的产物，也是社会再生产各环节——生产、分配、交换、消费，以及各部门在城市空间上的集中表现。在城市经济的发展过程中，城市商品市场成为城市经济存在和发展的条件。另一方面，城市规模的扩大，城市经济的发展，必然会促进城市商品市场的繁荣，并使城市商品市场突破地区甚至国家的界限，密切城市与城市之间、城市与周围农村之间以及城市与某些国家和地区之间的经济联系。城市商品市场的发展必然伴随着商品实体的大进大出，从而产生和形成与城市经济和城市市场相适应的城市物流。因此，城市经济的形成是城市物流存在的条件。同时，城市物流及其物流产业也成为城市经济的一个有机组成部分。

（三）城市物流的特点

与企业物流不同，城市物流是由城市经济的特征决定的。

1. 物流活动涉及的领域繁杂

城市物流不仅包括生产物流，还包括流通物流和消费物流。它涉及社会再生产全过程的每个环节。城市物流属于中观物流和区域物流，而企业物流属于微观物流。

2. 物流的对象广泛

城市物流既包括生产资料、消费资料，又包括废弃物品的流动。而企业物流一般只包括生产资料，即原材料、在产品和成品的物流。

3. 物流的规模大、流量多

城市物流的规模或流量比企业物流大得多。城市物流的规模不仅取决于城市自身的发展状况，而且受其他城市或周围农村，乃至其他国家经济发展状况的影响。企业物流的规模则由该企业生产经营的规模大小决定。

4. 物流的形式多样化

城市物流一般有以下三种形式：

（1）货物通过物流。是指某城市以外其他城市之间与地区之间货物通过该城市的物流活动。

（2）集、散物流。是指城市本身对某些货物来说是发货点或收货点。

（3）干线运输物流。是指伴随铁路、水路、公路等干线运输而产生的物流。例如，在城市设有进出城的港口、机场、货物车站、卡车终端等。

企业物流则是物资不断运动的过程，即输入——加工转换——输出的物流。

5. 物流节点多，分布广

城市中大量的工厂、配送中心、货站、商店，以至最终用户等都是物流的节点，而且这些节点分布在城市的四面八方。其中城市的物流基地、物流中心、物流园区、配送中心是物流的大型重要节点，与其他大大小小的节点组成了城市的物流网络，体现了物流对城市的覆盖程度。

6. 物流管理复杂

城市物流管理涉及的面广，既有城市内的企业和家庭，又有其他城市和周围农村的企业和家庭；涉及的部门多，几乎包括了三大产业的所有部门；涉及的因素广，包括影响社会经济发展的所有因素；等等。因此，城市物流管理是一项巨大的系统工程，需要各行业、各部门以及社会各方面共同配合、协作，实现对物流的有效管理。企业物流则相对比较简单。

二、城市物流系统

（一）城市物流的主体系统

城市物流主要是由货主、物流企业、消费者、政府等四大相关主体构成的。

1. 货主

货主是指货物的所有者，包括发货货主与收货货主。货主是物流服务的需求者，货主的期望目标是谋求物流成本、速度、安全、货物在途信息等方面的最优化。

2. 物流企业

物流企业是指物流服务的提供者。物流企业为了实现自身利益的最大化，会尽量减少物流成本，但为了保证货主对物流及时性的要求，要想降低成本也不太容易。

3. 消费者

消费者希望物价尽可能地低，同时，作为居民的消费者，还希望缓解交通拥堵、减少噪声与大气污染，以及减少生活空间的交通事故。

4. 政府

政府希望实现地方或全国的社会经济发展、保证就业，同时，也希望缓解辖区内的交通拥堵，改善环境，减少交通事故。

要实现物流系统的整体最优，必须在充分考虑上述四大相关主体的目标与相互关系的基础上，努力促成它们之间的相互合作。应该说明的是，在上述相关主体中，政府应该发挥特殊的作用。政府在城市物流系统中的主要作用是，制定环境标准、交通规则及土地使用规则，并促使民间企业和个人遵守这些标准与规则。同时，在道路等公共设施的开发建设中，政府应发挥重要的作用。显然，政府的上述作用是保证企业公平竞争的重要条件。

（二）城市物流的要素系统

从城市物流所需的物质要素来看，城市物流主要由道路、物流设施与网点、物流设备与工具、物流信息系统构成。

1. 道路

道路是城市物流最基本的物质要素。这里所说的道路主要是指货物通行的道路，即城市内的公路系统。但是，多数城市并没有专门的货车通行道路，而是将货车通行道路与非货车通行道路混用，因此，在进行道路布局与建设时，应充分考虑到货车与非货车的同时并用或分时间段、分工使用的问题。城市道路有很多种类与区段，既有普通路与高速路，又有单行路与双行路；既有直行路与环形路，又有高架路与地下路。多数城市（特别是大城市）为了缓解交通拥堵一般都建有环形路、高架路甚至地下路。同时，多数城市还采取单行路，并对货车的通行时间或通行区段进行管制，例如，货车尽量利用环形路、高架路、地下路，或只允许货物车辆在指定的时间段（通常是夜间）通行等。

2. 物流设施与网点

包括车站、港口、仓库、货场、物流或配送中心、停车场等。这些设施是城市物流必不可少的物质要素。对城市物流系统来说，最重要的问题是城市物流设施与网点的空间布局问题。因为这些设施与网点的空间布局不仅直接影响城市物流的效率，而且直接影响城市的整体交通状况与居民的生活。物流设施与网点既可以由政府投资建设，又可以由民间投资建设，或由政府与民间共同投资建设，但是，政府的职责是从城市物流系统整体最优化的角度对上述物流设施与网点进行规划，制定相应政策，让民间主体执行这个规划。

3. 物流设备与工具

主要指运输、储存、装卸设备与工具，具体来说主要包括运输车辆、集装箱与托盘。从城市物流整体最优的角度来看，最重要的问题是限制货车的尾气排放、噪声与震动以及集装箱与托盘的标准化，尤其是低公害货车的开发与使用，应该成为城市物流管理者制定物流设备与工具政策的重点。此外，鼓励微观物流主体共同拥有与使用物流设备与工具，对提高城市物流系统的整体效果也是非常有意义的。

4. 物流信息系统

主要是指与城市物流系统运行高度相关的各种信息系统（如道路交通信息系统、自动收费系统、车辆供求与物流供求信息系统、车辆或货物跟踪系统、车辆自动识别系统、卫星定位系统、数字化地图等）。显然，城市物流信息系统对城市物流系统整体最优化目标的实现是相当关键的。为此，政府与民间主体要发挥各自的优势，积极开发与应用城市物流信息系统。政府应该承担具有公共物品性质或开发成本的城市物流信息系统项目，并制定相应的经济政策鼓励民间主体参与开发。

（三）城市物流的功能系统

从城市物流的功能来看，城市物流系统是由三个功能构成的，即生产功能、生活功能与社会功能。

1. 生产功能

是指城市物流对企业经营的贡献，即城市物流可以为城市各类企业的生产经营活动做出重大贡献。无论是制造企业还是流通企业、服务企业，都离不开城市物流系统的支撑，城市物流不仅是企业实现价值、降低成本的重要手段，而且是企业提高顾客服务水平、创造价值的竞争战略。

2. 生活功能

是指城市物流对消费者购物、生活方面的贡献，即：高效率的城市物流可以为消费者的低价、及时购物与消费提供条件，同时，城市物流（如搬家物流、消费者与消费者之间的"速递"物流、生活废弃物的回收物流等）还可以为消费者提供各种生活上的便利。

3. 社会功能

是指城市物流对全社会的贡献或影响。主要体现在对城市交通、环境、能源消耗等方面的贡献与影响。显然，城市物流系统组织运行得越好，对缓解城市交通拥堵、减少交通事故、减少环境污染、节约能源消耗的贡献就越大；反之，则会加剧交通与环境的恶化，降低整个城市的福利水平。

（四）城市物流的运营系统

从城市物流的运营来看，城市物流系统主要由节点物流和路线物流构成。

1. 节点物流

主要是指铁路与公路车站、内河或海运港口内的物流，以及机场、仓库、物流或配送中心、城市物流园区等的物流。节点物流的重要特点是物流业务量大而集中，同时，各种物流设备与工具相对集中。因此，对节点物流来说，最大的问题是节点内部的物流作业区的合理划分、物流设备与工具的合理调配、物流业务量的时间分配，以及节点内的物流作业安全问题。可见，节点物流的效率化与安全化，也是城市物流管理中一个十分重要的领域。

2. 路线物流

是相对于节点物流而言的，主要是指节点与节点之间的物流、节点与企业用户之间的物流、企业用户与企业用户之间的物流、企业用户与消费者之间的物流，以及消费者之间的物流。与节点物流相比，路线物流的作业范围更大，影响更广泛。因此，谋求路线物流的最优化是城市物流系统管理的重点。

（五）城市物流的政策系统

不管城市物流的现状与发展水平如何，现实的城市物流系统都是在一定的政策作用下展开的，因此，城市物流系统也是一个政策系统。这里所说的政策主要是指政府制订的各种公共政策，但也包括一部分民间企业政策或措施。从政策内容来看，城市物流政策主要分为三类，即基础设施供给政策、管制与诱导性政策以及经济性政策；

从政策的适用领域来看，城市物流政策又可分为土地利用政策、道路政策、物流网点政策、货场与停车场政策、车辆与集装箱政策、货物政策等。

基础设施供给政策主要涉及城市环形道路（主要目标是让大型车辆绕开市中心）的建设、疏港道路的建设、货运汽车专用停车场的建设，以及交通信息系统的开发与建设（如卫星监测系统、数字地图等）等方面的政策。管制或诱导性政策主要包括货车通行路线及通行时间的限制政策，例如，有些国家专门划定了货车通行路线，或者必须达到一定的装载率才允许通行。此外，管制或诱导性政策还包括物流设备、工具的标准化与信息标准化的促进政策等。经济性政策则主要包括税收与补贴政策，例如，实行“道路混杂税”（对进入市中心的车辆征收税金）制度，等等。

由于城市物流系统是在货主、物流企业、政府与消费者等众多相关主体的共同作用下运行的，而且有些影响城市物流系统整体最优的因素存在矛盾，是货主和物流企业无法解决的，必须依靠政府的力量。因此，要实现城市物流系统的整体最优，除货主和物流企业进行积极的努力外，还离不开政府公共政策的支持。

三、城市物流规划

城市物流规划一般可分为四个层次，即城市物流总体规划、物流线路规划、物流园区规划与物流节点规划。

（一）城市物流总体规划

城市物流总体规划是城市物流发展的总目标、总方向，也是其他层次规划的基础，而其他规划是总体规划的细化。城市物流总体规划主要包括下列内容。

1. 城市物流的功能定位

主要包括两个层次：一是城市物流发展在该城市社会经济发展中的定位，即：根据城市经济的规模、结构，以及城市物流的历史、现状与发展趋势，对城市物流发展，特别是物流产业的发展做出定位，以明确城市物流的发展方向与发展重点；二是城市物流在该城市所在区域（省内、省际、全国或跨国区域）的定位，即：根据城市物流与周边区域物流的分析比较，确定城市物流的主导形式与发展重点。

2. 城市物流的发展目标

根据城市物流的功能定位和当前的实际情况，确定在规划时期内城市物流的发展目标，主要包括经济目标（如物流总量、物流产值、物流成本水平等）、交通目标（如交通量（车辆总数、货运汽车拥有量及其吨位数、城外进入车辆数、年均或日均运行车辆数等）、车辆平均行驶速度、道路混杂度、交通事故率等）、环境目标（如废气排放量、噪声控制水平等）、节能目标（如能源消耗量、能源消耗水平（吨公里能源消耗量）、低公害汽车的拥有量等）以及其他社会目标（如物流就业量及其比重、货车实载率（或空驶率）、营业性货运汽车或其他物流设施的占有率等）。

3. 城市物流的发展措施

为了保证规划目标的实现，还必须对政府与企业采取的各种政策、措施进行规划，其中重点是对政府的政策作出规划，具体包括以下三类政策：一是基础设施供给政策，即促进城市物流基础设施建设的各种政策（如土地利用政策，公路与物流设施、物流网点建设政策，物流设备与工具开发与引进政策，道路交通信息与各种物流信息系统的开发政策等）；二是规划或诱导性政策（如对物流设施与网点的空间布局进行管制，对货车通行路线与时间进行管制，对车辆尾气排放进行管制，等等）；三是扶持类或经济性政策，主要是税收与补贴两种形式（例如对各种有利于实现规划目标的行为予以补贴，或对不利于或有害于规划目标的行为课税，等等）。

（二）物流线路规划

物流线路规划是指对货车通行路线的规划，也就是对道路交通的规划，具体包括以下几个层次。

1. 城市主干道路交通规划

主要内容包括主干道的长度与数量，主干道通行车辆的种类、流量、通行速度、时间限制、装载率限制等。

2. 环路、高架桥、疏港（站）路与地下路的交通规划

内容同城市主干道路交通规划。

3. 一般道路交通规划

主要内容包括物流节点至主要用户区之间的道路交通规划、主要物流节点之间的道路交通规划、主要用户区之间的道路交通规划等。

（三）物流园区规划

物流园区规划的主要内容包括物流园区的类型、规模、数量与布局，以及园区内的交通规划等。物流园区的类型有很多（如进出口型、全国枢纽型、区域转运型、城市配送型等），不同类型的布局要求也不同。一般来说，进出口型物流园区适合布局在接近港口、机场及陆路口岸的地带，且应与海关的监管通道相连接或毗邻；全国枢纽型物流园区适合布局在多种运输方式主干线交汇的中转区域地带；区域转运型物流园区适合布局在向外埠转运方便的地带（接近交通枢纽的郊外地带）；城市配送型物流园区则适合布局在市内交通相对便利并接近物流发生地或需求地的地带。

在进行物流园区规划时，除根据物流园区的类型、功能与规模来确定大致位置（主要考虑运输便利）外，还要进一步考虑土地征用、延展可能性、给排水条件、电力供应、通信设施、周边环境（如是否接近工业区、商业区或生活区等）等因素，以保证物流园区选址的科学性。同时，还要对物流园区的运作模式等进行规划。

由于物流园区内的物流设施、物流企业、物流作业相对集中，且具有功能组合与集约化运作的优势，因此，通过物流园区的运作，不仅可以大大提高城市物流系统的效率，而且可以大大减少城市物流系统给整个城市系统造成的负面影响，从而有利于城市交通与生态环境的改善。

当然，城市物流规模与结构不同，所需的物流园区类型、规模与数量也不同，因此，各城市应根据本地的实际情况来确定物流园区的类型、规模、数量与布局，不能

盲目模仿其他城市的物流园区规划。

(四) 物流节点规划

物流节点规划主要是指各种物流中心或配送中心的规划。规划的内容包括物流或配送中心的类型、规模、数量与空间分布等。

物流配送中心的类型不同，其规模与功能也不同，从而要求的选址条件也不同。因此，应根据城市物流总量及其分布情况，对不同类型的物流配送中心的数量与分布做出规划。

在物流节点规划中，还应包括诸如车站、港口、机场等物流节点的规划，但由于这些物流节点大都属于存量设施，很难对其进行重新规划（当然不排除重新规划的可能），因此，在物流节点规划中，对这些存量节点规划的主要内容仅限于改建、扩建或功能完善方面的规划，一般不涉及空间布局上的规划。

(五) 城市物流规划中应注意的问题

在城市物流规划中应注意的问题是：要将城市物流规划纳入城市规划之中，并与其他方面的城市规划相协调与统一。同时，在进行城市物流规划时，不能进行多头规划，即不能有不同版本的规划，否则，不仅会降低规划的权威性，而且会使规划无法实施。

四、城市物流中心

(一) 城市物流中心的含义及类型

1. 城市物流中心的含义

城市物流中心的含义可以从以下两方面来理解：

(1) 社会物流中心，即：从国民经济总的系统要求出发，以城市为依托，建立的经营开放型的从事物品储存、运输、包装、装卸等综合业务的物流系统设施集团化的集散场所。它与生产和流通联系紧密，各工厂的产品根据运销要求直接送交物流中心的仓库，各流通部门掌握的货物由物流中心负责保管配送。

(2) 物流配送中心，是指为了实现物流环节系统化、效率化，在社会物流中心系统下设置的货物配送中心。它从供给者手中接收多种大量的货物，进行倒装、分类、保管、流通加工和情报处理等作业，然后按众多需求者的订货要求备齐货物，以优质高效的服务进行配送。

2. 物流中心的类型

按其承担的职能划分，内容如下：

(1) 集货中心。将零散货物集中成批量货物，称为集货。在生产数量较多且各生产点的数量有限的地区，当一个地区某些产品的总产量达到一定数量要求时，就可以在该地区设置主要起集货作用的物流据点。

(2) 分货中心。专门从事或主要从事分货工作的物流据点。其主要功能是将大批量运到的货物分成批量较小的货物。一般来讲，运到中心的货物大多是大规模包装、集装或散装的，采用大批量、低成本运输方式；在运出货物时，却要按销售批量或用户的需要，对货物进行分装，然后转运出去。

（3）配送中心。这是物流的一种新职能。这种物流中心是主要从事配送工作的物流据点。一般认为，配送中心可分为具有储存保管功能和无储存保管功能的配送中心。它们都是按用户的要求，通过集货、分货、配货、分放、配装、送达等工作程序，实现配送职能的。

（4）转运中心。这种中心承担着货物转运的作用。例如，用卡车与卡车、卡车与火车、卡车与轮船、卡车与飞机、火车与轮船等不同运输方式进行转运。

（5）储调中心。以储存为主的中心。实际上是仓库功能的扩展。

（6）加工中心。它是以流通加工为主要工作任务的物流据点。在选址上，要么靠近产品的生产地区，以方便物流；要么靠近产品的销售地区，以方便销售。

（二）物流中心网络的含义及其类型

1. 物流中心网络的含义

物流中心网络是由物流据点与物流据点之间的线路构成的具有物流功能的集合。物流中心网络的形成应该是区域经济发展的结果，是通过区域物流中心的合理布局实现的。

2. 物流中心网络的分布

根据物流中心布局的基本原则，物流中心网络形成以下格局：

（1）在大城市，特别是工业生产发达、内外贸易繁荣的枢纽地区，建立大型物流中心，专门从事物品储存、运输等物流活动，为整个国民经济各部门的物品集散、吞吐服务。

（2）在中小城市工商贸易发达的地区，建立中小型物流中心，专门从事物品运输、储存等物流业务，为物品购销部门服务。

（3）在县和县级以下城镇，根据实际情况建立小型物流中心，专门从事当地工商企业的物品储存、运输业务。

据此，便可以以大中城市为依托，以小城镇为网络，在全国范围内逐步形成一个纵横贯通、互相联系、四通八达的物流中心网络。

3. 物流中心网络的类型

物流中心网络类型的特征是由物流所服务用户的分布特征决定的，一般可分为四种类型：

（1）辐射型。这类物流中心位于众多用户的一个居中位置，货物从中心向各方向用户运送，形成辐射状。这种物流中心，只有在用户相对集中的经济区域，且各用户对货物只起吸收作用时，或者是主干运输线路上的转运站，当货物到达物流中心后，采取终端输送或配送形式将货物分送到各用户时，才具有其优势。

（2）吸收型。吸收型与辐射型相对应。吸收型物流中心位于众多货主的一个居中位置，货物从各货主点向该中心运送，形成中心对各货主的吸收。因此，这种物流中心大多属于集货中心。

（3）集聚型。它类似于吸收型，但处于中心位置的不是物流中心，而是一个生产企业密集的经济区域，四周分布的是物流中心。

（4）扇形型。货物从物流中心向一个方向运送，属于单向辐射。形状像扇子一样，称为扇形型。这种类型布局形成的特点是货物有一定的流向，物流中心可能位于干线中途或终端，物流中心的辐射方向与货物在干线上的运动方向一致，这样就可以避免逆向运输。

（三）建立城市物流中心的意义

城市物流中心是整个物流网络的核心，建立城市物流中心对于社会经济发展有着重要的意义。

1. 建立物流中心，可以实现物流生产力的高度集约

比较集中地办理各方面的物流业务，可以统一调剂余缺，合理使用储运设备和资源，解决忙闲不均的问题。与各经营单位自建物流设施相比，可以节约一定的建设投资，提高物流设备的利用率，实现物流设施的集约、物流设备的集约、物流技术的集约、物流管理的集约、物流信息的集约。

2. 建立物流中心，可以有效地衔接各种运输方式，对联合运输有支撑和扩展作用

对铁路、公路、航空运输进行有效衔接，对干线运输和配送运输、集货运输进行衔接，方便了不同的节点和不同的用户。

3. 建立物流中心，可以提高物流水平

城市物流中心通过缩短物流时间，提高物流效率，加快物流速度，减少物流环节，提高物流服务水平。同时，可以减少物流损失，降低物流费用，因而具有良好的综合经济效益和社会效益。

4. 建立物流中心，可以有效改善城市环境

城市物流中心以大规模、集约化的作用方式，可以减少效率、货场、货站以及相关设施在城市的占地，减少车辆出行次数，从而减少尾气、噪声和货物对环境的污染。

5. 建立物流中心，可以促进城市发展

发达国家的资料表明，现代物流的发展对经济的作用明显。日本在20世纪八九十年代以后，物流业每增长2.6%，会使日本经济总量增长1%。深圳在90年代以后，物流业营业收入每增长1.02%，会使深圳的生产总值增长1%。发达国家的经验表明，综合物流中心在城市经济的发展中发挥着重要作用。例如，日本的坂神商社综合物流中心、荷兰鹿特丹物流基地以及遍布美国大城市的配送中心都对当地的经济发展发挥了重要作用。其中，日本的东京、坂神、京都三大经济圈不仅对日本经济发展起了支持作用，而且优化了该地区的物流结构，繁荣和完善了市场体系，并带动了运输业和相关产业的发展。

（四）城市物流中心设置的原则及应考虑的因素

1. 城市物流中心设置的原则

建设城市物流中心应遵循以下原则：

（1）按“经济区域”规划的原则。经济区域的界限是模糊的，是一条过渡带，这形成了经济区域的开放性。经济区域不像行政区域那样相对稳定，而是发展得相当活跃。按经济区域发展物流中心，适应了生产力的发展，体现了自然资源禀赋状况、经

济发展和布局条件、经济结构和地域结构、劳动力素质和技能、市场化程度等方面的发展，同时，也体现了物流中心的完整性和开放性。

（2）规模适当的原则。指城市物流中心的设置规模要与城市的生产力水平、物流量和物流构成相匹配。在考虑城市物流现状的同时，还要考虑城市物流未来的发展。

（3）位置合理的原则。要根据城市范围的物流需要，交通运输条件、自然地理条件以及建设城市物流中心的投入等来选择城市物流中心所处的地理位置。物流中心最好选择处于城市边缘和交通枢纽点。城市物流中心的位置对降低物流费用，提高物流经济效益有重大影响。

（4）功能需要的原则。在设置物流中心时，应以满足用户需求、提高物流效益和用户满意度为出发点来设置物流中心的功能。既要注意物流功能的配套性、协调性和拓展性，又要考虑自身的实际条件。物流中心的功能不是越多越好，而应恰到好处。

（5）选择物流技术的原则。物流技术包括物流硬技术和物流软技术。在技术的选择上，要坚持先进合理性，即：技术上先进，经济上合理。

2. 城市物流中心设置应考虑的因素

应考虑的外部因素包括：

（1）物流规模。在某地区设置物流中心时，必须充分掌握该城市物流的规模、历史和现状；要把握该城市物流规模的发展趋势。

（2）客户需求。设置物流中心应充分考虑客户需求以及可能发生的变化（包括客户供货地点和时间的变化，以及客户心理的变化）和趋势。服务是物流的精髓所在，要以客户为中心来确定服务功能。

（3）交通条件。一般来说，城市物流中心的地址应该选择在接近交通枢纽的地段，以方便运输作业。在考虑运输条件时，要注意当前和未来各种运输方式的可行性。

设置物流中心要考虑的企业内部因素有：人、资金、营销战略和营销目标。

五、城市物流的合理化

（一）城市物流合理化的基本要求

1. 货物流向的合理化

货物流向合理与否，直接关系到物流效率和效益。所以，货物的流向合理化问题是从货物的运动时间、运动途径、运动费用三个方面来考虑的，即：货物的流向要按照最短的时间、路线和最省的费用运动。

货物流向合理化的标志包括：

（1）货物是从产地流向销地。反之，货物从销地到产地是倒流，是货物流向不合理的表现之一。

（2）货物适销对路，货畅其流。物流的根本目的是销售。货物从产地向销地流动，但如果此销地不需要如此多的货物，导致货物积压、滞销，就说明这里不是真正的销地，这种流向是不合理的。

（3）货物需要近产近销，调运路线最短。近产近销是指能在近处销售就不应运向更远的地方销售，以免增加物流量，提高物流费用。如果销地确定，要按最近的路线、用最适宜的运输工具调运，应当避免迂回运输的出现。

2. 物流环节的合理化

物流环节的合理化，不仅要考虑物流系统各环节（如包装、运输、装卸搬运等）的合理化问题，更重要的是从物流过程整体来研究物流环节的合理化，即：从城市物流系统的整体效益出发，分析研究城市物流环节的合理化问题。物流环节的合理化无疑对城市物流合理化和城市经济的发展有着极为重要的意义。

物流环节的合理化首先是要建立、培育和发展由物流要素构成的物流市场体系（如包装市场、装卸搬运市场、运输市场、仓储市场等）。其次，按城市经济结构优化的要求和发展城市经济的需要，由物流各环节形成各物流产业。保持产业内部结构合理和协调发展，是物流环节合理化的前提。

3. 物流管理组织的合理化

无论是物流流向的合理化，还是物流环节的合理化，如果离开了科学的、合理的组织，都是难以实现的。所以，物流管理组织的合理化不仅是城市物流合理化的重要内容，而且是保证城市物流合理化的基础条件之一。

管理组织职能作用的发挥，是通过组织机构来实现的。为了适应以城市为中心合理组织物流的需要，就应改变以部门和行业来设置物流机构的状况，在大中城市建立统一的物流组织管理机构，统一规划物流中心或配送中心或储运网点，实行社会化经营。

（二）我国城市物流合理化的对策

目前我国城市物流面临着市场经济发展带来的城市经济的高速增长提出的更新、更高的挑战。以市场经济充分发展为特征的现代化生产发展反映在物流领域，表现为商品的大进大出和快进快出。而我国长期重生产轻流通，在流通中又重商流轻物流，使我国物流尤其是城市物流存在明显的不协调状况，成为城市经济以及整个社会经济效益提高的一大障碍。具体表现在如下三个方面：

（1）城市交通运输设施落后、陈旧，运输能力与货运量的增长很不适应，严重影响了物流效率。同时，由于商品采购、调拨不合理，造成了迂回、倒流和交叉运输，增加了流通环节，增大了物流费用，加剧了城市运输紧张程度，浪费了运力。

（2）城市内部运输工具缺乏统一组织管理，重复运输、单程运输引起交通混乱，车辆拥挤现象比较严重，还加剧了噪声等社会公害。

（3）城市物流管理体制的“条块分割”，把物流的连续过程人为地分割，并归属不同部门管理，影响了城市物流的合理化。

城市物流合理化的主要对策主要包括：

（1）尽快制定我国宏观物流政策，以指导物流活动的顺利进行。首先要对我国城市物流的现状进行深入的调查研究，在此基础上，根据市场经济的要求及其发展趋势，制定出具有中国特色的切实可行的宏观物流政策，以推进城市物流现代化的进程。

(2) 在确立城市发展战略与制定城市规划时，加强对物流的研究。要把城市交通系统、城市道路系统以及物流基础设施落实在各项工程规划上，把城市物流合理化作为今后城市规划的重点之一来部署。

(3) 实行货物分流，合理确定城市道路功能，提高物流速度。

(4) 整顿城市仓储设施，建立城市物流中心，开展物流配送业务。

(5) 统一管理货运车辆，建立联合发送体系，推进城市物流合理化、效率化。

(6) 采取多种方式筹集资金，加快城市物流设施的建设，是实现城市物流合理化的物质基础。

练习题

一、单选题

1. 区域物流中层次最高、规模最大、范围最广、管理难度最大的是(　　)。

A. 跨国区域物流　　B. 大区物流

C. 省域物流　　D. 城市物流

2. 促进或激励微观物流主体为实现区域物流发展目标而进行积极努力的经济政策是(　　)。

A. 强制性措施　　B. 诱导性措施

C. 服务性措施　　D. 战略性措施

3. 多种物流设施和不同类型物流企业在空间上集中布局的场所，具有一定规模和综合服务功能的特定区域是(　　)。

A. 物流中心　　B. 配送中心

C. 物流园区　　D. 物流节点

4. 进行区域物流规划时，(　　)。

A. 一般包括总体规划和城市规划两个层次

B. 应对一定时期内（一般为中短期）的目标建设进行系统设计

C. 首先要明确区域物流的战略定位

D. 确立区域物流发展的目标往往都是产出类目标

5. 下列关于城市物流的说法中错误的是(　　)。

A. 既包括城市内部物流，又包括城市之间的物流

B. 既包括集散物流，又包括通过物流

C. 城市物流属于区域物流

D. 城市物流是城市经济形成的条件

二、多选题

1. 区域物流的特点是(　　)。

A. 主体多元化　　B. 边界多变性
C. 组织管理难度大　　D. 强调运作
E. 涉及国际物流　　F. 涵盖范围较小

2. 区域物流规划的原则是(　　)。
A. 系统性原则　　B. 战略性原则
C. 科学性原则　　D. 可行性原则
E. 经济性原则　　F. 公正性原则

3. 物流中心应基本符合的要求是(　　)。
A. 物流功能健全　　B. 辐射范围大
C. 存储、吞吐能力强　　D. 主要为特定的用户服务
E. 多品种、小批量、多批次、短周期　　F. 提供增值服务

4. 设置城市物流中心应考虑的外部因素是(　　)。
A. 资金因素　　B. 营销战略
C. 物流规模　　D. 客户需求
E. 交通条件　　F. 仓储条件

5. 从城市物流所需的物质要素来看，城市物流主要由(　　)构成。
A. 道路　　B. 设施与网点
C. 物流设备与工具　　D. 物流信息系统
E. 节点　　F. 政府

6. 物流中心的类型包括(　　)。
A. 集（分）货中心　　B. 配送中心
C. 转运中心　　D. 储调中心
E. 加工中心　　F. 物流基地

7. 物流的资源类目标包括(　　)。
A. 物流基础设施发展目标　　B. 物流网点发展目标
C. 物流量目标　　D. 物流产值目标
E. 物流成本目标　　F. 物流环境目标

三、判断题

1. 东北物流、华北物流、珠三角物流、长三角物流、大北京物流等都属于区域物流范畴。(　　)

2. 北美自由贸易区、东北亚经济圈、欧盟联合体等属于国际物流范畴，不属于区域物流范畴。(　　)

3. 区域物流的关注点是物流运作。(　　)

4. 物流中心与物流园区的概念是一致的。(　　)

5. 由于物流的重要构成要素是运输，因此区域物流的核心问题就是区域交通问题。(　　)

6. 城市物流的概念与城市经济涉及的范围是不一致的。(　　)

7. 城市物流形式多样化，包括了货物通过物流、集散物流、干线运输物流。(　　)

四、简答题

1. 什么是区域物流？区域物流有哪些特点？
2. 区域物流规划的原则及内容是什么？
3. 城市物流的特点是什么？
4. 为什么要建立城市物流中心？
5. 城市物流中心设置的原则是什么？

五、论述题

1. 试述我国城市物流合理化的对策。
2. 试述区域物流与区域经济的关系。
3. 试述区域物流的发展对策。

案例分析

珠三角物流

珠三角是一片富有神奇力量的土地，它是现代中国经济最发达的地区之一，是中国改革开放的先行区和试验田，也是最早引进和发展现代物流的地区之一。它创造了无数经济和物流发展的奇迹。

“小珠三角”是由珠江沿岸的广州、深圳、佛山、珠海、东莞、中山、惠州、江门、肇庆9个城市群组成的区域。“小珠三角”面积约占广东省的26.7%，人口约占广东省人口的49.8%，却贡献了广东省GDP总值的83%。根据2012年的中国GDP排名，广东省经济总量连续23年居全国首位，占全国的比重为11.4%。2013年，广东成为全国首个GDP超6万亿元的省份。

由于珠三角的区域位置前沿，在改革开放的30多年里，首先是数万港澳客商陆续到毗邻的广东，特别是珠三角地区投资办厂，开展加工贸易，形成“前店后厂”、转口贸易的独特区域合作模式，随后又成为世界各国的投资热土。因此，珠三角贡献了“顺德模式”、“南海模式”、“中山模式”、“东莞模式”，创造了“深圳速度”和“珠海现象”。珠三角作为中国经济革命最宏大、最成功的试验场，依靠现代工业成为中国最富裕的地区，并被称为“世界工厂”。香港特区政府投资推广署最近出版的《大珠三角报告书》（第六版）说，大珠三角地区在过去的18年中，经济年均增长率超过11%。

1. 珠三角物流资源现状

珠三角物流资源丰富，全方位海陆空物流设施，使其成为南中国的庞大的物流基地。

（1）珠三角的海港众多，功能强大

珠三角共有大小海港近100个，其中主枢纽港有四个：深圳港、香港、广州港和珠海港。其余为各具特色的喂给港。

珠三角四大枢纽港除珠海港正在后起发展外，其他三港均为中国乃至世界的著名港口，在国内和国际物流中占有极重要的位置。

从表5—1可以看出，世界十大港口中中国占了七席，其中珠三角占了三席，而且战绩可观。香港曾长期占据世界港口的霸主地位。近三年，由于国内港口发展速度迅猛，退居世界第四、中国第三。2013年实现的集装箱吞吐量为2 228.8万箱。深圳港从零起步，经过二十多年的发展，成为举足轻重的世界大港，2013年实现的集装箱吞吐量为2 327.8万箱，一举超过香港，名列世界第三、中国第二。广州港老港区发展受到环境等因素的制约，但南沙新港开港五年来，广州港又飞速发展，以年增近20%的速率，名列世界第八，中国第六。2013年集装箱吞吐突破1 530.9万箱。三大港2013年共完成6 086.7万箱，成为世界上实力最强的港口群。深港共建全球物流中心战略正在实施中。

表5—1　　2013年全球十大集装箱港口吞吐量排名

排名	港口名称	国家名称	2013年(万箱)	2012年(万箱)	变化率(%)	排名变化
1	上海港	中国	3 361.7	3 252.9	3.34	—
2	新加坡港	新加坡	3 260	3 166	2.90	—
3	深圳港	中国	2 327.8	2 294.1	1.46	↑1
4	香港港	中国香港	2 228.8	2 311.0	−3.60	↓1
5	釜山港	韩国	1 765	1 703.0	3.7	—
6	宁波-舟山港	中国	1 732.7	1 617.5	7.12	↑1
7	青岛港	中国	1 552.0	1 450.0	7.0	↑1
8	广州港	中国	1 530.9	1 474.4	3.83	↓1
9	迪拜港	阿联酋	1 363.0	1 327.0	2.71	↓3
10	天津港	中国	1 300.0	1 230.0	5.67	—
11	鹿特丹港	荷兰	1 167.0	91 187.0	−1.70	—

资料来源：国联资源网，2014年2月10日。

(2) 珠三角的空港密集，辐射力强

在珠三角两万多平方公里的土地上，分别有五大机场：广州、香港、深圳、珠海和澳门机场。五大机场中，客运和货运能力最强的当数香港机场。香港机场被称为世界最繁忙的机场之一。2012年客流量达5 620万人次，飞机起降量达35.3万架次，客运量在全球排名第十。货运量达410万吨，稳居世界之首。香港的航线网络联系全球近200个航点，2010年每天突破已1 000个航班，能够处理特种货物，如2008年为奥运会运赛马297匹。

广州机场是国内三大航空枢纽港之一。2004年投资逾200亿元的新白云机场开始全新运营。2013年客运量突破5 000万人次，仅次于北京，排在中国的第二位。2008年联邦快递亚太转运中心建成投入运营。2012年货运量达124.9万吨。与香港相倚，构建了珠三角国际、国内的空中枢纽。

深圳国际机场于1991年10月12日通航，2011年，其旅客吞吐量达到2 825万人次，货邮吞吐量达到82.8万吨，飞机起降量达22.4万架次，成为为中国第四大航空港，是中国境内第一个实现海、陆、空联运的现代化国际空港，也是中国境内第一个采用过境运输方式的国际机场。

珠海机场1992年12月动工，1995年6月通航。珠海机场目前委托香港机场管理局管理，为此香港机场管理局特别成立了珠港机场管理有限公司．此为国内首家。2006年10月1日起正式托管珠海机场。2006年10月1日至2007年9月30日，机场完成旅客吞吐量100.6万人次；2013年机场年旅客吞吐量达290万人次，同比增长38.7%；货邮吞吐量

22 160吨，同比增长36.2%；飞机起降量达25 920架次，同比增长38.8%。2013年客、货运吞吐量，飞机起降架次均创珠海机场通航以来历史最高纪录。珠海机场快速发展的主要原因是珠海横琴开发，珠港澳大桥等大项目不断推进，第一届中国国际马戏节等大型活动不断增多，加之政府的大力支持，吸引航空公司在珠海机场投放的运力不断增加，使得珠海机场航线网络更加完善，航线通达性和竞争性增强。

澳门国际机场于1992年3月动工，1995年正式投入运营。2013年统计，乘客流量突破500万人次；货运量18万吨。澳门已开通了中国内地以及东南亚等一些国家的航线。澳门国际机场的建成，架起了澳门通往世界各地的空中桥梁，提升了澳门在国际上的知名度，并极大地促进了澳门经济的发展和长期繁荣稳定。澳门国际机场有望成为亚太地区理想的货运及速递中心。

（3）珠三角的陆路交通四通八达

2013年，广东高速公路通车里程为5 705公里，排在全国第二位。到2014年底，全省高速公路通车里程将达6 290公里左右。2012年，珠三角高速公路通车里程达3 000公里，至2020年达3 500公里，占全省的60%左右。珠三角铁路运营里程287公里，占全省的15%。在珠三角东西两岸的连接通道中，目前公路仅有虎门大桥，且虎门大桥交通量日趋饱和，但港珠澳大桥正在紧锣密鼓的建设中。中山至深圳的通路——中深通道规划已出，将于2015年动工。珠江口东西两岸连接通道将达到3条。珠三角将形成以广州、深圳、珠海为中心向外辐射，较为完善的高速公路网络。为了实现珠三角交通一体化，2014年起已开始实施珠三角9城市之间的年票互认互免。

为了加速珠三角的路陆交通，珠三角的城际铁路迎来新时代。2010年广珠轻轨已开通。预计到2015年，广东省将实现以城际轨道交通连接珠江三角洲9个地级市的目标。珠三角轨道交通网与港澳轨道交通对接后，将打造一体化的大珠三角城镇群。珠三角西部的货运铁路也在修建之中。

2. 珠三角物流产业发展现状

物流产业作为珠三角重点发展的产业，近十几年获得了快速的发展，物流规模不断扩大，物流产值不断提高。广东省和九市的政府都将物流业摆在重要位置，纷纷出台了物流产业规划。一些制造企业、商贸企业开始采用现代物流管理理念、方法和技术，实施流程再造和服务外包；传统运输、仓储、货代企业实行功能整合和服务延伸，加快向现代物流企业转型；一批新型的物流企业迅速成长，形成了多种所有制、多种服务模式、多层次的物流企业群体。

（1）珠三角物流园区的开拓与发展

物流园区是指在几种运输方式衔接地形成的物流节点活动的空间集聚体，是在政府规划指导下多种现代物流设施设备和多家物流组织机构在空间上集中布局的大型场所，是具有一定规模和多种服务功能的新型物流业务载体。它按照专业化、规模化的原则组织物流活动，园区内的各经营主体通过共享相关基础设施和配套服务设施，发挥整体优势和互补优势，进而实现物流集聚的集约化、规模化效应，促进载体城市的可持续发展。由于物流园区在现代物流中的重要作用，物流园区的建设近年来在珠三角发展得如火如荼。

深圳市政府从1998年开始规划建设物流园区。中国第一家物流园区即为深圳的平湖物流园区。经过十年的建设，深圳的七大物流园区已初具规模。各大园区也逐渐找准了自己的未来发展方向，逐渐形成了各具特色的物流园区体系。七大园区是：机场物流园、前海湾物流园、大铲湾物流园、笋岗——清水河物流园、盐田港区物流园、平湖物流园区、龙华物流园区。

广州市重点建设南沙、黄埔和广州空港三大国际性枢纽型物流园区。新加坡港务集团、UPS、FEDEX等国际物流巨头都欲进驻物流园区发展，而鼎盛物流、宝供物流、广州邮政局则已经分别进入黄埔物流园区和广州空港物流园区。

(2) 珠三角货代业的发展

随着物流业的发展，珠三角的货代业从20世纪90年代末开始起步，起初总体规模较小，但凭借着巨大的市场潜力和得天独厚的区域优势，发展较为迅速。仅深圳就有5万多家国际货代企业；东莞全市货代网点及企业有6 000余家。目前，货代业成为物流业的重要增长点。已经形成了一批主营业务突出，具有国内先进水平的货代骨干企业，如广东南粤物流股份有限公司、广东阿尔卑斯物流有限公司等。货代业对珠三角国际物流的发展作出了极大的贡献。

(3) 加强与提高企业物流管理水平

在珠三角大大小小几十万个制造企业、商贸企业中，大多数企业已经认识到物流是企业管理的重要组成部分，是企业第三利润源的源泉。它们正在通过不同的方式提高企业物流的管理水平。

外资企业普遍使用第三方物流，通过物流外包提高其核心竞争力。例如宝洁公司的物流外包，导致了中国第一个真正意义上的第三方物流企业——宝供的诞生。

制造企业的物流系统改造也在普遍进行。早在1999年末，美的集团就把物流放到了战略位置上。2000年1月，美的集团通过控股成立了安得物流公司，把物流业务剥离出来。安得物流公司由企业的一个事业部成长为第三方物流公司。

零售企业的物流配送管理的提高。华润万佳在2003年6月正式启用了建在平湖物流园区的6万多平方米配送中心，这为华润万佳的跨地区经营提供了强有力的后勤支持。

(4) 珠三角物流企业的多元化发展

珠三角物流企业有外资企业、民营企业和国企等。如：马士基、UPS、TNT、DHL、FEDEX等外企率先大举进入珠三角，以其领先的企业理念和运作模式，占据了珠三角的大量市场份额。本土物流企业在近十几年中也迅速发展，如宝供、安得、顺丰等。还有招商局物流公司、中国外运广东有限公司、广东省航运集团有限公司等国企，形成了多种所有制物流企业的共同发展。截至2012年7月，全省共有A级物流企业118家，其中5A级9家，在中国名列前茅。

物流企业的经营方式也多种多样：第一方物流仍在经营；第二方物流实力在拓展；第三方物流在发展和壮大；第四方物流开始入市经营；物流地产也在规划和实施。

《珠江三角洲地区改革发展规划纲》提出，要推进珠江三角洲区域经济一体化战略。这就要求，首先珠江三角洲地区九市要打破行政体制障碍，遵循政府推动、市场主导，资源共享、优势互补，协调发展、互利共赢的原则，创新合作机制，优化资源配置。要制定珠江三角洲地区一体化发展规划及珠三角各城市差异化的物流产业发展规划。确立广州在珠三角物流服务产业中的核心地位，以广州、深圳、珠海为珠三角物流的枢纽城市，发挥香港、澳门特殊的物流地位的优势，以东莞、中山、佛山为物流集散中心，以惠州为东大门和石化专业基地，以江门为西大门，以肇庆为西南大门，连接泛珠三角西部和东盟十国，合力打造珠三角的世界超级物流圈。

资料来源：钱东人、彭磊等编著：《珠三角物流》。

讨论题

1. 根据案例，说明珠三角物流发展的特点。
2. 根据案例，说明珠三角九城市为发展区域物流产业做了了哪些工作？
3. 以案例为线索，通过互联网搜集相关信息，说明珠三角物流发展的趋势。
4. 以案例为线索，通过互联网等途径查找并列出珠三角的主要物流节点和物流通道。

第6章
国际物流

学习目标

- 掌握国际物流的含义、特点、发展趋势以及全球供应链的构成
- 了解政府在国际物流中的参与和国际协调行为
- 掌握国际物流下跨国公司的全球策略

第一节　国际物流概述

第二次世界大战后，国际贸易和全球经济有了空前的发展。许多发展中国家，例如中国，在60年前仅能勉强维持温饱，随着国际贸易和经济的增长，这些国家已经逐渐向现代化的生活水平迈进。国际物流是国际贸易重要的支援性服务，据估计，用于国际物流活动的支出约占国际贸易总量的15%，国际物流给各国政府带来的收入约占世界货物贸易总量的5%，仅2013年就创造了约1.7亿美元的收入。因此，在全球制造、全球交换的背景下，研究宏观国际物流网络构建和微观企业全球供应链战略显得尤其重要。

一、国际物流的含义与发展阶段

（一）国际物流的含义

国际物流在全球供应链中的角色与物流在国内环境下的作用相似：国际物流关注全球供应链的策略层面，包括组织货物和单据从一个国家移动到另外一个国家，即进出口运作的基本活动。国际物流可以定义为：计划、推行和控制货物、服务和信息从一个国家到另外一个国家的流动和储存。国际物流强调全球供应链内部流程和战略的形成，包括供应链环节的采购、生产运作和所有相关物流活动。在全球环境下，供应链管理更加关注各方的协调与合作，包括位于不同国家的供应商、中间商、第三方服

务运营商和消费者，尤其是供给与需求管理的跨国整合。

（二）国际物流的发展阶段

1. 第二次世界大战前缓慢发展的年代

第二次世界大战前虽然没有物流的概念，但物流活动一直存在，跨国的物流活动风险非常大，只有敢于冒险的商人才会从事跨国贸易。在很长一段时间内，跨国物流的主要任务是用尽可能低的成本，保障货物能够安全到达目的地。除了鲜活产品外，漫长的运输时间被认为是正常的。

2. 20 世纪 50—80 年代加速发展的时代

海运方面，集装箱的发明和使用改变了国际物流的关注点。集装箱自 1956 年引入，70 年代开始广泛应用，大大加快了国际海运的速度，货物无须以散货的形式由大量的码头工人多次在货车和货船之间搬运装卸，也无须厚实的包装去抵御海上的日晒雨淋。集装箱可以整装整卸，设备可以在装载满箱到船舶后直接从船舶卸空箱到运载车辆，这样就大大减少了港口装卸的时间，提高了港口的运作效率。空运方面，国际航空物流在 70 年代末到 80 年代初出现了爆炸式增长，DHL 和联邦快递也从 70 年代非常小范围的国内航空运作迅速扩展到国际航空，到 2013 年，联邦快递已经成长为服务网络遍及全球 220 多个国家和地区，营业额超过 550 亿美元的企业。首先，大型货运飞机波音 727 和麦道 DC 等的引入，大大增强了航空货运能力，降低了运输成本。另外，70 年代末和 80 年代美国两次放宽航空管制，90 年代的《开放天空协定》又大大增加了货运飞机的数量，使得空运成本相对于地面运输成本越来越有竞争力。国际物流进入了加速发展的年代。

3. 90 年代至今客户为本的时代

70—80 年代美国的高利率引发了客户对“静态”库存占用资金的担忧，90 年代进一步演变成对“动态”库存的控制，即运输途中的原材料、零部件和成品。MRP 及 MRPⅡ（制造资源计划）的应用帮助企业建立准时制生产，降低在途货物的数量和等待时间。到了 90 年代，DRP 利用客户终端的 POS 扫描技术获得销售数据，并用最终客户的需求拉动产品的生产和配送。物流的关注点从运输过程转向对客户不断变化的要求做出迅速响应，即“敏捷物流”。客户的满意度成为物流最重要的关注点，国际物流要保证货物正确、完整、准时送达，要保证相关单据的完整和及时处理（如报关通关），要保证用合适的包装保护货物跨国长途运输，要符合各国不同的安全要求，要在不同的货币和法律系统下处理交易，还要正确选择运输方式和保险。总之，当今的国际物流要解决每批货物从起点到终点的各种问题。

二、国际物流的基本要素和国际物流专业人士的主要任务

国际物流的大部分活动与国内物流一样，只有少部分活动是独有的。但是传统的物流活动在国际环境下显现出与国内环境下不同的特点。因此，作为国际贸易和国际物流活动的主要推动者和执行者，国际物流专业人士要承担将成百上千亿吨货物安全及时送达的管理任务。

(一) 国际物流的基本要素及特点

1. 国际物流的环境因素很重要。

国际物流在软环境上涉及不同语言和文化的交流管理，在硬环境上涉及不同国家地区国际物流基础设施的差异和挑战。

2. 国际物流的决策因素很复杂

由于国际物流空间跨度广、时间跨度长，还包含不同的运输方式、不同的承运人、不同的运输单据，国际物流的决策者需要综合评价不同的运输方式和路线，决策显得更加复杂。

3. 参与国际物流的中间商很多

国际物流系统的复杂性决定了其在执行过程中需要很多中间商的支持，从而形成了国际物流庞大的支撑体系。包括银行、保险公司、货代、通信、进出口国政府等，每个中间商都会对国际物流的单据提出不同的要求。

4. 国际物流运输风险更加突出

包装的选择和决策对运输途中货物的安全非常重要。

5. 国际保险更为复杂

由于保险合同使用的语言和术语可能会因为公司所在地的不同而不同，很容易引起关于承保范围和生效条件的歧义，因此要注意国际环境下货物运输保险的种类。

6. 策略应用多种国际支付方式

由于国际物流中拒付风险大、汇率波动频繁，与传统物流相比，国际物流参与方需要应用更多策略性的支付方法和工具，避免支付风险。

7. 国际贸易术语更为复杂

由于国际贸易环节和参与方很多，增加了货权、责任、风险转移方式的选择，因此国际贸易术语的选择（通常依据《国际贸易术语通则》确定）对国际物流的操作有重要影响。

8. 跨越边境带来特定的问题

无论是将产品销售到国外还是从国外采购，都必须经过海关，其间必须遵从特定的步骤并提交数量庞大的单据。在与国外企业合作的过程中，销售合同、配送协议及其他相关法律文件都会影响贸易企业的跨国交易决策。

9. 国际物流库存管理方式不同

国际物流中，更为频繁的运输延迟和时间变化对 JIT 生产带来了巨大的风险和挑战，因此需要应用更为复杂的计算法则建立安全库存。

(二) 国际物流专业人士的主要工作

根据国际物流的基本要素及其特点，作为国际物流操作的主要执行者，物流专业人士需要完成以下任务：

(1) 安排周期长、范围广的国际货物运输；

(2) 权衡不同运输方式并做出正确选择；

(3) 保证货物包装恰当；

(4) 了解货物运输途中的风险，购买合适的保险；

（5）通过选择合适的支付货币和对冲策略，最小化国际支付的风险；
（6）提供正确的单据，保证货物顺利通关；
（7）指定物流服务运营商执行国际物流中的运输环节并制作相关单据；
（8）选择对进出口双方最合适的支付方式等。

三、全球供应链的构成和交叉系统

（一）全球供应链的网络构成

全球供应链由三个网络构成，全球采购系统、全球运输系统和全球营销系统。全球采购供应系统将不同的原材料和零部件供应地连接起来，例如冷冻比萨，其原材料是从全球不同的地方采购进来的。全球运输系统则连接原料供应地到生产地、连接生产地到仓库和门店，物流系统往往跨越较大的地理区域，而这些成本很难反映在销售价格中。全球营销系统推动产品物权从生产商转移到全球消费者，跨国公司通过直接或间接构建全球分销网络，将产品销售到全世界。

对于微观企业而言，现实情况是很难做到真正的全球供应，全球供应链存在很多障碍。第一，各地市场存在地方性。例如地方行政，地方标准、地方操作流程导致信息流整合、物流整合异常困难，当地语言和当地品牌又增加了产品的复杂程度。第二，不确定性和控制难度导致全球供应链很复杂。前置期加长，缺乏当地市场和风险信息导致供应链管理的不确定性和控制难度增加。第三，全球协调很困难。由于语言不通、货币不同、配送环节更多，甚至可能遭遇贸易壁垒等问题，实际操作中全球供应链的协调非常困难。

（二）全球供应链的支撑系统

要支撑全球供应链的三个网络需要有很多交叉的系统，包括国际贸易、国际运输、国际保险、国际支付和法律体条等。

1. 国际贸易

国际贸易和国际物流是不可分的，一个推动货权流动，一个推动实体货物流动。国际贸易是国际物流的基础，通过建立商务关系，形成客户需求，拉动企业的全球采购、全球制造和全球营销，或在产品生产出来后，在全球寻找商机。国际贸易以合同为基础，形成各方之间的合作关系，包括进出口商的买卖合同、保险公司和进口商或出口商的保险合同、承运人和出口商或进口商的运输合同、出口商和代理或分销商的合同、出口商或进口商和银行的支付协议、出口商或进口商和制造商的委托加工协议，还有出口商或进口商和各种物流服务运营商的服务外包协议等。这些合同会在一系列不同的传统、法律、多国协定或国际公约下签订和履行，合同双方所在国认可的公约可能不同，或者对合同条款的含义解释不同。因此，国际贸易和物流管理者必须学会在这些复杂的框架下操作。

国际贸易术语是国际贸易合同的核心，也是报价和商务谈判的主要内容。由于进出口贸易中除了货物本身的价值外，合同双方在国际贸易中承担的风险、责任、费用都会严重影响合同的价格，例如运输的费用由谁承担、保险由谁办理、保费由谁承担、清关报关由谁办理、关税由谁支付等都会影响到双方的实质利益，而合同又无法对国际贸易的所有活动的风险、责任、费用逐一划分，因此需要引用国际贸易术语进行规定。国际贸易术语是由贸易习惯和传统形成的，有不同的体系，如《华沙-牛津条约》、《国际贸易术语通则》（最新版本为 Incoterms 2010）。国际贸易术语本身不是法律，但合同引用术语后，对双方具有约束力。贸易术语的选定要考虑产品特点、运输特点、双方能力和诚信程度，但最重要的是根据双方愿意承担的风险、费用、责任来确定，这些划分会最终反映在不同的发票价格上，如同一合同商品，选用 DDP（完税交货）的报价会比选用 EXW（工厂交货）要高很多。

2. 国际运输

国际物流的运输方式是将货物从一国运达到另一国所采用的一种或者多种运输方式。基本的方式有：海运、空运、铁路运输、管道运输及国际多式联运。其中将近70%的国际贸易货物需要远洋运输完成。随着国际物流速度的加快，空运在国际运输中的重要性在不断提高。国际运输最重要的单据是提单、运输合同等，尤其是海运提单，是双方运输合同的证明、货权和承运方收到货物的凭证。

3. 国际保险

国际物流中比较复杂的一项是国际保险，除了因为保险术语比较复杂、含义独特外，还因为保险条款是传统长期形成的，同一保险术语在不同文化法律背景下含义也有可能不同。国际保险分为国际货物保险和商业信用保险。国际货物保险首先要理解投保的原则，包括可保利益、就近原则、代位求偿等，保险公司面临道德风险和逆向选择，还要理解不同的风险类别，包括海上风险和其他风险，才能正确选择投保的险种。根据伦敦货物协会制定的货物保险条款 ICC，货物保险的险别分为平安险、水渍险和一切险三类，在选择了基本险别后可以另加附加险。国际商业信用风险包括政治风险和商业风险导致的拒付，公司可以选择自己承担拒付的风险，也可以使用政府或公司提供的商业信用保险，减少拒付带来的损失。如在美国，有进出口银行、海外私人投资公司、美国经济局提供的保险支持，或者私有保险机构（如外国信用保险协会、美国国际集团等）提供的保险计划。

4. 国际支付

国际交易由于金额较大、距离较长、货币不同、买卖双方缺乏信用信息、双方接触较少、法律追索困难、追讨成本高等原因，其支付难度和支付风险远比国内交易的要高，公司可以根据客户特点、国家特点、风险承受程度等选用合适的国际支付方式。在各种支付方式中，现金支付由于现金量大、携带危险在国际贸易中极少使用，国际支付主要通过银行实现，主要包括银行转账、托收和信用证，另外还有采购卡、贸易卡、银行保函等方式。银行在国际支付中有四个角色。银行可以作为资金转移的中介帮助交易双方进行国际支付，可以在买卖双方不能互相信任时作为信用中介，还可以作为融资中介为交易双方提供融资服务。最后，由于国际贸易涉及不同的货币，汇率波动时存在较高的风险，通过银行或其他金融机构的外汇或金融产品交易，可以实现风险对冲。国际支付工具包括汇票、本票、支票等，这些支付工具及其他相关信函，是国际支付中的重要单据。另外，由于国际贸易时间跨度长，从合同签订到支付往往相隔一段时间，汇率极有可能出现波动甚至剧烈波动，在国际支付中要注意合理选择合同货币，卖方尽可能选择升值货币签订合同，买方尽可能选择贬值货币签订合同，如果汇率波动难以预测，需要额外商定支付的汇率问题或采用货币对冲的方法，减少货币风险。

5. 法律体系

国际贸易和国际物流是通过合同连接各方的，如果合同双方都在同一个国家的法律体系下，法律体系会对双方的合同行为有清晰的界定，但如果合同双方不是同一个国家，就没有一个特定的法律来监管这个合同，只能按照传统商务习惯和国际协议形成的贸易法去做，并作为国内法律的补充。由于这些法律是按照传统习惯形成的，有不同的法律和司法的源头，包括：联合国协议；其他国际贸易协议，如世界贸易组织WTO及其前身关贸总协定GATT的规则和法律体系；某些行业的多边协定，如国际货物航空运输的《华沙公约》，纺织品的《多维协定》；区域协议，如欧盟和北美自由贸易区的协议；双边协议，如美国与荷兰的《开放天空协议》或《银行跟单信用证UCP-600》（《跟单信用证统一惯例——2007年修订本国际商会第600号出版物》）；国际商会仲裁院的仲裁或司法决定等。另外，各国可以选择性加入某些条约或者采用某些条款，或者成为签约国但未必完全遵守条约，或者遵守条约但不成为签约国。另外要注意的是，法院或仲裁会判定国际惯例不能违背本国法律原则。因此，在国际商务实务中，国内法和国际法相结合给国际交易带来了复杂的法律背景，合同谈判过程中要谨慎制定仲裁等条款，尽可能获得纠纷解决过程中有利的法律环境。

（三）国际物流的不同层次

国际物流是一个庞大的体系，需要包括不同层次的共同决策才能实现。

第一是宏观的政府或国际组织。政府或国际组织在国际物流中充当协调者、政策制定者和公共品提供者的角色。国际物流是跨国运作，没有国家间的协议和规范，货物无法通过或进入他国国境，物流也无从谈起。国际组织或政府推动的双边或多边谈判及其协议公约为货物的跨国流动提供宏观政策基础，例如北美自由贸易协定允许加拿大、美国、墨西哥之间的货物贸易免除关税，欧盟内部的统一市场使国与国之间没有了海关的关卡，货物可以更自由地流动。政府也是国内相关法律政策的制定者和执行者，对国际贸易和物流起到促进、监管或规范的作用。例如金融海啸期间，中国通过提高各种出口货物的退税率应对国际市场的冲击。各国会划定自由贸易区使国际贸易和物流更加便利，或者由政府制定合同法、商业法、各种运输条例对国际贸易和物流活动进行监督和规范。政府同时也是公共品的提供者，国际物流是一个涉及交通、制造、销售庞大的体系，需要大量公共品的支持，如物流基础设施（包括道路、机场、隧道、港口等，也包括信息平台、征信机制等，还包括各种政府服务如检验、检疫、海关、海外咨询等）。总之，政府或国际组织是物流宏观层面的管理者和协调者。

第二是中观的软硬件环境。中观环境是连接宏观调控和微观企业行为的机制或支撑体系。国际物流的中观硬环境包括物流运作所需的基础设施，包括交通基础设施、通信基础设施和公共基础设施等，也包括政府支持下建成的制造业基地、产品集散市场、物流园区、产业园区等，这些都为物流活动提供了必要的硬件条件。中观软环境包括各种制度和支撑体系，例如政府对贸易或物流的便利化措施以及国内法律体系和国际惯例公约形成的制度系统；各种相关行业的支撑，包括各类承运人、国际货代、各类物流服务运营商形成的国际运输、仓储、通信行业，跨国银行和金融机构形成的国际支付和融资体系；由政府或私人银行系统提供的信用体系和保险体系；等等。

第三是微观企业的全球策略。微观企业是国际物流活动的直接决策者和执行者，微观企业以企业利益为驱动，随着国际形势的变化和全球化的发展，逐渐推行全球供应战略，包括全球采购、全球制造、全球营销。（见本章第三节）

四、国际物流的发展

（一）国际化的动力及其对物流的影响

1. 国际化的宏微观动力

第二次世界大战后，国际化一直是经济发展的主流。推动物流国际化的宏观因素主要是国际投资和贸易转移。目前全球正经历第四次投资贸易转移，物流全球化的驱动力从寻找廉价劳动力和新兴消费市场转化为快速响应客户订单，投资方向也从投资制造业基地（如东南亚、拉美）转换为投资消费市场所在地提高客户服务能力，运输路径主要集中在洲际运输，货物从过去在制造业基地制造成品直接配送到市场转化为在制造业基地制造半成品，运到消费市场后，在当地根据客户订单需求完成最后加工。这种变化趋势对物流目的地、物流要求都产生了深远的影响，反映出物流国际化和本地响应的权衡。

对于微观企业而言，这种权衡也推动了企业在跨国物流管理上做出改变，包括：在海外寻求更低成本的要素和原料供应地，物流紧跟客户从而保证实现快速当地供应，开拓新的海外市场和研发基地等。因此，企业的国际化战略也从过去纯粹的全球化战略或纯粹的本土化战略转化为整合网络战略，即本地操作、全球协调。通过在全球寻找规模化生产的制造业基地完成产品大部分的生产，将全球统一的半成品批量运送到客户市场，然后在当地根据客户需求完成不同的增值服务并实现物流的快速本地响应。这种国际战略的改变，在最大程度上实现了产品生产和运输的规模效应，也能满足日益提高的客户快速响应的需求。

2. 国际化对物流的影响

国际化对库存、装卸、运输等物流环节都产生了深远的影响，上市时间在全球物流渠道管理中具有重要意义，全球背景也改变了物流的整合战略，增加了物流风险管理的难度。

首先，国际化对物流的库存、装卸和运输提出了新的要求。在库存方面，国际化要求产品实现多样化从而提高本土化程度，满足本地市场对产品的特定需求，因此，关于库存持有成本和库存水平的要求使得能够同时为多国市场的中心化库存服务变得越来越重要，尤其对于高价值货物；在装卸方面，由于各国的仓储运输等物流服务水平不同，在全球推行高效率的标准装卸操作的同时也要根据各地不同的条件进行调整；在运输方面，国际化要求运输能够应对国际物流渠道的延伸，处理各国不同基础设施的挑战，同时能够在产品上市时间之前准时到达，因此，运输面临重要的挑战，即在全球整合降低运输成本的同时能够快速响应本地需求，从而提高市场竞争力。

第二，上市时间。上市时间决定产品的过期成本（包括产品变质或过季掉价）和库存持有成本。由于国际物流渠道的延伸，前置期必然会相应延长，导致产品在运输途中过期的风险加大，尤其是当前技术更新、潮流变化加快，电子产品和时尚商品很容易出现过期风险。另一方面，较长的前置期也意味着货物在物流渠道停留的时间加长，较长的仓储时间、运输时间、整合订单时间以及较多的国境转运停留节点都增加了货物延迟的风险和库存的持有成本。

第三，全球整合。国际化促使成本竞争加剧，管理者需要通过在全球寻找低成本资源、提高设备和资本品的使用率并最大化规模经济效益应对成本竞争。因此，管理者要通过在全球范围内寻找并执行规模化采购从而获取最低采购成本，包括原料、零部件、成品、生产要素和知识技术，全球整合的主要策略包括通过从低工资国家采购物资、在特定地区集中，然后整合运输。例如，西欧到东欧采购、美国到墨西哥采购、日本到东南亚采购，发达国家到低工资的发展中国家采购，可以获得巨大的成本节约。向特定地区集中既包括产品生产向制造业基地集中，也包括研发向人才密集地集中、营销向客户所在地集中。通过整合生产资源和其他高价值稀缺资源，企业可以在不同供应链环节获取低成本。整合运输带来的成本节约是显而易见的，以宝洁为例，宝洁每天都有 350 个海运集装箱、9 000 个火车车厢和 97 000 辆货车的货物出运，从而保证了运输工具满载，大大降低了运输成本。

第四，国际风险。除了上市时间和库存成本会给国际物流带来风险外，近年来，国际环境的波动要求国际物流管理者根据现实的供应链随时应对未知的风险。例如 2002 年美国西部港口持续多周的大罢工，2003 年中国爆发的“非典”，美国“9・11”恐怖袭击和随之而来的伊拉克战争，2008 年金融海啸，中东局势紧张，非洲内乱，俄罗斯强势政治改变东欧局势等。这些动荡对供应链的连续性和执行造成了巨大的威胁，贸易和运输路径可能要做出改变、商务跨境活动可能受到限制、政府会加强安全措施、货物进出国境会有更长的延迟甚至无法清关。随着国际环境日益动荡、全球供应链风险加大，国际物流管理者需要进一步提高风险管理意识，从而避免灾难性的后果。

（二）物流的国际化趋势

为了保持在国际化环境下的竞争优势，企业要在不断寻找低成本的同时提高客户服务水平。有两种常用的方法可以提高供应链的效率，即：聚焦工厂和集中库存。

1. 聚焦工厂

大多数跨国公司，尤其在欧洲，开始都是在本国组织生产，因此每个国家的工厂要生产本国所需的所有产品。随着时间的推移，工厂向某个地方集中，然后向全国提供产品。在这种策略下，生产虽然有集中，但是集中度有限，主要是地理位置的集中。而“聚焦工厂”策略是公司将产品的生产整合到专业工厂。每个聚焦工厂只生产种类有限的商品，然后服务多国市场。

2. 集中库存

生产的集中会带来成本效应，而通过减少各地配送中心的数量，将产品集中在少数地方来协调供应链库存，可以减少重复建设和安全库存，从而降低物流成本，缩短整体订单周期，也可以达到降低整体供应链成本的效果。虽然从中心仓库配送到客户的距离比从当地仓库配送的运输距离更远，但中心仓库可以减少投机库存，平衡地区需求波动，这些成本的节约足以弥补较长运输距离带来的额外成本。

库存中心化有三个因素需要考虑。第一，当库存成本相对于配送成本更高时，如高价值产品，应当选择集中库存。一个比较极端的例子是微晶集成电路片，其价值如此之高，以至于从地球配送到月球仍然有利可图。而当每单位的配送成本很高时，如重量数量很大导致运输成本很高的商品，或者古董、艺术品、保密文件或危险化学品等特殊商品，选择当地库存会更合理。

第二，对配送前置期的要求。这里的前置期主要指货物从仓库实体配送到客户的时间。集中库存可以通过整合运输减少从工厂到仓库的配送成本，但从仓库配送到客户则需要更长的运输时间，这也是为什么医院、药房无论库存成本多高也需要有现货库存的原因，尤其是医院的抢救设备。随着运输技术的发展、运输商业化程度的提高，距离对成本的影响程度在下降，物流国际化的程度在不断加深，从运输的角度看，前置期的重要性也在下降。

第三，客户需求的波动性和不可预测性。准确性要求货物在正确的时间将正确的数量送达客户。随着国际运输的发展，运输速度加快，对于很多产品（即便是数量庞大的散装货物），客户需求波动的影响比运输速度更加重要。在需求剧烈波动的市场，集中库存对全球库存的调节作用表现得非常明显，包括减少物流成本，缩短订单周期，降低整体成本，改善服务能力，提高竞争力，加快市场响应速度和节约劳动力成本等。

（三）国际物流的挑战

目前，国际物流遇到的挑战表现在以下几个方面：

第一，国际物流的体系比国内物流复杂。主要体现在更长的供应前置期，更长更不确定的运输时间，更多的整合拆分节点，更多的运输方式和成本组合。跨国公司在一个工厂生产的商品要销往全球，为了管理不同国家生产和销售的衔接，他们需要更长的供应前置期。这种缓冲可以满足不同国家市场的不同销售要求。

第二，企业库存要求更高。由于距离长、不确定性高，企业的计划库存和非计划库存会比最优库存高。国际运输的环节比国内运输的多，除了从国内工厂到配送中心到客户等运输环节，国际运输还要经过货代、海运以及通关、在国外转运到配送中心和客户等环节，每增加一个运输环节都意味着在途库存量的增加。另外，国际运输时间比国内运输更加不确定，为了避免缺货，库存量也会更高。

第三，整合货源是降低供应链成本的重要途径。整合点的选择需要考虑很多因素，例如，当产品在印度生产出来之后，需要在印度的某个地方整合运输到新加坡，然后新加坡需要把南亚各地来的货物重新整合，例如把印度和泰国来的货物整合发往香港。中国制造的商品在上海或广东整合，然后发往香港，香港收到各地的货物后会再次整合发往美国洛杉矶。到了美国后，这个过程将反过来，货物会在不同的节点被拆分，穿过整个北美在不同的节点配送到当地市场。

第四，运输组合更多，选择更复杂。从工厂到市场的每一程运输都有不同的运输方式可以选择，不同的运输方式下也有不同的路线、服务商的选择。每种选择在成本、有效性和速度方面各有优劣。当国际运输涉及不同的运输方式组合时，选择就会更加复杂。

五、国际物流风险管理

供应链常常因为运输中断、供应短缺、运输瓶颈、地理风险或其他问题而断裂，从而造成一系列的影响：分销渠道缺货、用于销售的商品在上游堆积、失去订单甚至失去客户。因此，企业需要有应急措施应对随时可能发生的风险，包括临时风险预案和结构性风险预案。

（一）临时风险预案

企业设计临时风险紧急预案至少可以从四个方面入手。

1. 提高库存水平以缓冲关键零部件的供应短缺

第二次波斯湾战争爆发之际，通用和丰田都要求它们的准时制供应商提高库存水平以避免零部件供应短缺带来的生产停滞。虽然提高库存会增加短期的成本，但能避免供应短缺风险，从而增强竞争力。

2. 重新设计运输网络以应对临时危机

在遇到现实的或可能出现的风险时，企业需要逐一改变点到点的运输路径。例如，2014 年 7 月 17 日马航 MH17 航班在乌克兰东部疑遭导弹击落坠毁后，印度两家经营欧洲至北美航线的航空公司——印度航空公司和捷达航空公司都决定改变航道，避开乌克兰领空。其他类似的例子还有：惠普能够将生产在位于欧洲、北美、南美和亚洲的不同流水线之间转移从而保证供应的连续性，以应对临时的危机；克莱斯勒公司在美国“9·11”事件后，迅速将零部件由空运改成高速卡车运输以应对运输瓶颈；马牌轮胎的风险管理团队在恐怖袭击发生的当天下午就把所有客户、零部件和供应商关键的运输罗列出来，并凭借其与运输公司良好的关系，快速将关键零部件和货物发运。

3. 重新考量单一采购和全球采购安排

尽管供应商战略联盟和聚焦工厂能够带来很多好处，但在风险管理的视角下，考虑到供应商供应能力和抗风险能力，企业仍然要有不同地点的不同供应商作为后备。在困难时期，企业一方面可以考虑重新寻找供应商，另一方面也可以在增加库存的同时监控原有供应商的财务和运作情况。例如惠普的风险管理计划，会给每一个关键零部件选择一个备用供应商。

（二）结构性风险预案

风险是需要持续关注和监控的，企业应该在长期逐渐形成供应链的风险管理团队，其工作内容包括：形成紧急应变计划和风险模型；监督预防措施；训练管理层和员工；向最高管理层报告风险预防和应对计划。但并不是只要拥有风险管理团队就可以了，企业还应该通过这个团队在全公司形成危机防控的观念和机制。例如，主营家用产品的德国汉高公司建立了风险管理团队，并让团队和各个部门合作评估运作风险，从而提高整个公司风险防控的意识，并在此基础上形成了紧急应变计划。

六、国际物流的决策框架

在分析了国际物流的发展背景、推动力、发展趋势和风险等问题后，可以参照图6—1了解国际物流的决策框架。国际物流以要素成本和规模经济为驱动力，以商业化运输和信息沟通技术为条件，考虑本地响应、上市时间、库存和装卸成本、运输中断、政治威胁等障碍和风险。国际物流管理的主要活动包括供应网络设计、风险管理和监控。

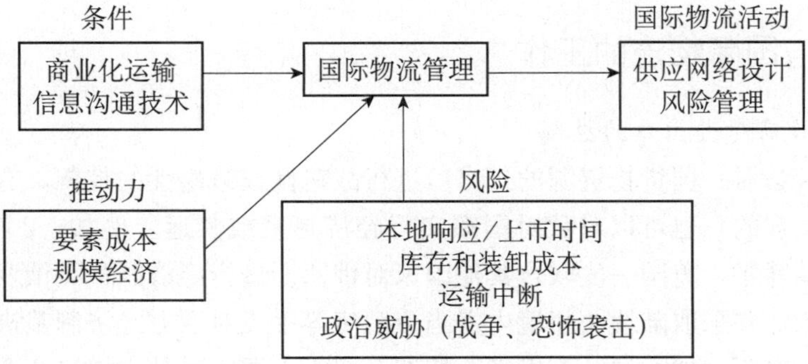

图 6—1　国际物流决策框架

资料来源：艾伦：《物流管理》（第二版），北京，机械工业出版社，2006。

第二节　政府在国际物流中的作用

一、政府对国际物流的关注

与很多领域不同，政府在国际物流中不仅扮演政策制定者和宏观调控者的角色，而且会出于经济利益或政治要求直接参与国际物流或推动其发展。其影响因素有：

第一，国际物流的经济重要性。物流成本占 GDP 的比重很大，行业分析表明，2013 年中国物流总费用占 GDP 比重达 18%，比世界平均水平高出 6.8 个百分点，美国、日本、德国分别是 8.5%、8.7%和 8.3%，物流成本的节约对国民经济有重大意义。另外，国际货物经过海关必须要缴纳关税，虽然随着 WTO 进程的推进，成员国之间货物贸易的关税水平在大大下降，物流活动仍然会给政府带来可观的税收收入。

第二，国际物流的社会影响。国际物流涉及很多行业，从制造业、运输业、保险业、金融业到会计、贸易、法律等，涉及的就业岗位、就业人口多，国际物流行业波动会对社会就业造成重大的影响。而且，一个国家物流业的发展会给社会带来商机和就业机会。

第三，国际物流的国防问题。国际物流的很多设施设备同时也是国防设施设备，在战争或对峙时期，一个国家的商船也可能用于军事活动，商业运输也会用于军事运输，如第二次世界大战时渡过英吉利海峡到敦刻尔克撤退英法联军的各种渔船、商船、军舰组成的船队。军事上的技术也会应用到商用和民用物流上。另外，政府会控制领空、领海，其国防考虑有时也会影响到国际海运、国际空运或外国运输工具在本国领土领海的活动。再者，与物流有关的行业，如飞机、轮船制造在很多时候涉及国有企业，有些甚至是由政府投资经营的，其中涉及巨大的经济利益，飞机、轮船的国际采购也会微妙地影响国家之间的外交关系，例如中国采购欧洲空客还是美国波音的外交考虑。

二、政府参与国际物流的工作

1. 政府对进出口的控制

政府会对一国货物资源的进出口进行战略性或策略性的控制，有些是通过制定物流条例实现的，也可以对敌对国家实行经济封锁或禁运。例如，2014 年乌克兰与俄罗斯关系紧张，美国一度联合其他国家对俄罗斯进行经济制裁，俄罗斯则颁布农产品进口禁令，并采取陆续关闭境内麦当劳门店等手段对西方经济制裁进行反击。对于战略性储备物资，如石油、天然气、稀有金属等，国家对其进出口会有严格的控制，从而保证稀缺资源的战略供应。例如，石油问题引发了多次波斯湾地区战争；中国积极申诉稀土案（虽然败诉，但可见中国对稀有资源的战略储备意识在提高）。

2. 政府对承运人的支持

出于对基础产业及其经济社会影响的考虑，各国政府普遍会支持本国的海运和空运承运人，并会出于长远经济利益或外交考虑有目的地开发一些国际物流路径；也会支持推动物流技术的发展和革新，或者通过规定某些战略性物资或某些航线只能用挂本国国旗的船只运输推动船只在本国注册。例如，韩国曾经规定全部钢铁出口必须由挂本国国旗的船只运输，美国规定在本国沿岸不同港口之间的运输（即使是从西岸到东岸）必须用本国船只。

3. 船舶注册制度

根据国际公约，开展国际物流的船只必须注册，船只在某个国家注册后，就会挂这个国家的国旗，船只相当于该国移动的国土，船上的运营操作要遵守该国的法律、规定，船方向该国支付税收，而该国的军舰也会在出现冲突时保护挂本国国旗的商船。大多数时候，商船可以选择注册的国家，由于发达国家普遍税收较高，如美国，挂美国国旗的商船会比挂发展中国家国旗的商船费用高出 30%左右，使得商船会选择在一些税收低廉、船舶登记宽松的国家注册，称之为“方便旗”。国际上提供宽松注册的国家和地区包括巴拿马、利比里亚、巴哈马、马耳他、塞浦路斯、百慕大等。方便旗导致许多发达国家船只在国外注册，例如船舶保有量全世界第一的日本，90%的船只都在外国注册。出于经济利益和军事国防安全考虑，发达国家会采取一系列的措施，彭励船只在本国注册。

4. 国际航空协定

领空对于一个国家的国防安全影响很大，两个国家之间需要有航空协议才会允许国外航空公司的飞机进入或经过本国领空，即便如此，也常常会有由于军事演习、误判民航为战机、或无法识别迷途误入领空的民航、地区冲突等原因，导致民用飞机被军事系统击落，造成人员伤亡的事故。因此，国家之间的航空协定和航空路线选择会对航运安全有重要意义。

5. 政府间的合作

政府之间的合作会促进某些协议和公约的签订，国际物流的承运人也要遵守这些协议和公约。例如五大湖地区的运输要遵守美国和加拿大之间的公约；国际民航组织（ICAO）是联合国的一个专门机构，1944 年为促进全世界民用航空安全发展而成立，总部设在加拿大蒙特利尔，至 2011 年有 191 个缔约国，对统一国际民航技术标准和国际航行规则、协调世界各国国际航空运输的方针等做出了较大贡献。

6. 政府的安全措施

2001 年美国“9·11”事件发生后，各国（尤其是美国）加强了安全管制，以应对恐怖袭击。许多非法武器通过传统的商业运输方式走私进入国境，也导致易受恐怖袭击的国家（尤其是美国）加强了对货物进口的安全管制。例如美国的装船前 24 小时申报舱单规则，集装箱在装港装船前 24 小时需要向卸货港或目的港所在国进行通报，以便海关进行风险分析，保证贸易安全。安全措施的加强会对货物通过的速度、难度造成影响，也会间接影响国际物流的效率。

三、国际物流基础设施建设

几乎每个国家都会推动物流基础设施的建设，许多基础设施甚至是由政府作为公共设施提供的。随着经济的发展，各国物流基础设施有了较大的发展，但由于发展水平和许多历史遗留的问题，物流管理者需要深刻理解物流基础设施在各国差异带来的诸多问题和挑战，这是国际物流管理者需要面对的首要问题。各国有不同的标准，不同的水平，相比本国有些国家会更有优势，有些国家会更差，有些本国理所当然会有的物流设施在某些国家根本没有。对于管理者而言，第二个困难是各国基础设施的差别很难总结，有很多问题仅在某个很小的区域存在，而且每个区域的问题都不尽相同。例如，某个港口冷库空间紧缺，没有合适的起重机，或者港口刚好出现拥堵，某条公路非常拥堵，某条隧道最近刚好关闭维修，或者铁路没有合适的载货车厢。任何这些小问题都有可能会带来严重的后果。物流管理者需要在学习了解足够的信息和例子后，在日常的工作中逐渐积累经验，在安排运输任务的时候多提出疑问，以保证达到公司的物流目标。

（一）物流基础设施简介

基础设施是指“为社会生产和居民生活提供公共服务的物流工程设施，例如交通和通信”。物流基础设施可以定义为：“在供应链的整体服务功能和供应链的某些环节上，满足物流组织与管理需要的、具有综合或单一功能的场所或组织的统称，主要包括公路、铁路、港口、机场、流通中心以及网络通信基础等。”在物流领域，基础设施的范围非常广。物流基础设施可以指一个地方（公共或私有的）方便运输、通信和交易的所有要素总和，不仅包括运输和通信设施，还包括公共设施及公共设施的质量，银行服务以及分销渠道。除此之外，还有一些制度层面的因素，如法律系统，知识产权和标准。基础设施对于国际物流非常重要，货物、单据的流动，包括支付和信息，都需要依赖这些基础设施。

（二）国际运输基础设施

影响全球货物移动最重要的基础设施是运输基础设施。如果不了解运输基础设施，没有选择恰当的包装或者运输方式，很有可能造成延迟甚至货损。

1. 港口物流基础设施

港口基础设施包括港口水深、桥梁高度、起重设备、港口运作、仓储空间、集疏运条件、港口吞吐能力等因素，这些因素共同作用，会影响船只和货物的种类。2005年前后超巴拿马时代（8 000TEU以上）的巨型集装箱船出现。克拉克森统计数据显示，截至2014年6月1日，全球集装箱船数量为5 076艘、1 752.0万TEU，其中8 000TEU以上型船运力614.4万TEU，占总运力的35.1%，这些船只主要投放在美国、日本、中国内地、新加坡、中国香港之间的跨太平洋航道。当一艘超巴拿马时代的集装箱船在港口靠岸时，意味着港口要装卸至少4 000个40尺集装箱。随着船只变得更长、更大、装载的集装箱堆积更高，吃水更深，港口面临许多新的挑战。

（1）水深。很多港口进港航道和码头能够让第四代集装箱船通过，但是除了少数天然深水良港，大多数港口都不足以让吃水更深的超巴拿马时代的船只通过，港口管理局不得不进行挖掘，以保证吃水深度达到13.5米的船只能顺利进入港口。虽然挖掘港口耗资巨大，但是港口间竞争激烈，港口如果不改善条件，船只会很快选择其他港口停靠。除了水深外，更长的船意味着港口需要更大的转头水域，港口航道也需要重新设计。

（2）桥梁高度。许多老港口，如纽约的新泽西港，桥梁离水面高度太低，导致很多大型的船只无法通过，只能重新堆放货物，或等待落潮时再进入港口。航道和泊位水深、桥梁高度等因素会影响港口的未来发展。有些港口可能无法调整基础设施，因此需要建设新的枢纽港来容纳巨型船只，小型的支线港则无须重新扩建基础设施，可以使用驳船进行集疏运。例如20世纪90年代地中海马耳他的马尔萨什洛克和意大利的卡利亚里成为转运港，装卸大型集装箱船，然后通过驳船为法国、意大利和西班牙的浅水港提供服务。美国西部也可建设枢纽港，然后通过支线驳运为纽约和费城的老港口提供服务。

（3）起重设备。超巴拿马时代的船只也对港口装卸设备提出了挑战。传统巴拿马时代的集装箱船宽能够装载13个集装箱，但超巴拿马集装箱船横向能够容纳18个集装箱，导致码头原有的起重设备无法够到最远处的集装箱。最初港口采取装卸一边然后掉过船身再装卸另一边的做法，但这样很容易造成船身严重不平衡。港口也可以通过增加吊机的长度和高度来适应装卸需要，新建港口则往往购买足够大的装卸设备，但无论是改装还是新装，成本都非常高，一台这样的新吊机就需要 5 000 万美金。另一个种方法是荷兰阿姆斯特丹港口使用的嵌入式泊位。这种泊位可以两边同时装卸集装箱，速度比传统泊位的装卸速度要快很多，单边装卸最快每小时能装卸 160 个集装箱（新加坡传统泊位录得的世界纪录），而双边装卸可以达到每小时装卸 300 多个集装，大大减少了集装箱船的装卸时间。对于非集装箱货船而言，港口起重设备的装卸能力往往成为发运货物时选择港口的重要因素。信诺保险出版的《世界港口指南》列有各国港口的装卸设备情况，尤其是起重设备的能力，选择港口时，卸货港应当至少拥有装货港口的装卸能力，否则会将货物置于无法估计的风险。

（4）港口运作。港口的运作情况，尤其是工会制度对港口的影响也很大。例如，美国太平洋沿岸的长滩港每天只运作 8 小时，相对于每周 7 天、每天 24 小时不间断运作的大多数亚太沿岸港口而言，竞争力明显较弱，工会制度的形成很复杂也很难改变，使得某些港口的竞争力越来越弱。例如，50 年代工会盛行的一些南美港口拒绝装卸集装箱，一旦尝试修改这些制度就会引发罢工，日本和欧洲的港口就常常受到罢工的困扰。

（5）仓储空间。港口的仓储空间可以保护货物免受风吹日晒，如果仓储空间不足，货物不得不直接暴露在外，将增加货损风险。即使有些产品可以堆放在外，港口经常出现的糟糕天气，也可能会带来海水倒灌，浸泡或冲走堆场的集装箱，即使是现代化的港口也很难避免这些问题。例如 2005 年 9 月的卡特里娜飓风，使得新奥尔良成百上千的集装箱淹没在海水中。对于冷冻货品，选择港口时不但要看港口是否有冷冻仓储空间，还要看港口的电力供应是否可靠，能否提供冷柜等。

（6）集疏运条件。港口和该国其他运输基础设施的衔接，如公路、铁路集疏运能力也是考察港口的重要因素。如果进出港口的陆路非常拥堵，可能会造成港口货物严重延迟。大多数港口都存在这些问题，尤其是在南北美和中国。很多港口位于海滨城市，城市发展后包围港口，导致货物在经济腹地和港口之间运送必须穿越城市，进一步增加公路铁路基础设施的拥堵和当地居民的反感情绪。城市为了解决交通的瓶颈采取了各种积极措施，例如，美国连接洛杉矶市中心和长滩港双子码头南北贯通的 20 公里的货运铁路“快速通道”——阿拉米达走廊，解决了之前由于超长慢速货运列车通过造成的路面卡车排队问题。

（7）港口吞吐能力。海洋运输量的扩大使得很多现有的港口已经在按最大吞吐能力或者接近最大吞吐能力运作，由于大多数港口坐落在城市，空间有限，即使港口运输量大大增加，港口的吞吐能力也很难增加。许多港口通过填海或者向周边地区购买土地发展港口，但都费用巨大。例如巴西的桑托斯，一边是城市，一边是河流，老港位于一个岛屿上面，既不能填河发展也很难获得桑托斯城的土地，只能在河的另一边拓展，但是随着城市发展，港口与城市争地，导致港口的发展受到极大限制。另一个例子是美国，太平洋沿岸对集装箱码头的需求迅速增加，但很多增长是不经济的，对于美国而言，最重要的是增加液化天然气（LNG）码头，虽然可以选择在加利福尼亚东北的乡村地区建设，但这些地区城市化程度很低，居民反对强烈，因此，即使费用高昂，也只能选择建设离岸码头以增加 LNG 的吞吐能力。

2. 运河及其他水路运输基础设施

水路运输十分依赖运河和其他水上通道，这些通道的大小会直接影响国际贸易和运输。船的大小甚至用运河的通过能力来命名，例如苏伊士极限型船，巴拿马极限型船，目前无法通过巴拿马运河的超大船只被称为超巴拿马时代的船。从国际物流的角度看，过去无论是基本功能还是战略地位都很重要的一些运河或水道，由于船只的发展，重要性在下降。例如：

(1) 土耳其博斯普鲁斯海峡。它北连黑海，南通马尔马拉海，是黑海沿岸国家出海的第一关口，也是连接黑海与地中海的唯一航道。俄罗斯的大多数国际贸易是通过该海峡完成的，导致严重拥堵并增加了伊斯坦布尔的安全问题，因此，俄罗斯通过管道和其他陆路通道设施的建设，减少了对该海峡的依赖。

(2) 苏伊士运河。这条运河连接了欧洲与亚洲之间的南北双向水运，而不必绕过非洲南端的好望角，大大缩短了航程。但历史上，各方对运河的争夺导致运河多次被关闭，如1967年战争后，运河被关闭8年，期间，许多石油公司制造出远远超过苏伊士运河通航能力的油轮，以降低远航绕过非洲的成本。1975年重新开启后，运河通过拓宽加深等工程重新获得了一些失去的运量，但其往返一次的航道使用费用高达50万美元，高昂的通航费用使得很多船只望而却步。

(3) 巴拿马运河。横穿巴拿马地峡，是连接太平洋和大西洋的重要航道，可以避免绕过整个南美洲。然而该运河通航非常缓慢，船只在船闸由轨道牵引机牵引，每次只能允许一个方向的船只通航，目前，其通航能力已经达到极限，进入运河的平均等待时间至少要两小时。虽然北美大陆桥和超巴拿马货船已经出现，但该运河的费用仍然很有竞争力。

(4) 圣劳伦斯海道。是一系列连接大西洋至北美五大湖的运河、船闸和航道，以圣劳伦斯河为名。该航道比较狭窄，很多船只无法通过船闸，并且每年1月到3月都会因为冰冻导致部分航道无法通行。于是许多公司开始选择其他的运输方式，相比20年前，其运输量下降了将近45%。

缺乏某些重要的海峡通道对国际贸易和货物流动都有重大的影响。例如，人们一直热议开凿尼加拉瓜运河，和巴拿马运河平行，不设船闸，可以大大加快通航速度，或者在该地区建设大陆桥，但两个方案都没有成形，导致巴拿马运河仍然是太平洋和大西洋之间唯一的最短通道。另外，如果能够开凿马来半岛泰国中部的克拉地峡，运河将经过新加坡港和马六甲海峡，对马来西亚、印度尼西亚和中国极其有利，近年泰国、日本、中国拟出资开凿，但泰国政府至今没有做出最后决定。同样，缺乏某些淡水通道也会对国际贸易造成影响。巴尔干战争后，黑海和北欧的淡水通道一度关闭，多瑙河上的很多桥梁被摧毁，驳船无法通过。直到今天，地中海和北欧之间依然缺少淡水通道连接。

3. 空港物流基础设施

航空基础设施是运输基础设施重要的组成部分，虽然国际机场的关键要素没有港口那么多，但对机场运营有重要影响。

(1) 跑道。跑道决定机场能够服务的机型。首先是跑道的长度会决定能否支持长距离飞行的大型飞机起降，目前只有少数机场能为大型飞机提供服务。随着城市围绕机场发展，限制了机场延长跑道，有些城市不得不将机场搬离城市中心，从而获得足够的发展空间建设大型国际机场。20世纪70年代建成的机场，如法国的戴高乐机场和英国伦敦的希斯罗机场离市中心约25公里，90年代建成的机场，离市中心距离会远很多，如美国丹佛国际机场和意大利米兰的马尔本萨机场，距离市区分别为37公里和48公里。另外，跑道的数量会决定机场的运作能力。大多数机场只有一两条跑道，而世界上最繁忙的机场通常拥有多条跑道，如美国佐治州亚特兰大的哈特菲尔德国际机场拥有四条跑道，而芝加哥奥黑尔国际机场和达拉斯沃尔斯堡机场则均拥有七条跑道。跑道数量不够会给机场带来诸多限制，例如日本东京成田国际机场曾经很长一段时间只有一条跑道，但是由于法律保护的原因又无法向周边的农民征地扩建第二条跑道，导致机场运作能力严重不足，虽然后来在没有征地的情况下建成了第二条跑道，但是跑道太短，无法起降占机场90%业务的大型喷气式飞机，因此只能用于短途运输。单一跑道也可能导致延迟、轻微事故的增加或运作不良等问题。

(2) 运作时间。机场的运作时间也十分重要。由于大多数机场坐落在大城市周边，运作时间受到噪音控制的影响，往往只能白天运作。但是大多数货运飞机都是晚上起飞，因此专业货运机场开始建在远离大城市的地方，从而可以每周7天、每天24小时运作，例如格拉斯哥贝勒斯特威怡国际机场、德国法兰克福哈恩机场和法国的沙托鲁机场。从某种角度来说，这些发展借鉴了美国的孟菲斯国际机场，该机场远离大城市，却凭借年将近370吨货物的吞吐量，多年位列全球最大的货运机场。

(3) 仓储空间。航空货运机场需要有合适的仓储空间。机场运输的货物通常为高价值货物，货物需要在运输途中妥善储存，防止日晒雨淋。虽然仓储空间需求虽然十分紧迫，但大多数货运机场的冷冻仓储空间仍显不足。

4. 铁路物流基础设施

铁路基础设施是运输网络的重要组成部分，18世纪到19世纪初，铁路是陆路长途运输最重要的手段。在欧洲，美国，印度，非洲和亚洲，都建有密集的铁路网络，有的是当时殖民者为了快速运输军队而建的，这给一百多年后的今天留下了很多问题。很多地方为了防止入侵者通过其铁路基础设施快速进入，特意改变了铁轨的宽度，如西班牙、巴西和俄罗斯在建设铁轨时，宽度和欧洲其他地方是不同的，这样可以阻止军队快速进入，但也导致后来所有进入这些国家的铁路运输都需要进行转换。例如，货物到达法国西班牙边境时必须停下来转载到适合另外一个国家铁路宽度的车厢。对于巴西，为了适应当地不同的铁轨宽度，所有新购买的车厢或车头都必须调整到适合当地铁轨的状态，费用高昂，并且由于铁轨宽度不同，火车稳定性减弱，不得不大幅降低运行速度以确保安全。

出于经济的发展需要，很多国家都对本国的铁路基础设施进行更新，但在一些国家，虽然经济发展非常迅速，但铁路基础设施的更新速度跟不上经济发展的步伐，例如中国，铁路运能非常紧张，虽然政府决心将铁路支线修到重要的港口码头前沿，并连接内陆重要的城市，但仍然发展缓慢。

随着公路货运的发展，许多国家铁路的发展开始从发展货运转向发展高速客运，例如欧洲，大多数货物由其他运输方式完成，而大量发展快速、便捷的城际铁路，并和短距离空运形成竞争。例如法国的高铁 TGV，从巴黎到伦敦仅需 3 小时，到布鲁塞尔仅需一个半小时，但仅有一列 TGV 用于货运（尤其是邮包运输）。日本也是，广岛到小仓距离 192 公里，高速铁路仅需 45 分钟。铁路发展出现了高速客运铁路和传统低速货运铁路设施分离的趋势。

铁路发展的一个重要趋势是强调多式联运。在过去的 20 年中，有两个重要因素推动了铁路货运的发展：一是公路的拥堵日益严重，人们对公路污染和噪音日益关注。二是多式联运集装箱的发明，货物无须重新装载到传统铁路的车厢。例如美国，快速更新换代他们的铁路载货车辆，把传统的厢式车厢改为背驮式车辆或者集装箱车辆，可以直接装载卡车拖车或集装箱，同时迅速更新他们的铁路基础设施，例如抬高铁路隧道的高度从而保障双层集装箱车可以通过。美国的货运火车非常长，至少有 100 节车厢，一次可以装载超过 200 个集装箱，使铁路集装箱的运输成本变得非常低廉。另一方面，铁路几乎不用于客运，货物运输拥有铁轨的优先使用权，运作速度较快。然而在欧洲，高速客运铁路的发展和相对滞后的铁路集装箱货运，使得铁路货运效率低下，从北欧通往地中海的快速货运铁路通道也由于政治和管理问题，仅停留在设想阶段。北美铁路货运的成功发展也为很多亚洲国家提供了启示，亚洲设想建设跨越亚欧、通过土耳其连接欧洲到首尔和新加坡的铁路，但由于投资巨大、跨越多国等问题，始终难以启动。

铁路发展的另一个重要趋势是大陆桥运输的发展。随着北美大陆桥带来铁路运输效率的提高，从东南亚运往欧洲的海洋集装箱货物，可以在到达美国西岸后通过铁路运输横跨北美大陆到达东岸再装上集装箱船运往欧洲。有了北美大陆桥，货物无须长距离往南运输到巴拿马运河，然后往北送达大西洋沿岸的欧洲，也可以避免绕过整个印度和使用昂贵的苏伊士运河，并且到达美国西岸和从美国东岸出发的船只都可以使用超巴拿马时代的集装箱船，从而大大节省了海洋运输的费用。

5. 仓储基础设施

运输是依赖于货物移动基础设施的，但同样重要的是，货物也常常会处于静止状态等待运输，因此，发货人还需要了解仓储基础设施的情况，从而保证货物在等待运输期间能够得到充分的保障。国际物流管理者需要了解货物储存的条件，合理包装货物，或者决定是否改变运输路线。大多数情况下，货主会在市场所在地使用公共仓储，从而可以在收到订单后快速地将货物运送给客户。问题是，一个国家的仓储基础设施很难评估，也很少有资料显示公共仓库的可用性和质量。如果企业打算使用公共仓库服务客户，为保障服务质量，最好能够亲自考察仓库的情况。

（三）通信基础设施

除了运输基础设施外，通信基础设施也会对国际物流产生重要的影响。能否借助邮件、电话和其他电子媒介与客户、供应商顺畅沟通，会在很大程度上影响国际物流的运作，然而每个国家的通信服务能力不尽相同，很难概括。

1. 邮件运输

邮件运输的第一个问题是可靠性。在许多发达国家，邮局能够提供准时可靠的邮件递送服务，但并非所有地区都一样。很多时候，邮件递送会出现严重的延迟和错误。例如，欧盟国家努力做到本国邮件寄送次日送达、欧盟跨国邮件寄送后第二日送达。但这些目标很难达到。在意大利，邮政服务没有私有化之前，邮件服务非常不可靠，法国邮政和铁路系统会定期罢工，造成邮件严重延迟。在南非，邮件服务如此不可靠，以至于商号或个人不再用邮件寄送支付单据，而不得不采用当面支付或银行汇款的方式。

邮件服务的第二个问题是安全性，即信件能否安全到达目的地，会不会在途中丢失、损坏或被盗。由于邮政服务的员工数量很大，很难有效筛选员工，有很多时候员工可能会盗取邮件，或者取走信封里的东西，如现金、支票或信用卡等。发展中国家由于邮政员工的工资普遍较低，有些邮件诱惑很大，导致邮件安全问题更加严重。许多公司为了保证邮件安全递送，会选择使用私营企业如 DHL 或 Fedex，虽然私营服务的成本较高，但其可靠性让其占据了很大的市场份额。能够在线查询邮件递送情况，让客户很放心。

另外，国际邮件在不同的国家会有很不一样的价格。市场调研人员往往会向许多可以进行国际递送的国家发送相同的邮件，从而确定哪个地方价格最低，然后会将所有邮件一次性递送到该国，再使用该国廉价的国际递送服务，分别将邮件递送给客户。

2. 电信服务

近年来，各国电信服务的需求迅速增长。语音通信服务以每年 10%的速度增长，数据通信服务在过去的 15 年中每年都在翻番，直到目前仍然没有减慢的迹象。有些国家以现有的设施为基础进行扩建，以应对不断增长的需求。但许多国家没有跟上电信发展的脚步，导致电信服务不可靠。对于经济增长很快的国家而言，国内电信基础设施发展滞后，导致服务非常不可靠，屡屡出现电话无法接通、通信中断、接错线等问题。也有一些国家为了实现跨越式发展，迅速推广使用移动电话，跳过固定电话设施的发展阶段，并迅速推广统一的标准，使通信服务移动性更强、更加便利。例如捷克斯洛伐克，移动电话比固定电话的市场份额更大。在中国，移动电话的增长速度远远高于传统的通信技术。在美国等固定电话基础设施比较完善的国家，转移到移动通讯的速度反而较为缓慢，直到 2013 年 6 月，美国移动电话数量占总人口比例为 93.6%，低于 97%的世界平均水平，更远低于大多数发达国家和许多发展中国家的水平，如德国的 130.1%，意大利的 147.7%，沙特的 169.5%，菲律宾的 113.8%，泰国的 105%。美国移动电话发展缓慢一方面是因为固定电话设施完善，资费低廉，很有竞争力，另一方面是因为移动通信服务由四家私营公司提供，要分别投资建设四套基础设施，使得移动通信费用较高。

国际方面，电信服务目前严重依赖大西洋、太平洋、地中海或其他大洋的海底电缆，随着电信服务需求的急剧增加，这些海底电缆的输送能力也大大增加，但是电缆的数量仍然不足，而且比较脆弱。大多数电缆铺设在浅水区域，有相当一部分直接放在海底，有被渔网或船锚破坏的风险，穿过陆地的部分，也可能由于地面施工受到意外损坏。《连线》杂志刊载的一篇文章称，史蒂芬曾经追踪全球光纤连接建设，发现这些网络非常脆弱，例如，全球五个最重要的电缆都同时经过埃及亚历山大的某栋建筑物。

卫星通信方面也表现出相同的脆弱性。目前全球卫星通信严重依赖数量有限的几个卫星，随着卫星越来越多用于电视节目，服务能力已经达到极限，任何一个卫星出问题都会带来电信服务的中断，例如 1998 年 5 月泛美卫星银河 V 失灵导致通信中断。

其他的电信基础设施也同样脆弱。互联网路径非常强大，但也严重依赖根服务器记录互联网地址。1997 年夏天，弗吉尼亚总根服务器 A 丢失总单，导致全球互联网中断 7 小时。

（四）公共基础设施

国际物流管理关心的另外一个问题是公共基础设施，在许多国家，水、电、煤气、排污等公共设施都是理所当然存在的，但在一些国家，甚至发达国家，也常常出现短缺。虽然这些设施不会直接影响运输，却是公司选择仓库或运营地点要考虑的关键因素。

1. 电力

公共设施最普遍的问题是的电力供应能力及其可靠性。有些国家的电力供应跟不上经济发展速度，导致部分地区要分段停电，尤其在撒哈拉以南非洲地区，电力供应远远达不到需求，不得不分段停电。印度、中国和沙特阿拉伯的一地区也会常常被迫停电。停电不是只有发展中国家才会出现的，发达国家也可能会出现。例如 2001 年夏天，加利福尼亚电力供应严重短缺导致停电，这次停电除了有基础设施不足的原因，还因为电力公司存在投机行为，意在抬高电费。

除了发电量方面的原因，电力公共设施还常常会遭遇偷电，有些家庭和商户通过调整电表或其他手段偷电，导致电力公司损失相当一部分收入，从而无法盈利并投资建设新的供电设施。例如，世界银行贷款给印度建设电力工厂有一个前提：要求印度提高收费电占生产总量的比重。在俄罗斯，比较突出的问题是电线被盗，盗窃电线不仅造成 500 名偷盗者被电死，也迫使俄罗斯重建上万公里的高压电缆，还对商户和个人造成巨大的损失。

2. 水和污水

水供应也是让许多国家政府头痛的问题。供水短缺导致政府被迫采用中断供水、轮流停水或其他限水措施。在旱季，有些城市会被迫分时段断水，或一周只有数天供水。随着城市人口的急剧增加，向城市输水的基础设施陈旧损坏，也会带来严重的后果。例如，纽约城的供水来自 125 公里外的水库，两条输水管道分别建于 1917 年和 1937 年，由于供应需要，两条水管超期使用从未检修，新的管道要 2020 年才能建成。许多城市的供水管道有渗漏的问题，例如菲律宾马尼拉，政府估计一半的水都由于渗漏或偷水损失了。水质是另外一个问题。许多国家对输水基础设施保护不够，导致水在输送过程中被细菌污染，居民不得不在使用前将水烧开。世界银行估计，世界上 80%的人口日常都用不上清洁的水。

另外，排污系统也同样重要。许多国家污水处理设施不足或负担过重，导致水床污染或临近水源污染，或在暴雨的时候出现积水。排污系统不良，会影响到物流设施的正常运作，仓库管理人员可能需要花费大量的时间排除积水、疏通渠道。世界银行估计，60%的人口没有足够的卫生条件。

3. 能源管道

能源基础设施也十分重要。许多国家本地的石油、天然气等能源已经耗尽，不得不从更偏远的国家地区输送能源，由于运输困难，需要从这些地区开始建设能源管道。但由于天气、地势、政治因素、环保问题和当地石油公司及政府的阻挠，从偏远地区建设能源管道也是困难重重。尽管如此，能源管道的建设速度正在加快，以减少通过船、火车或汽车等方式运输的能源数量。

第三节　跨国公司的全球物流战略

一、全球采购

（一）全球采购的原因

1. 成本驱动

由于发达国家劳动力、土地、税收成本较高，企业为了降低国内制造成本，会在全球其他地方需找合适的供应商，尤其是专业化程度较高、产品物美价廉的发展中国家的制造业基地，从而形成自身的成本优势。随着核心竞争力概念的深入，跨国公司纷纷将投资集中在核心业务上，也推动了非核心产品或服务的全球外包。在过去的 20 年中，很多跨国公司的巨大成功并不在于管理方式或经营方式的成功，而在于寻找到合适的供应来源大大节约了成本，形成了竞争优势。

2. 市场驱动

当某个市场潜力巨大，跨国公司会通过收购或采购当地某个品牌的产品，增加市场占有率。例如，随着中国成为汽车最大的潜在市场，跨国公司投入技术和资本并购中国汽车企业或采取合资方式，目的不是在中国生产廉价的零部件或整车，而是扩大市场的影响力和占有率。市场驱动还来自关税或非关税壁垒，如果这些贸易壁垒过高，企业无法直接出口产品到目标市场，也会通过在目标市场寻找供应产品，然后贴牌销售。

（二）全球采购系统的形成

首先要构建采购系统。公司要寻找合适的供应来源及能够完成供应流程的各种物流设施和服务，包括谁来供应、在哪里供应以及供应什么、如何供应。并确定不同的供应环节如何、由谁、在何处完成。在确定供应源后，要进行各方协调、整合，这里通过考虑总体成本，加入市场因素，对供应各方进行整合和协调。例如，一家美国公司决定在中国采购还是在越南采购，除了评估供应产品的质量和成本之外，还要看哪个制造业基地能够完成相关的物流操作，因为对于美国公司而言，采购成本并不是指产品的出厂价格，而是加上所有物流费用后产品达到消费者的总价格。因此，即使越南的劳动力成本低，但由于其物流设施不完善、经济不稳定等原因，很多跨国公司仍然选择出厂成本更高的中国供应。

（三）全球采购的步骤

全球采购是很多跨国公司的日常操作，一般而言要遵循以下的步骤：（1）计划，重新评估当前的本土采购政策，制定国际采购的政策和步骤作为采购指导；（2）说明，应用公司对市场、产品和国际采购的认识，根据现有或未来市场的要求对产品和产品的技术条件进行说明；（3）评估，对潜在供应商进行评估；（4）供应商关系管理，进行跨国采购时，由于公司和供应商接触的机会较少，距离较远，语言文化背景不同，更需要进行持续、有效的沟通，维护公司与供应商的关系，并保证供应商和公司的市场目标一致；（5）推行，是全球采购计划的实施，推行必须落到实处，管理者需要确定各个环节具体由谁负责，在什么时间内，完成什么任务，并保持实施过程的灵活性以应对预料之外的情况；（6）监管和改善。

全球采购是一个动态的过程，会随着时间和国际形势的变化而变化，采购过程需要各方负责人监控，以保证达到采购目标，并在此过程中搜集信息、积累经验，为日后的持续改善奠定基础。

二、全球制造

全球制造是跨国企业的第二个重要的全球战略，其核心是工厂和相关物流设施的选址设计。选择合适的运营模式和为该模式进行物流选址对于实现公司长期运作目标有重大的意义。

（一）国际物流的选址

国际物流选址要考虑很多因素，这些因素也会随着国际经济环境的变化而变化。欧洲一项针对 300 多家公司国际选址影响因素的调查显示（Van Hoek et al.，2002），尽管影响实体配送的因素仍然非常重要，但在数字化和全球视野的今天，传统认为很重要的物流选址因素重要性在下降，而信息电信基础设施、高素质物流人才成为保障全球快速物流连接和协调的重要因素，选址对人才的重视高于对实体货物的重视。另外，随着全球化的深入，各类风险（战争、恐怖袭击、运输中断等）不断呈现，企业也需要不断地改变国际物流过程的风险管理方法。在 13 个国际选址因素的评价中，最重要的包括高素质物流人才、物流服务相关的信息和电信技术、物流服务运营商和物流硬件基础设施；接下来是接近优质供应商和服务商、选址所在地的生活质量、接近低成本供应商和服务商以及是否有本地供应商和制造商；其他因素还包括接近客户、税收优惠、土地成本和使用空间、接近机场和接近国外供应商的仓库或工厂。

（二）国际选址的决策过程

国际选址可以遵循四个阶段的决策过程，同时包含商业决策和地理决策：首先，根据公司的发展规划选择合适的集中—分散程度，例如本章最后耐克的案例，耐克需要在欧洲中心化库存。第二，制定合适的选址指标，在耐克的案例中，欧洲中心仓库需要在物流集疏运基础条件较为完善的地方，并且有建仓库的空间，在欧洲市场处于中央位置，这些就是选址的主要因素。第三，确定各个指标的权重。在耐克的例子中，基础设施和接近市场是关键因素，有较大的权重，同时要兼顾送货时间。第四，对几个预备选址进行权衡。

（三）国际物流组织方式的重构

随着国际环境的变化，为了更好地应对国际物流的问题和挑战，国际物流组织方式也出现演变和重构，包括管理层次和架构、工厂物流设施的作用和供应链结构。

1. 管理层次和架构

国际化的趋势使得全球化—本土化不仅仅停留在企业资产集中分散的层面，也包括管理层和操作层的信息沟通和协调。例如惠普在各地有不同的操作流程，但会在全球范围内协调统一产品的定型和配送。公司在欧洲、美国和亚洲都建有产品最终定型的制造工厂并进行集中配送，而对于供应链的其他环节，公司大多数会外包，相应的设施也会由契约的第三方提供，惠普仅从管理方面参与，从而保证全球协调。尽管如此，大多数产品仍然由当地的物流服务完成配送，因此，尽管信息沟通技术的发展推动了管理的全球协调，但本土化操作仍然是必不可少的。

另外一个例子是汽车行业。汽车行业的OEM（自有设备生产或代工）结构使其生产合作网络延伸到全球，但事实上，汽车企业会确保大部分OEM供应商在其整车制造工厂的附近，以保证准时制生产的实施。其相隔的距离取决于从下订单到零部件配送到流水线的时间，一般而言，从订单准备、备货、装运到送货，零部件供应商的工厂或仓库应坐落在在一个半小时内能送达汽车生产商的范围。因此，虽然汽车生产商服务的市场是跨国的甚至全球的，但其生产过程必然要求实现零部件供应商的本土化或者本地化。

2. 单个工厂物流设施作用的演变

随着国际化的加深，实现全球效率、本地响应成为国际物流的目标，工厂、仓库、配送中心等传统物流设施的角色也在逐渐改变，这些改变会对选址、设施功能提出新的要求。选址还要考虑政府对全球化的反应，例如是否会调整所选地税收、提供激励和相应的基础设施。首先，传统的仓库会发展成能够提供半成品加工或深加工的设施，从而能完成产品定型并提供增值服务，这种演变可以大大提高本土市场操作的灵活性和响应性。另外，传统工厂的角色往往包括成品生产和仓储，考虑到选址位置和供应链目标，工厂仓储的角色会逐渐弱化，其生产也会聚焦于向全球市场提供统一的半成品，而产品的最终定型、深加工或增值服务会延后到市场当地的配送中心完成，从而使产品符合不同市场的需求。

3. 供应链重构

随着全球化—本土化认识的加深，跨国公司在构建全球供应链时已经很少采用完全全球化或完全本土化的策略，这就意味着早期完全全球化或者完全本土化的全球供应链需要进行重构，并向延迟制造的方向发展，即跨国公司的生产工厂集中生产全球统一的半成品并供应全球市场从而获得全球化的规模经济，同时延迟到消费市场本地按照客户需求进行产品定型制造、增值服务和深加工，从而提高产品本土化程度和物流的本地响应性。

重构供应链是一个长期巨大的工程，每个公司的重构过程存在很大差异，即使两家公司的供应链结构很相似，其重构供应链的过程也可能截然不同。这些差异包括：要重构的供应链范围或活动，例如重构最终制造环节和采购环节过程会不同；焦点，是否涉及市场或同时涉及多少个市场；方向，是把本地的环节移走还是将外地的环节移到本地；时间，时间的长度；步骤，是一次改革到位还是逐步改变；授权，是自上而下还是自下而上地推动改革；起点，公司原本的供应链是完全全球化还是完全本土化；传统，公司在该市场上是老牌企业还是新进入者。这些因素都会导致供应链重构过程在每个公司存在巨大差异。

三、全球营销战略

全球营销是企业进入国外市场的重要战略。企业第一次参与国际业务多是偶然的机会而不是计划或战略性考虑的结果。例如在参展过程中得到国外的订单，在国内销售推广却收到国外采购商的订单传真，或者外商根据贸易指南找到本国企业。在尝试了几次交易后，企业开始意识到自己的产品在国外可能拥有可观的市场，于是管理层开始认真考虑系统性扩大国外的销售，这是决策的关键时刻。

（一）进入市场要考虑的战略因素

有很多因素会影响一家公司进入市场的决策，有些因素跟目标市场的特点有关，有些跟出口商和产品有关。以下是出口商需要考虑的一些重要因素：（1）市场容量，市场容量没有简单的规律可以遵循，但是一个只有100万美元和一个有上亿美元的市场，进入方式会不同；（2）市场增长，目标市场是一个稳定、增长缓慢的市场还是一个潜力巨大、增长迅速的市场；（3）出口商可能的市场份额，出口商会占有很大市场份额或者只是一个小的参与者；（4）产品种类，产品是技术类产品需要很多售后支持服务和零部件还是大众消费产品；（5）公司的市场战略，公司目标是高端市场还是低端市场；（6）公司的参与愿望，公司想积极参与国外市场的拓展还是认为国内市场是主营，国外市场只是补充；（7）目标市场国家的特点，包括发展水平、基础设施、合作者的资历、经济环境、市场文化、消费者习惯等；（8）时间周期，有些产品生命周期短，很快会有模仿者，有些产品是专利保护产品，有较长的生命周期并可以带动一系列配套产品。这些因素都会影响企业进入的方式，企业决策前需要战略性地思考评估这些因素。其中分销决策影响最为深远，一旦作出决策，产品、营销和价格就很难在短期迅速调整，如果更换分销商会引起剧烈的反感，对公司影响较大，因此一开始决策要十分慎重。

（二）间接出口

有些公司想专注于国内市场，觉得出口业务比较难处理，也不想直接参与国际贸易，可以采用“间接出口”的方式。

1. 出口贸易公司（ETC）

出口贸易公司是出口中间商，公司会在出口国采购商品，然后到国外销售给客户。ETC通常是比较大型的公司，在许多国家设有分支机构。对于使用ETC进行交易的出口商和进口商，都相当于是国内贸易，出口商也无须担心产品在国外的销售情况。贸易公司在各国都有分支机构，掌握了大量的需求信息。贸易公司还提供一条龙的专业国际物流服务，包括运输、保险和融资，对于一些比较复杂的交易，由专业贸易公司处理会更有利。ETC对于不想或者没有能力管理国际贸易的出口商来说是一个很好的选择，但如果公司想参与贸易，直接接触客户或者获得国外市场的信息，ETC就不是很好的选择了。

2. 出口管理公司（EMC）

虽然和ETC名称相像，但两者是完全不同的中间商。EMC通常在出口国，是作为出口生产商的出口代理，即EMC不会将出口商的货物买过来销售，而是通过帮助出口商寻找买以家赚取佣金。大多数EMC都是小公司，员工一般不足15人，虽然他们会跟国外很多买家接触，但很少在国外设分支机构，主要靠自己到国外和客户接触，然后积极参加各种贸易展会或促销会。通常EMC可以提供一系列服务，充当出口商出口部门的角色，负责从货运到保险到通知等工作。EMC的佣金跟他们参与的程度有关，EMC对于新手出口商来说是不错的选择，出口商一方面无须担心寻找买家和贸易过程琐碎的事务，另一方面也可在一定程度上管理出口业务和掌握信息，对以后直接参与出口非常有利。

3. 附带出口

附带出口有两种情况：第一，一家公司的客户进入了国外市场并设厂生产，客户要求公司向他们的国外市场提供零部件或产品从而带动该公司出口，即出口产品是为现有客户附带生产的。附带出口也出现在特许经营中，因为他们被要求使用一样的机器设备，这会带动机器设备的供应商的附带出口。第二，一个成功的出口商把其供应商或者互补产品的生产商产品带到新的市场。这类附带出口也被称为合作出口，当然合作双方实力不同。附带出口是消极的出口安排，称不上战略，但是一旦有机会呈现，企业应当及时抓住机会并学习出口相关知识，并向经验丰富的出口商学习出口经验，迅速形成自己的出口战略。

（三）直接出口

当公司意识到要扩大海外市场，决定要参与出口时，根据出口商参与程度的不同和出口商的战略考虑，可以采取不同的直接出口方式。

1. 代理

代理通常是在海外市场的小公司甚至个人，作为出口商的代表。代理不会将货物买过来，而是赚取销售佣金，出口商也被称为委托人。代理会从出口商那里得到不同程度的支持，为出口商处理从寻找买方到完成交易的各项事宜。选择代理要遵循一定的准则，包括能否正确地代表产品和公司，销售能力，沟通能力，对行业的了解，和出口商目标是否一致等。虽然大多数委托代理合同为期一年，但是选择代理后通常会形成长期的合作关系。一些因素会推动公司使用代理这种出口方式，主要包括：公司估计潜在市场销售量不大（约占国内业务的5%～10%），增长也不大；产品不是大路货，而是为某个特定客户专门设计制造的；产品非常昂贵；产品生命周期较短；产品不需要太多售后服务；出口商不太可能成为出口市场的龙头企业；公司能够处理出口业务；公司不是定位高端市场；出口商能较好地控制产品的价格和配送策略。当其中一个或多个因素存在时，出口商可以考虑采用代理的方式出口。

2. 分销

分销商通常在进口国，通过向出口商购买货物在进口国销售。分销商会获取货权并从销售中赚取销售利润。分销商会持有出口商的产品，也会存有零部件和提供售后服务。和代理不同，分销商承担更多的风险和更高的成本，他们需要投资库存，如果产品销售不出去，分销商要自己承担损失。另外，分销商需要承担广告费用，参加展会和其他促销活动。和风险相对应，分销商会有更多自主性，包括定价、与客户谈判以及其他不涉及产权商标的事宜。分销商通常是长期合作伙伴，他们会投资库存，积极参与员工培训。出口商在一开始选择分销商时应非常慎重，需要遵循一定的准则，包括能否正确的代表产品和出口商，投资出口产品的能力，销售能力，提供售后服务的能力以及员工素质、沟通能力、对行业的了解程度以及是否与出口商目标一致。有些因素会推动出口商使用分销模式，主要包括：公司估计目标市场容量较大（约占国内销售的20%～25%），增长潜力较大；产品是大路货，而非为特定客户设计生产的；产品价格较高但不至于非常昂贵；产品有较长的生命周期；产品需要的较多售后服务或部件保养；公司预计不太可能成为目标市场的大商家；公司只想向一个客户出口；公司不追求战略性的高价或高水平服务；公司愿意放弃对价格和送货条款的严格控制。

3. 营销子公司

公司如果决定不使用外部的代理分销商，可以在海外市场创建自己的销售或营销子公司。营销子公司是公司海外的代表处，由母公司派驻员工，并在目标市场销售产品。子公司在国外市场运作，被当地政府认为是独立的实体，因此同一家公司会按照转移价格形成进出口关系，虽然转移价格在清关的时候会有一些麻烦，但无须考虑传统进出口贸易中的支付方式、贸易术语、合同条款等方面的问题，因为进出口双方实属同一公司。海外的子公司向客户销售产品时属于国内贸易，因此比较容易管理。但是营销子公司的成本很高，无论销售状况如何，海外销售的费用是固定要支付的，如租金，库存，员工工资和培训。因此，出口公司需要满足一定的条件，希望达到长期的市场目标，才会投资设立营销子公司。通常包括以下因素：公司估计目标市场潜力巨大（超过国内销售的25%）并且增长较快，利润空间大；产品是技术性产品，包含大量的知识产权；产品比较复杂，需要专业销售；公司想在目标市场长期发展，并在未来逐渐引入其他产品；产品需要复杂的售后服务和部件保养；公司有望成为目标市场重要的商家；公司想获取较高溢价；公司想严格控制产品和定价。

（四）海外投资

公司还可以通过在海外运营的方式进入市场，通常是由于海外市场的制造成本较低，或者从本国运输到目标市场成本很高，或者国内生产能力达到上限，或者产品包含很多无形的服务等。海外投资的方式有很多，包括：

1. 外包/合同制造

外包或者合同制造是指公司和国外的生产商签订协议生产商品。例如，出版公司和国外印刷厂协议印刷书籍，而不是在本国印好再运输到目标市场。或者水泥生产商和当地生产商合作，把当地生产的水泥贴牌销售。或者自有设备的手机生产商为国外公司贴牌生产。合同制造的本质是让产品由国外生产商制造，但是贴公司的品牌，由公司组织营销和分销。当目标市场有很大的进入障碍（例如高关税或者贸易保护）时，可以采取这种方法绕过壁垒。合同制造的关键是选择合适的产品制造商。

2. 授权

授权是指收取一定的专利费用允许商号使用自己的知识产权。知识产权可以是某项技术、工艺、设计或产品的专利，也可以是商标、品牌、版权或其他知识。授权商允许被授权人使用知识产权并收取版税。国际环境中，授权商是出口商，被授权人是国外公司。采用授权方式进入通常是因为国外市场有比较高的关税和非关税壁垒，或者运输成本过高或者授权商并不想参与营销。对公司而言，授权作为一种战略，其好处是无须投入资本就能在全球迅速获得知识产权的收入，坏处是有些国家对知识产权的保护不足，很容易出现盗版，对产权所有人不利。因此知识产权所有人应督促海外的被授权人保护知识产权。

3. 特许经营

特许经营和授权有点相似，但特许授权人会一次将大量的知识产权（包括商标、专利、版权、制造方法、培训和运营模式等）授予特许经营人，要求他们按照其经营模式经营，并交纳版税。大多数特许经营是零售方面的，因为客户希望在不同的门店获得相同的产品和服务。国外的运营商也希望投资已经被证明是成功的模式。而授权人也希望通过特许经营，无须投入资本就能迅速扩大海外市场的份额。特许经营对于想迅速进入海外市场是一个不错的选择，但并不适合所有商家，通常适合零售或者服务技能要求不高的行业，例如快餐、汽车维修、酒店、便利店等，对于需要高技术含量的行业以及制造业都不太适合。

4. 合资

出口商寻求合作伙伴在国外投资，双方按照一定比例共同拥有公司，少数公司会有多于两个的合作方。使用该进入策略通常有以下原因：公司想进入国外市场但不想投资过大，寻找合作方可以把投资成本降低一半甚至2/3；公司寻找合作方提供互补产品形成完整系列产品供应同一个市场；公司不想做目标市场的主导合作方，只是希望借助其对当地市场的了解减少进入障碍；目标市场当地政府规定外国投资方必须有当地合作方才能投资，这种情况直到20世纪90年代中期仍然非常普遍，通常当地合作方只是有策略性关系的个人而非出资方。要注意的是，合资（尤其是政策性要求下和当地企业或个人的合资）存在很多问题，受到政策、政治环境和管理层变动的影响较深，因此，进入21世纪，很多要求必须合资才能进入的国家为了吸引优质投资，逐渐放弃了这种政策要求。

5. 直接投资

直接投资也称外商独资，是指外商拥有100%股权在一个国家建立公司。外商独资包括投资建设一个新公司，例如建设一个新的工厂，也可以通过收购当地现有的公司进入。在欧洲市场，后者比较普遍，占56%。在发展中国家还有这样的趋势：外商将本国的工厂搬到发展中国家，因为工厂不符合本国的环保要求，即使发展中国家技术不够先进，廉价劳动力也能给外商带来巨大的成本节约。外商独资的优点是，外商可以全资拥有公司，无须和他人分享利润、商业秘密、制作工艺，也没有其他人对公司决策指手画脚，无须依赖他人获取客户信息，经营不善时可以独自决策退出。直接投资的缺点包括：第一，在国外建立公司成本风险很大，所有风险都要自己承担。第二，将工厂搬移到其他国家会面临许多相关成本。例如解雇本土员工的巨额补偿。第三，直接投资下，管理者可能不太了解当地的习惯和规则，导致很多管理方面的困难。但公司可以通过在当地选择合适的管理合作者来解决这个问题。

（五）平行进口

公司进入多个国外市场可能会出现平行进口风险，尤其是公司没有严格控制各国市场产品价格的情况下更为严重，如使用分销商时（当地销售价格往往由分销商决定）。平行进口也称灰色市场，即正规的产品通过公司规定的分销渠道以外的不正式、不被认可的方式销售，例如公司没有授权的中间商通过在定价较低的 A 国购买该商品，然后到定价较高的 B 国市场销售给客户或其他中间商，并赚取其中的差价。平行进口问题存在于各种产品，从日用品到汽车零部件，尤其是奢侈品，如手表、电子产品和高档汽车。虽然有很多方法可以在一定程度上阻止平行进口，但只要公司在两个国家市场区别定价，就必然会存在平行进口的空间。从法律方面而言，因为销售的产品也是公司生产的正品，所以很难追索。

（六）假冒商品

公司产品进入海外市场后，当地一些不正当的竞争者可能会冒牌生产该产品。假冒商品是指按照正品进行仿造，并冒用正品的品牌销售。很多时候，客户明知他们购买的不是正品，但还是会购买，因为假冒商品可以节约很大的费用而外表看起来和名牌差不多。假冒行为非常普遍，尤其生产成本和价格之间差价很大时，例如软件和娱乐产品，电影 DVD、软件 CD 复制只需要很少的成本，售价却很高。奢侈品也有很多假冒商品，手表、手袋、服装、药品、香烟等，都是低制造成本高售价的商品，尤其是商品体积比较小，更是街边小贩经常贩卖的商品。假冒商品的出现和进入的方式没有关系，无论是授权、合同加工还是独资，生产的产品都有可能被仿造，尤其是在政府忽视知识产权保护的国家和地区。打击海外假冒商品很困难，因为大多数消费者，甚至政府官员都认为，假冒虽然是不对的，但只对国外的公司不利，对自己和大多数消费者都有利。

（七）进入市场的其他问题

1. 自由贸易区（FTZ）

自由贸易区是一个国家为吸引国外投资和促进出口而设立的特殊区域，这些区域虽然在国境之内，但经济行为属于海关之外，即“境内关外”的区域。国外产品进入自由贸易区，无须申报关税或占用配额，可以在区内进行交易、加工、重新包装等。产品只有在离开 FTZ 进入该国其他区域时，才需要交纳关税。保税区在不同国家的形式会不同，有些允许制造、加工、转口贸易等，例如中国，从 1990 年开始至今设立了 15 个保税区和其他有保税功能的区域，大大促进了中国的对外贸易和加工业的发展，为当地创造了就业。自由贸易区在“倒转关税”的情况下对制造商更有吸引力，即有些产品零部件的关税比成品还高；对于持有大量库存，等待销售或询盘的产品可以延迟支付关税。随着 WTO 进程的推进，很多国家的关税在下降，自由贸易区的重要性也在下降，但对于要建立销售子公司、合资、独资公司的国外投资者来说，自由贸易区仍然很有吸引力。

2. 边境加工

边境加工是在有关税同盟的另外一个国家边境进行加工，例如在靠近美国的墨西哥边境加工，零部件运到墨西哥加工成成品后运回美国，仅需要按照墨西哥的税率支付增值税，税率比在美国加工要低很多。这种方法在 20 世纪 80 年代后逐渐推广到世界很多国家，对国外投资者有一定的吸引力。

3. 外国腐败行为

进入国外市场的最后一个问题是，在某些国家经营需要进行贿赂。经济合作与发展组织（OECO）通过推动多国签订《反腐败公约》（ABC），打击外商投资过程中的腐败行为，美国出台的《反海外贿赂法案》（FCPA）非常严厉，企业如果存在行贿外国官员的意图和目的，就会受到惩罚。其他国家也陆续出台了相关的法律规定，如中国的《中华人民共和国反不当竞争法》。但贿赂行为在每个国家的定义和惩罚程度都不同。由于跨越国境，文化和法律体系的差异，发达国家的这些法案很难约束企业在发展中国家的贿赂行为，但能够遏制外商在发达国家投资时的贿赂行为。

练习题

一、单选题

1. 下列各项中，不属于国际物流特点的是（　　）。

A. 国际物流的决策因素很复杂　　B. 国际物流的参与方很多

C. 国际物流的相关法律更加明晰　　D. 国际物流的运输风险更大

2. 下列各项中，不属于常用的国际支付方式的是（　　）。

A. 现金　　B. 银行转账　　C. 托收　　D. 信用证

二、多选题

1. 政府关注国际物流的原因在于（　　）。

A. 国际物流的经济重要性　　B. 国际物流的社会影响

C. 国际物流涉及很多行业　　D. 国际物流比较容易管理

E. 国际物流是新兴事物　　F. 国际物流涉及国防问题

2. 评估港口基础设施要考虑的因素包括（　　）。

A. 水深　　B. 港口桥面高度

C. 起重设备　　D. 仓储空间

E. 运营时间　　F. 集疏运条件

3. 下列各项中，属于全球营销中直接出口方式的是（　）。

A. 出口贸易公司　　B. 出口管理公司

C. 代理　　D. 分销

E. 特许经营　　F. 直接投资

三、判断题

1. 集装箱的发明和使用改变了传统装卸货物的方法，节约了人力，但装卸效率没有太大变化。（　）

2. 国际贸易是推动实体货物的流动，国际物流是推动货权从卖方转移给买方。（　）

3. 在国际商务实务中，国际法律是凌驾于国内法律之上的。（　）

4. 企业可以通过提高库存水平应对临时风险。（　）

5. 美国的移动通讯发展迅速，目前移动电话数量占人口的比重远比世界平均水平高。（　）

6. 世界吞吐量最大的货物机场——美国孟菲斯机场坐落在远离大城市的地方。（　）

7. 推动全球采购包括成本因素和市场因素。（　）

8. OEM（自有设备生产）使得汽车生产商的零部件可以来自全球不同的地方，因此，汽车零部件供应商无须坐落在整车生产商附近。（　）

9. 当公司估计目标市场容量较大，约占国内销售的20%～25%时，可以采取寻求代理的方式进入市场。（　）

10. 假冒商品现象跟进入市场的方式无关。（　）

三、简答题

1. 列举一些国际物流专业人士的主要工作。

2. 微观企业在开展全球供应时存在哪些障碍？

3. 简述国际物流的决策框架。

4. 简述政府如何参与国际物流。

5. 简述物流基础设施的概念以及主要的物流基础设施的内容。

6. 简述平行进口形成的原因及其影响。

四、论述题

1. 论述物流国际化措施如何提高全球供应链效率。

2. 论述国际物流组织方式变化的动力和发展方向。

案例分析

耐克的欧洲仓储中心化

耐克从20世纪90年代初开始整合欧洲22个仓库，并在比利时的拉克达尔（Laakdal）建立了唯一的中心仓库。该中心仓库从全世界不同的制造地接收耐克的产品，如运动服装和鞋子，并配送到欧洲所有的零售店。

在此之前，耐克通过在不同国家选择不同合作方，以分销商的方式在欧洲运作。到80年代，随着欧洲市场的迅速增长，公司决定逐渐收购这些分销商，并把他们转化成自己旗下的子公司。但是，原有这些分销商还是在很大程度上独立运作，每个仓库拥有自己的物流设施、自己的销售系统，他们各自下订单，各自控制库存，相互之间完全没有库存协调，导致耐克在各国的服务能力差异较大，常常出现一个国家某种货物库存过剩而另外一个国家缺货的情况。90年代初，市场的进一步增长导致各国仓储能力不足，为了应对这些瓶颈，销售部门不得不把大量的精力投入到配送问题上，而不是关注营销。

1991年，耐克开展了一次战略性的评估，并决定将欧洲的业务实现中心化。第一步是在荷兰建立耐克的欧洲总部。第二步是使欧洲所有的配送业务实现中心。实施中心化配送的主要原因包括：

1. 服装准时配送到零售商有很多问题，主要原因包括预约订单需要很长的前置期，供应商不可靠。

2. 公司管理部门不能尽快知悉货物到达的时间，也无法将货物的相关信息告知客户。

3. 很难保证有整套的套装产品。零售商很难在单次送货中拿到特定的套装产品。

4. 很难保证提供水平一致的增值服务。零售商认为贴标签、价格、重新包装等应该是包装服务的一部分，但不是所有国家的配送都能提供这些服务。

5. 每个国家的电脑系统都是单独发展的，大多数有比较大的缺陷，因此在不同国家之间协调配送几乎不可能。

1992年，耐克决定在比利时的Laakdal建立欧洲配送中心（EDC）。1994年9月，第一个服装立体仓库开始投入运行，一年后，第一个运动鞋立体仓库投入运行。当服装或运动鞋到达Laakdal后，中心化运作按照以下七个步骤进行：

1. 收货及托盘化。集装箱从河运驳船卸载开箱后，每个盒子会贴上条形码。电脑根据条形码的信息分配储存地点。之后，所有盒子会放在托盘上。这里装卸车是人工操控的，可以装卸盒子或托盘。每个装卸车都带有电脑，上面显示这些盒子和托盘储存的地点。这个阶段用人工操控比完全自动化更灵活，也更有效率。

2. 质量控制。收到的产品要进行质量控制（QC）。每个质量控制单元由12人组成。他们核对产品的颜色、尺寸，并查看产品缺陷和进行洗涤试验。质量控制很重要，能够保证耐克供给高质量的产品。因为在过去，耐克通过频繁更换供应商获取低成本，并没有与供应商建立长期的合作关系，因此在产品到达欧洲时往往需要进一步的质量控制。还有一个原因是，耐克对不同的供应商有不同的质量要求。

3. 入库仓储。产品通过质量控制后就被储存起来，仓储货架形成一个巨型的仓库，例如一个服装的立体仓储货架高28米，长125米，宽42米。

4. 拣货（服装）及分类（运动鞋）。在拣货和分类单元，产品会根据订单进行分拣。电脑终端先通过射频技术让分拣工人了解需要什么产品以及储存在哪里。大多数运动鞋是用机器通过自动传送带分拣，该拣货机器一次可以处理最多160个客户的订单。自动化过程使之成为无纸仓库。在出货日期临近时，产品会被运送到出货区。

5. 增值服务。从分拣开始，大多数货物就会转移到流增值加工区。在这里，产品会根据每个客户的订单要求进行增值加工，包括贴标签和进行特殊包装。提供增值服务和保证服务质量是客户服务组的首要任务。这些服务需要大量的人力，服务质量也依赖工人素质，因此，增值服务每次只处理一个订单一个产品。

6. 包装（服装）、检查和封盒（运动鞋）。电脑检查后，服装就在包装区装进盒子里。包装前，工人会先检查服装，然后根据订单说明用传送带送到相应区域。至于运动鞋，工人会先用扫描器检查盒子里是不是相应的货物，确认后再进行自动封盒。

7. 出货。包装好的盒子会根据订单和目的地自动整合，货物就备好出运了。

上述七个步骤中，第一、第二、第五、第六个步骤在低货架区域完成，其他步骤在高货架区域完成。

资料来源：艾伦：《物流管理》（第二版）。

讨论题

1. 耐克为什么要在欧洲建立中心化仓库？

2. Laakdal 仓储中心的七个物流步骤如何给耐克带来优势？

第7章

第三方物流

学习目标

- 掌握物流企业的定义与分类；物流市场的含义及我国物流市场的现状
- 重点掌握第三方物流的概念和特征；了解第三方物流的来源和发展；掌握第三方物流的分类
- 学会对第三方物流存在的价值进行分析；确定使用第三方物流的核心价值和负面效应
- 掌握第三方物流服务产品的内容和特点；了解如何分析客户的物流需求，学会制定物流服务方案；了解第三方物流的客户服务特点
- 了解第三方物流供应商管理的意义；学会如何进行物流供应商的管理

第一节　物流企业概述

一、物流企业的定义与分类

(一) 物流企业的定义

物流企业（logistics enterprise）是指独立于生产领域之外，专门从事各种物流经营活动的自主经营、自负盈亏、自我发展、自我约束的具有法人资格的企业。

物流企业与生产制造企业、流通企业的不同在于其事业主体内容不同。生产制造企业以产品的加工制造为主要事业内容，流通企业以媒介商品交换为主要事业内容，物流企业则以物流活动及其管理为主要事业内容。物流企业与企业物流也不同。企业物流是指制造企业或流通企业在生产经营中发生的各种物流活动的总和，物流企业是物流的专业组织，其事业主体就是物流。

(二) 物流企业的分类

我们可以根据以下标准对物流企业进行分类。

（1）根据物流作业类别的不同，可以将物流企业分为运输企业、仓储企业、流通加工企业、配送企业等。

（2）根据所有制形态的不同，可以将物流企业分为外资物流企业、国有物流企业和民营物流企业等。

（3）根据经营模式的不同，可以将物流企业分为第一方物流企业、第二方物流企业、第三方物流企业和第四方物流企业等。第一方物流企业是指生产或流通企业直营的物流企业；第二方物流企业是指提供仓储、运输等基本物流服务的物流企业；第三方物流是指借助第二方物流企业资源向物流需求方提供一体化服务的物流企业；第四方物流企业是指提供综合物流解决方案或咨询服务的企业。

二、我国物流企业及物流市场的发展现状

（一）我国物流企业的发展现状

（1）我国物流企业发展速度快，但大多处于低层次的初级阶段，多数提供单要素的基本物流服务。传统物流企业处于转型阶段，新创立的物流企业由于能力和实践的原因，正处于发展的初期。

（2）我国多数物流企业规模偏小，实力较弱，无法与跨国物流公司抗衡。近20年来，我国物流企业的规模不断发展中壮大。截至2012年，我国规模在10亿元以上的物流企业已有近百家，大型物流企业经营规模超千亿元（如珠三角的广东南粤、广东宝供物流、德邦物流等）。但与那些超级物流大鳄——跨国物流公司比，我国的物流企业规模还太小。以承担我国货物运输总量75%的公路货运企业为例，2011年登记注册物流企业的有78.9万家，平均每个企业拥有的汽车只有2.5辆。进一步扩大企业规模是增强国家竞争力的需要，也是本土物流企业的发展方向。

（3）新型物流企业正在发展之中。新型物流企业（如经营冷链物流的企业、大型配送中心、大型物流园区、供应链管理企业）都在建立并发展。

（4）第三方物流企业正在脱颖而出。第三方物流企业快速发展并占据大部分物流市场，是物流市场成熟的标志。近十几年来，以宝供为代表的我国第三方物流企业不断涌现，并取得了长足的发展。

（5）物流企业的经营方式多种多样。第一方物流仍在经营；第二方物流在拓展实力；第三方物流在发展壮大；第四方物流开始入市经营；物流地产正在规划和实施。

（二）我国物流市场的发展现状

物流市场（logistics market），也叫物流服务市场，是指物流服务供给与物流服务需求之间交换关系的总和。我国物流市场由提供物流服务的物流企业和具有物流服务需求的各经济部门、各类企业和个人构成。目前我国物流市场具有以下特征。

(1) 从买方和卖方的力量对比来看，高端的现代物流服务属于卖方市场，低端的传统物流服务属于买方市场。

(2) 从市场主体来看，传统物流企业数量多，市场竞争激烈，特别是传统仓储、运输企业正面临改组、改造和升级问题；能够提供综合一体化物流服务和个性化解决方案的第三方物流企业数量少，面临极大的发展机遇。

(3) 从市场客体来看，由于传统物流企业技术装备落后、物流人才匮乏，因此所提供的物流服务无法满足市场需求。

在这种情况下，大多数工商企业，特别是本土企业，仍采取自我服务方式，自备物流设施，获得本应从市场上获得的物流服务。但在巨大的市场需求牵引和相关政策的促进下，我国第三方物流企业正在迅速崛起，专业化、社会化的物流服务市场正在加速形成。目前，物流市场主体的多元化和服务内容的多层次化，促进了现代意义上的物流市场不断成熟发展。

三、我国物流企业的发展趋势

(一) 物流企业的经营模式不断创新

物流企业经营模式是指物流企业经营的方法和类型。物流服务在由企业内部向外部转移的专业化、社会化的过程中，其经营服务模式不断创新。开始是部分物流活动的外包，物流是执行式的；而后是集成化、一体化的外包，物流是优化式的；现在是供应链的整体设计和重塑，物流是创新式的。物流服务的内容、方法和理念的变化，将会对物流企业及其服务的产业运行模式甚至整体产业格局产生深刻的影响。

(二) 物流企业的管理水平不断提高

物流企业的本质是管理与服务。目前，我国的物流企业正处在由粗放型管理到精益型管理的转变过程中。主要表现为：

1. 管理人员现代化

经过专业教育的高层次物流专业管理人员正在不断充实到物流企业中；企业员工通过各种培训提高经营能力和水平；各种人才正在引进中。

2. 管理手段信息化、网络化

即充分利用计算机信息技术，把物流管理纳入现代信息网络，实现物流管理的快捷、准确、科学、高效运转。

3. 管理组织现代化

加大基于过程一体化和信息一体化的组织变革力度，逐步向国际先进的物流管理组织模式靠拢。

(三) 物流市场不断扩大

主要表现在我国物流市场需求不断扩大。一方面，一些制造企业和流通企业在现代经营中，不断将企业物流向社会释放，使社会物流需求量不断增长；另一方面，物流的供给能力在不断增强。比如，珠三角提供了强大的港口吞吐能力，为国际物流的发展和世界级物流中心的确立奠定了基础。

第二节　第三方物流概述

一、第三方物流的概念

（一）广义和狭义的第三方物流

给第三方物流一个准确的定义是重要的，因为认识上的模糊会影响实践的执行。第三方物流（third-part logistics，TPL）的概念来源于管理学中的“out-souring”，即利用外部资源为企业内部的生产经营服务。将“out-souring”引入物流管理领域，就产生了第三方物流的概念。中国国家标准《物流术语》指出：“第三方物流是指物流服务的供方与需方以外的第三方去完成物流服务的物流运作模式。”第三方是物流交易双方的部分和全部物流功能的外部服务提供者。第三方物流是物流专业化的一种形式，是发达国家广泛流行的物流新概念。现代意义上的第三方物流活动除具备传统的储运、配送等基本功能外，还包括制定物流战略、物流系统开发、物流数据交换、物流信息管理、物流咨询和设计、物流执行以及管理客户供应链中的物流需要等功能。

第三方物流的概念有广义和狭义之分。

广义的第三方物流可定义为部分和全部企业物流服务的外部提供者。这一广义的定义可以把运输、仓储、销售物流、财务等服务的提供者都包括在内。广义的第三方物流的概念没有将传统的运输、仓储业务与现代物流服务进行区别，概念太宽，不利于研究和认识现代物流。

关于狭义的第三方物流的概念，不同的学者使用了一些不同的术语（如合同物流（contract logistics）、集成物流（integrated logistics）、物流外协（logistics outsourcing）、全方位的物流服务公司（full-service distribution company，FSDC）、物流联盟（logistics alliance）等），都表达了与第三方物流相近的概念，但又不够确切。例如，合同物流说明了合作的长期性，涉及长期关系或战略关系的问题，但对物流的内容没有明确的约定，没有从本质上界定现代物流的特点。集成物流强调物流服务的集成性、系统性和综合性，对物流服务做了过高的定义，范畴较窄，使大多数物流服务不能称为物流。

了解第三方物流，首先要了解第一方物流和第二方物流。物流的第一方是指物流服务的需求方，即客户，包括制造企业和流通企业等，是大量物流服务的需求者。这要与商品链的下游需求方相区别。第一方物流是指物流服务的需求方由于自己的物流能力强大，并且物流对自己企业非常重要，因而由自己承担物流的运作与管理，不外包，如沃尔玛和海尔等企业。这种物流运作方式被称为第一方物流。物流的第二方是物流服务基本能力的提供方，即运输、仓储、流通加工等基础物流服务的提供者，是物流基础服务的供应商。这要与商品链的上游供给方相区别。第二方物流企业一般拥有物流运作的基本的核心的资源，提供基本的单环节的标准化的物流服务。第三方物流是通过整合第二方的资源和能力为第一方提供专业化、一体化、个性化物流服务的现代物流组织。第三方物流处于物流供应链的中间位置，是现代物流的管理者和领导者。

第三方物流的概念如图 7—1 所示。

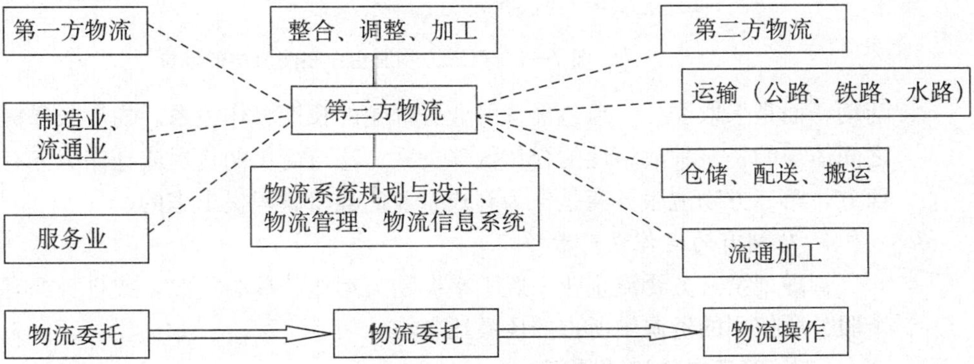

图 7—1　第三方物流的概念

通过图 7—1 的定义，可以认为第三方物流企业的本质职能是管理和运作低层的物流资源，为客户提供特定的服务。因此第三方物流本质上是管理型的物流专家。

为了便于理解，再对第三方物流进行描述。

1. 从服务的内容看

从服务内容来讲，第三方物流企业侧重于为客户提供一体化的综合物流服务。具体内容既有纵向的连接，也有横向的整合。纵向连接是指第三方物流企业可以完成从原材料物流、生产线物流到销售物流的完整过程的组织和管理。横向的整合主要体现在对物流服务资源的整合和优化利用（如运输车队的选择、储运资源的选择等）。

从服务内容的角度，可以把第三方物流与一般的货代类企业区分开来，也可以把第三方物流与单环节的标准化服务区分开来。

2. 从业务运作看

在一个完整的物流服务体系中，第三方物流企业处于客户和包括车队、储运企业等在内的低层专业化物流企业之间（如图 7—2 所示）。第三方物流企业通过整合低层的物流资源，为客户提供一站式的物流服务。

从运作模式可以看出第三方的本质，即：管理型的第三方物流企业是独立于物流服务需求方（如客户）和物流服务的供给方（如专业化车队、专业仓库、配送中心等）之外的一方，具有十分明确的整合和管理内涵。

3. 从客户关系上看

第三方物流的采购不是物流需求方向物流服务商偶然的、一次性的物流服务采购

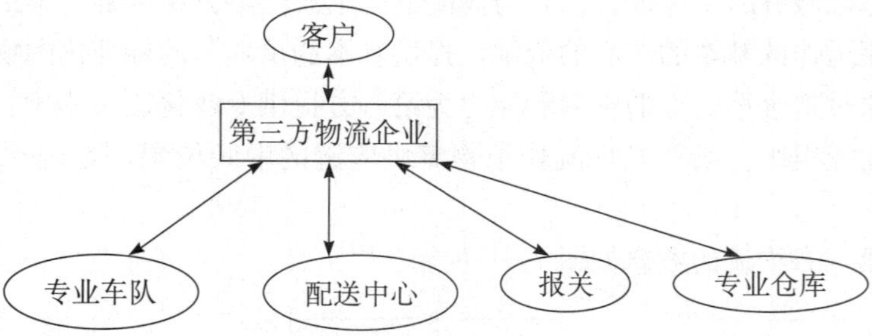

图 7—2　第三方物流企业在物流中的地位

活动，而是采取委托—承包形式的业务外包的长期合作关系。物流服务提供商与客户之间体现的是一种战略性的合作伙伴关系。这与简单的货运或仓储服务有所不同。在西方，第三方物流服务商是作为客户企业的战略联盟提出来的。

4. 从拥有的运作资产看

管理型第三方物流企业一般不掌握物流运作的核心资源，或自身拥有的资源在整个服务所使用的资源中所占的比重比较小。

（二）第三方物流的特征

第三方物流有以下几个重要的特征。

1. 信息网络化

信息服务于物流，信息技术是第三方物流发展的基础。在第三方物流企业的服务过程中，其具有的先进信息技术和庞大的信息网络实现了与客户的信息实时共享，促进了物流管理的科学化，提高了物流服务的质量和效率。

2. 关系合同化

首先，第三方物流是通过合同的形式来规范物流经营者和物流消费者之间的关系的。物流经营者根据合同的要求，提供多功能直至全方位一体化的物流服务，并以合同来管理所有提供的物流服务活动及其过程。其次，第三方物流联盟也是通过合同形式来明确各物流联盟参与者之间的关系的。

3. 功能专业化

第三方物流企业所提供的服务是专业化的服务，因此，它的物流设计、物流操作过程、物流管理都应是专业化的，物流设备和设施都应是标准化的。

4. 服务个性化

不同的物流需求方要求提供不同的物流服务，第三方物流企业要根据需求方的要求，提供针对性强的个性化服务和增值服务。

由上可以看到，第三方物流具有战略意义，即：工商企业与物流服务提供者双方应建立长期关系，合作解决具体问题，双方形成利益共享和风险共担的战略联盟。

二、第三方物流的来源和发展

（一）第三方物流的来源

在国际上，现代意义上的第三方物流业是一个只有 30 多年历史的相对年轻的行业。在美国，第三方物流业被认为处于产品生命周期的成长期；在欧洲，尤其是英国，第三方物流市场有一定的成熟度。在欧洲，目前使用第三方物流服务的比例约为 76%；在美国约为 58%，且需求仍然在增长。

大多数第三方物流企业是以传统的“类物流”业为起点，逐步进入该行业的。以美国为例，主要包括；

1. 以运输为基础的物流公司

其优势在于：公司能利用母公司的运输资产，扩展其运输功能，提供综合性的一条龙物流服务。

2. 以仓库和配送业务为基础的物流公司

这种基于设施的公司比基于运输的公司转为综合物流公司更容易、更简单。

3. 以货代为基础的物流公司

这些公司无资产，独立性强，并与许多物流服务供应商有业务往来。它们具有将不同物流服务项目加以组合，以满足需求的能力。

4. 以托运人和管理为基础的物流公司

这类公司是从大公司的物流组织演变而来的。它们将管理母公司的物流，作为第三方物流作业的优势来源。

5. 以财务或信息管理为基础的物流公司

这种公司以能提供运费支付、审计、成本会计、控制和监控以及跟踪采购和存货管理等管理工具为优势。

广州的宝供物流的前身是铁路货运站，佛山的安得物流的前身是美的物流事业部，后来它们适应时代的需求，不断改造自己，成为中国优秀的第三方物流企业的代表。

(二) 第三方物流的发展

随着供应链的全球化，物流活动变得越来越复杂，物流成本越来越高，资金密集度也越来越高。利用外协物流活动，公司可以节约物流成本，提高顾客服务水平。这种趋势首先在制造业中出现，于是促进了第三方物流的发展。

从第三方物流服务的需求和供给双方均能找到第三方物流业发展的推动力。经济、管理和技术的发展趋势推动了第三方物流的发展，形成了物流服务的外部化趋势。

1. 物流服务的需求方

(1) 对高水平物流服务的需求是物流外协的主要动力。需求方认为降低成本、改进服务和灵活性同样重要。原来担心物流公司的运作质量，不愿轻易放弃自己对物流功能的控制。现在信息技术的进步和发展已使需求方能对外包的物流进行适时监控，从而增加了外包的动力。

(2) 减少对物流设施的投资。现在，人们已将注意力转移到关注资产对利润的贡献方面，这种观念的转变最终导致公司把资本集中在能产生高效益并取得竞争力的主要业务上。

(3) 需求方可以借助第三方物流解决内部劳动力效率不高的问题。

（4）零售供应系统的结构调整促进了第三方物流的采用。零售供应链的“快速反应”（QR）的压力，导致了运送频率的增加和订单规模的减小，这也迫使供应上必须加大利用外部物流的力度，以分享服务的形式降低成本。电子和汽车行业对第三方物流的需求很大，原材料的“零库存”供应已被广泛使用。

使用第三方物流的利益如表 7—1 所示。

表 7—1　　第三方物流的利益调查表

作业成本降低	服务水平改进	集中核心业务	雇员减少	资产减少
62%	62%	56%	50%	48%

另外，物流功能日趋复杂化和全球化，库存的增加、流通渠道的脆弱性和产品生命周期的缩短等，都是驱动物流服务需求者采用第三方物流服务的重要因素。同时，采用第三方物流还有利于供应链的整合，以及简单和统一的供应链的确立。

2. 物流服务的供给方

由于传统、单一的物流（如运输）竞争越来越激烈，资金回报率和利润率下降，因此，增加增值服务，将企业改造成第三方物流企业，进入门槛较高的细分市场，是物流企业成长的结果。图 7—3 是一个第三方物流公司提供增值服务的种类，说明了这一演变过程。

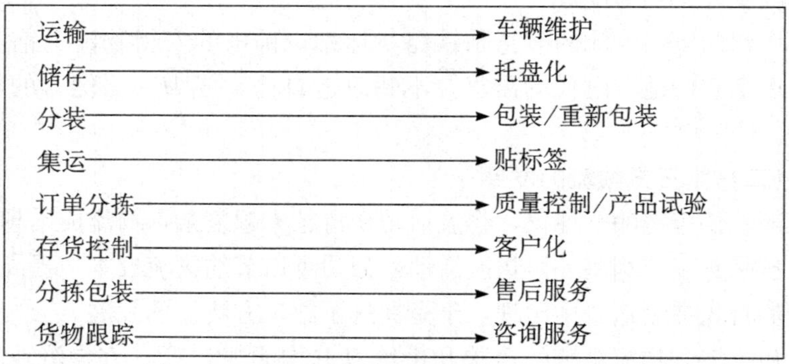

图 7—3　第三方物流的业务演变

3. 发展第三方物流关系的一般过程

发展第三方物流关系的选择过程如图 7—4 所示。将所有物流活动外包给一个第三方物流公司（即外协），并与之结成战略伙伴关系，是物流发展的一个趋势。

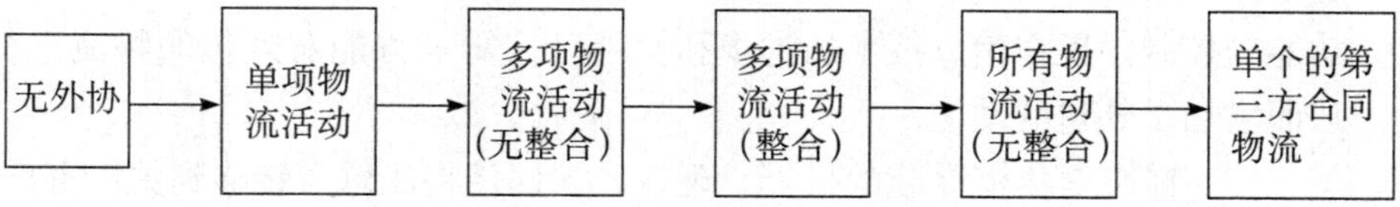

图 7—4　货主企业物流外协的选择过程

三、第三方物流企业的分类

（一）研究第三方物流企业分类的意义

研究第三物流的分类，主要目的是研究第三方物流的发展和运营的规律，避免第三方物流企业市场定位和业务模型的雷同，形成盲目竞争的局面。事实上，在成熟的物流市场中，根据核心优势、资金投入能力等的不同，第三方物流企业可以分为多种类型。认识不同的第三方物流企业，对于正确定位自己的业务范围和客户群体具有重要的意义。

（二）第三方物流企业的分类

第三方物流企业有着不同的划分方法，这里给出一种根据客户数量和服务内容来划分的组合式分类方法。

根据服务内容集成度的高低和服务对象集成的多寡，第三方物流企业可以分为四类（如图 7—5 所示）。实践表明，服务内容集成度的高低与服务对象的多寡呈负相关关系。假定第三方物流企业的基本规模和能力相同，则提供服务内容集成度越高，能够服务的对象越少；而提供服务内容集成度越低，能够服务的对象将越多。这主要是因为服务内容集成度越高，物流活动的个性化越强，物流活动中可以共享的资源越少。这种资源的不可共享性限制了其发展新客户的能力。

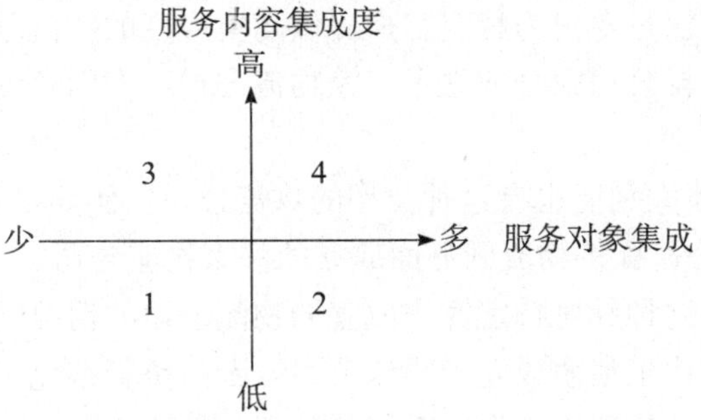

图 7—5　第三方物流的分类

例如，服务内容集成度较高的物流服务活动可能涉及对象现场物资资源的调度和管理（如工厂原材料仓库的管理、工厂现场的成品包装和管理），作业地点一般在客户端，这些资源无法在不同客户之间共享。

图 7—5 中所示的四类第三方物流公司的基本情况如下。

1. 第一类：针对少数客户提供的低集成度的物流服务

这类物流服务存在两种情况。一种是作为成长的阶段性存在的，即：物流公司在发展初期，其客户资源有限，且服务能力尚不完善，能够提供的物流服务集成度有限。目前，国内有些大型投资商涉足物流，虽然他们有为更多客户提供一体化物流的潜力，但由于发展历史较短，且中国的物流需求市场还没有完全启动，因此基本上属于第一类企业。

另一种是物流公司的市场定位就属于这类。这些物流服务商因自身的规模和能力限制，不具备提供高集成度物流服务的能力，同时，由于投资能力的限制，只能为有限的客户提供服务。从中国物流市场的发展现状看，对高集成度的物流需求是十分有限的，大多数物流需求还是低集成度的，因此定位在低集成度上，仍然有很大的空间。同时，针对极有限的几个客户提供物流服务，应该是中国大多数中小型物流企业比较可行的定位。比较极端的情况是，有些物流公司只有一个客户，相当于该客户的一个物流管理部。实际上这种情况在西方也是普遍存在的。有些大型的物流公司在从事第三方物流业务时，往往成立专门的项目公司，针对个别客户提供个性化的物流服务。

2. 第二类：同时为较多的客户提供低集成度的物流服务

这是目前中国存在比较多的一种第三方物流公司。比较典型的公司有宝供物流、虹鑫物流等。宝供物流目前有 50 多个客户，但从提供的物流服务看，基本上是以仓储、运输等环节为主，一般不涉及库存计划等比较高端的物流服务。虹鑫物流目前有 80 多个客户，但大部分为原来的传统货代业务客户，真正可以称得上是物流服务客户的只有 10 多个。从国内物流业的发展和国外的实践看，第二类物流公司将是未来物流市场的主要模式。

3. 第三类：针对较少的客户提供高集成度的物流服务

这是西方物流服务的一种典型形式。值得注意的是，很多大型物流集团在具体操作时，采用与客户共同投资新的物流公司的方式，全面管理客户的物流业务。就新物流公司而言，它是专门为特定客户提供高集成度的物流服务的典型。例如，联邦快递在欧洲与某家具公司联合成立了一家物流公司，专门负责该家具公司全球物流业务的管理和运作。

TNT 在澳大利亚也有这种类型的物流公司。例如，TNT 的电信物流就是专门为 Telstra 通信公司提供物流服务而成立的一家物流公司。

在我国，这种针对特定客户成立的物流公司的情况已经出现。例如，上海莲雄公司在天津与某化工集团成立了物流公司，专门负责该化工集团物流业务的管理。

高集成度的物流服务由于个性化很强，物流企业对客户的运营参与程度很深，一般不适合大规模运作，即：一家公司同时为多家企业同时提供高集成度的物流服务是很困难的。

4. 第四类：同时为较多的客户提供高集成度的物流服务

这类物流服务很困难，即便在西方发达国家，能同时为很多家企业提供高集成度物流服务的公司目前也很少见。究其原因，主要有以下几点。

（1）高集成度的物流服务不适合大规模运作。这种物流服务需要个性化定制，资源无法在不同客户中共享，运作成本比较高，不适合大规模运作。

（2）高集成度的物流服务具有强烈的排他性。这种物流服务深入客户内部的战略、计划和管理，与客户是亲密无间的战略合作伙伴关系，这种合作具有排他性，降低了物流服务提供商为同类客户提供服务的可能性。

（3）高集成度的物流服务需求市场不旺。这种物流业务是完全外包的，客户面临的风险巨大。因此，大多数客户对高集成度物流持谨慎态度。

（4）高集成度的物流服务的供应能力不足。物流在全球范围内尚处于发展的初期，物流公司还不具备同时为多家客户提供高集成度的物流服务能力。

上述四类公司的物流服务集成内容如图 7—6 所示。

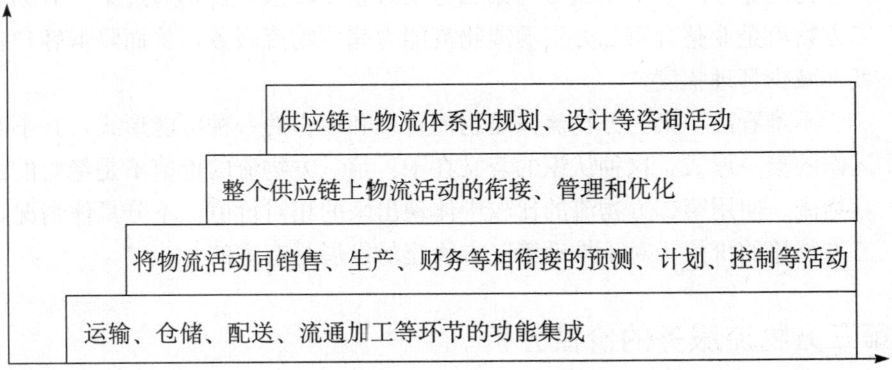

图 7—6　物流服务集成内容阶梯图

第三节　第三方物流的价值分析

一、第三方物流的价值

研究第三方物流的价值，实际上是解决一个第三方物流企业存在的合理性问题。有人认为第三方物流“增价不增值”，是多余环节。因此，认清第三方物流企业的价值，对于建立第三方物流企业的信心，推动客户实现物流业务外包，最终推动第三方物流市场的壮大，具有十分重要的意义。

实际上，第三方物流的价值是相对的。可供企业选择的物流模式有很多，并不只有第三方物流一种。企业可以根据自己的具体情况做出适合的选择。

1. 自营物流

对于一些企业，自营物流的存在有其必要性。一些企业的物流活动不是很复杂，物流活动波动不大，可以选择自营物流；一些企业的产品（如药品、冷藏品等）具有独特性，对设施和设备有特殊要求，也可以选择自营物流；有些企业，物流本身是其经营中最重要的竞争能力，也完全可以选择自营物流。例如，沃尔玛通过自营物流体现的创新，形成了低成本优势，增强了自己的竞争能力。

2. 直接使用第二方物流

直接使用第二方物流，是一个比第三方物流大得多的市场。几乎没有企业在物流运作过程中不需要外协，但它们往往直接与车队、仓库、货代或船运公司联系，自己完成物流能力整合而不是委托给第三方物流公司运作。实际上对于大多数的中小规模企业而言，物流活动不是很复杂，企业可以采取自己完成物流管理，而将操作层面外包给第二方物流的做法。

3. 使用第三方物流

使用第三方物流是一种比较新的物流外协形式，是物流外协的深化。企业在选择外包物流业务时，不是直接与第二方物流企业联系，而是通过第三方物流企业，由第三方物流企业整合第二方资源或物流能力完成物流服务，从而降低客户自己的管理难度，减少管理幅度。

不难看出，第三方物流只是物流管理和运作的一种可能形式，并不是物流管理和运作的唯一形式。这种认识的意义在于：第三方物流的价值不是绝对的，而是在与自营物流、使用第二方物流的比较中体现出来的相对价值。不分具体情况，一味强调第三方物流的价值，对于推动第三方物流的发展是有害的。

二、第三方物流服务的价值分析

现代物流的实质是企业在既定的客户服务政策下，以最低的费用完成产品价值的实现。因此，分析第三方物流的价值必须从物流的本质出发。对物流而言，客户服务水平是能力指标，最低费用是成本指标。第三方物流的价值是指第三方物流在能力和成本指标方面，以及特定的情况下，具备比较优势。第三方物流的价值分析如图 7—7 所示。

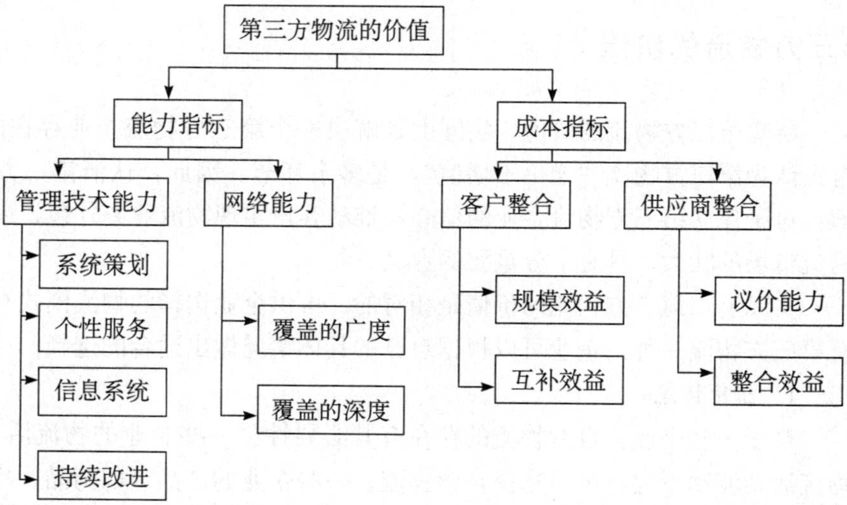

图 7—7　第三方物流的价值分析

下面，我们分别对管理技术能力、网络能力、客户整合、供应商整合进行分析。

（一）管理技术能力分析

管理技术能力是第三方物流相对于第二方物流最重要的特征，也是最重要的优势。具体体现在以下几个方面。

1. 系统策划能力

随着经济的发展和竞争的加剧，生产和服务的模式发生了很大的变化：从大规模标准化生产到小批量个性化、柔性化生产，从产品导向到客户服务导向。与这种变化相适应，物流的复杂性日益凸显。经济的全球化进程大大延伸了供应链在空间上的分布，全球采购、多基地协同生产、全球销售、全球服务等，将供应链延伸到全球范围，于是，相应的物流配套要在全球展开，物流在空间上的复杂性也日益增加。

由于物流在深度和广度上的大大延伸，物流系统策划的复杂性使其成为一个只有专家才能涉足的领域。一般的生产制造企业要依靠内部的力量完成系统策划变得越来越困难。第三方物流企业的物流系统策划能力是最体现其专业水平的能力，也是它作为专业物流整体方案提供者最重要的能力。

2. 个性服务能力

由于不同客户的产品特性、采购策略、生产计划、市场策略和客户服务水平、发展阶段都不相同，第三方物流企业一般在系统策划的基础上，为客户制定个性化的物流服务方案。

个性化服务能力是第三方物流区别于第二方物流的重要特点。第二方物流一般以大规模标准化服务为特色，针对客户的个性化服务能力不强，尤其是服务内容的弹性不足，不能满足客户的需求。而作为方案提供者的第三方物流服务，提供的是量身定制的个性化服务。

3. 信息能力

信息化是现代物流的重要趋势，更是现代物流赖以存在的基础。在企业信息管理系统中，物流是最核心的内容之一。目前大多数比较大的企业都有自己的企业管理信息系统（如 MRP、MRPⅡ、ERP 等），第三方物流企业必须有相应的系统同客户系统进行数据交换，才能保证物流管理的效率性和准确性。物流企业在信息系统方面的投入，可以降低客户企业在物流信息系统方面的投入压力。现在，许多大型第三方物流企业都将信息系统的建设作为保持行业领先地位的手段。

4. 持续改进能力

第三方物流企业为了保持自己在市场上的竞争优势，会不断地引进新的方法、设备，并不断地改进自己的管理和运作模式，以提供服务并降低成本，这种持续改进能力是第三方物流企业的一个显著特点。使用第三方物流服务，可以在自己无投入的情况下，享受来自第三方物流服务商的技术更新换代和管理提升。但目前，这一块的价值没有得到足够的重视，大多数物流企业还没有认识到持续改进能力的价值。

可以说，管理技术能力是第三方物流的核心价值，因为第三方物流可以凭借自己专业化的优势，帮助客户企业有效地挖掘第三利润源。

(二) 网络能力分析

网络化是现代物流的另一个趋势。现在，企业物流所需要的网络越来越细致（例如，门到门的服务或网络覆盖的范围越来越广；大型跨国公司的物流网络可能在全世界内分布）生产、制造和零售企业发现越来越难以驾驭自己的物流网络，在这种情况下，利用第三方物流的网络就成为它们的必然选择。

大型的第三方物流公司一般通过自建或整合社会物流资源，形成一定范围内的物流服务网络。而这些网络在提供一般性服务的同时，通常都可以根据客户的特殊需要提供个性化的服务，较好地满足客户的要求。

（三）客户整合能力分析

第三方物流企业一般会同时为一定数量的客户提供物流服务。在服务过程中对客户进行整合，通过降低成本来创造价值。

1. 规模效益

第三方物流通过为多个企业服务，实现管理和运作的规模效益。这一点与企业自营物流相比具有明显的优势。企业在自营物流时，其人力资源、设备能力、信息系统能力等可能得不到充分利用，管理成本相对比较高，而第三方物流企业通过多个客户业务的整合，达到规模经济，有效降低成本。

2. 互补效益

第三方物流企业一般在选择客户的时候，会考虑业务类型（如货物密度、物流活动区域分布、物流活动的季节性等）的搭配，通过轻重搭配、均衡物流、季节互补等手段，实现物流的互补效益。例如，安得物流在运作美的物流时，空调的季节性十分明显，冬季是明显的淡季，于是又开发了康佳、TCL 等冬季为物流旺季的彩电企业作为客户，实现了季节互补。

（四）供应商整合能力分析

第三方物流在对第二方物流进行整合的基础上为客户提供综合物流服务，在供应商整合环节，第三方物流企业仍存在降低成本的空间。

1. 议价能力

一般第三方物流企业同时拥有多个客户，其在对业务进行外包的过程中，与客户直接寻找第二方物流服务相比，一般有更大的议价能力，可以获得更加优惠的价格。

2. 整合效益

第三方物流企业一般通过将业务进行分类，然后分别发包给不同的第二方物流服务商，以取得整合效益。

对运输供应商的整合可以分为几种形式。

（1）按线路进行整合。不同的运输供应商有不同的优势线路，在优势线路上，不仅价位比较低，而且运输的时间也容易得到保证。按线路整合不仅可以用于陆上运输，而且可以用于海上运输。

（2）按环节整合。例如，一个完整的运输过程可能包括国际海运、内陆长途运输和市区配送，目前还没有一家公司在所有的运输环节上都有服务能力，即便有服务能力，一般也不会在所有环节上都具有价格优势。因此，应该根据不同的运输环节选择相应的有优势的服务商，以实现整合效益。

对仓储供应商的整合可以按地域整合，也可以按产品品种整合。

（1）按地域整合是在不同的区域选择在当地有价格优势的服务商提供服务。

（2）按产品品种整合，主要考虑仓库的专业性。例如，有些仓库在化工产品方面形成了规模和作业优势，可能成本相对较低；另一些仓库可能在电子产品方面有独特的设施，能够显著地提高作业效率并降低成本。因此，按产品种类整合就是要找到适合不同产品的特点并且有价格优势的仓库。

当然，整合过多的供应商可能会增加管理的幅度，加大管理的难度，从而降低服务水平并增加管理成本，因此，在整合供应商的过程中，必须综合考虑多方面的因素。但有一点是必须明确的：第三方物流企业通过整合第二方物流市场实现整合效益，是其增值的重要途径，必须引起重视。

值得注意的是，并不是所有的第三方物流企业都具有全部的优势和价值，一般会有所侧重。只为少数客户提供服务的第三方物流企业一般会重视其管理和技术能力，而对同时为很多客户提供服务的第三方物流企业而言，其成本优势将得到体现。

三、使用第三方物流的利益及负面效应

（一）使用第三方物流的利益

一个客户企业选择第三方物流，一般有以下考虑：一是自己没有自营物流的能力；二是出于物流成本方面的考虑，例如，若第三方物流拥有成本优势，则选择第三方是正确的；三是出于战略层面的考虑。具体的利益如下。

1. 提高物流能力的好处

（1）推动企业全球化。现代企业的采购、生产和销售在全球范围内进行，这也是经济全球化的具体特征和成果。为了配合企业的全球化战略，必须构建全球一体化的物流体系，而这套体系由企业自己完成是根本不可能的。因此，使用第三方物流可以加快企业的全球化步伐。

（2）采用新技术。随着现代物流管理和技术水平的提高，物流领域的新技术、新设备等层出不穷，第三方物流企业为了提高自己的竞争能力和专业化水平，经常会采用最新的技术和手段。采用第三方物流，客户企业可以在自己不增加投入的情况下，不断地获取最新的技术。

（3）加快市场响应速度。采用第三方物流，有助于更快地响应市场需求的变化，适应产品生命周期越来越短的挑战。

（4）提升信息处理和挖掘能力。信息化是当前经济发展的重要趋势，信息处理技术和手段、信息加工和挖掘技术成为企业提高竞争能力的重要手段。第三方物流企业将信息的处理和挖掘作为重要的信息服务项目。采用第三方物流服务，可以利用第三方物流的信息技术、信息分析、管理优化的能力，将原始数据转换为可指导工作的信息。

（5）提升企业形象。第三方物流提供者与客户之间是战略合作伙伴关系，它们为客户着想，通过全球化的网络使客户的供应链管理完全透明化，客户随时可通过互联网了解供应链的情况。第三方物流提供者是物流专家，利用完备的设施和训练有素的员工对整个供应链实现完全的控制，降低物流的复杂程度；通过遍布全球的运送网络和服务提供者（分承包商）大大缩短交货期，帮助顾客改进服务，树立自己的品牌形象。

2. 降低成本的好处

专业的第三方物流服务提供者利用规模生产的专业优势和承包优势，通过提高各

环节能力的利用率节约费用，使企业从中获益。根据对供应用车的调查结果显示，企业解散自有车队而代之以公共运输服务，不仅可以节省购买车辆的投资，还节省了车队仓库、发货设备、包装机械以及与员工有关的开支。

3. 战略层面的好处

（1）专注主业。客户企业能够实现自营优化配置，将有限的人力、财力集中于核心业务（如产品研发、市场拓展、工艺改进和产品制造）。有些企业甚至只有产品研发和市场推广两个功能，通过外包的形式获得物流和制造加工资源。例如，著名的耐克公司就是典型的成功案例。

（2）减少投资，降低风险。现代物流领域的设施、设备、信息系统等的投入是相当大的，而且由于物流需求的不确定性和复杂性，因此投资风险巨大。采用第三方物流服务，可以规避这些投资风险。

（3）建立本地关系。利用第三方物流的专家，可以帮助企业熟悉和适应政府的有关法规，并与政府保持良好的关系。同时，对于某些物流业还处于管制状态的地区，利用第三方物流服务，可以开展自身无法开展的物流业务。例如，在大多数城市，对市区配送业务都有限制，但有些第三方物流企业可以利用与政府的关系取得运营资质，因此可以通过使用第三方物流绕开某些业务的限制。

因此，使用第三方物流可能给客户企业带来多方面的利益。但与此同时，使用第三方物流也存在明显的负面效应。

（二）使用第三方物流的负面效应

第三方物流的负面效应分为两种：第一种是通过正确决策可以避免的负面效应；第二种是使用第三方物流所固有的负面效应。

第一种负面效应主要包括使用第三方物流可能带来服务质量的降低和成本的升高。这是我们以前强调过的，并不是所有的企业在任何阶段都需要使用第三方物流服务，如果不分具体情况，盲目使用第三方物流企业，则实际结果可能与预期背道而驰。但通过正确决策，这类负面效应一般是可以避免的。第二种负面效应是第三方物流服务中所固有的，一般是没有办法避免的。这类负面效应应注意的问题如下。

1. 对物流的控制能力降低

在与第三方物流企业的合作关系中，第三方介入客户企业的采购、生产、分销、售后服务的各环节，成为客户企业的物流管理者，客户企业对物流的控制能力大大降低，在双方协调出现问题的情况下，可能出现物流失控的现象，即：第三方物流企业不能完全理解并按客户企业的要求完成物流业务，从而降低客户服务水准。

这种控制能力的降低还表现在信息沟通上。由于物流服务由另一家企业承担，原来的企业内部沟通变成了两个企业之间的沟通，在沟通不充分的情况下，容易出现互相推诿的局面，影响物流的效率。

2. 客户关系管理的风险

在与第三方物流企业的合作中，最直接接触客户的往往是第三方物流企业，同时，它们往往拥有全面的客户信息，甚至是潜在客户的信息。因此，在客户管理的风险中，至少存在两类风险。

（1）削弱了与客户的关系。由于生产企业通过第三方物流企业完成产品的递送甚至售后服务工作，大大减少了与客户直接接触的机会，因此，减少了直接倾听客户意见和密切客户关系的机会，这对于建立稳定的客户关系无疑是非常不利的。

（2）客户资料有被泄露的危险。比削弱客户关系更加危险的是客户资料可能被泄露。在激烈的市场竞争中，客户就是上帝，客户资料对企业而言是最重要的资源之一，如果客户资料被泄露，其后果是难以想象的。虽然在第三方物流服务关系中，相互对对方的信息保密是重要的合作基础，但信息在越多的企业间共享，其泄密的可能性越大，第三方物流企业不仅要自己掌握信息，有时候还不得不与众多的第二方物流企业共享客户信息。

由此可见，使用第三方物流服务，客户关系管理存在很大的风险。

3. 企业战略机密有泄露的危险

物流既是企业战略的重要组成部分，又承担着企业战略执行的重担。因此，第三方物流通常对客户的企业战略有很深的认识，从采购渠道的调整到市场策略，从经营现状到未来的预期，从产品转型到客户服务策略，第三方物流企业都可能得到相关的信息。那些信息处理能力比较强的公司，其通过数据挖掘得到的信息往往连客户自己都不知道。因此，使用第三方物流服务，大大增加了企业的核心战略机密被泄露的危险。

4. 出现连带经营的风险

与第三方物流企业合作，一般是基于合同的比较长期的合作关系，双方一旦开展合作，要解除合作关系往往成本很高。但如果第三方物流企业经营不善，可能将直接影响客户企业的经营，特别是在和约解除的过程中，客户企业要选择新的物流服务商，并建立稳定的合作关系，往往需要很长的磨合期，有的甚至超过半年。在磨合期内，客户企业将不得不面对新服务商因对产品不熟悉、信息系统结合不好等造成的服务失败。这种连带经营风险应当引起足够的重视。另外，客户企业如果经营失败，也会使第三方物流企业受到重大损失，如为其投入的专用资产沉没等。

因此，在选择第三方物流服务商的过程中，供需双方都要考虑采用第三方物流的负面效应。特别是那些拥有核心商业机密的企业，或客户资源独特的企业，一般不会轻易使用第三方物流服务。第三方物流企业对客户企业的经营前景及经营思路也要有透彻的了解。

第四节　第三方物流的经营

一、第三方物流的服务产品特点

（一）第三方物流服务产品包含的内容

研究第三方物流的服务内容，不能从第三方物流的角度去考虑，而要从现代物流的源头——生产制造、流通零售的角度，分析它们的物流有哪些功能和环节，到底有多少环节是可以外包的。这些可以外包的内容就是第三方物流服务可以考虑的内容。

根据制造业对物流服务的需求，我们将物流服务产品分为五大类。

1. 运输服务

（1）运输网络的设计和规划。这是物流服务中技术含量最高的服务。特别是对于全球性的跨国公司而言，其采购、生产、销售和售后服务网络非常复杂，要设计一个高效且在某种程度上协同的运输网络是非常困难的。在技术比较先进的第三方物流公司中，一般都有专门的专家队伍，通过计算机模型完成运输网络设计工作。如果还要考虑工程和仓库（配送）等的选址问题，则复杂程度会进一步增加。

（2）“一站式”全方位的运输服务。这种运输服务是由物流公司完成多个运输环节的整合，为客户提供门对门的服务。例如，在国外非常流行的多式联运业务就是这类服务。

（3）外包运输力量。即客户在运输需求上，不是完全的外包，而是利用第三方物流公司的运输能力，由第三方物流公司为客户提供运输车辆和人员，客户企业自己对运输过程进行控制和管理。

（4）帮助客户管理运输力量。即客户企业自己拥有运输力量（如运输工具和人员），但在物流业务外包时，将这些运输能力转包给物流公司，由运输公司负责运输工具的使用和维护及运输人员的工作调配。在我国，企业大而全、小而全现象十分严重，大多制造企业都有自己的运输部门，采用由第三方物流管理客户企业运输工具和人员的做法，值得研究和推广。

（5）动态运输计划。动态运输计划是指根据企业的采购、生产和销售情况，合理安排车辆和人员，保证运输的效率和低成本。

（6）报关等其他配套服务。在国际物流业务中，会涉及报关等业务。目前，在国内，提供报关业务的一般有专业报关公司、国际货代公司、进出口公司，第三方物流公司本身拥有报关权的并不多，一般通过与报关公司的合作来为客户提供报关业务。

2. 仓储/配送服务

（1）配送网络的设计。配送网络的设计包括仓库定位、配送中心能力和系统设计等。是仓储/配送类业务中技术含量最高的领域之一。这部分服务功能可以作为独立的咨询项目存在，也可以作为物流服务整体方案的一部分。

（2）订单处理。订单处理是仓储配送类业务中最常见的第三方物流服务项目。客户企业负责在取得订单后，通过第三方物流企业完成拣货、配货和送货的工作。

（3）库存管理。库存管理是物流管理中最核心、最专业的领域之一，完整的库存管理包括市场、销售、生产、采购和物流等诸多环节。一般企业不会将库存管理全部外包给第三方物流企业，而是由客户企业自己完成库存管理中最复杂的预算和计划部分，但在库存管理的执行环节，第三方物流企业大有作为，例如，与仓储相关的库存管理主要涉及存货的统计、补货策略等。

在一站式物流服务中，第三方物流企业甚至可以通过对客户历史数据的挖掘，为客户库存管理提供专业化的建议。

还有一种关于库存管理的特殊的服务模式，即在涉及商流的贸易类物流服务中，物流企业根据客户企业制定的库存策略，自行完成特定产品的库存管理，也可以提供 VMI 库存管理服务。

（4）仓储管理。是最常见的传统物流服务项目。

（5）代管仓库。代管仓库是一种比较常见的合作形式。这种情况一般发生在客户企业自己拥有仓库设施，在寻求物流服务商的同时，将自己仓库的管理权一并交给物流企业。

3. 增值服务

增值服务是指根据客户的需求，为客户提供超出常规的服务，或采用超出常规的服务方法提供服务。创新、超常规、满足客户个性化需要是增值服务的本质特征。目前第三方物流企业提供的增值服务主要包括：

（1）物流延迟服务。延迟服务是一种先进的物流模式。企业在生产过程中，在生产线上完成标准化生产，但对个性化的部分，必须根据客户需求再进行生产或加工。我国许多第三方物流企业可以提供简单的延迟服务。

（2）零件成套。零件成套是将不同的零件在进入生产线之前完成预装配的环节。例如，汽车制造厂一并委托第三方物流企业管理企业零配件仓库，在零配件上装配线之前，可以在仓库内完成部分零配件的装配。

（3）供应商管理。第三方物流企业提供的供应商管理包括两类：第一类是对运输、仓储中提供物流服务的供应商的管理，即对第二方物流供应商的管理职能；第二类是对客户企业的原材料和零配件供应进行管理。供应商管理通常包括供应商的选择、供应商的供货、供应商产品质量的检验、供应商的结费等。

（4）代付运费。这实际上是第三方物流企业最常见的业务，在第三方物流服务过程中，由第三方物流企业代替客户付海运等费用。在国内，此类收费通常称作代垫代付费用。

（5）支持 JIT 制造。这是一种新型的第三方物流服务。在即时制生产中，第三方物流企业提供的服务包括即时采购运输和生产线的即时供货。

（6）咨询服务。第三方物流企业提供的咨询服务包括物流相关政策调研分析、流程设计、设施选址和设计、运输方式选择、信息系统选择等。

（7）售后服务。这是第三方物流的一个新服务领域，一般包括退货管理、维修、保养、产品调研等。

4. 信息服务

在发达国家，信息服务是第三方物流企业非常重要的服务内容。在我国，由于第三方物流企业的信息系统比较薄弱，因此提供这类服务有一定难度。

第三方物流企业的信息服务一般包括：

（1）信息平台服务。客户通过第三方物流的信息平台（如 EDI、XML），实现与海关、银行、合作伙伴等的连接，完成物流过程的电子化。我国有些城市目前正在推行电子通关服务，将来大量的第三方物流企业都要实现与海关系统的连接，客户可以借助第三方物流企业的信息系统，实现电子通关。

（2）物流业务处理系统。许多客户使用第三方物流企业的物流业务处理系统（如仓库管理系统、订单处理系统等）完成物流过程的管理。随着物流复杂性的增加和物流业务管理系统的完善，这方面的信息服务还会加强。

（3）运输过程跟踪。就目前的市场看，信息跟踪主要集中在运输过程的跟踪。在发达国家，通过GPS/GIS等跟踪手段，已经做到了对运输过程和订单的实时跟踪，例如，FedEx、UPS等快递公司都为客户提供全程跟踪服务。我国先进的第三方物流企业也实施了对运输过程的跟踪。

5. 总体策划服务

目前有一种倾向，就是将物流系统的总体规划内容作为第四方物流的服务范围，成为一个相当专业化和独立的领域。但在实际运作中，第三方物流企业一般不同程度地承担了为客户提供物流系统总体规划的工作。例如，上海华润物流公司就为一个美国客户提供了全套的物流解决方案，赢得了客户的青睐。为客户进行总体策划，提供物流解决方案，是赢得客户的前提。今后我们将重点研究这一问题。

（二）第三方物流产品的特点

1. 产品的个性化

如果将第三方物流服务看作一种产品，那么这个产品的最大特点是个性化，即几乎没有两个完全相同的物流服务项目。物流服务的个性化源于物流需求的个性化。这也是第三方物流与第二方物流最大的不同。

2. "每个客户都是重要的"和100%的服务

第三方物流产品有别于一般的产品服务，与传统的储运类业务相比也有很大的不同。

（1）每个客户都是重要的。一般的有形产品的客户服务会根据该客户的销售额、信用记录、发展潜力等对客户进行分类，对不同类型的客户提供不同水平（如订货提前期的长短、订单满足水平的高低、信用额度的大小等）的客户服务。对销售额大、信用记录良好、发展潜力大的客户，要提供最好的客户服务。这个过程就是客户服务政策的设计。

然而，对于第三方物流的客户服务，却不能使用这一政策。因为第三方物流合作双方体现的是一种战略性合作关系，每个客户都是战略合作伙伴，每个客户都是重点客户，不适用"20/80"管理原则。这个道理虽然简单，但在实践中很难做到，特别是从传统物流业务转型过来的物流企业，一般认为客户就是不一样的，平等对待是不可能的。要知道，虽然客户不同，但第三方物流的合作关系是相同的，那就是战略合作伙伴关系。

当然，强调"每个客户都是重要的"，是针对第三方物流业务而言的。对于一般物流企业而言，可能其客户群体中，很多客户不是战略层面上的合作者，客户对物流公司的依赖度也不高，这就存在区别对待的问题。但这种业务不是现代意义上的第三方物流业务。

(2) 100%的服务。在有形产品的客户服务和第二方物流服务中，一般来讲，客户订单的履行水平不会达到100%。因为要维持高的订单满足水平，成本会很高，第二方物流企业在自身能力有限的情况下，经常会拒绝客户的订单，例如，车辆不足可以拒绝装货；舱位不足可以甩箱。但在第三方物流的合作中，客户的每个服务申请都必须100%完成。这与传统的物流服务项目是有本质区别的。这是因为：

1）在第三方物流的合作中，客户企业对第三方物流企业有高度的依赖性，客户使用的第三方物流企业大多是唯一的，如果拒绝客户申请，会使客户陷入困境。

2）第三方物流企业是通过整合社会资源来提供物流服务的，一般不会存在能力不足的问题。100%完成客户的服务订单，是"每个客户都是最重要的"这一观点的具体体现。

二、如何开发第三方物流产品

(一) 客户物流需求分析

我们将用层次分析法，对物流外包从三个需求层次（外包动因、外包层面、外包内容）进行分析，这三个物流需求层次与物流解决方案的层次是对应的（如图7—8所示）。

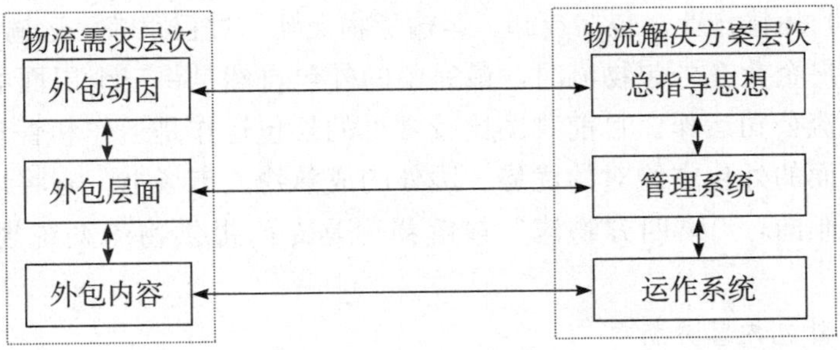

图7—8　物流需求层次分析

1. 外包动因分析

了解客户物流企业业务外包的动因对于制定物流方案、确定物流指导思想非常重要。

客户选择第三方物流企业，一般关注的焦点有以下几个。

(1) 关注成本型。这类客户在选择物流服务商时，最关注的是成本问题，即：希望通过合作降低成本。这类客户关心的往往不是大幅提高自己的客户服务水平，而是如何在现有的客户服务水平基础上降低成本。因此，在进行方案总体规划时，要特别注意成本的控制。

(2) 关注能力型。这类客户关注的不是成本降低的问题，而是通过第三方物流企业的能力，提高自己的客户服务水平。附加值比较高的产品，或刚刚进入市场的产品，往往出现这种情况。例如，一般的IT类产品往往通过空运的方式提高订单的响应速度，提高客户满意度。

（3）关注资金型。这类客户一般资金不足或比较关注资金的使用效率，不希望在物流方面投入过多的人力和物力。面对这类客户，第三方物流企业要充分展示自己在物流方面的能力和投资潜力，同时，如果能提供垫付货款或延长付款期限的物流服务项目，将赢得客户的青睐。

（4）复合关注型。这类客户选择服务的动因往往不止一个。严格来讲，大多数客户选择物流的动因都是复合关注型的，而物流公司一般也是在综合考虑多个因素后，形成一个折中方案。

对外包动因的分析决定了物流方案的总体设计，同时，也决定了在推介方案时要重点向客户展示哪些内容。

2. 外包层面分析

客户的物流体系可以分解为不同的层面（如决策规划层、管理层和运作层），不同的层面解决不同的问题。决策规划层关注的是长期对物流绩效有重要影响的问题；管理层侧重于物流过程的组织、计划和协调等；运作层关注的则是具体物流活动的安排、计划和协调等。下面以运输为例，说明不同层面任务的区别。

（1）运输规划。重点解决运输网络设计、运输方式的选择问题。

（2）运输管理。包括供应商的选择、评估，运输合同管理、运费谈判、动态运输计划等。

（3）运输作业。包括装卸、运输货物交互、过程跟踪、运输设备管理等。

客户企业在外包物流时，最完整的外包自然是将三个层面的业务作为一个整体包给物流公司运作。目前我国比较常见的外包运作是运作和管理层面的外包，其中运作层面的外包占绝对的优势。国外的成熟物流市场上，有将规划层面的外包独立处理的倾向，“第四方物流”被解释为是专门提供物流系统规划和供应链整合服务的。

3. 外包内容分析

外包内容解决物流服务中涉及的具体活动、环节等问题。关于可能外包的内容，前面已经做了较全面的分析，在此不再赘述。

获得客户外包内容的途径一般有两种：一种是客户自己将物流需求列出来；另一种是客户对自己的物流需求没有明确的定义，需要第三方物流服务企业通过调研获得。

第三方物流企业在调研客户的物流需求时，一般应事先准备好问题集，在调研过程中，可以比较全面地了解和记录客户的物流需求。

（二）客户物流服务方案的制定

制定客户物流服务方案相当于具体的产品设计，是第三方物流中最体现管理水平、策划能力和技术含量的环节，也是赢得客户的关键所在。一个完整的物流服务方案包括众多的过程和环节，这里我们主要研究制定物流服务方案的方法。

客户物流服务方案的制定包括三个阶段，即调研阶段、创新阶段和实施阶段。

1. 调研阶段

在这一阶段，要在对客户需求进行详细分析的基础上，对具体的物流过程进行分析。内容包括：

（1）对现有的物流过程进行描述。

（2）评价现有物流体系的绩效。

（3）与本行业先进企业的物流实践进行对比。

在调研的基础上，通过一系列指标对物流体系的绩效进行衡量，发现现有物流体系存在的问题和不足，找出需要解决的问题。

2. 创新阶段

找到现有物流体系的问题，就明确了创新的方向。创新的手段包括：

（1）简化式创新。例如，省略或合并某项物流活动或环节。

（2）优化式创新。采用一些决策支持系统对物流体系进行重新设计（如配送网络设计、动态运输设计等）。

（3）模仿式创新。将国内外相关企业先进的物流实践，结合客户企业特殊的情况进行创新。

创新阶段是方案制定过程中最具战略色彩的阶段。我国的第三方物流企业由于自身的创新能力不足，很难为客户企业提供创新的物流方案，目前主要委托高校的研究机构和一些咨询公司进行物流创新。

3. 实施阶段

主要内容是方案的实施设计。主要包括：

（1）过程的系统化。即：将方案的细节描述出来，便于实施人员学习和参照。集中体现过程系统化的文件是物流服务计划书。为了更好地规范物流管理和作业，还应将标准操作流程按岗位进行拆分，形成工作指南（如运输人员工作指南、仓储人员工作指南等）。

（2）过程自动化。实际上是选择或开发合适的信息系统，实现物流管理和运作过程的自动化。这不仅解决了工作效率问题，而且可以规范管理和运作的过程。

（3）人力配置。在过程系统化和标准化的基础上，设计组织结构、岗位职责等。

三、如何持续改进第三方物流产品

（一）物流服务产品持续改进的意义

物流服务的持续改进如同制造业产品的更新换代，对于第三方物流企业具有重要的意义。具体表现在：

1. 建立长久的客户关系

第三方物流企业在同客户的合作过程中，不断地利用自己的专业化优势，为客户改进物流服务，以提高服务的质量，降低成本。客户只有不断感受到第三方物流企业的专业化水平带来的效益，才会强化双边的信任关系。

2. 持续改进能力可以作为重要的竞争手段

同产品创新可以作为重要的竞争手段一样，物流服务的持续改进可以不断提供差异化的服务，以区别于竞争对手，形成竞争优势。

（二）物流服务产品持续改进的内容

物流服务产品持续改进的内容是多种多样的。有局部的完善，也有整体的重组；有设施设备的改进，也有系统的更新。我们通过图 7—9 说明物流持续改进的内容。

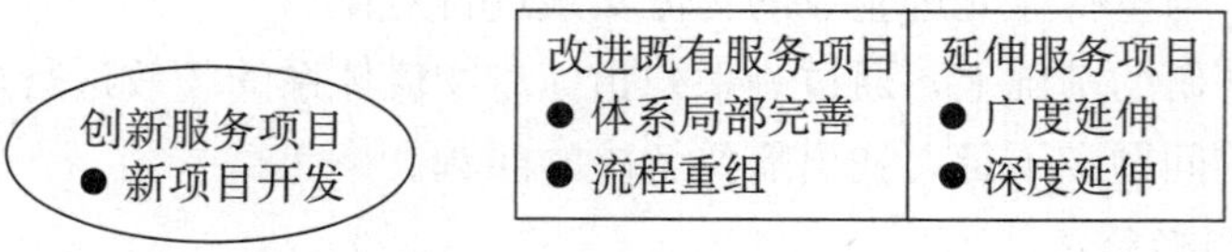

图 7—9　物流持续改进的内容

根据图 7—9，我们可以将物流服务产品的持续改进分为内涵型、外延性和开发型三种。

1. 内涵型持续改进

内涵型持续改进是对现有体现的完善。根据改变的程度和产生的影响，可以分为：

（1）体系局部完善。即对物流的某些环节进行改进（如包装材料或包装方式的改变、运输跟踪体系的完善、仓库库位管理的科学化等），产生的影响一般也在局部范围内。

（2）流程重组。流程重组型持续改进一般会对物流服务的体系进行重新设计，其影响是全局的。

2. 外延型持续改进

外延型持续改进是指在原有服务的基础上拓展新的服务内容。根据拓展方式的不同，可以分为：

（1）广度延伸。指在物流服务环节上的延伸。例如，由一般的仓储管理向运输、管理一体化发展，由货代业务向综合物流业务发展等，都体现为物流服务环节的增加。

物流服务环节的增加，意味着第三方物流可以整合的内容增多，优化的空间增大，一般会比原来的服务取得更好的效果。

（2）深度延伸。是指在物流服务的一个项目或环节上进行深化，往往表现为提供一些新的增值服务项目。例如，在一般仓储管理的基础上，对货物的进出进行统计，为市场预测和库存计划提供依据，就属于深度延伸。

3. 开发型持续改进

开发型持续改进是指开发出全新的物流服务项目。这是物流服务持续改进中最难的一种。因为这类改进相当于新产品的开发，一般没有可借鉴的经验。例如，UPS 开发的代收货款这种融入金融因素的物流服务形式，受到客户的青睐。

四、第三方物流企业的客户服务

（一）第三方物流客户服务的独特性

物流的核心功能包含着客户服务。采用第三方物流的合作形式，就意味着客户企业通过物流公司完成它们的客户服务工作。因此，第三方物流企业的客户服务具有两个含义：一是代替客户企业为它的客户服务；二是针对客户企业的客户服务。

为客户企业的客户提供服务，至少形成了第三方物流服务企业的以下两个特点：

（1）第三方物流企业需要深刻理解客户企业的客户服务政策，在特殊情况下，甚至参与客户企业的客户服务政策的制定。

（2）第三方物流企业服务水平的高低，不仅取决于客户企业的评价，而且取决于客户企业的客户评价。

关于第三方物流企业如何为客户企业的客户提供服务，可以参照一般的客户服务。这里重点介绍物流企业是如何对直接客户进行客户服务的。

（二）客户关系及客户服务水平定位

第三方物流从一开始就是作为客户企业的战略联盟伙伴出现的，因此，第三方物流企业与客户企业必须体现为一种互惠双赢、长期发展的战略合作伙伴关系。这种关系具有以下几个鲜明的特点。

1. 双赢的原则

第三方物流与客户表现为一种双赢的合作关系，这是最基本的原则，也是战略合作关系赖以生存的基石。在美国和欧洲等相对成熟的市场中，双赢的原则是为第三方物流合作各方所接受的，但在我国，这种双赢的理念尚在推行中，接受还存在一定的困难。有些物流企业或客户企业存在“唯利是图，不管其余”的倾向，使很多第三方物流合作关系不能长久地维系，往往过分考虑自身的利益，而忽略了合作伙伴的利益。尤其是客户企业，往往利用目前物流市场的卖方优势，不断要求物流公司降价，造成物流公司收益降低，发展后劲不足，合作积极性不高。

双赢原则执行的好坏，不仅关系到合作关系能否长久维持，而且关系到合作双方经营的成败。在宝洁和宝供的合作中，双方坚持双赢原则：宝洁向宝供支付相当的服务费用，使宝供能从这里起飞和快速扩张，成为中国著名的第三方物流公司；宝供尽心地为宝洁服务，其老总为了做好宝洁的服务，在第一单业务中，曾亲自飞往上海跟踪货物的运输，使宝洁迅速地拓展了在中国的市场。这是双赢原则在中国得以执行的著名案例。

2. 服务的柔性化和个性化

柔性化和个性化是第三方物流区别于第二方物流的最重要的标志。第二方物流一般以提供标准化物流服务（如公共仓库、快递服务等）为主。而第三方物流提供的则是个性化的服务，尤其是客户企业的产品、市场策略、行业、管理模式等不同，决定了第三方物流合作方式的多样性。

在典型的第三方物流项目合作过程中，物流公司一般为客户配备专门的服务小组，服务小组的有些工作要在客户企业的作业现场甚至办公室进行。在信息系统方面，第三方物流企业一般会采用与客户兼容的系统，有些还根据客户需要，为客户单独制定信息系统。

很多从传统物流企业转型过来的物流企业，对第三方物流服务的柔性化和个性化没有正确的理解，往往采取以我为主的服务模式，要求客户按自己的标准操作，这不符合第三方物流的特点，也自然不可能做好服务。在与宝供合作之前，宝洁曾与广州的一些大型国有企业有过合作，但因它们不能满足宝洁的 24 小时出货、货物运输全程监控等要求，合作以失败告终。

3. 合作的战略性

对于生产、制造企业而言，第三方物流的合作是一种战略层面的合作，这是因为第三方物流企业既是客户企业物流战略的重要组成部分，又是企业战略的重要实施者。客户的市场、销售、生产、客户服务等，都需要第三方物流企业的配合，同时，第三方物流企业还掌握客户企业最重要的战略信息（如客户资源、市场策略、产品特性、发展战略等）。因此，第三方物流企业实际上是客户企业成功的一个关键环节。我国的许多企业认识不到第三方物流的战略意义，有些跨国公司的中方管理人员将第三方物流企业等同于一般的车队，这对第三方物流合作伙伴不公平，对自己的企业来说也是危险的。

（三）客户投诉处理体系和客户服务的 KPI 体系

1. 客户投诉处理体系

在第三方物流企业的服务中，差错或意外是不可避免的，对差错和意外的管理水平，有时比正常的服务更能显示一个公司的能力和素质。一般物流公司设有专门的机构（如对外的客户管理部门和对内的审计监督部门）来处理差错和意外。

客户服务部负责的工作主要包括：

（1）记录、处理、跟踪一般性客户投诉，并提出改进服务的建议。

（2）开展客户满意度调查。

（3）组织召开客户服务协调会。

（4）建立并完善客户服务体系。

一般客户投诉的处理程序是：

（1）投诉受理。

（2）投诉调查。

（3）提出处理意见。

（4）记录处理结果。

（5）了解客户反馈。

在客户投诉处理的各阶段，都需要在客户投诉登记表上登记投诉处理进程。

2. 客户服务的 KPI 体系

建立物流服务 KPI 体系的目的，是对物流公司的运作管理建立评价和考核的标准。其主要作用在于：

（1）衡量客户服务水平的高低。物流服务 KPI 指标可以有效地衡量客户服务水平的高低，尤其将该指标体系同行业标杆企业的服务指标进行对照，可以发现自身的不足，并明确改进方向，不断提高服务水平。

（2）作为内部绩效考核的依据。通过建立物流服务 KPI 指标体系，可以完善企业内部岗位和部门的考核体系，完善内部管理。

（3）作为对供应方考核的依据。物流企业在运作过程中一般都采用外协的方式，KPI指标体系可以用来对物流供应方的业绩进行考核。表7—2是物流服务KPI指标系统的构成。

表7—2　　物流服务KPI指标系统的构成

仓库管理和操作指标体系	库存准确率；入库准确率；出库准确率；仓储破损率
运输服务指标体系	发货及时率；到货及时率；返单及时率；客户投诉率；客户满意度；破碎频率；破碎度；订单完成率；急单完成率
数据录入工作评价指标	数据录入及时性；数据录入准确性
进出口业务评价指标	报关及时性；单证处理及时率；订单处理正确率
费用结算评价指标	费用结算及时率；费用阶段准确率

五、第三方物流的供应商管理

供应商管理是我国第三方物流发展现阶段最重要的课题。许多第三方物流企业由于供应商的违规操作，导致其经营失败。所以，我们要充分认识供应商管理的重要性，对供应商的管理及合作关系进行定位，研究供应商管理的模式。

（一）物流供应商管理的意义

1. 从物流本身的供应链看供应商管理的意义

我们知道，物流是供应链的一个组成部分，实际上物流本身也存在一个供应链。在第三方物流的概念里我们看到，第三方物流在物流的供应链中处于中间位置，其一端连着客户，另一端连着供应商（如图7—10所示）。

图7—10　第三方物流企业在物流的供应链中的位置

第三方物流企业整合第二方物流的资源和能力，并在此基础上提供服务，因此，作为供应商的第二方物流在第三方物流的业务中起着非常重要的作用。但供应商要在第三方物流业务中发挥作用，必须按照第三方物流企业的服务标准和要求从事物流业务，这中间的管理、控制和协同是保证物流服务完美无缺的最重要的环节。因此，从物流自身的供应链的角度看，第三方物流企业必须对其供应商进行有效的管理。

2. 我国第二方物流市场整体水平的落后决定了供应商管理的特殊意义

在欧美发达国家，第三方物流是在第二方物流充分发育和成熟的基础上自然出现的，因此，第三方物流在整合供应商的过程中，并没有出现特别突出的问题。特别是有些第三方物流公司，本来就是在大型的运输、仓储企业的基础上分离出来的，因此对第二方资源的整合就更加没有问题。

在我国，第二方物流市场还没有发育完善，第三方物流的概念和运作模式就导入进来了，因此，第三方物流要对第二方物流进行整合就面临很大的困难。例如，我国至今没有形成具有全国性品牌的运输网络体系、配送体系和公共仓储体系，其配套的功能（如货代、报关、流通加工等）也没有建立起完善的行业运作规范和树立起品牌、服务意识，因此，要依靠第二方物流提供完善的物流服务，现阶段是很困难的。忽视对第二方物流供应商的管理，对第三方物流服务来说无异于自杀。

在第三方物流服务的所有要素中，对供应商（第二方）的控制是最难的。这可以用木桶理论来解释。因此，对供应商的管理和控制水平是第三方物流获得成功的关键因素之一。

（二）物流供应商的分类及合作关系定位

依据不同的标准可以对供应商进行多种分类。例如，根据提供服务的功能不同，可以将供应商分为运输供应商、仓储供应商、货代供应商等。这里给出一种新的与合作关系定位密切相关的分类方法——合作定位法。合作定位法是根据双方在合作过程中定位的不同来划分供应商的，这种分析方法对研究供应商的管理具有重要的指导意义。根据合作定位法，可以把供应商分为以下几类。

1. 公共平台型供应商

公共平台型供应商的特点是提供网络化服务，服务的特点是规模大，标准化程度高。典型的公共平台型供应商一般具备：（1）拥有网络的车队；（2）公共型仓储系统；（3）公共型配送系统；（4）大型海运公司；（5）邮政及大型快递公司等。

这类平台型供应商一般规模很大，品牌好，拥有大量的直接客户，对第三方物流没有依赖性。一般的第三方物流企业只能利用它们的标准化服务，很难要求它们提供个性化的服务。在合作关系上体现为一般性的合作，第三方物流企业一般不能介入它们的管理。

2. 整合型供应商

这类供应商（如大量的小型车队、没有网络体系的仓库等）的自身规模比较小，管理能力和独立开发市场的能力比较弱，对第三方物流企业具有依赖性。

对这类供应商，第三方物流企业可以将它们纳入自己的管理和运作体系，作为第三方物流服务中个性化部分的重要执行者。例如，第三方物流企业在客户工厂内的搬移、运输、打包等业务，都可以借助这类供应商完成。

3. 战略联盟型供应商

战略联盟的一个很重要的基础是合作双方实力相当，并呈现某种互补性。根据互补形式的不同，可以将战略联盟的供应商分为两类：第一类是能力互补型供应商；第二类是地域互补型供应商。

能力互补型的供应商，主要是指第二方物流供应商中的车队、仓储企业等。与可以整合的供应商不同，这类供应商一般规模中等，具有相对独立的客户群，但由于实力同公共平台型供应商相比还有很大的差距，因此一般对与第三方物流企业的合作具有浓厚的兴趣。目前在我国这类合作关系已经出现，作为一种联盟形式，值得探讨。

4. 地域互补型供应商

这类供应商本质上也是第三方物流企业，只不过其网络覆盖范围在另外的地域。这类供应商是第三方物流企业在业务扩张过程中经常使用的，其模式在第二方物流市场中广泛存在，例如，大型船队达成的网络共享协议，货代企业在海外的代理等，都是地域互补型的供应商合作模式。

从合作关系上看，这类战略联盟型的合作一般体现为一种比较平等的关系。在服务质量和工作流程中，会采取共同的标准；在市场开拓过程中，一般也采取联合营销的方式。

（三）基于战略联盟的供应商管理

1. 联盟型供应商的选择

为了保证联盟型供应商的质量，在建立合作伙伴关系前，一般要经过严格的程序。具体的选择过程包括下面几个阶段。

（1）意向探求。对目标供应商进行初步考察，并探求其合作意向。

（2）资质调查。对有明确合作意向的供应商进行资质调查，审核其包括营业执照在内的各种资质文件。

（3）实力调查。对通过资质审查的供应商进行资金实力、设备能力等的调查。

（4）服务质量和管理水平调查。对实力达到要求的供应商，进行服务质量和管理水平的调查。

（5）试运行。对资质、实力和服务质量等符合条件的供应商进行一定时间的试运行。

（6）签订正式的联盟合作协议。在试运行中，若双方对合作比较满意，则签订正式的联盟合作协议。

2. 联盟型供应商的管理

为了保证联盟运作的高效率，必须对联盟进行有效的管理。

（1）签订联盟合同及协议。联盟单位必须签订联盟协议，以规定各自的权利和义务，尤其是对合作中的利益分配等敏感问题，要详细说明。

（2）建立互派质量监督及业务指导员制度。如果有必要，可以向联盟方派驻质量监督和业务指导员。在新项目运作初期互派质量监督和业务指导员，以保证协作的顺利实施。

（3）建立联盟考核制度。联盟内部要定期考核，对考核不合格要进行警示，对严重违反联盟协议的单位，要取消合作。

（4）开展定期培训。联盟要定期组织培训，培训的内容包括针对高层管理的企业管理和经营战略培训，针对职能部门的业务和技能培训。

（5）实施“五个统一”的计划。在合作比较好的基础上，联盟可以向一体化的方向发展，具体表现为“五个统一”，即统一经营理念、统一技术水平、统一服务标准、统一单证格式、统一业务流程。“五个统一”实施后，联盟将逐步向一体化方向发展，以此大幅提高物流联盟的协同能力。

练习题

一、单选题

1. 物流企业与生产制造企业、流通企业的不同在于（　　），其事业主体的内容不同。

A. 以产品的加工制造为主　　B. 以媒介商品交换为主

C. 以物流活动和管理为主　　D. 以供应链管理为主

2. 目前中国的第三方物流企业以（　　）为主。

A. 为少数客户提供低集成度的服务　　B. 为多数客户提供低集成度的服务

C. 为少数客户提供高集成度的服务　　D. 为多数客户提供高集成度的服务

二、多选题

1. 第三方物流企业提供的服务是（　　）服务。

A. 一体化　　B. 专业化

C. 个性化　　D. 基础化

E. 公共化　　F. 分散化

2. 第三方物流企业的增值服务主要包括（　　）等。

A. 物流延迟　　B. 零件成套

C. 供应商管理　　D. 代付运费

E. 咨询服务　　F. 售后服务

三、判断题

1. 第三方物流企业一定要掌握物流运作的核心资源。（　　）

2. 物流外包是将物流活动包给第三方物流企业。（　　）

3. 第三方物流的服务对象可以分为 A、B、C 三类，对不同的对象提供不同的服务。（　　）

4. 发展第三方物流是物流企业发展的需要。（　　）

四、简答题

1. 说明物流企业与企业物流的不同。

2. 说明第一方、第二方、第三方、第四方物流的不同。

3. 第三方物流企业是如何创造规模效益和互补效益的？

4. 使用第三方物流有哪些负面效应？

5. 选择第三方物流进行外包有哪些好处？

6. 第三方物流产品的内容主要包括哪些？与第二方物流产品有哪些不同？

7. 简述第三方物流客户服务的特点及与客户关系的定位。

8. 第三方物流的供应商管理的重要意义是什么？

五、论述题

1. 请阐述我国物流市场的特征及发展趋势。
2. 请说明制定客户企业的物流解决方案的方法。

案例分析一

宝供物流企业集团

宝供物流企业集团有限公司（P. G. Logistics Group Co.，Ltd）创建于1994年，总部设在广州，是国内第一家经国家工商总局批准以物流名称注册的企业集团，是中国最早运用现代物流概念为客户提供物流一体化服务的专业公司，也是目前我国规模最大、最具影响力、最领先的第三方物流企业。自创办以来，宝供一直致力于推动中国现代物流的发展和进步，宝供模式已成为中国现代物流发展的主流模式。目前，宝供集团已在全国65个城市设有7个分公司、8个子公司和50多个办事处，形成了一个覆盖全国并开始向美国、澳大利亚、泰国和香港等地延伸的国际化物流运作网络和信息网络，与国内外近百家著名企业结成战略联盟（其中包括宝洁、飞利浦、联合利华、安利、通用电气、松下、三星、东芝、LG、壳牌、丰田、雀巢、卡夫等52家世界500强企业），为它们提供商品以及原辅材料、零部件的采购、储存、分销、加工、包装、配送、信息处理、信息服务、系统规划设计等供应链一体化的综合物流服务。2002年12月，宝供集团被中国物流与采购联合会命名为“中国物流示范基地”，成为入选的唯一第三方物流企业。同时也是中国物流百强企业、中国5A级物流企业。

2004年，宝供集团以其雄厚的实力及现代物流经营理念，取得了当时广州——上海（现改为深圳——上海）行邮特快专列的独家经营权，该专列全程按特快客车运行图运行，可为各企事业单位提供行李、包裹、邮件及其他大宗货物的铁路快速运输服务、区域接取送达服务以及包括储存、包装、装卸、配送、物流加工、信息咨询等一体化服务内容的综合物流服务。

宝供集团汇聚和培养了一大批熟悉中外文化、深谙现代物流和供应链管理内涵、具有丰富运作经验的员工队伍。目前，集团有员工1 700多人，管理人员占总人数的12.3%；工程技术人员占总人数的23.6%，员工中拥有大学以上学历的比例达到70%。集团拥有包括教授、博士、硕士在内的高层次、高素质的专业人才，还聘请国内外大批物流领域的资深人士组成专家顾问团，提高了企业的咨询、决策水平。宝供集团的业务范围包括物流规划、货物运输、分销配送、储存、信息处理、流通加工、国际货代、增值服务等一系列专业物流服务。2006年，宝供集团主营物流服务收入超过15亿元。

宝供集团是国内第一家将工业化管理标准应用于物流服务系统的企业，并全面推行良好生产规范（Good Manufacture Practice）质量保证体系和标准作业程序（Standard Operation Procedure），宝供集团的整个物流运作自始至终处于严密的质量跟踪及控制之下，确保了物流服务的可靠性、稳定性和准确性。2004年，宝供集团的货物运作可靠率达到99%，运输残损率为万分之一，远远优于国家有关货物运输标准。宝供集团具有强烈的社会责任感，热心社会公益事业。从1997年起，宝供集团在国家经贸委等部门支持下，每年出资组织召开一次“中国物流技术与管理发展高级研讨会”，邀请中外物流界的专家、学者、政府主管部门的领导以及物流企业的管理者交流、研讨、传播现代物流知识及理念，迄今已成功举办了12届研讨会，引起了社会各界的普遍关注；1999年，捐资兴建了汕头市塘西学校运光礼堂，之后几年，在教育方面的捐资合计近400万元；2000年，发起设立了中国第一个公益性的“宝供物流奖励基金”，每年斥资100万元表彰奖励在物流领域有突出贡献的人士；鉴于目前国内物流人才短缺，宝供集团还与清华大学珠海科技园合作，共同创办了物流管理培训中心，为社会培养并输送优秀的物流人才。

资料来源：宝供物流企业集团有限公司的《集团简介》，见 http：//www.pgl-world.cn/about.asp，2006年1月1日。

讨论题

1. 宝供集团的服务内容有哪些？与其他传统物流企业有什么不同？
2. 宝供集团的客户主要有哪些？它们属于哪类企业？
3. 宝供集团的供应商有哪些？它们是如何管理的？

案例分析二

欧洲的第三方物流服务

第三方物流（3PL）作为一个外包服务行业，在欧洲已经有好几百年的历史。物流领域的许多著名的企业在中世纪就已成立，提供组配、仓储、运输以及在几百个公国和侯爵领地之间的通关服务。这些历史悠久的服务商已经成长为像Schenker、Kuehne & Nagle和Danzas那种规模的企业，为欧洲大多数制造企业、零售商和批发商提供物流服务。

现在欧洲第三方物流企业的行列里已经加入了诸如Ryder物流、BAX环球、Penske物流、Schneider物流和UPS环球物流等以美国为基地的公司。这些后来者发现，如果能够提供差异性服务，欧洲仍然有很多的发展空间。

目前，第三方物流在欧洲的比重要远远大于美国。根据UPS环球物流提供的资料显示，在欧洲1 290亿欧元的物流服务市场中，约1/4（310亿欧元）是第三方物流，而美国的比重远远低于1/10。

第三方物流在欧洲真正启动是在20世纪80年代末和90年代初。新开设的欧洲配送中心（EDC）认识到第三方物流服务更具灵活性，并且只有提供多样性服务才能满足新成立的欧洲联盟的需求。欧洲第三方物流企业运作的EDC数量在90年代出现激增。目前，如有一家欧洲公司运作自己的EDC，则另有10～12家将物流运作交给3PL。

欧洲推动第三方物流的发展是企业期望节省投资，将精力放在主要核心的竞争方面，希望利用3PL的杠杆作用，降低分销总成本和改善服务。

3PL得以发展的另一个主要原因是在欧洲运作配送设施成本很高，需要很高的管理水平。欧洲劳动力支出较高，工会会费和税负较重，还有法规和经营限制。欧洲的物流经营成本达到美国的2倍。所以，那些在欧洲开设分支机构的公司选择第三方管理和经营物流设施，3PL企业得到不断扩大。

众多企业争相进入欧洲物流市场，表明对这个市场潜在的增长有较大的信心。当全球经济一体化打破了欧洲传统的内向核心，销售非欧洲商品成为高潮。跨国公司在欧洲大陆迅速扩大市场，带来物流需求。同时，欧洲联盟的出现及其欧洲内部的贸易方式迫使当地和区域的制造业涉及多个市场，他们也需要有经验的第三方物流公司帮助其管理不断变化的配送网络。

物流需求的膨胀导致了欧洲物流服务供应商剧增，由传统货运商转变为物流企业、基于美国的第三方物流、国家垄断和专有的货运业转来的第三方物流。在未来的几年里，这些第三方物流给欧洲带来了范围广泛的创新服务。

欧洲的第三方物流公司及其提供的服务与美国的第三方物流有很大的差异。欧洲第三方物流公司主要有以下三种。

1. 服务范围广泛的大型物流企业

最高一层的大型物流企业为制造商提供范围广泛的服务，包括制作的不同语言的标签和包装，帮助这些制造商在欧洲的不同市场进行销售。在这一层次里，有一些处于领先和经营良好的欧洲物流公司，也有总部设在美国的物流公司，如Ryder物流、UPS环球物流、Schneider物流。Schenker国际物流是德国Schenker国际集团的分支机构。Schenker公司在欧洲各个主要市场从事转运、仓储、运输。这家公司在鹿特丹新开设的一座一体化物流中心面积达32万平方英尺（合2.97万平方米），将作为欧洲一个基础配送中心，负责到达的货柜和海空运再拼柜、运往欧洲客户的货运集配以及库存管理。这个物流中心同时也是一个执行增值活动的中心，如装配、包装、产品定制等。

总部设在美国的大型第三方物流公司有Ryder物流、UPS环球物流、Schneider物流等。Ryder物流在欧洲是一家非自有资产型的第三方物流企业，提供运输、物流管理、包装、轻型装配、订单执行、营销规划、商店陈列和其他许多特定的服务。Ryder的物流服务遍及欧洲12个国家，共有2 000名雇员。

然而，Ryder与其他同类的第三方物流企业一样遇到了新的挑战，如欧洲大陆的第三方物流，不同的市场需提供不同的服务，不同市场之间有很大的差异。例如，在法国、荷兰和德国提供精确的外包物流服务，重点在于技术性和供应链；在地中海国家，公共交通设施不如上述国家发达，服务的重点在于运输和仓储；在东欧国家，公共交通和通讯设施不发达，企业需要的第三方服务只是基本的运输和物流。这些差异构成了独特的挑战。

基于美国的公司之所以会取得成功，主要原因是那里有巨大的需求。基于美国的公司必须提供不同于一般的服务才能与欧洲本地的强大对手展开竞争。以UPS环球物流和Fender国际（Fender是一家基于美国的全球吉他制造商）为例。Fender委托位于英国圣阿尔班（St. Albans）的UPS帮助其简化和集中配送加工，作为该公司今后几年销售量翻一番计划的一部分。UPS管理Fender国际从全球制造企业向欧洲市场的海运和公路运输，管理控制设在荷兰罗蒙（Roermond）配送中心的库存。欧洲配送中心（EDC）员工检验产品质量、管理库存、执行分销商和零售商的订单、管理多家运输公司的分送。通过使用UPS物流中心，Fender 现在能够缩短分送时间，更好地控制质量，分送各种规格的订货。UPS 为 Fender 的供应链所提供的增值活动，是在向零售商分送之前将所有吉他校音和安装，和 Fender 在美国为客户提供一样的服务。零售商从盒子里拿出吉他后，马上可以弹奏。

2. 新兴的第三方物流公司

除了大型跨国物流公司和地区较小的物流企业之外，一种完全新兴的欧洲 3PL 比其他的货运服务商发展得更快。例如，欧罗凯集团是德国汉堡港主要的集装箱经营者，在意大利、法国、捷克、奥地利、葡萄牙也经营大多数集装箱站，已经建成了一个名为“鸥欣配送”（Oceangate Distribution）的物流公司。鸥欣配送为那些在中欧、南欧、东欧有业务的公司提供合同物流服务，起初是那些电子公司和食品、服装、鞋业零售商在汉堡港的集装箱基地，欧欣公司经营的货架式仓储约有 36 万平方英尺（合 3.34 万平方米）。欧欣配送在欧洲 42 个城市拥有仓储和配送能力。此外，欧欣配送也为零售商和制造商提供复杂的物流服务。欧欣配送为那些从亚洲大量进口货物的零售商提供的最普遍的增值服务是加速接运分送，增加库存周转次数。集装箱船从亚洲出发，经过苏伊士运河到达意大利南部港口，集装箱或集装箱装的货物从船上卸下直接用卡车分送到客户指定的地点。其余的货物继续由海运至北欧，欧欣配送再用习惯的途径送至客户手中。被加速发运的货物用于紧急订货，同时较低的成本、全水运的货物到达正好与那些紧急订货相衔接。这样可以为零售商增加大约 10%的存货投资回报。

3. 大型国有机构加入第三方物流

欧洲另一个快速增长的第三方物流企业层次是大型的国有机构，如国家铁路公司和港务局。几年以前，德国邮政局、德意志邮政购买了巨大的瑞士丹沙物流公司（Danzas）。他们希望在第三方物流市场中获得新的生机。

资料来源：《国际商务技术》，2010-12-20。

讨论题

1. 欧洲第三方物流快速发展的原因是什么？
2. 欧洲第三方物流公司的主要形式有哪几种？
3. 欧洲第三方物流的发展对我国有何启示？

第8章

物流战略

学习目标

- 掌握战略的含义、物流战略的含义和内容以及物流的战略性
- 重点掌握延迟战略的含义。理解生产延迟、物流延迟、推式及拉式战略的概念及不同。了解实施延迟战略的意义。掌握运输集中战略的含义及方法
- 掌握精益物流战略的内容和特点
- 掌握物流外包的含义和理念；物流外包的好处及风险；物流外包的模式
- 了解制造企业的物流战略和物流企业的发展战略

第一节　物流战略的含义与内容

一、战略

战略（strategy）是指为了达到特定目的和结果的一系列策略或计谋，可以说是一套动态的、整体的决策，以便在复杂的环境中对事业进行定位。战略代表了为达到组织目的而采取的所有措施和方法。战略是关于长期目标决策的计划活动。

战略和计划这两个概念的差异主要体现在时间跨度上，战略关注企业的长远目标，计划则与企业日常操作相关。战略涉及那些对组织总体有重大影响的决策，而不是那些只对组织局部有影响的决策。

二、物流战略

物流战略（logistics strategy）是指为寻求物流的可持续发展，就物流发展目标以及达到目标的途径与手段而制定的长远性、全局性的规划与谋略。

物流管道体现了战略性（如图 8—1 所示）。

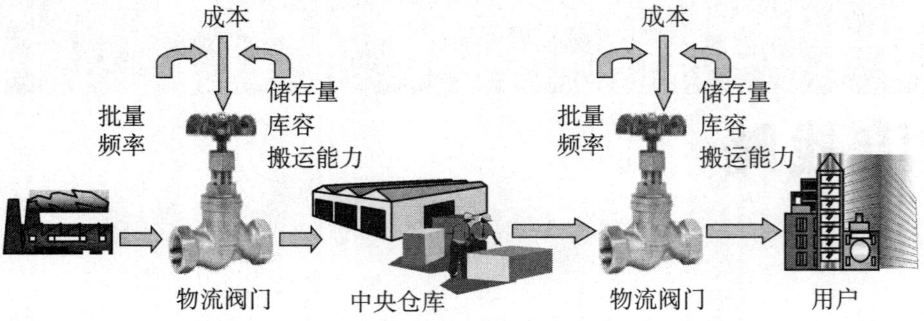

图 8—1　物流管道

物流作为供应链中重要的管道，要求资源、约束条件和需求的均衡，才能起到协调、平衡供应链，促进社会再生产发展的作用。

近十几年来，不断延续的环境变化和新型营销体制的确立已成为物流企业在战略上不断求新、求变，追求竞争优势的压力和动力。首先是货主的物流需求不断向高度化方向发展，这表现为追求在必要的时间配送必要量、必要商品的多频度少量运输或 JIT 运输这种高水准的物流服务将逐渐普及，并成为物流经营的一种标准。其次，经营环境和新型营销体制对战略的影响除了体现在需求方面外，还体现在供给方面，这主要表现在从事物流经营的企业之间竞争日益激烈。因此，企业根据自身经营特点适时、有效地实施物流战略成为企业谋求长远发展的重大课题。

物流战略分为区域物流战略、企业物流战略、物流企业发展战略等。物流战略要解决以下四个问题：

（1）客户服务需求目标——成本与服务的均衡。

（2）物流设施选址战略——方案最优与成本最低的核心。

（3）存货战略——推式、拉式与延迟。

（4）运输战略——运输方式、运输批量、运输时间和运输战略的选择。

三、企业物流战略

企业战略是企业为了实现长远经营目标，适应经营环境变化而制定的一种具有指导性的规划。企业物流战略是企业总体战略的一部分，支持企业战略的实现。

企业物流战略是通过对企业外部资源和内部资源分析，而制定的较长期的全局性的物流发展决策。

企业物流战略的目标如下。

1. 成本最小

成本最小是指降低可变成本（主要包括运输和仓储成本），例如，降低物流网络系统的仓库选址、运输方式的选择等方面的成本。面对诸多竞争者，公司应达到何种服务水平早已确定，成本最小就是在保持服务水平不变的前提下选出成本最小的方案。当然，利润最大一般是公司追求的主要目标。

2. 投资最少

投资最少是指对物流系统的直接硬件投资最小化，从而获得最高的投资回报率。在保持服务水平不变的前提下，我们可以采用多种方法来减少企业的投资。例如，不设库存而将产品直接送交客户；选择使用公共仓库而非自建仓库；运用 JIT 策略来避免库存；利用 TPL 服务；等等。显然，这些措施会导致可变成本上升，但只要其上升值小于投资的减少值，则这些方法均不妨一用。

3. 服务改善

服务改善是提高竞争力的有效措施。随着市场的完善和竞争的加剧，顾客在选择公司时除考虑价格因素外，及时准确的到货也越来越成为竞争的有力筹码。当然高服务水平要有高成本来保证，因此综合权衡利弊对企业来说是至关重要的。服务改善的成果通常是用顾客需求的满足率来评价的，但最终的评价指标是企业的年收入。

第二节　延迟战略

延迟的概念其实早已出现，但直到最近，延迟才在物流运作中得到真正的运用。延迟战略可以减少物流预测的风险。在传统的物流安排中，运输和储存是通过对未来业务量的预测来进行的。如果将产品的最后制造和配送推迟到收到客户订单后再进行，那么由预测带来的风险就可以减少或消除。

延迟战略包括生产延迟（或形态延迟）战略、物流延迟（或时间延迟）战略，以及延迟战略在运输领域的运用——集中运输战略。

在传统的生产和物流中，企业常常使用推式战略，后来由于需求的推动，又使用了拉式战略。因此在研究延迟战略之前，我们首先对这两种战略加以了解。

一、推式战略和拉式战略

（一）推式战略

推式战略要求制造商基于预测进行生产。如果没有与供应链上的其他企业（如供应商、客户）协调好策略，则各自的预测结果和生产计划就不能相互匹配，这时，各公司都会发现，预计和满足需求的准确性是很难达到的。

传统的需求理论偏爱推式理论，因为当提前期长、质量不稳定时，拥有库存似乎是明智的举措，库存可以防备供应中断，响应客户对产品需求量的突增或者退货要求等。但是建立库存不仅增加了成本，还会掩盖一些流程问题。当整个供应链中的需求预测能够相互沟通，而且相互的供应策略也能协同时，推式战略是很有效的。

因此，推式战略适用于：

（1）产品是标准的，几乎没有差异，需求量大。

（2）需求量明确，没有大的变化。

（3）客户希望立即以“现货”供货。

推式战略的缺点在于：

（1）是传统模式，可能出现误差。

（2）增加库存和成本。

（3）掩盖经营管理中的问题。

（二）拉式战略

拉式战略是指只有在客户发出订单时，整个供应链才被激活，即供应链开始生产产品或交付服务的信号只会来自其直接的客户需求。此时往往需求明确，要求供应链必须快速响应来自客户需求的变化。

拉式战略的优点在于：

（1）不会产生库存成本。

（2）信息在整个供应链上流通。

（3）为使拉式系统的响应性更好，供应链成员会紧密合作。

拉式战略的缺点是修匀需求困难。

因此，拉式战略适用于：

（1）产品配置种类多，并经常改变。

（2）需求不确定，且变化大。

（3）客户能够接受等待交货，以得到按需要准确配置的产品。

二、延迟战略

（一）延迟战略的定义

为克服推式战略和拉式战略的局限，企业可以采取推—拉式战略，也称延迟战略。这个组合战略将供应链的某些部分（上游）执行推式战略，而其他部分（下游）实施（被推迟）拉式战略。上游供应商利用推式战略生产零件和部件，因为需求是稳定和可预测的。下游供应商使用拉式战略，在接到客户订单后才进行定制性活动，满足最终需求。例如在计算机生产的供应链上，上游企业可以按计划和预测进行标准的通用的零部件的生产，而下游的组装企业，要在接到顾客的订单后才进行组装或定制化生产。

简单地说，延迟就是将产品的最后制造和配送延迟到收到顾客订单再进行，以减少预测带来的风险。延迟战略包括两种，即生产延迟战略和物流延迟战略。两者以大规模和柔性适应现代经济，满足个性化需求，是拉式战略和推式战略的结合。

（二）生产延迟战略

生产延迟战略主张，按一张订单在一段时间里生产一种产品，在获知这个客户的精确要求和购买意向之前，不做任何准备工作或采购部件。按照订单生产并不是新的思想，其特别之处是：在柔性生产的同时不牺牲效率。生产延迟是实现大批量定制生产[①]的核心战略。

① 大批量定制（mass customization，MC）生产由戴维斯首先创造，提出要以大量生产的成本来满足客户的个性化需求。这是一项系统工程，依赖众多的管理技术（如最佳生产技术、JIT、精细生产和工程技术等）等手段来实现。

在现实情况下，生产批量的经济性是不能忽视的，而现实客户需求又要求定制化、小批量生产。如何在批量生产与因柔性生产而失去规模经济效益之间进行权衡，是当今生产企业面临的一大难题。

构成基于客户化供应链的延迟生产模式结构模型的基本思路是：尽可能使产品保持中性及非委托状态，通过对产品构造差异点进行分析，将产品构成单元分为固定部分（通用的）和变动部分（定制的），将产品整个生产制造过程分为前段制程（推动阶段）和后段制程（拉动阶段）两个阶段，制造和储存相当数量的标准产品或基础产品以实现规模化经济，而将最后的特点（如颜色等）推迟到收到客户的委托以后。

最早具有商务可行性的生产延迟的一个例子是根据客户要求混合油漆的颜色。混合储存程序的实现大幅减少了油漆零售店中储存的油漆数，零售店不是持有预先混合好的各种颜色的油漆，而是储存一些基色调油漆，再根据客户的特殊订单来混合油漆的颜色，这样既满足了需要又降低了库存。相似的一项生产延迟应用是在零售泵站中混合汽油辛烷值的申诺康系统。申诺康保有一个低储存低辛烷值汽油的油箱，当客户选择了更高辛烷值的产品时，汽油将从低辛烷值的油箱内抽取，同时引入附加物，以使辛烷值提升至客户要求的水平。这使得申诺康持有一箱库存而能够用于所有未达到要求的产品，而不是对各产品等级保持专门的库存。

在其他行业中，加工和储存大量的产品而将最后的包装延迟到客户的订单出现之时，这样的生产实践已十分普遍，例如，进一步推广在汽车上增加附件（如器械和汽车配件）的做法，从而在销售时实现产品客户化。

这类生产延迟的例子有一点是相同的，就是在保留大批量生产的规模经济效益的同时，减少了存货数量，直到产品被最后确定。生产延迟具有为许多不同客户服务的潜力。

生产延迟的影响包括两个方面（如图 8—2 所示）：第一，需要储存的产品种类可以减少，因此，库存风险较小；第二，更多地使用物流设施和渠道关系来进行简单生产和最后的集中组装。由于产品的客户化常常最后在最接近客户终点市场的地方被授权和完成，因此在某些行业中传统物流库存的使命正在迅速改变，以适应生产延迟。

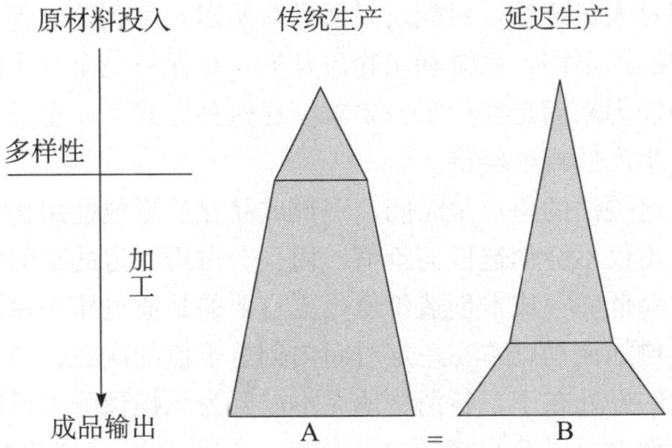

图 8—2　生产延迟对库存的影响

案例 8—1

松下自行车的延迟战略

松下自行车企业在创新业务流程前存在产品销售不畅，库存积压多（20%的产品是上一年的）的问题。

经过业务创新之后，松下自行车在零售商处安装特殊设备，为顾客量身定制产品。3 分钟内订单转变为具体的设计，2 周内产品制成，并交付顾客。在实施延迟战略之后，松下自行车基本上实现了无成品库存。

实施生产延迟战略的关键是从推式到拉式的转折点的选择（如图 8—3 所示）。需要考虑的问题是：（1）需求变化的速度以及预测的可靠性；（2）所需要的产品配置及差异性；（3）所需要的客户响应时间。如果需求变化频繁，并且难以预测，则应当在尽可能近供应链上游的地方设置转折点，当产品配置多样化时也应如此。但如果首要条件是对客户需求的快速响应，则应在尽可能靠近供应链下游的地方设置转折点。

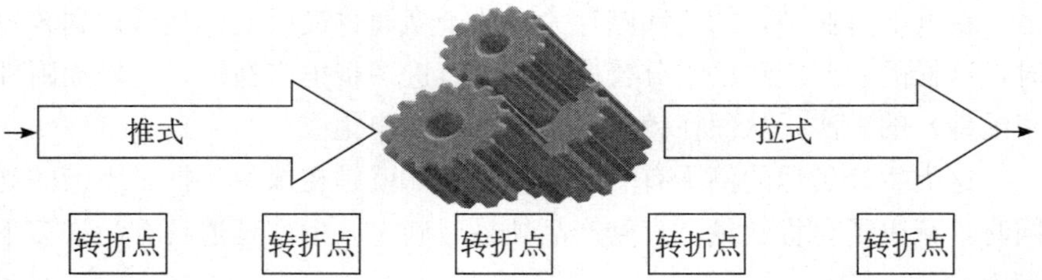

图 8—3　从推式到拉式的转折点的选择

（三）物流延迟战略

在许多方面，物流延迟与生产延迟正好相反。物流延迟的基本概念是在一个或多个战略地点对全部货品进行预测，而将物流渠道上的进一步库存分配延迟到收到客户订单之时。物流延迟以快速的订单和发送替代在当地市场仓库里预估库存的部署。在中央地区储存大量产品，对配送时间进行延迟，直到接到客户订单再快速反应。

与生产延迟不同，系统利用物流延迟，在保持完全的生产规模经济的同时，使用直接装运的能力来满足客户服务要求。在这种方式下，配送的预测性彻底消失，同时保持大批量生产的规模经济。

物流延迟关注的焦点是时间，一件成品在从形成使用价值到发挥使用价值的“空隙时间”内不仅不会创造任何价值，而且会占用一定的空间成本与维护费用。物流延迟不仅通过降低库存成本创造价值，更重要的是通过压缩每件产品的空隙时间，加速资本周转，增加流动资本在一定时间内创造价值的次数。

这样做的好处在于，各消费地点不需要为承担预测的风险而建立过多的库存，在中央仓库层面上可以获得规模经济优势，结果是以较少的总体库存投资来提高服务水准。

许多物流延迟的应用包括服务供给部分，关键的、高成本的部件保存在中央库存内以确保所有潜在用户使用。当某种部件有需求时，通过电子通信将订单传送到中央库存区域，使用快速、可靠的运输直接运送到服务需求处。

一个物流延迟的例子是西尔斯储存的直接发送系统。使用快速订单通信可以做到在收到客户订单前不启动任何一种器具的物流，例如，客户在星期一购买的器具直到当天晚上或星期二早上才被生产出来，最早在星期三就能入户安装。

生产延迟与物流延迟战略提供了不同的方法制止预期生产与市场的承诺，直到收到客户订单为止。两种战略以不同的方式减少了风险。生产延迟战略集中于产品，在物流系统中移动无差别部件，并根据客户在发送时间前的特殊要求进行修改。物流延迟战略关注时间，在中央地区储存大量产品，对配送时间进行延迟，直到接到客户订单再快速反应。

三、集中运输战略

物流战略的一个难题是在进行多批次、少批量运输的同时，追求大批量运输的经济性。与生产一样，在设计运输作业的运作规模时必须考虑规模经济。一般是以折扣形式奖励大批量运输的货主，即：运输量越大，单位费率就越低。

利用延迟战略、以反应为基础的物流通过小规模、不稳定的运输形式进行，试图将不可预测需求的影响从安全库存要求转换到小规模运输要求。在这种情况下，要维持运输成本不变，管理的重点是开发与实现集中运输的方法。集中运输的实现，有赖于可靠的当前和计划的库存状态信息。为了便于集中装载，同样需要计划生产。实际上，集中运输（centralized transportation）必须在订单处理与挑拣前作出计划，以免耽误。所有集中运输战略都要求计划的及时性和相关信息。

从运作的角度看，有三种方法可以实现集中运输战略。

1. 市场区域的集中

集中运输的基本形式是将同一市场区域中不同客户的小批量运输结合起来。这种方法只是协调，而不是打断货物的流动。当然，同一市场内有足够的客户是集中运输的基础。

使用集中运输的难点是每日要求有足够的客户数量。为了弥补客户数量的不足，通常使用三种方法集中运输安排：第一，将货物送到配送中心，分装后运往目的地；第二，在特定日期，按计划将集运货物送至目的市场；第三，利用第三方物流企业实现小批量货物的集中运输。

2. 计划发送（预定送货日前）

计划发送是在固定日期将货物发送到特定市场。预定送货时间通常要与客户沟通，强调集中运输的互利性。公司向客户承诺，所有在某日期前收到的订单都保证在预定之日内送到。

计划发送的日期与客户决定送货的时间不相符。客户决定送货的时间意味着订单要在很短的时间内完成。物流的挑战在于既满足这些客户的要求，又争取获得集运的好处。

3. 协调配送

通常由货代、仓储、运输公司为同一市场中的多个货主安排集中运输。提供协调配送的公司通常具有大批量的长期配送合同，可以为客户提供一些附加服务（如分类、排序、货物分拣等）。

第三节 精益物流战略

一、精益物流的背景

精益物流（lean logistics）是起源于日本丰田汽车公司的一种物流管理思想，其核心是追求消灭包括库存在内的一切浪费，并围绕此目标发展出一系列具体方法。它是从精益生产的概念中蜕变而来的，是精益思想在物流管理中的应用。

（一）精益生产

第二次世界大战结束不久，汽车工业中占统治地位的生产模式是以美国的福特制为代表的大量生产方式，这种生产方式采用流水线形式，少品种、大批量生产产品。在当时，大批量生产方式即代表了先进的管理思想与方法，大量的专用设备、专业化的大批量生产是降低成本、提高生产率的主要方式。与处于绝对优势的美国汽车工业相比，日本的汽车工业则处于相对幼稚的阶段，丰田汽车公司从成立到1950年的十几年间，总产量甚至不及福特公司1950年一天的产量。在将汽车工业作为日本经济倍增计划的重点发展产业之后，日本派出了大量人员前往美国考察。丰田汽车公司在参观美国的几大汽车厂之后发现，利用大批量生产方式降低成本的做法仍有进一步改进的余地。另外，日本企业还面临需求不足与技术落后等严重困难；加上战后日本国内的资金严重不足，也难有大量的资金投入以保证日本国内的汽车生产达到有竞争力的规模。因此丰田认为，在日本采用大批量、少品种的生产方式是不可取的，而应考虑一种更能适应日本市场需求的生产组织策略。

以丰田为代表的精益生产的创始者在不断探索之后，终于找到了一套适合日本国情的汽车生产方式，即即时制生产、全面质量管理、并行工程、充分协作的团队工作方式和集成的供应链关系管理，逐步创立了独特的多品种、小批量、高质量和低消耗的精益生产方法。1973年的石油危机让日本的汽车产品闪亮登场。由于市场环境发生变化，大批量生产所具有的弱点日趋明显，而丰田公司的业绩开始上升，与其他汽车制造企业的距离越来越大，精益生产方式开始为世人所瞩目。

（二）精益思想

在市场竞争中遭受败绩的美国汽车工业，在经历了曲折的认识过程后，终于意识到致使其竞争失败的关键是美国汽车制造业的大批量生产方式输给了丰田的精益生产方式。1985年，美国麻省理工学院的丹尼尔·T·琼斯（Daniel T. Jones）教授等筹资500万美元，用了近5年的时间对90多家汽车厂进行对比分析，于1992年出版了

《改造世界的机器》一书，把丰田生产方式定名为精益生产，并对其管理思想的特点与内涵进行了详细描述。四年之后，该书的作者出版了续篇《精益思想》，进一步从理论高度归纳了精益生产中所包含的新的管理思维，并将精益方式扩大到制造业以外的所有领域，尤其是第三产业，把精益生产方法扩展到企业活动的各方面，不再局限于生产领域，从而促使管理人员重新思考企业流程，消灭浪费，创造价值。

精益思想的核心就是以越来越少的投入——较少的人力、较少的设备、较短的时间和较小的场地创造出尽可能多的价值；同时也越来越接近用户，提供他们确实需要的东西。精确地定义价值是精益思想关键性的第一步；确定每个产品（或在某些情况下确定每个产品系列）的全部价值流是精益思想的第二步；紧接着是要使保留下来的、创造价值的各步骤流动起来，使需要若干天才能办完的订货手续在几小时内办完，使传统的生产完成时间由几个月或几周缩短到几天或几分钟；随后要及时跟上不断变化的顾客需求，因为一旦具备了在用户真正需要的时候就能设计、安排生产和制造出用户真正需要的产品的能力，就意味着可以抛开销售，直接按用户告知的实际要求进行生产，这就是说，可以按用户需要拉动产品，而不是把用户不想要的产品硬推给用户。

精益思想诞生后，物流管理学家从物流管理的角度开展了大量的借鉴工作，并将精益思想与供应链管理的思想密切融合起来，提出了精益物流的新概念。

二、精益物流的内容

(一) 精益物流的内涵

作为一种新型的生产物流组织方式，精益制造的概念给物流及供应链管理提供了一种新的思维方式。精益物流包括以下几个方面。

（1）以客户需求为中心。要从客户的立场，而不是仅从企业的立场或一个功能系统的立场，来确定什么创造价值，什么不创造价值。

（2）对价值链中的产品设计、制造和订货等的各环节进行分析，找出不能提供增值的浪费所在。

（3）根据不间断、不迂回、不倒流、不等待和不出废品的原则制定创造价值流的行动方案。

（4）及时创造仅由顾客驱动的价值。

（5）一旦发现有造成浪费的环节就及时消除，努力追求完美。

根据顾客需求，提供顾客满意的物流服务，同时追求把提供物流服务过程中的浪费和延迟降至最低限度，不断提高物流服务过程的增值效益。企业物流活动中的浪费现象很多，常见的有：不满意的顾客服务；无需求造成的积压和多余的库存；实际不需要的流通加工程序；不必要的物料移动；因供应链上游不能按时交货或提供服务而等候；提供顾客不需要的服务；等等。努力消除这些浪费现象是精益物流最重要的内容。

所以，作为即时制管理的发展，精益物流的内涵已经远远超出了 JIT 的范畴。因此，精益物流是指：通过消除生产和供应过程中的非增值浪费，以减少备货时间，提高客户满意度。

（二）精益物流的特点

1. 以拉式系统为核心的物流管理

精益物流要求，在价值流沿线的各公司和工厂之间，建立一个能够经常以小批量进行补给的拉动系统。假设A公司（一个零售商）直接向顾客销售产品，而且从B公司（一个制造商）大批量、低频率地补给货物。精益物流将会在A公司安装一个拉动信号，当它售出若干货物之后，这个信号就会提示制造商，补充相同数量的货物给A公司，同时制造商会提示它的供应商补充相同数量的原材料或半成品，以此一直向价值流的上游追溯。

精益物流需要拉动信号（如EDI、看板、网络设备等），来保证价值流各工序之间的平衡生产。例如，用频繁的小批量装运方法，将零售商、制造商以及供应商连成一条"送牛奶"式的供应链。

在精益物流系统中，顾客需求是驱动生产的源动力，是价值流的出发点。价值流的流动要靠下游顾客来拉动，而不是依靠上游的推动。当顾客没有发出需求指令时，上游的任何部分都不提供服务，而当顾客需求指令发出后，则快速提供服务。系统的生产是通过顾客需求拉动的。

2. 高质量、低成本、不断完善的物流系统

在精益物流系统中，电子化的信息流保证了信息流动的迅速、准确无误，还可有效减少冗余信息传递，减少作业环节，消除操作延迟，这使得物流服务准时、准确、快速，具备高质量的特性。

精益物流系统通过合理配置基本资源，以需定产，充分合理地运用优势和实力；通过电子化的信息流，进行快速反应、准时化生产，从而消除设施设备空耗、人员冗余、操作延迟和资源浪费等，保证物流服务的低成本。

同时，在精益物流系统中，需要全员理解并接受精益思想的精髓：领导者制定能够使系统实现"精益"效益的决策，全体员工贯彻执行，上下一心，各司其职，各尽其责，达到全面物流管理的境界，保证整个系统持续改进，不断完善。

（三）精益物流系统的基本框架

1. 精益物流的前提：正确认识价值流

价值流是企业产生价值的所有活动过程，这些活动主要体现在三个关键的流向上：从概念设想、产品设计、工艺设计到投产的产品流；从顾客订单到制定详细进度到送货的全过程信息流；从原材料制成最终产品到送到用户手中的物流。因此，认识价值流必须超出企业的标准，去查看创造和生产一个特定产品所必需的全部活动，搞清各步骤和环节，并对它们进行描述和分析。

2. 精益物流的保证：价值流的顺畅流动

消除浪费的关键是让完成某项工作所需步骤以最优的方式连接起来，形成无中断、无绕流和排除等候的连续流动，让价值流顺畅地流动起来。在具体实施时，首先要明确流动过程的目标，使价值流动朝向明确。其次，把价值流沿线的所有参与企业集成起来，摒弃传统的各自追求利润极大化而相互对立的观点，以顾客的最终需求为

共同目标，共同探讨最优物流路径，消除一切不产生价值的行为。

精益物流的保证是价值流的准时、准确、快速的流动。

（1）保证货品的顺畅流动最关键的是准时。准时的概念包括物品在流动中的各环节（包括交货、运输、中转、分拣、配送等）按计划、按时完成。物流服务的准时概念是与快速同样重要的方面，是保证货品在流动中的各环节以最低成本完成的必要条件，是保证物流系统整体优化方案得以实现的必要条件，同时也是满足客户要求的重要方面之一。

（2）准确包括准确的信息传递、准确的库存、准确的客户需求预测、准确的送货数量等。准确是保证物流精益化的重要条件之一。

（3）精益物流系统的快速有两方面的含义：第一是物流系统对客户需求的反应速度快；第二是货品在流通过程中的速度快。

物流系统对客户个性需求的反应速度取决于系统的功能和流程。当客户提出需求时，系统应能对客户的需求进行快速识别、分类，并制定出与客户要求相适应的物流方案。客户历史信息的统计和积累会帮助制定快速的物流服务方案。

货品在物流链中的快速体现在货物停留的节点最少，流通所经路经最短，仓储时间最合理，并达到整体物流的快速。速度体现在产品和服务上，是影响成本和价值的重要因素，特别是在市场竞争日趋激烈的今天，速度也是竞争的强有力手段。快速的物流系统是实现货品在流通中增加价值的重要保证。

3. 精益物流的关键：顾客需求作为价值流动力

在精益物流系统中，顾客需求是驱动生产的源动力，是价值流的出发点。价值流的流动要靠下游顾客来拉动，而不是依靠上游的推动。当顾客没有发出需求指令时，上游的任何部分都不提供服务；而当顾客发出需求指令后，则快速提供服务。系统的生产是由顾客需求拉动的。

当然，这不是绝对的。在实际操作中，要区分是哪种类型的产品。若是需求稳定、可预测性较强的功能型产品，则可以根据准确预测进行生产；若是需求波动较大、可预测性不强的创新型产品，则要采用精确反应和延迟技术，缩短反应时间，提高顾客服务水平。

4. 精益物流的生命：不断改进，追求完善

精益物流是动态管理，对物流活动的改进和完善是不断循环的，每次改进都可以消除一批浪费，形成新价值流的流动，同时又存在新的浪费而需要不断改进，这种改进使物流总成本不断降低，提前期不断缩短，从而使浪费不断减少。实现这种不断改进需要全体人员的参与，上下一心，各司其职、各尽其责，达到全面物流管理的境界。

高质量的物流服务有赖于信息的电子化。物流服务是一个复杂的系统项目，涉及大量繁杂的信息。电子化的信息便于传递，这使得信息流动迅速、准确无误，保证物流服务的准时和高效；电子化信息便于存贮和统计，可以有效减少冗余信息传递，减少作业环节，降低人力浪费。此外，传统的物流运作方式已不适应全球化、知识化的物流业市场竞争，必须实现信息的电子化，不断改进传统业务项目，寻找传统物流产业与新经济的结合点，提供增值物流服务。

要使系统实现“精益”效益，就要让领导者和全体员工共同理解并接受精益思想，即：消除浪费和持续改进，用这种思想方法思考问题、分析问题，制定和执行能够使系统实现“精益”效益的决策。

三、精益物流的方法

精益物流的根本目的就是消除物流活动中的浪费现象，因此，有效地识别浪费成为精益物流的出发点。为此，物流专家做了大量的工作，创建了一些“工具箱”，丹尼尔·T·琼斯等曾总结了这方面的成果，认为目前行之有效的方法有七种：过程活动图，供应链反应矩阵，产品漏斗图，质量过滤图，需求放大（扭曲）图，决策点分析图，实体结构图。其中最常用的方法是过程活动图和实体结构图。

（一）过程活动图

这是一种传统的工业工程方法。过程活动图由五个阶段构成：（1）过程流研究；（2）浪费识别；（3）过程再思考；（4）流向设计或运输路线的再优化；（5）对价值流中各项活动存在必要性的进一步确认。

在运用过程活动图进行分析时，主要把握三个关键点：过程的总体考察；每次过程的详细记录（包括所花时间、所需人员、产品所移动距离、所用设备及场地面积）；用5W1H（即活动为什么存在、由谁来执行、用什么设备、在哪里、何时和怎样实施）法进行分析。

（二）实体结构图

实体结构图从整个供应链的角度识别价值流，有助于了解供应链的结构及供应链运行状况，一般由容量结构图和成本结构图两部分构成。与过程活动图一样，通过实体结构图可以消除不必要的活动，或简化、合并活动，或调整活动顺序以达到减少浪费的目的。

综上所述，运用供应链管理的整体思维，站在顾客的立场，不断追求物流总成本最低是精益物流真正核心所在。

四、精益物流的实施

发展精益物流，应当分步骤实施，一般分为两步。

（一）实现企业系统的精益化

企业系统的精益化主要包括以下内容：

1. 组织结构的精益化

由于我国的大多数企业在计划经济时代形成的组织结构制约了企业的变革，因此，企业要发展物流，应当利用精益化思想减少中间组织结构，实施扁平化管理。

2. 系统资源的精益化

我国的传统企业拥有众多计划经济下遗留的资源，但如果不进行整合、资源重组，则很难与其他大型物流企业进行竞争，甚至有可能把自己的优势变为劣势。

3. 信息网络的精益化

信息网络系统是实现精益物流的关键，因此，建立精益化的网络系统是先决条件。

4. 业务系统的精益化

实现精益物流首先要对当前企业的业务流程进行重组与改造，去除不合理的因素，使之适应精益物流的要求。

5. 服务内容及对象的精益化

由于物流本身不直接创造利润，因此，在进行精益物流服务时应选择适合本企业体系及设施的对象及商品，这样才能使企业产生核心竞争力。

6. 不断完善与鼓励创新

不断完善就是不断发现问题，不断改进，寻找原因，提出改进措施，改变工作方法，使工作质量不断提高。鼓励创新是建立一种鼓励创新的机制，形成一种鼓励创新的氛围，在不断完善的基础上有一个跨越式的提高。在物流的实现过程中，人的因素发挥着决定性的作用，任何先进的物流设施、物流系统都要由人来掌控，物流形式的差别、客户个性化的趋势和对物流越来越高的要求也必然需要物流企业各具体岗位的人员具有不断创新的精神。

（二）提供精益物流服务

提供精益物流服务应做到：

（1）以客户需求为中心。

（2）提供准时化服务。

（3）提供快速服务。

（4）提供低成本高效率的服务。

（5）提供使顾客增值的服务。

当今时代是知识化特征最显著的新经济时代，信息、网络技术等知识带来的价值在产品和服务所创造的价值之中占有重要的位置。这个时代是以智力为导向，崇尚客户至上的高智能、多样化和微观服务，顺应以消费者为主导的买方市场。企业生存和发展的关键是对市场的变化做出快速反应，生产和提供用户满意的产品和服务。在新经济的巨大浪潮中，我国的物流企业应当运用现代管理思想对自身进行重新定位，依靠信息技术来满足客户最大的需求和利益，提供压缩时间和空间的增值物流服务，以在竞争中求得生机。

精益物流理论的产生，为我国的传统物流企业提供了一种新的发展思路，为这些企业在新经济中生存和发展提供了机会。精益物流理论符合现代物流的发展趋势，该理论所强调的消除浪费、持续改进是传统物流企业继续生存和发展必须具备的根本思想。该理论使得传统物流企业的经营观念转变为：以顾客需求为中心，通过准时化、自动化生产不断谋求成本节约，谋求物流服务价值增值的现代经营管理理念。可以说，基于成本和时间的精益物流服务将成为中国物流业发展的驱动力。

第四节　物流外包战略

一、物流外包概述

随着社会分工的进一步细化和物流业的高速发展，物流外包（logistics outsourcing）逐渐被供需双方（物流服务供应商和需求方）所认可。物流外包是指生产或销售等企业为将资源和精力集中在自己的核心业务上，增强企业的核心竞争能力，把自己不擅长或没有比较优势的物流业务部分或全部以合同方式委托给专业的第三方物流企业运作。物流外包是一种长期的、战略的、相互渗透的、互利互惠的业务委托和合约执行方式。

企业物流外包推崇的理念是：如果企业在产业价值链的物流环节上不是世界上最好的，物流业务不是企业的核心竞争优势，且这种活动不至于把企业与客户分开，企业就应当把它外包给世界上最好的专业企业去做，即：首先确定企业的核心竞争优势，并把企业内部的技能和资源集中在那些具有核心竞争优势的活动上，然后将剩余的其他企业活动外包给最好的专业企业。

由这样的理念可知，企业物流外包的目的就是以供应链为腹地，跨越企业边界合理配置资源，增强企业核心竞争力。其推动力来自竞争和供应链的发展，因为21世纪的竞争不是企业与企业之间的竞争，而是供应链与供应链之间的竞争，这就是企业物流外包的基本推动力。

二、企业物流外包的权衡

（一）企业物流外包的好处

1. 有利于增强核心竞争力

决定企业竞争胜负的关键在于企业的核心竞争力。在专业化分工日益凸显的今天，由于能力和资源有限，因此企业必须整合自己的优势资源和力量，把对企业的知识和技术依赖性强的高增值部分掌握在自己手中，而把其他低增值部分交给第三方物流企业来完成。一般企业的物流技术和运输网络都存在局限性，如果将运输、仓储等相关业务环节交由物流服务商，一方面，企业可大量减少投资和运营成本，将人力、物力、财力集中在核心技术和业务上；另一方面，物流服务商可通过其掌握的物流系统将原材料供应商、批发商、零售商等处于供应链上下游的各相关企业的物流活动有机地衔接起来，使企业形成一种强大的供应链竞争优势。

制造企业将物流业务外包给第三方物流企业，可以使企业实现资源的优化配置，减少用于物流业务的车辆、仓库和人力资源的投入，将有限的人力、财力集中于核心业务。

2. 有利于降低成本，取得成本优势

许多物流服务商拥有现代化的物流技术、信息管理系统和丰富的节点网络以及经验丰富的专业人员，企业将运输、仓储等相关业务环节交由专业的物流服务商操作，充分利用外包资源，可避免在相关技术和设备上的巨额投资，同时可享受到规模效应，降低成本，取得成本优势。美国田纳西大学、英国 Exel 公司和美国安永会计事务所共同组织的一项调查显示：很多货主表示，使用物流外包后，他们的物流成本平均下降了 1.18%，货物周转期平均从 7.1 天缩短到 3.9 天，库存降低了 8.2%。借助第三方物流服务提供者精心策划的物流计划和适时的运送手段，货主实现了最大限度地加速库存商品周转，减少了库存，降低了经营风险。

3. 有利于提高企业效率和降低企业风险

单个企业控制和规避风险的能力是有限的。企业通过物流外包可建立起战略联盟，分散由政府、经济、市场、财务等因素产生的风险。同时，由于业务的精简，企业的组织结构逐渐让位于具有高度应变能力的扁平式结构，企业对于信息的反应能力和处理能力加强，企业将变得更有柔性，更能适应外部环境的变化。

4. 有利用降低管理难度，提升管理效率

物流业务外包既能使制造企业享受专业管理带来的效率和效益，又可将内部管理活动变为外部合同关系，把内部承担的管理职责变为外部承担的法律责任，有利于简化管理工作。

（二）企业物流外包的风险和问题

虽然物流外包作为一种创新的经营模式在企业实践中发挥了积极的作用，但也会给企业带来诸多风险。

1. 决策失误的风险

当企业决策者决定将物流业务由专业的物流服务商来提供时，至少要考虑以下因素。

（1）企业是否具有协调物流服务商的能力，能否科学预测并做出准确的判断。

（2）第三方物流企业在承担本企业物流业务时，能否实现产品价值链的优化并满足客户的需求。

（3）能否找到最合适的物流服务商。

如果上述要求能得到很好的满足，那么采取物流外包策略可以为企业带来预期效果。然而，实际情况非常复杂，尤其是初期合作更是问题重重。一旦决策失误，企业将面临比不实行外包更大的管理问题。

2. 信息不对称及信息泄露带来的风险

企业将物流外包给物流服务商时，合作企业之间会产生信息沟通不畅、信息反馈滞后、信息失真等信息不对称现象。信息共享也会增加企业风险成本。企业可能会因为物流服务商的不诚信导致企业信息资源损失、核心技术及商业机密泄露，产生信息泄露风险。企业将物流运输全部交给第三方，则对其产品的控制将会减弱，对运送过程中出现的毁损等问题无法及时解决。也可能在时间等方面给消费者带来不好的影响，导致企业形象受损。

3. 被竞争者模仿和赶超的风险

在物流外包的过程中，企业还面临协调技能被竞争对手模仿的风险。企业在协调外包环节价值链的过程中依靠的是物流服务网络，而一个有效的低成本供应商网络很难有效控制，易被别的企业模仿。另外，当一个物流外包商不复存在时，企业必须快速地选择接替它的服务商，但当物流服务商的力量异常强大时，企业又可能面临严峻的竞争性挑战，使物流外包得到的收益遭受严重的破坏，即产业价值链内力量的对比出现了有利于物流服务提供商的决定性倾向。企业在这种发展变化中容易被同在产业价值链中的潜在竞争对手模仿和赶超，反而失去原来的优势资源和核心竞争力。

4. 对职能部门形成冲击带来的风险

物流外包往往会影响企业的内部业务流程，需要企业进行业务流程重组。这个过程很可能对职能部门的业务和员工都产生极大的影响，比如，职能部门的工作被外包后，一些员工可能被解雇，如果处理不当，则会导致企业内部员工抵制而影响正常的生产经营活动。这对企业管理者来说意味着非常大的风险。

归纳而言，物流外包的价值是相对的。企业在进行物流决策时，应根据自身的需要和资源条件，综合考虑各方面因素进行选择。

三、企业物流外包实施的类型

（一）物流外包模式的类型

1. 根据外包业务内容的不同进行分类

（1）部分业务外包模式，或称专项业务外包模式。即将一项完整的物流管理职能工作的一部分外包给企业外部的物流服务机构，其他部分继续由企业自身物流部门负责。例如，将物流规划和设计工作外包给物流专家，而企业的物流信息、运输、仓储等业务的实施和管理仍由自己负责。这种外包模式有利于企业根据自己在物流业务中的优劣势采取适宜的外包模式，且容易把握和达到外包目的。

（2）整体业务外包模式，或称一条龙外包模式。即将一项完整的物流管理职能工作全部外包给企业外部的物流服务机构，企业自身物流部门不再履行此项职能，只是作为联络者、协调者和企业代表。例如，将企业物流规划、物流设计、物流信息管理、物流运作等相关工作整体外包。这种外包模式有利于打破企业内部原有的管理格局，尽可能减少非企业核心业务的影响，以提高企业核心竞争力。但选择这种模式需要良好的外部环境，需要对外部的物流服务机构进行深入的调研和抉择。

（3）复合业务外包模式，或称综合业务外包模式。即将多项物流管理职能工作外包给企业外部的物流服务机构，既可将多项外包业务交给同一物流服务机构，又可将某些职能管理的部分业务外包。这种模式需要社会上有健全的物流服务提供机构、完善的管理制度和服务体系，且能够大大减轻企业物流管理的各种压力和矛盾，使企业有更充足的时间关注战略性、核心竞争力、前瞻性和宏观管理等方面的一些重大问题的研究和决策。

2. 根据企业物流外包承担者的不同进行分类

（1）外包给第二方物流企业。将物流业务外包给普通物流公司，在这种情况下，一般仅将部分业务外包或者专项业务外包，物流管理职能仍保留在企业内部。

（2）外包给第三方物流企业。将物流业务外包给第三方物流企业，在这种情况下，第三方物流企业往往同时承担了企业内部的物流管理职能，需要企业与第三方物流企业之间紧密合作。

（二）建立物流外包关系的步骤

物流外包已经成为许多企业的一项有价值的战略，但任何物流职能的外包都需要认真计划、实施与管理。开始时的有效计划和协调能保证平稳的过渡。企业必须确定在整合流程上有详细的计划，以便项目能够得到跟踪，也必须有畅通的沟通渠道以及高层管理部门的支持。审慎选择第三方物流企业，建立服务和支持体系，制定对第三方物流公司明确的绩效期望，以及一致的绩效评价，将确保良好关系的建立。以下步骤可供实施物流外包的企业参考。

1. 拟定外包战略

企业应该结合自营方案，对外包进行审慎的考虑与衡量，了解自己的目标和对第三方物流服务的需求，明确的目标将有助于建立选择第三方物流企业的标准（包括 IT 能力、联盟伙伴、顾客服务和文化匹配），这将有助于发现各种选择的相关优势与劣势。

2. 制定严格的物流服务提供商选择程序

从一开始就应把提供商纳入到过程中，检查其行业来源、现有客户和财务状况，认真分析管理水平、战略方向、信息技术状况、劳动关系和企业文化及相容性。

3. 明确自己的期望

大量的外包关系之所以不成功，原因在于不切实际的期望。物流公司通常在提交标书时，对为之服务企业的运输能力、规模以及频度等方面的信息了解得不充分，企业对自身的物流活动也缺乏准确或详细的认知。此外，提供服务的成本，特别是信息技术方面的成本，往往被低估或误解。这样的结果会引发物流公司的成本计算及合同执行不能反映实际情况。

4. 签订有效的合同

详细列出责任、期望与解决问题的方法，建立激励机制，做到双方利益共享，以提高作业水平与生产率。

5. 制定良好的规范与流程

为物流公司提供一份作业说明书，并包含全部规范、流程与其他外包合同有效执行的必要信息。

6. 发现并避免潜在的冲突点

双方应经常注意可能发生的冲突点，提前发现它们并制定一个处理程序。

7. 与物流伙伴有效沟通

缺乏沟通是仅次于缺乏计划的又一个导致外包关系失败的重要原因，必须在作业的所有方面进行频繁和双向的沟通。第三方物流公司必须被看作企业的延伸，纳入客户企业的战略规划。

8. 衡量绩效，沟通结果

当关系建立的时候，双方应该对绩效标准予以明确，取得一致与进行沟通，并定期衡量绩效。

9. 激励与奖励物流服务提供商

企业应根据良好的绩效对物流服务提供商进行奖励。问候、表扬、奖金、奖品或宴请等都可成为激励的方式。

10. 成为一个好的伙伴

良好的伙伴关系能使双方受益。为企业及其企业的客户服务的物流服务提供商的能力通常会影响到企业的绩效。

（三）企业实施物流外包的注意事项

企业在对第三方物流服务提供商的状况进行考察和评估后，决定实施物流外包，这时，为了防止物流外包流于形式或失败，需要注意以下几点。

1. 制订具体的、详细的、具有可操作性的工作范围

工作范围即物流服务要求明细，对服务的环节、作业方式、作业时间、服务费用等细节做出明确的规定。工作范围的制订是物流外包最重要的一个环节，是决定物流外包成败的关键因素之一。

2. 协助第三方物流服务供应商认识企业

视第三方物流服务供应商的人员为内部人员，一般需要与第三方物流服务供应商分享公司的业务计划，让他们了解公司的目标及任务，因为对于一个对企业一无所知的人来说，企业很难要求他有良好的表现。

3. 建立冲突处理方案

与第三方物流服务供应商的合作并不总是一帆风顺的。若彼此的看法能适切地表达，企业将从中获益良多。所以，为避免冲突的发生，双方事前就应该明确当冲突发生时如何处理的方案，一旦有一方的需求不能得到满足，即可加以引用并借此改进彼此的关系。

4. 不断进行调整

市场就是战场，形势千变万化。所以在外包后，仍要亲自视察和监督，因为唯有亲自看到，才知道问题所在，才能及时加以纠正。

5. 保持弹性

物流外包的项目应该是慢慢扩展的，要注意到第三方物流服务供应商所能提供服务的内容，让其保持一定的弹性，以最灵活的方式为企业提供最佳的服务。

第五节　企业物流战略选择

一、制造企业物流战略

制造企业物流要考虑的是供、产、销多物流环节的紧密结合，因此要对物流战略做出选择。主要包括四种物流战略。

(一) 即时物流战略

20世纪80年代中期以来，企业的经营管理逐步向精细化、柔性化方向发展，其中即时制管理得到了广泛的重视和运用。即时制管理的基本思想是“在必要的时间、对必要的产品从事必要的生产或经营”，因而不存在生产、经营过程中产生浪费和造成成本上升的库存（即零库存）。即时制管理是即时物流、即时生产的整合体。

即时物流在供应物流中的表现是：采购部门根据生产经营的情况形成订单时，供应商立刻着手准备作业，与此同时，在详细采购计划编制的过程中，生产部门开始调整生产线，做到敏捷生产，在订单交给供应商的时候，上游厂商以最短的时间将最优的产品交付给用户。即时物流在生产物流中的表现是：在生产线上同时加工由多个品种组成的生产批量；在生产计划上，以天为单位制定各品种的生产计划，而且允许生产计划随时变更；在生产工艺上，各种零部件被放置在生产线旁的规定位置，不同的零部件以小批量的方式混合装载搬运。即时物流在销售物流中的表现是：物流系统的设立应充分对应一定商圈内店铺运营的需要，只有这样才能大大提高商品配送、流通加工的效率，减少销售中的损失，同时使物流服务的速度迅速提高。另外，信息系统的构建也是必不可少的，如今很多企业一方面通过现代信息系统（如销售时点信息（POS）系统、数字库存管理系统等）提高企业内部的销售物流效率；另一方面，积极利用电子自动订货系统（EOS）、EDI等在生产企业与批发企业或零售企业之间实现订、发货自动化，真正做到销售的在线化、正确化和即时化。

落户中国厦门的戴尔公司采取的就是即时物流战略。一方面，戴尔通过网络与原材料供应商保持密切联系；另一方面，根据订单进行即时生产和销售，其材料库存只有5天的量，与对手相比保持着3%的优势。当产品最终投入市场时，物流配送优势就可转为2%～3%的产品优势。不可否认，几乎所有的工厂都会有过期、过剩的零部件。过剩零部件比率的高低关系到企业效率的高低。高效率的物流配送使戴尔过剩的零部件比率保持在材料总开支的0.05%～0.1%，这是一个非常低的比例，一般的先进企业都在3%～5%。正因如此，戴尔创造了许多奇迹，位居《财富》世界500强之列。

同时，我们必须看到，即时物流是建立在正常的贸易秩序之上的，任何一个环节出现问题，都会给企业带来巨大的损害。现代企业物流就是建立在这种高压力、快节奏的基础之上的。或者说，这也是现代企业发展的方向。

(二) 网络化物流战略

物流产业的产生和发展与全球范围互联网的高速发展是密不可分的，这一点在发达国家表现得尤为突出。这其中，企业之间的物流借助互联网所实现的流动量，无论在增长的绝对量还是在增长速度上，都远远超过了个人的购物交易量。这就反映了这样一种趋势，即离开了网络，未来的物流产业是不可想象的。

众多企业都梦想着这样一个完善的模式：力求满足千千万万个不同消费者所产生的不同需求。但它们总是心有余而力不足，原因是需求的汇集无法跟上大工业规模化生产的节拍。网络技术的发展，使想法付诸实施变得清晰和可能。借助网络，企业可将产品中属于消费的共同需要的部分，采用机器大工业的方式批量生产，以求得生产成本的经济性，而产品中因人而异的部分可以采取灵活调整的柔性化方式进行生产，企业可以用更低的成本与价格为消费者提供完全符合个性要求的定制产品。

利用网络的即时性，可以在全球范围内寻找企业需要的原材料和配件，也可以在世界市场推广其产品和服务。使用互联网的物流管理具有低成本、实时动态和顾客推动的特征。互联网不仅简化了传统物流烦琐的环节和手续，减少了流通渠道各环节的库存，避免出现产品过时或无效的现象，而且可以大大降低信息交流的沟通成本和顾客支持成本，从而增强了企业进一步开发现有市场新销售渠道的能力。

（三）物流能力增强战略

在我国的工业企业中，除个别明星企业外，大多数企业目前还处于资源型成长阶段，物流的管理和运作能力不强。发展现代物流的根本是企业物流能力的增强。物流作为一种能力，它的贡献在于创造用户或服务价值（如市场采购供应的即时性和低成本、低库存，生产过程的备品配件及在产品供应与流转，物资的储存与管理，物流信息对生产经营管理的支持等）。因此，无论通过自营还是外包实现物流能力的增强，都是至关重要的。

（四）物流系统再造战略

企业物流系统再造（重构、重组、重建）的目的，是在成本、品质、服务及速度方面取得大幅改进。因此，对企业最关键、最基本的管理工作及企业工作程序进行再设计与重组。企业物流管理组织（体系）的再造包括观念重组、组织重组和流程重组三部分。其中，观念重组是前提，组织重组是核心，流程重组是关键。物流组织变革的目的是实现企业物流系统的一体化和高效能。目前，我国的很多企业正在进行物流系统再造，大大增强了企业的生产、经营和物流的能力。

二、物流企业发展战略

物流企业发展战略是企业经营管理的全盘战略，对企业的发展影响很大。

（一）虚拟经营战略

虚拟经营的实质是向外借力，通过资源整合，为我所用，从而拓展自我发展空间，利用外部的能力和优势来弥补自身的不足和劣势。虚拟经营的企业能够在组织上突破有形的界限，仅保留最关键的功能，而将其他的功能虚拟化，最终在竞争中最有效地发挥有限资源的作用。虚拟经营的精髓是将有限的资源集中在附加值高的功能上，而将附加值低的功能虚拟化。虚拟经营大致包括五种方式。

1. 外包加工的虚拟“生产”

即企业自己不投资建设生产场地，不装备生产线，而把生产外包给其他的生产厂家。例如，上海恒源祥绒线公司过去仅仅是一个毛线商店，后来运用其品牌优势，与其他生产企业进行联合，创造了企业的品牌产品。

2. 共生

即企业本身并不擅长某方面的工作，但基于成本或保密的考虑，又不愿意将业务外包，于是联合几个企业共同组成一个作业中心，共同负责这项工作。例如，银行业的咨询管理往往由几家银行共同组建专门处理电话咨询业务的机构，既可以保守商业秘密，又可达到节省成本的目的。

3. 战略联盟

是指拥有不同关键资源的几家企业，为了彼此的利益而结成的联系，以创造竞争优势。战略联盟是现代企业竞争的产物。

4. 虚拟销售网络

即总公司与下属销售机构重整产权关系，使其成为拥有独立法人资格的销售公司。在我国，以“意丹奴”为代表的特许经营加盟方式，可以算是一种销售网络的虚拟经营。总部与下属的销售点自主经营，独立核算，总部每月向销售点提供货品，销售点按照总部的要求统一着装，统一布置门店，退货或剩余货品可以原封不动地退回总部。

5. 行政部门虚拟化

在这方面，我国的天年高科技国际企业公司（以下简称天年）做得很成功。天年的总部设在珠海，而其电脑推广部、储运部和市场企划部都已外包，由境外的三大专业化公司负责经营，其负责人又是天年虚拟部门的负责人，可以参政议政，为天年出谋划策。

虚拟经营具有高度的弹性，可以为我国物流企业的转型提供新思路。目前，物流企业的虚拟经营正在试验中。虚拟物流是利用日益完善的通信网络技术及手段，将分布于全球的企业仓库虚拟整合为一个大型物流支持系统，并利用各种运输方式，以完成快速、精确、稳定的物资保障任务，满足物流市场的多频度、小批量订货需求。虚拟物流本质上是即时制在全球范围内的应用，是小批量、多频次的物资配送过程。它能使企业在世界任何地方以最低的成本跨国生产产品，并获得所需物资，以赢得市场竞争速度和优势。虚拟物流管理模式的另一个好处就是可以在较短的时间内，通过外部资源的有效整合，实现对市场机遇的快速响应。但由于虚拟物流并没有改变各节点企业在市场中的独立法人属性，也没有消除其潜在的利益冲突，因此，虚拟物流给各联盟企业带来了一些新的风险。

虚拟物流的要素包括：

（1）虚拟物流组织。可以使物流活动更具市场竞争的适应力和盈利能力。

（2）虚拟物流储备。可以通过集中储备、调度储备以降低成本。

（3）虚拟物流配送。可以使供应商通过最接近需求点的产品，并运用遥控运输资源实现交货。

（4）虚拟物流服务。可以提供一些虚拟服务以降低固定成本。

（二）拓展核心专长战略

专长是一组技术和技能的集合体，而不是单个分散的技术或技能。对物流企业来说，要明确是整合还是分化，选择合并还是分离战略，就必须区分核心专长与非核心专长。核心专长主要满足以下条件。

1. 为客户提供核心价值

核心专长必须能够实现用户价值，给用户带来的价值是核心的。例如，如果用户认为速度最重要，那么能为用户提供核心价值的物流企业的核心专长就是快速反应能力；如果用户认为个性化的服务最重要，那么能为用户提供核心价值的物流企业的核心专长是差异化的能力。

2. 具有独特性

一项专长要成为核心专长，必须具有特异化的能力，即这项能力在本行业中还没有普及或被竞争对手掌握。如果某种能力虽已较为普遍，但还存在改进的潜力，或者在某些地区还存在空白的发展地带，企业也可以把它作为自己的核心能力。

3. 具有延展性

核心专长是企业通向未来的保证。有的专长只能保证企业在某些部门或者某个时间点具有用户价值或独特性。但随着时间的推移，一旦企业所在的行业出现萎缩，企业的这种专长就会销声匿迹，企业的竞争力也将失去。而真正的核心专长，必须能够为企业向未来新领域拓展做好准备，具备延伸新产品或新服务的能力。

企业通过培养核心专长获得核心竞争力，形成企业发展的增长极。增长极具有极化作用，可以把企业内部资源和外部资源有效整合起来，聚集到企业的核心产品或服务的形成上来；同时增长极具有扩散作用，能把企业的核心能力在企业内部和外部进行有效扩散，带动其他专长或其他企业的发展。这样就形成了一种以“点”带“面”的发展战略。

（三）争做联盟中心战略

未来的竞争需要各企业形成联盟。未来的竞争不仅发生在企业之间，而且更多地发生在联盟之间。企业经营业绩不仅是企业内部管理好坏和行业平均利润的函数，而且主要是所在联盟管理好坏和行业平均利润的函数。合作不再局限于供应商和顾客之间，而且扩展到竞争者之间，以及所有企业之间。竞争也不仅仅被看作产品与产品、公司与公司之间的竞争，而是联盟内部或整个企业系统为取得中心地位而进行的竞争。企业联盟的形成不是以“强”助“弱”的方式，而是一种强强联合、以“强”控“弱”的方式。因此，目前强强联盟成为战略联盟的主流。例如，雀巢公司和可口可乐公司正在通过自动售货机出售罐装热饮料，从而把雀巢公司在速溶咖啡和茶方面的专长与可口可乐公司强有力的国际营销和自动售货机网络结合在一起，达到双赢的目的，把其他强有力的对手排挤出去。

联盟各方在战略联盟中的影响力、权利和利润分成，取决于该公司自身核心专长的独特性和相对重要程度。这样，一方面，企业要能够与顾客和供应商合作，确立实现价值的最佳模式；另一方面，还要让自己的方法成为市场标准并占据主要市场，强化主导客户、重要供应商和主渠道的关系，增强自己讨价还价的能力。一个物流企业参与战略联盟，如果有特异化的能力，能为顾客提供最大的附加价值，同时还能帮助合作伙伴参与到新市场中去，就会成为联盟的中心。现在多数联盟的中心为制造企业和零售企业，物流企业做中心的不多见。这一方面说明物流企业实力不够强大，不足以引导制造业和零售业；另一方面，说明服务产业的地位和作用不够强大，社会发展的层次不够。

（四）超越与预见战略

培养远见，借以预先主动塑造适应产业发展所需要的预见能力。依靠这种能力，企业能够确立其转型的方向，甚至控制所在产业的发展方向，从而掌握自己的命运，可谓以“静”制“动”。

企业预见能力的培养，需要满足以下基本要求。

1. 摆脱现有市场观念的束缚

未来的物流企业发展空间存在诸多不可预知性，这妨碍了企业对预见能力的培养。阻碍企业培养预见能力的根本原因，往往是企业战略制定者难以摆脱现有市场观念的束缚。

案例 8—2

大英百科的战略转变

大英百科公司是近 200 年世界销售最佳的百科全书出版商。1994 年其销售业绩却从世界第一滑到了第三。它的对手是微软和 Grolier 公司。传统的《大英百科全书》每十年更新一次，而光盘式的百科全书每三个月做一次更新，价格只是书籍版本的十分之一，而且集文字、彩色图解、声音、影片于一身。为了适应变化，大英百科公司果断采取新战略，将《大英百科全书》上传到网络，以每日计费的方式供用户订阅。现在网络版的《大英百科全书》每小时做一次资料更新补充，而且可以提供上网连接，使读者可以连上世界各地的全球信息网服务器，得以查阅其他相关内容。于是，《大英百科全书》成了一个磁盘目录，可以通过电子方式存储全人类的知识。

大英百科公司的例子说明，企业一旦摆脱了现有市场观念的束缚，就可以拓展新的市场空间。企业要摆脱现有市场观念的束缚，必须善于发现未来商机的空白领域，率先抢占这些蕴涵商机的空白领域，以获得巨大的发展潜力。

2. 重视多样化的组合

任何企业和部门都会存在盲区，不可能靠自己的力量来正确地预见未来，因此企业必须具备开放的观念，通过整合跨部门、跨行业以及跨地区的力量，最大限度地捕捉未来的发展轨迹。

3. 超越顾客导向

企业要具备竞争未来的能力，就不能满足于顾客导向的原则。因为顾客往往并不具备预见未来的能力。目前，多数企业还是在提倡顾客导向，以满足客户的需要为己任，有时不惜牺牲自己未来的发展机遇。真正有创见的企业，应该超越顾客导向，引导顾客走向他们想去而不知在哪里的地方。

（五）全球物流战略

随着全球经济的增长，全球物流将会得到极大的发展。这要求物流企业的战略制定必须突破地域、行业的藩篱，以全球为着眼点。只有这样，才能最大限度地抓住机遇，规避风险。在具体的战略选择上，首先应以中国市场为主要开拓目标，获得本地竞争优势；再以“近”致“远”，争取全球优势。我国物流企业的全球化战略将带有浓厚的本地化特色。我国区域之间自然、经济和社会条件的差异使得物流企业的全球化也会带有区域性特点，而且全球战略的形成将呈现阶段性的特点。哪家企业首先具备了某种核心专长，确立了某种与国际接轨的行业标准，就可以获得持续的跨区域的以“近”致“远”的竞争能力。

练习题

一、单选题

1. 关于延迟，下列说法中错误的是(　　)。

A. 延迟是将产品的最后制造和配送延迟到收到顾客订单再进行，减少预测带来的风险

B. 延迟包括生产延迟和物流延迟

C. 以大规模和柔性化适应现代经济，满足个性化需求

D. 延迟生产是在接到订单后再进行产品的生产，是拉式模式的体现

2. 物流延迟是指(　　)。

A. 在多个消费点设置仓库，以快速响应需求

B. 在中央地区储存大量商品

C. 根据预测进行配送

D. 保留了大生产的规模经济，但速度较慢

3. 延迟生产的转折点的位置靠近供应链上游，是因为(　　)。

A. 需求变化频繁　　B. 需求易于预测

C. 产品配送多样化　　D. 用户需求的快速反应

4. 企业物流管理组织（体系）的再造重组包括观念重组、组织重组和流程重组三部分。其中，(　　)。

A. 观念重组是核心　　B. 组织重组是前提

C. 流程重组是关键　　D. 体系重组是行动

二、多选题

1. 集中运输的方法有(　　)。

A. 市场区域集中　　B. 计划发送

C. 协调配送　　D. 折扣运输

E. 公路运输　　F. 集装箱运输

2. 中国物流企业的全球化有着很多特点，包括(　　)。

A. 本土化　　B. 阶段化

C. 区域性　　D. 扩大化

E. 同质化　　F. 信息化

3. 虚拟物流的要素有（　）

A. 虚拟物流组织　　B. 虚拟物流储备

C. 虚拟物流配送　　D. 虚拟物流服务

E. 虚拟生产组织　　　　　　　　F. 虚拟行政部门

三、判断题

1. 生产延迟集中于时间，在物流系统中移动无差别部件，并根据客户在发送时间前进行特殊要求修改。(　　)

2. 物流延迟集中于产品，在中央地区储存大量产品，对配送时间进行延迟，直到接到客户订单再快速反应。(　　)

3. 延迟生产是指在客户发出订单时，才开始进行生产。(　　)

4. 集中运输是解决在进行多批次、少批量运输时，同时获得大批量运输的经济性的运输战略。(　　)

5. 物流外包是指生产或销售等企业为将资源和精力集中在自己的核心业务上，把自己不擅长或没有比较优势的物流业务部分或全部委托给第三方物流公司运作。(　　)

6. 物流是商品实体的流动，不可能是虚拟的。(　　)

7. 企业要遵循顾客导向原则进行企业经营。(　　)

四、简答题

1. 华润涂料的油漆生产模式是将产品分为几个大类在厂内进行标准化的生产加工，而顾客要求的不同颜色则由经销商按顾客的需求，在流通环节进行流通加工。这是什么物流战略？请说明该战略的内涵和特点。

2. 为什么物流具有战略性？

3. 物流战略要解决的问题有哪些？

4. 请说明推式和拉式战略，以及各自的优缺点和适用性。

5. 为什么延迟战略可以减少库存？

6. 请描述精益物流。

7. 请描述即时物流战略。

8. 什么是虚拟物流？

9. 为什么物流企业做供应链盟主的较少见？如何争做盟主？做盟主的好处是什么？

案例分析一

惠普公司物流战略的选择

惠普公司成立于1939年，1988年惠普打印机进入市场，销售部门分布在110个国家，产品超过22 000类。Deskjet打印机是惠普的主要产品之一。过去由位于5个不同地点的分支机构负责该打印机的生产、装配和运输，生产周期为6个月。为保证顾客订单98%的即时满足率，各成品配送中心要保持7周的库存量。采用订货型（MTO）生产组织方式，制造中心的目标是满足分销中心的安全库存。

整个配送流程如下。

(1) 接收各供应商的（完工）产品并存储。

（2）为完成顾客订单挑选各种需要的产品。

（3）对完成订单的物品打包贴标签。

（4）通过恰当的承运商运送订货。

目前，惠普打印机的物流和供应链存在以下问题。

（1）不同的销售地区产品方案过多，使得库存难以管理。

（2）提前期长，导致预测难度大，安全库存多。

（3）许多当地市场的不确定性使预测困难。

惠普考虑了四种改进方案。

（1）改为从温哥华总装厂空运打印机。

（2）在欧洲或者当地建厂。

（3）在欧洲配送中心保持更多的库存。

（4）改善预测。

资料来源：Han Lee：《HP打印机延迟战略》，见：中国物流与采购网（http：//www.chinawuliu.com.cn）。

讨论题

1. 上述四种方案的优劣势分别是什么？

2. 你认为可以用哪种物流战略来解决惠普存在的问题？这一战略可能碰到什么问题和抉择？

案例分析二

上汽依维柯红岩商用车有限公司

——定制化生产的精益物流管理

一、定制化生产的精益物流管理实施背景

在汽车行业，汽车企业中的商用车生产企业，其客户对配置定制的需求强烈。因为重卡车用户购买车是作为生产资料，分为公路车辆和工地车辆，对于运输距离、气候、线路路况十分关注。

定制化生产是用最少的库存满足用户的交付要求。以前是根据预测用户需要，储备很多整车来满足用户的需求。这种方法的缺点是，对订单配置的预测要求非常高，一旦预测不准的话，用户要求的订货期就不能满足。另外主机厂也很容易造成整车的呆滞库存，给企业造成财产损失。现在一些汽车厂已不再储备整车，而是储备关键的零部件，关键库存向零部件转移，这比储备整车稍微好一点，但也有缺点，一方面有零部件库存产生呆滞的风险；另一方面客户车辆配置需求一旦超出零部件库存储备的范围，下游供应商势必需要克服物料准备和制造周期的制约，最终延长整车的订单交付周期。以重型卡车来说，一个车在整车厂要装约2 000个零件，其中有很多是汽车专用件。一旦储备的零件或者种类不准就会造成专用件的呆滞库存；如果用户要求的没有储备，还是不能满足订货期的要求。所以定制化要求的是整个产业链里面的订单驱动，是一个体系而不是简单某一个项目就能完成的。

基于定制化订单组织生产和物流需要解决什么问题？第一个是混线生产，做重车的时

候，一个牵引车、一个载货车的轴距完全不同，有的可能达到 12 米，但是牵引车可能只有不足 6 米，这样完全不同的东西在同一条生产线上生产，对生产的组织、排程要求很高，是需要解决的问题。另外，重型卡车零部件非常多，体积非常大，这就决定了生产线旁边空间非常有限，不可能把所有东西储备起来，势必要求我们对不同的零件，根据它的体积大小、通用性、价值不同确定不同的配送策略。以上是工厂内部的问题，那么工厂外部是什么样的情况呢？重型卡车的供应商体系是非常弱的，主要体现在：一是各个厂家质量保证能力都比较差。一些零部件厂商可能就是一个作坊，他缺乏产能规划，能力非常不均衡。二是整车厂本身淡旺季非常明显，受国家整个经济状况的影响也非常大。一般来说，上半年预算批下来了，很多工地要开工，产量需求就非常大，月和月之间的差距可能大到 10 倍之多，在 3—4 月有可能一个月的订单有 1 万元、2 万元，但淡季的时候（一般在暑假）可能会降到非常低。供应商本来要多家服务，我们选供应商的时候也不可能选一个单点，尽管用量不太大，但还会选一品多点，就是采用多货源的方式。三是供应商的信息化能力也很弱。小车的供应商和主机厂之间本来有一些数据接口，但重车里面是很少的，这个问题亟待解决。基于实际情况，我们不能做零库存，但可以做供应商管理库存（VMI），在上线之前做到零库存，甚至是下线结算。对主机厂来说这个数字很漂亮，但是在产业链里面还是有库存的。

二、精益生产及物流管理的内涵和做法

第一次工业浪潮使得手工生产转为机器生产，第二次工业浪潮带来了单品种、大批量生产方法，定制化生产是“第三次工业浪潮”表现，它依托 IT 和现代管理技术，形成了在新高度基础上的小规模、小批量、多品种、低成本、高质量的生产方式。

从车辆设计到客户定制化订单需要解决的问题包括：如何对客户对车辆配置的定制化需求做出快速反应？如何支持客户快速自助式创建定制的车辆需求订单？如何迅速地根据用户定制的车辆配置订单自动计算出其所需的下层物料？从定制化订单到供应商物料需求计划需要解决的问题包括：客户化订单 BOM 和其生产 BOM 如何自动快速匹配？为了生产出订单车辆，如何知道需要新采购哪些物料？向哪家供应商订购，订购多少物料？需要提前多长时间把物料需求发给供应商？这些物料计划通过什么渠道发给供应商？每个物料都有冻结期，在冻结期内物料要货的计划不会改变，供应商可以在网站上创建交货单，安排交货。在冻结期外的物料需求计划，供应商可用来做其生产预测，以及对其二级供应商的物料需求预测。从生产订单下达到自制件生产需要解决的问题包括：生产指令（整车生产订单）如何下达？对于自制件，如何减少自制半成品库存？如何实现和做到精益生产要求的“单件流”和及时生产？根据及时配送的供货最长周期从 ERP 中自动导入 N 台整车排产信息及其更新，作为驾驶室出库等待排序队列。系统自动打印整车生产单指导驾驶室顺序出库，出库时，系统触发形成第一个（JIS1）排序信息点（蓝色）。驾驶室上线（上线指导视图）后，形成第二个（JIS2）排序信息点（红色）。底盘上线时，触发形成第三个（JIS3）排序信息点（红色）。总装上线时，触发形成第四个（JIS4）排序信息点（红色）。按可供选择的四个排序信息点自动打印自制件排序生产单、套件配料单、排序拉料单，指导自制件排序生产、KIT 单供应和排序供应操作。从生产订单下达到外协件配送至生产线边需要解决如何告诉物流配送的部门什么物料、多少数量、在什么时间送到哪个工位上去等问题。

三、定制化生产的精益物流管理的效果

1. 供应链效率提升

开始实施精益物流管理前，除车辆规范外，一个车系我们会提供所有的配置选项，假如说有两个车系，牵引车提供了340马力的选项，但是载货车没有，如果客户强烈要求提供340马力的载货车怎么办？这就属于规范外的一些车辆。原来的交货期一般是55天，实施之后减少到了35天。车辆规范内的，从25天减少到了15天。零部件的送到线上的提前配送期，原来是两天，即做到$N+2$，今天送大后天的货需要的零部件；现在减少到了半天，就是0.5天，实际上是4小时。供应商要货确认期，在实施之前要15天，因为一直在变，搞不清楚要送多少，需要15天才能确定。现存我们有网站直接就可以确认，经销商的订单也是一样的，主要有一个配置的过程。

2. 库存减少

2010年底，SIH的整车库存为8 028辆，占用资金15亿元。实施精益物流管理后，整车库存大幅下降，2013年5月底，SIH的整车库存为3 091辆，占用资金仅为6.61亿元。两年累计直接财务费用减少约2 492万元。

3. 生产效率提升

2010年SIH的杰狮车（自制驾驶室）单车耗用工时为32.94人天，2013年5月已降低至16.88人天。2010年T车（外购驾驶室）单车耗用工时13.37人天，2013年5月已降低为6.73人天。年累计节约人工成本约5 800万元。

资料来源：上汽依维柯红岩商用车有限公司：《用最小资源最大限度满足用户的需求》，在“2014（第五届）中国汽车行业信息化深化应用论坛”（重庆）上的发言。

讨论题

1. 上汽依维柯红岩商用车有限公司定制化生产的精益物流管理的做法要点和取得的成绩有哪些？

2. 什么是精益物流？其涵盖的主要内容是什么？

第9章 物流管理

学习目标

- 理解物流管理的概念、目标和原则；了解物流组织的演变过程
- 掌握物流作业管理的内容。重点掌握物流成本的概念及物流成本管理的含义、物流服务管理的要点、物流质量管理的含义和内容、物流绩效评价的内容和指标
- 了解物流管理的系统化方法、标准化方法、合理化方法和信息化方法

随着经济和现代物流的发展，加强物流管理，提高服务水平，是物流企业、政府及相关部门的重要任务。

第一节 物流管理概述

一、物流管理的定义

根据中华人民共和国国家标准《物流术语》的定义，物流管理（logistics management）是指为以最低的物流成本达到用户所满意的服务水平，而对物流活动进行的计划、组织与控制。我们可以认为：物流管理是在社会再生产过程中，根据物质资料实体流动的规律，运用管理的基本原理和科学方法，对物流活动进行计划、组织、指挥、协调、控制和监督，使各项物流活动实现最佳的协调与配合，以降低物流成本，提高物流效率和经济效益。现代物流管理建立在系统论、信息论和控制论的基础之上。

我们可以从以下几个层面来理解上述概念。

（1）服务和成本是物流管理的两个侧重点，即以最低的成本和提供满意的服务。

（2）对物流的管理，不仅是对单个构成要素的管理，而且是对所有要素的动态

的、全过程的管理。

(3) 物流管理的手段是通过计划、组织、调节和控制，合理组织各种要素，实现整体优化，消灭各种物流要素之间的利益背反现象。

二、物流管理的目标与原则

（一）物流管理的目标

与一般企业管理不同，现代物流管理是对供应链的管理，其管理超出了传统的单个企业的界限，因此，现代物流企业具有内在和外在的双重目标。

1. 现代物流管理的外在目标表现

(1) 以实现客户满意为第一目标。这里的客户不仅仅指物品的需求方，还可以指物流服务的委托方（即物流业务的委托方）。

(2) 现代物流管理以整体最优为目的。这里的整体最优可以理解为供应链最优或行业最优，而不是部分或部门最优。

(3) 现代物流管理重视效率，更重视结果，即：在确保物流整体最优的基础上充分重视环境等因素，积极发展21世纪的绿色物流。

2. 现代物流管理的内在目标表现

(1) 实现物流要素的系统最佳。处理好运输、储存、装卸、信息、流通加工等物流要素的利益背反问题。

(2) 注重效率化和效果化。以较低的成本和优良的服务完成商品实体从供应地到消费地的运动。

（二）物流管理的原则

1. 坚持物流总体的合理化原则

即在兼顾成本与服务的前提下，对物流系统的构成要素进行整体调整改进，实现物流系统的整体优化。

2. 宏观上更强调政府以及有关专业组织的规划和指导原则

宏观物流发展需要科学的规划和指引，这一点要纳入现代物流管理，并加以重视。

3. 微观上更强调服务的专业化和增值化原则

成本和服务是现代物流永恒的主题，要在努力降低物流成本的基础上，通过提高物流增值服务水平来提高效益。

三、物流管理组织的演变

近几十年来，随着经济的发展，企业的物流组织形式在不断革新。以美国为代表的发达国家的企业物流管理组织发展基本上经历了以下过程：从20世纪50年代以前的功能分散，到50年代以后出现的简单功能集合的物流组织，到物流功能独立并逐步走向集中的组织形式的出现，再到过程一体化物流组织形式的出现，最后到以供应链过程管理为导向的信息一体化水平组织形式的出现。其演变历程如图 9—1 所示。

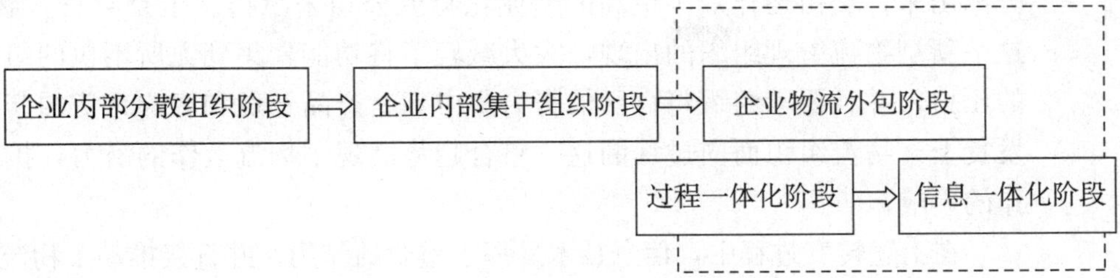

图 9—1　物流管理组织的演变历程

(一) 功能分散阶段

50 年代前，物流的功能仅局限在便利和支持工作方面，因此物流管理是分散的、个体化的、孤立的。在分散的管理中，物流系统没有统一计划，缺乏统一协调，相互信息沟通少，各部分独立运转。物流管理组织也是分散的、多层次的，且融合在企业的各部门之中，甚至分布在整个工厂的大多数部门。这种分散或分割管理导致物流方面的工作缺少跨职能的协调，从而导致重复和浪费，信息经常被扭曲和延迟，权利和责任常常是模糊的。

形成这种格局的原因，主要是当时企业管理的重心还在生产领域，人们认为物流仅仅是末端服务。这种物流的分散管理实际上是物流的无管理，也就无所谓物流管理组织了。

(二) 功能集中阶段

50 年代以后，物流功能开始走向集中，驱动物流功能集中的动力在于：人们认识到，将物流功能集中于一个组织有利于总成本的控制。最早的改进方法是将两个或多个物流功能在运作上进行归组，而对总体上的组织层次不做重大改变。

70 年代，一些企业获得了统一的物流运作经验和成本利益，物流的各项功能开始被单独挑选出来，并集中到相对独立的组织里进行管理，这时物流管理组织才开始了真正意义上的组织创新。但这时的企业管理视角仍然在特定功能的绩效上，没有将物流管理综合到一体化的系统中去，主要限制因素是缺少跨功能的物流信息系统。

80 年代，美国物流走上复兴之路，在信息技术的支持下，基于企业物流信息管理系统的一体化物流组织开始出现。这时企业内部的物流功能逐步从各业务部门中剥离出来，成为独立的职能部门，企业内部的物流获得和运作逐步统一到专业化的职能部门。一些企业将物流系统作为一个整体，统一计划、控制，出现了供应物流一体化、生产物流一体化、销售物流一体化等。

(三) 过程一体化阶段

80 年代后期，厂商们认识并体会到了物流能力在创造客户价值的过程中扮演的角色，于是物流组织的重点集中转移到过程上来，并加快了功能一体化和信息一体化的改革步伐。将物流管理的焦点集中到过程上是一个认识的升华，因为物流管理的中心不是如何去组织个别的功能，而是如何管理好整个物流的过程。将物流作为过程来管理，要求组织的所有努力必须集中于客户增值，进而将物流作为系统过程的一个组成部分，从而对组织提出相应的要求。一些企业甚至将自身的物流功能分离出来，交由运作效率更高的专业化物流公司来承担。于是第三方物流出现了。这一新型物流管理组织的出现，大大减轻了将功能聚集到无所不包的组织单元中去的压力，并且要求组织将自己的努力集中到新产品开发和客户订货的产生、完成及发货上。物流组织面向过程的这一整合趋势展现了物流运作的潜力，扩展了物流运作的影响。

在上述转变过程中，信息技术发挥了重要的作用，并直接推动了物流过程一体化的发展。使用信息技术来协调和指挥整体任务的完成，迎合了一体化所要求的物流与生产、营销的融合。例如，侧重于功能整合的物流管理将精力集中在运输和库存等方面，而一体化的物流管理将运输、库存、新产品开发、柔性制造和客户服务整合起来。信息化推动了企业管理的变革，也推动了物流方式的改变。

（四）信息一体化阶段

90年代以来，网络技术的迅速发展为信息快速传递和企业之间的信息共享开辟了更为通畅的渠道。在网络通信技术的支持下，各种信息能够到达企业管理和运营的各作业层次，并能够支持企业生产、营销、信息管理等活动与物流活动在空间上的分离。于是物流工作的完成不再需要将功能归组或集合到一个正式的组织单位去完成，物流工作的责任将由决策者在组织上加以定位（如自行管理或外包）。在信息共享的基础上，从原材料供应到商品到达最终客户的全部物流过程成为一个透明的“管道”，对这一过程的优化和功能集合就成为提高物流效率的必然选择，其结果是形成了以供应链为基础的物流信息一体化的新型物流组织，第三方物流得到进一步的发展，这个组织甚至可以带有一定的虚拟性。值得注意的是，这种新型物流组织建立在全面掌握物流信息的基础之上，向整个供应链提供全程物流服务，其运作的核心是物流信息和以此为基础制定的全程物流解决方案。目前，这种新型物流管理组织方式正在被广大企业所接受，并成为现代物流发展的一个趋势。

第二节　物流管理的基本内容及物流绩效评价

物流作业管理、物流成本管理、物流服务管理和物流质量管理是物流管理最基本的内容。

一、物流作业管理

物流作业管理构成了现代物流管理的基础，其他层面的物流管理都是围绕作业管理展开的，或者说是在作业管理基础上进行的延伸。

1. 运输管理

运输管理要着重考虑运输费用、运输时间、运输环节、运输能力、运输频度以及货物的安全性、适用性和到货的准确性等因素。

运输管理的本质是选择恰当的运输方式，努力以最低的成本将货物及时地送达目的地。但运输服务与运输成本之间、运输成本与其他物流成本之间存在“二律背反”问题，所以，运输管理并不是仅仅以成本管理为中心，而应当以物流总成本为依据，做出合理的安排。

2. 储存管理

储存管理主要由接货、保管、发货管理构成，主要是积极采用现代储存保管技术（如采用有效的储存定位系统和监测清点方法），利用集装箱、集装袋、托盘等运储装备，依靠自动化作业系统提高储存效率。当然，随着现代经济的发展，自有库存并不一定是企业的必然选择，企业可以实施供应链管理，变革企业物流作业流程，采取虚拟库存和虚拟仓库等方式努力实现零库存。

3. 包装管理

包装管理应满足企业物流作业、商品保护、形象展示和促进销售的需要，用科学的方法确定包装组合，并尽可能适应时代发展潮流。比如，积极推动包装的机械化、大型化和集装化，并开发新型包装材料和包装器具，尽可能使用可回收或绿色环保的包装材料等。

4. 装卸搬运管理

装卸搬运管理主要是在加强物品保护和防损的前提下，运用高效的机具加快作业速度，使得装卸搬运充分发挥其衔接性物流作业活动的职能。

5. 流通加工管理

流通加工管理侧重于两个层面：一是加工中心自身的管理（如选址、加工方式和程度的确定，以及加工作业管理和加工成本的控制等）；二是加工与运输、储存、搬运、配送等物流作业环节的作业整合。由于目前许多配送中心肩负着流通加工的职能，因此，流通加工已经成为一些配送中心的重要作业内容。

6. 配送管理

从广义上讲，配送管理包括诸如配送中心的选择和优化布局、配送机械（车辆）的合理配置与调度以及配送作业流程的制定与优化等内容。从狭义上讲，配送管理主要是指配送作业管理。广义的配送管理更多地体现在前期的决策上，狭义的配送管理则更多地体现在日常管理上。

二、物流成本管理

（一）物流成本的概念

物流成本（logistics cost）是指物流在空间位移（含静止）过程中所消耗的各种活劳动和物化劳动的货币表现。具体来说，它是物品在各种物流作业流程中所付出的人力、财力和物力的总和。物流成本由三个部分构成：

（1）伴随物流活动发生的费用及从事这些活动所必需的设备、设施费用。

（2）为完成物流信息的传递和处理活动而发生的费用以及相关的设施设备费用。

（3）对上述活动进行综合管理所发生的费用。

加强物流成本管理，对降低物流成本、提高物流活动的经济效益具有非常重要的意义。

物流成本管理不是管理物流的成本，而是通过成本去管理物流，即以成本为手段的物流管理。通过对物流成本的控制和分析，可把握和分析物流系统中需要重点改进的环节，达到改善物流系统的目的。

（二）物流成本管理的主要特点

（1）物流成本没有列入企业的财务会计制度，如不进行特别计算，不容易把握。

（2）“物流成本冰山理论”指出，我们实际看到的物流费用，如“外付保管费”的现金金额，不过是冰山之一角。

（3）在企业内部，占压倒多数的物流成本通常混杂在其他费用中，如不把这些费用核算清楚，很难看出物流费用的全貌。物流成本的计算范围，各企业均不相同，因此无法与其他公司比较，也不存在行业的平均物流成本。

（4）在物流成本中，有不少是物流部门无法控制的，如保管费中就包括了由于过多进货或过多生产而造成积压的库存费用，以及紧急运输等例外发货的费用。在供应链管理时代，一些物流成本管理超越了企业的边界。

（5）从销售方面看，物流成本并没有区分多余的服务和标准服务的不同。如在物流成本中，多包含促销费用。

（6）物流成本间存在效益背反规律。在物流功能之间，一种功能成本的削减会使另一种功能的成本增加。因为各种费用互相关联，所以必须考虑整体的最佳成本。

（7）物流成本的削减对提高经济效益具有显著效果。如果企业的销售额为 100 亿元，销售利润率为 10%，收益为 10 亿元；若物流成本下降 1 亿元，企业就可以增加 1 亿元的收益，即相当于企业增加 10 亿元的销售带来的效益。物流领域降低成本的潜力已成为企业的“第三利润源”。

（8）物流成本是以物流活动的整体为对象计算的，是唯一基础性的、可以共同使用的基本数据。可以说，物流成本管理是进行物流管理，使物流合理化的基础。

（三）物流成本计算方法存在的问题

（1）没有切实掌握物流成本，尤其是没有切实掌握公司内部的物流费用。

（2）物流费用核算体系不健全，核算的内容不明确，对于物流成本是什么也十分模糊。弄不清物流成本与制造成本、物流成本与促销费用的关系。

（3）企业内部计算物流成本的标准时常改变，每一年度都变动的企业较多。

（4）计算物流成本的目的不明确。只是单纯地想了解物流费用，还没有达到利用物流成本去管理物流的阶段。

（四）物流成本的构成

物流成本分为仓储作业成本、存货成本、运输成本、管理成本四类。

（1）仓储作业成本包括装卸成本、检货成本、物流加工成本、补货成本、进货入库成本和验收成本。

（2）存货成本包括库存占压资金的利息，把库存占压资金的利息加入物流成本，这是现代物流与传统物流费用计算的最大区别，它把降低物流成本与加速资金周转统一起来。

（3）运输成本包括公路运输和其他运输费用及货主费用，货主费用包括运输部门运作和装卸费用。

（4）管理成本也称物流管理费用，包括订单处理成本和采购处理成本。在美国，管理成本是按照历史情况由专家确定一个固定比例，乘以仓储作业成本、存货成本和运输成本的总和得出的。

（五）物流成本的核算

降低物流成本是企业的永久课题，但成本核算则不应成为永久课题，必须尽快解决。物流成本的核算方式主要有：

（1）按支付形态计算物流成本。把物流成本分别按运费、保管费、包装材料费、自家配送费（企业内部配送费）、人工费、物流管理费、物流利息等支付形态记账，从中可以了解物流成本总额，也可以了解什么项目花费最多。这对认识物流成本合理化的重要性，以及考虑物流成本管理应以什么为重点，十分有效。

（2）按功能计算物流成本。分别按包装、配送、保管、搬运、信息、物流管理等功能计算物流费用。通过这种方法可以看出哪种功能更耗费成本，比按形态计算成本的方法能更进一步找出实现物流合理化的症结。而且可以计算出标准物流成本（单位数量、重量、容器的成本），进行作业管理，设定合理化目标。

按功能计算物流成本，可以从功能的角度掌握；按支付形态计算物流成本，在将物流部门费用按不同的功能详细划分的时候，其分配基准比例由于行业和企业情况的不同而不同。因此，根据本企业的实际情况找出分配基准是很重要的。

（3）按单位（配送一件或拣选一个）计算功能物流成本。再就各个功能物流成本的构成比例或金额与上一年度进行比较，弄清增减原因，研究制定整改方案。

（4）按适用对象计算物流成本。可以分析出物流成本都用在了哪一种对象上。如可以分别把商品、地区、顾客或营业单位作为适用对象来计算。

（5）按支店或营业所计算物流成本，就是算出各营业单位物流成本与销售金额或毛收入的对比，用来了解各营业单位的物流成本现状，以加强管理。

（6）按顾客计算物流成本的方法，又可分为按标准单价计算和按实际单价计算两种计算方式。按顾客计算的物流成本，可作为选定顾客、确定物流服务水平等制定顾客战略的参考。

（7）按商品计算物流成本是指把按功能计算出来的物流费以各自不同的基准分配给各类商品，以计算出物流成本。这种方法可以用来分析各类商品的盈亏，在实际运用时，要考虑进货和出货差额的毛收入与商品周转率之积的交叉比率。

（六）物流成本管理方法

准确地进行物流成本管理，必须掌握好物流成本管理方法，一般有以下几种。

1. 比较分析

（1）横向比较：把企业的供应物流、生产物流、销售物流、退货物流和废弃物物流（有时包括流通加工和配送）等各部分物流费分别计算出来，然后进行横向比较，看哪部分发生的物流费用最多。如果是供应物流费用最多或者异常多，则再详细查明原因，堵住漏洞，改进管理方法，以便降低物流成本。

(2) 纵向比较：把企业历年的各项物流费用与当年的物流费用加以比较，如果增加了，再分析一下为什么增加，在哪个地方增加了，增加的原因是什么。如果增加的是无效物流费，则立即改正。

(3) 计划与实际比较：把企业当年实际支出的物流费与原来编制的物流预算进行比较，如果超支了，分析一下超支的原因是什么，在什么地方超支。这样，便能掌握企业物流管理中的问题和薄弱环节。

2. 综合评价

比如采用集装箱运输，一可以简化包装，节约包装费；二可以防雨、防晒，保证运输途中物品质量；三可以起仓库作用，防盗、防火。但是，如果由于包装简化而降低了包装强度，导致货物在仓库保管时不能往高堆码，浪费了库房空间，降低了仓库保管能力，还可能影响货物的装卸搬运效率，那么，利用集装箱运输是好还是坏呢？就要用物流成本计算这个统一的尺度来综合评价。分别算出上述各环节物流活动的费用，经过全面分析后得出结论，这就是物流成本管理，即通过物流成本的综合效益研究分析，发现问题，解决问题，从而加强物流管理。

三、物流服务管理

物流产业是服务产业。要打破“物流管理就是成本管理”的传统认识，提高对物流服务的认识，加强物流服务管理，做好物流业的生产服务和生活服务。

（一）物流服务的概念

物流服务是为了满足客户的物流需求开展的一系列物流活动的结果。对于工商企业来讲，物流服务作为客户服务的一个重要组成部分，是企业提供给客户的最终服务，是企业物流系统的输出。对于物流企业来说，物流服务本身就是企业的产品，产品内容就是物流服务的内容。

物流服务包括以下三个要点：

(1) 拥有顾客所期望的商品（备货保证）。

(2) 在顾客所期望的时间内传递商品（输送保证）。

(3) 符合顾客所期望的质量（品质保证）。

（二）物流服务的意义

1. 物流服务方式的选择对降低流通成本具有重要意义

这里的物流服务不仅仅是指企业向外部提供的服务，还包括企业享受来自外部的物流服务。这是因为企业低成本的实现往往涉及商品生产、流通全过程，除原材料、零部件、人力成本等各种有形影响因素外，物流服务方式等软性要素的选择对成本也具有相当大的影响。所以，“物流冰山”的消融，不仅需要企业自身的努力，还需要外部企业的合作。

2. 物流服务水平已成为企业的一项重要的竞争能力

无论企业是自行组织物流服务，还是将其外包出去由专业的物流服务商去完成，其目的只有一个，就是向客户提供高质量的物流服务。随着中国流通格局的变革，零售商对商品流通渠道的控制能力越来越强，一些企业（特别是制造企业）纷纷向零售端市场寻找控制力。在这一过程中，物流服务体系的建设发挥了重要作用，并成为一些企业的竞争能力。

3. 物流服务水平对企业的经营绩效影响重大

决定物流服务水平是构建企业物流系统的前提，因此，物流已经成为大多数企业经营战略中的重要一环。现代信息革命的发展为企业发展高效物流服务提供了条件和手段，一些企业在流程再造的同时纷纷开始进行企业物流系统的改造，同时这一改造也为企业管理带来了变革，而这一变革对于企业降低成本和提高绩效具有革命性意义。

4. 物流服务是供应链管理的重要手段

随着现代社会经济全球化、网络化的发展，现代企业的竞争不是单个企业间的竞争，而是一种网络间的竞争；现代企业的优势不是单一企业的优势，而是一种网络优势。因此，企业经营网络的构造是当今竞争战略的主要内容。物流服务作为一种特有的服务方式，一方面以商品为媒介，打破了供应商、厂商、批发商和零售商之间的隔阂，有效地推动商品从生产到消费全过程的顺利流动；另一方面，物流服务通过自身特有的系统设施（如 POS、EOS、VAN 等）不断将商品销售、在库等重要信息反馈给流通中的所有企业，并通过知识、技巧等经营资源的积累，使整个流通过程不断地协调适应市场变化，进而创造出一个超越单个企业的供应链价值网络。

5. 物流服务已成为企业经营差别化的重要一环

在企业营销策略上，特别是在细分化营销时期，实行差别化经营是企业在激烈的竞争和市场变化中求得生存和发展的战略之一。而物流服务是差别化经营战略的组成部分，这意味着物流服务不再停留在商品输送和保管等一般性活动上，不再是企业生产和经营的附属机能，而是向顾客提供差别化的服务。

（三）物流服务的内容

1. 工业企业物流服务的内容

（1）作为功能活动的物流服务。如接受订单、储存、配送等。

（2）作为执行标准的物流服务。如确定库存保有率、订货周期、商品完好率等。

（3）作为经营理念的物流服务。通过准确设定物流服务与物流成本的最佳组合，找到企业经营与顾客之间的结合点，在取得合理利润的前提下，为客户提供满意的产品或服务。

要将物流服务纳入企业的经营发展战略规划，并进行科学、合理的物流服务战略分析和规划，就要做到：

（1）向顾客收集有关物流服务信息，并在此基础上确定企业的物流服务要素，包括服务的主要内容和具体指标等。

（2）要根据不同客户群体的需要确定相应的物流服务组合。

（3）建立起相应的决策流程，并实施相应的动态管理。

2. 专业物流企业物流服务的内容

物流企业的服务要满足货主企业向客户提供物流服务的需要，无论在服务能力还是服务质量上，都要以货主满意为目标。在服务能力上满足货主需求，主要表现在适量性、多批次、广泛性（场所分散）等方面；在服务质量上满足货主需求，主要表现在安全、准确、迅速、经济等方面。

物流企业服务的基本内容包括运输、储存、配送、包装、流通加工、物流系统设计、网络化物流服务等，以及与其相关联的物流信息服务。

作为提供专业化物流服务的物流企业，服务是其生存之本，服务管理不但要面向委托方，还要面向委托方的最终顾客。因此，要将客户管理纳入企业的服务管理发展规划。

（四）如何进行物流服务管理

1. 物流企业的物流服务战略的制定

（1）企业不应当只站在供给的角度考虑物流服务水平，而应全方位把握顾客的要求，从供应链组织的角度去统筹安排物流服务。

（2）不同的顾客需要的物流服务不同。对于自行组织物流服务的企业，应当将物流服务确定为企业的核心服务，并进行系统化的流程开发。

（3）企业的物流服务应与顾客的特点、层次相适应。

（4）企业在确定物流服务水平时，应考虑如何创造自己的特点，以便超越竞争对手，即采取差别化的物流服务战略。

（5）经过一段时间后，企业要对其物流服务水平进行评估和改进。

2. 物流服务管理的实施与评价

（1）将物流服务管理纳入企业的经营发展战略规划，进行科学、合理的服务战略分析和策划。

（2）向顾客收集有关服务信息，并在此基础上确定企业的物流服务要素（包括服务的主要内容和具体指标）。

（3）根据不同顾客群体的需要确定相应的服务组合。

（4）建立相应的决策流程，并实施相应的动态管理。

（5）建立 KPI 考核体系，不断提高服务水平。

四、物流质量管理

物流质量管理是指科学运用先进的质量管理方法、手段，以质量为中心，对物流全过程进行系统管理，包括为保证和提高物流产品质量和工作质量而进行的计划、组织、控制等各项工作。物流质量管理是一种全面的质量观。

（一）物流质量的定义

物流质量是一个整体的概念，包含了“固有特性”和“满足要求”两类典型的质量内涵。既包含物流对象的质量，又包含物流手段、物流方法的质量，还包含工作质量。物流质量内涵丰富，一方面，物流活动过程需要的各种资源和技术是完全可以控制的，很容易确定质量规格操作标准；另一方面，物流是为客户提供时间、空间效益的物流，需要根据客户的不同要求提供差异化的服务，物流质量是由客户根据期望来评价的。

因此，我们认为：物流质量就是企业根据物流运动规律所确定的物流工作量化标准，与根据物流经营需要而评估的物流服务的客户期望满足程度的有机结合。

(二) 物流质量的内容

物流质量的主要内容大致包括：

1. 商品的质量保证及改善

物流的对象是具有一定质量的实体，具有符合要求的等级、尺寸、规格、性质、外观。这些质量是在生产过程中形成的，在物流过程要转移和保护这些质量，最后实现对用户的质量保证。

对用户的质量保证既依赖于生产，又依赖于流通。现代物流过程不单是消极地保护和转移物流对象，还可以采用流通加工等手段来改善和提高商品的质量，因此，物流过程在一定程度上说就是商品质量的“形成过程”。

2. 物流服务质量

服务质量因用户不同而要求各异，所以，需要掌握和了解用户要求，注重以下几个方面：商品狭义质量的保持程度；流通加工对商品质量的提高程度；批量及数量的满足程度；配送额度、间隔期及交货期的保证程度；配送、运输方式的满足程度；成本水平及物流费用的满足程度；相关服务（如信息提供、索赔及纠纷处理）的满足程度。

物流服务质量是变化发展的，将在社会发展进程中依顾客需要发展出绿色物流、柔性物流等新的服务概念，形成新的服务质量要求。同时，需要适应经济全球化发展，引进国际物流服务标准，不断提高物流服务质量，积极开展国际化物流经营活动。

3. 物流工作质量

工作质量是指物流各环节、各工种、各岗位的具体工作质量。工作质量和物流服务质量是两个相互关联但又不相同的概念。物流服务质量水平取决于各工作质量的总和。所以，工作质量是物流服务质量的某种保证和基础。抓好工作质量，物流服务质量也就有了一定程度的保证。同时，需要强化企业物流管理，建立科学合理的管理制度，充分调动员工积极性，不断提高物流工作质量。

4. 物流工程质量

物流质量不但取决于工作质量，而且取决于工程质量。在物流过程中，将对产品质量发生影响的各因素（如人的因素、体制因素、设备因素、工艺方法因素、计量与测试因素、环境因素等）统称为“工程”。很明显，提高工程质量是物流质量管理的基础工作，能提高工程质量，就能做到“以预防为主”的质量管理。

(三) 物流质量管理的基本特点

物流活动具有内在的客观规律，在质量管理方面同样反映出相应的基本要求。归纳起来有四大特点。

1. 全员参与

要保证物流质量，需要依靠各环节、各部门和广大员工的共同努力。物流管理的全员性正是由物流的综合性、物流质量问题的重要性和复杂性决定的，反映了企业质量管理的客观要求。

2. 全程控制

物流质量管理是对商品的包装、储存、运输、配送、流通加工等若干过程进行全过程的质量管理，同时又是对产品在社会再生产全过程中进行全面质量管理的重要一环。

3. 全面管理

加强物流质量管理必须全面分析各种相关因素，把握内在规律。物流质量管理不仅管理物流对象本身，而且管理工作质量和工程质量，最终对成本及交货期起到管理作用，具有很强的全面性。

4. 整体发展

企业物流是一个完整统一的系统，加强企业物流质量管理就必须从系统的各环节、各种资源以及整个物流活动的相互配合和相互协调做起，通过强化整个企业基本质量素质来促进企业质量的整体改进。

（四）物流质量管理的主要内容

企业物流质量管理主要包括两个方面的内容，即物流质量控制和物流质量保证。

1. 物流质量控制

物流质量控制是质量管理的一部分，致力于满足质量要求。质量控制是对企业内部来说的，是为保证某一工作、过程和服务的质量达到作业技术标准而开展的有关活动。物流质量控制的目标是确保物流服务的质量能满足顾客、法律法规等方面提出的质量要求（如适用性、可靠性、安全性等）。

物流质量控制的工作内容包括作业技术和活动，即包括专业技术和管理技术两个方面。由于物流作业是多环节作业，各阶段的工作如何能保证做好，应对影响其工作质量的人、机、料、法、环等因素进行控制，并对物流质量活动的成果进行分阶段验证，以便及时发现问题，查明原因，采取相应纠正措施，以减少经济损失。因此，物流质量控制应贯彻预防为主与事后把关相结合的原则。

2. 物流质量保证

物流质量保证是质量管理的一部分，致力于提供质量要求会得到满足的信任。质量保证是企业物流质量管理的核心，是为了维护顾客利益，使顾客满意，并取得顾客信任的一系列有组织、有计划的活动。质量保证是企业对顾客来说的，就是要对顾客提供质量保证。

为了保证物流服务质量，企业首先应加强质量管理，完善质量体系，对物流服务有一整套完善的质量控制方案、办法，并认真贯彻执行，对实施过程及成果进行分阶段验证，以确保其有效性。在此基础上，企业应有计划、有步骤地采取各种措施，使顾客（或第三方）能了解企业的实力、业绩、管理水平，使对方建立信心，相信提供的物流服务能达到规定的质量要求。因此，质量保证的主要工作是完善质量控制，以便准备好客观证据，并根据对方的要求有计划、有步骤地提供证据。

（五）加强物流质量管理的基本途径

1. 建立物流整体质量管理的思想，真正形成物流整体质量管理的认识

不同的企业物流服务，其功能的构成和重要性不同，其质量会影响顾客体会到的

整体服务质量和顾客的满意程度。强化企业物流质量管理，就必须从企业物流发展战略的高度出发，真正树立整体质量管理思想。具体要做到以下几点：

（1）认真做好物流服务过程的整体质量管理。从整体质量管理出发，并根据顾客需求，认真做好物流服务质量管理工作，在物流服务过程的各环节、各阶段，都必须以优质服务组成的整体，为顾客创造更大的物流价值，增强顾客的信任感和忠诚感。

（2）整体考核企业物流服务质量管理水平。从整体角度客观地衡量物流服务质量管理水平，积极采用高新技术加强质量管理，提升企业物流服务的整体质量水平。在物流服务实绩考核中，既要考核生产效率，又要考核服务质量和顾客满意程度。

（3）提高企业内部物流服务质量和外部物流服务质量。只有提高企业内部物流服务质量，才能为企业外部顾客提供优质服务。员工的服务知识、服务技能、服务意识、服务行为对顾客体会到的物流服务质量有极大的影响，顾客的消费行为也会影响服务质量。企业必须高度重视员工的物流服务行为管理和顾客的消费行为管理。

2. 采取有效的物流质量管理措施

要有效地提高质量管理工作效果，企业必须根据质量管理环境，采取适当的管理措施。质量管理措施主要包括：

（1）根据全面质量管理理论，建立和完善企业物流质量管理的计量、评估体系，切实消除企业物流过程中的差错。

（2）积极引进现代质量管理理论和技术，提高质量管理水平。企业必须真正认识技术推动的意义，借助现代高新技术强化物流质量管理，大力开展技术创新活动，提高质量管理水平。

（3）运用有效的激励措施，实行全员质量管理。企业应根据顾客需求环境的相对不确定性，运用有效的奖励和激励措施，激励员工提高学习能力和创新能力，鼓励员工承担风险，通过精心设计、认真实施的试验，探索减少差错的新办法。

3. 建立有效的物流质量管理信息系统

建立有效的服务质量管理信息系统，能为企业提供改进物流服务质量的决策所必需的各种信息，能激励企业内部员工改进物流服务工作。物流质量管理信息系统的作用就是让管理者了解物流质量对企业的影响，做好有关管理工作。要建立有效的物流质量管理信息系统，需要对物流服务质量进行广泛深入的调查研究，建立一定的评价指标体系，实现企业物流质量管理信息的实时采集、整理、传递，有效实行监督和控制，提高企业物流质量管理水平。

五、物流绩效评价

绩效评价是对业绩和效率的一种事前的计划与控制以及事后的分析与评估。随着各企业的物流系统逐步完善，物流能力成为企业之间竞争的新焦点。有效的物流绩效评价与管理，能使企业更好地监督和控制自身资源，提高物流管理质量。

（一）物流绩效评价的概念

绩效评价是指运用数量统计和运筹学方法，采用特定的指标体系，对照统一的评价标准，按照一定的程序，通过定量和定性分析，对一定经营期间内的经营效益和经营者的业绩做出客观、公正和准确的综合评判。

物流绩效是指企业内部根据客户物流需求在组织物流运作过程中的劳动消耗和劳动占用与创造的物流价值的对比关系，或者指物流运作过程中企业投入的物流资源与创造的物流价值的对比。

物流绩效评价是指企业通过对物流价值的事前计划与控制以及事后分析与评估，以衡量物流运作系统和活动过程的投入与产出状况的分析技术和方法。

（二）物流绩效评价的意义

物流是现代企业“除生产、销售外获得利润的源泉”，是“降低成本的最后处女地”，因此，依托现代信息技术和分析工具，对企业物流绩效展开评价对企业管理具有重要意义。主要表现在以下几个方面：

（1）通过开展物流绩效评价，提出和追踪物流运作目标以及完成情况，并进行不同层次和角度的分析和评价，实现对物流活动的事前控制。

（2）通过开展物流绩效评价，判断企业物流目标的可行性和完成程度，动态地调整物流目标。

（3）通过开展物流绩效评价，按新的管理与控制目标进一步改善工作，提升物流绩效。

（4）通过开展物流绩效评价，对企业内部进行有效的监控和管理。

（5）通过开展物流绩效评价，分析与评估企业资源开发利用状况，确定物流发展战略。

（三）物流绩效评价的目标

企业开展和实施物流绩效评价的目标是从物流运作管理的角度出发，对物流运作过程进行监督、控制和掌握。具体可以分为以下三种：

1. 监督目标

是指追踪现行物流系统绩效并不断与以往的物流系统进行比较分析，同时向管理者和顾客提供绩效评估报告、监督评价。

2. 控制目标

是指实时追踪现行物流系统运作绩效，用以改进物流运作程序，及时调整运作方式。主要依据物流系统标准体系进行实时控制。

3. 指导目标

是指通过物流绩效评估来评价物流组织和物流人员的工作绩效，达到激励物流人员、实现更优化物流运作效率的目的。

（四）物流绩效评价的内容

企业物流绩效评价的内容十分广泛，归纳起来主要有以下几个方面。

1. 评价物流技术方面的绩效

如物流运作流程、物流设备设施配置及利用情况等。

2. 评价成本、收入、利润等财务方面的绩效

如物流成本控制及控制水平、物流业务量、物流利润水平及利润趋势等。

3. 评价与资源有关的物流绩效

如能源利用率、原材料利用率、回收率以及物流资源对环境的影响等。

(五) 物流绩效评价的原则

物流系统涉及范围广，构成要素多，开展有效的物流绩效评价应遵循下列基本原则。

1. 客观性原则

评价的客观性主要表现在两个方面：一是评价指标体系的建立必须客观，能反映被评价对象的整体绩效；二是评价工作本身的客观性，即：评价人员必须站在客观、公正的立场上，全面、可靠、正确、科学地进行物流绩效评价。

2. 经济性原则

物流绩效评价的目的是提高物流管理水平，提升物流企业的整体工作效能，从而使企业获得更大的经济效益。所以，物流绩效评价应突出重点，对关键绩效指标进行重点分析，坚持技术上的适用性和经济上的合理性。

3. 整体性原则

物流系统由储存、装卸、搬运、包装、流通加工、配送等若干子系统构成，物流系统的效益表现为系统的整体效益。在某些情况下，从局部看某子系统是经济的，但从全局看整个系统是不经济的，这种方案理所当然是不可取的；反之，在某些情况下，从局部看某子系统是不经济的，但从全局看整个系统是较好的，这种方案则是可取的。

4. 定性分析与定量分析相结合原则

在对物流绩效进行评价时，由于反映物流过程经济性的数据较易取得，因此定量分析是较常用的分析方法。定量分析能较客观地反映物流绩效的水平，但是影响物流活动的要素很多，定量分析很难把所有要素都反映为数据放入数学模型中，这时定性分析是必要的。所以，在进行物流绩效评价时要坚持定量分析基础之上的定性分析。

(六) 物流绩效评价指标

物流绩效评价与分析一般可分为内部绩效评价与分析和外部绩效评价与分析。

内部绩效评价与分析着重将企业的物流活动过程与以前的作业和（或）目标进行比较。常用的内部绩效评价与分析指标包括：

1. 物流成果指标

包括实际生产率、资源利用率、计划完成指标、成本指标。

2. 物流消耗指标

包括物流周转费、物流费用率、物流费用水平降低率。

3. 物流工作效率指标

包括每人每小时的实际件数与定额数之比等。

4. 物流工作质量指标

包括数量的正确性、质量的正确性、时间的正确性、地点的正确性。

外部绩效评价与分析是对企业物流运作外部环境、物流服务形象和能力的系统评价与分析。主要有以下两种方法。

（1）客户满意度评价。客户满意度评价指标主要包括服务水平指标、满意程度指标、客户投诉率、客户退货数、准时交货率、对用户问询的响应率、用户特殊送货要求满足率、售后服务的完善性等。

（2）物流标杆法。标杆法又称基准法，是指通过选定的先进标准作为参照系数确定标杆，进行全面对照，比较和评价企业物流运作绩效。

第三节 物流管理的思想和方法

随着经济的不断发展，为了适应环境的变化并提高企业的竞争实力，企业的物流管理思想和方法也发生了根本的变化，主要表现在：

（1）由分散管理向集中管理转变，使得物流成为企业利润开发的第三利润源。

（2）由操作型管理逐步向决策型管理转变。物流已不再是附属于生产和销售的单纯性操作活动。

（3）由封闭型管理逐步向开放型管理转变。供应链管理已是大势所趋。

（4）电子化、信息化、智能化的管理手段逐步得到广泛应用，使得现代物流的主导性越来越明显。

可以说，系统化、标准化、合理化以及信息化等物流管理思想和方法的应用，在上述转变过程中发挥了重要作用。

一、物流系统化管理

（一）物流系统化管理的内涵

物流系统化管理是指为了实现既定的物流系统目标，提高为消费者或客户服务的效率和水平，对整个物流系统进行计划、组织、指挥、监督和调节的活动。

物流系统性的内涵是同一性、协调性和整合性。物流系统化管理就是在提高物流功能要素的协同效率的同时，保障对客户的服务质量。应从以下几个方面对物流的系统性和系统化管理加以认识。

（1）物流是一个系统，而不是运输保管等单一功能，只有众多的功能要素整体实现合理化、机械化和智能化，才能真正在降低成本的同时提高服务水平。

（2）物流各功能要素之间是相互联系、相互制约的，有时甚至是互相矛盾的，因此，必须从整体上加以协调，用系统化的思想加以整合、提升。

（3）随着物流管理理论的发展和新技术的不断应用，物流越来越成为跨越企业边界的综合性活动，无论是内在管理还是外围条件，都对物流的系统性和整体性提出了更高的要求。

（4）在物流管理的全过程中，始终贯穿着大量的物流信息，将这些信息收集并处理好，使之服务于物流管理并将各子系统有机联系起来，需要有一个集成系统。

（二）物流系统化管理的特点

物流系统化管理的特点主要有：

（1）生产、流通企业以物流系统化为总目标进行物流革新，重新构造微观物流系统。就是要将生产、流通企业的包装、装卸、运输、储存、配送、流通加工、物流信息这些以前分开管理的物流活动作为一个总体系统来构造、组织和管理。

（2）物流系统化谋求的是物流子系统的协调。物流系统化着重研究的不是各子系统本身，而是各子系统之间的联系、影响、制约关系，是各子系统的功能与总体系统目标之间的关系。当然，它是以各子系统的研究为基础的。

（3）物流系统化以硬件为基础，以软件为主体。物流系统化并不是指让企业所实现的物流系统成为一个囊括包装、装卸、运输、储存、配送、流通加工、物流信息所有装备的硬件集合体。企业作为物流的组织者实施的物流系统化，应该根据本企业物流的特性，结合可利用的自有及社会物流设施、物流服务，通过物流系统分析和效益费用分析，发现目前物流系统的问题，提出改进物流系统的方案，重新构造出适合本企业物流特性，能以最低的物流总成本完成所要求的物流服务的物流系统。

（三）物流系统化管理的模式

物流系统化是要把“已经存在的”物流系统改造为“优化的”物流系统。优化的系统有两种。一种是进行系统化时的目标系统，这是按照各种约束条件及目前技术水平重新构造的现实可行的物流系统；另一种是由于各种约束条件及技术障碍，作为最终目标目前提出实施还有困难，但在理论上认为是可行的系统，也就是理想系统。

从物流系统化水平来看，我国整体要比日本、美国及西欧发达国家落后三十多年(但某些物流咨询公司和某些先进企业除外，如海尔物流对海尔集团的物流系统化设计，宝供物流对保洁公司的物流系统化设计，亿博物流咨询对锦鑫集团的物流系统化设计等)。需要根据我国物流系统化工作尚未大规模展开的实际，大力借鉴这些国家的成功经验，制定符合我国国情的、切实可行的物流系统化发展模式，加速实现这个目标系统，以缩短我国达到发达国家现有水平的进程。

物流系统化发展既受国家经济发展水平制约，又受物流系统化内在联系制约，其发展模式必须遵从这种制约，不能随心所欲。根据我国经济发展水平和物流系统化内在联系，我国的物流系统化大体可采用如下模式：

如果把运输手段称为方式（mode)，把港口、货站等运输手段换载的基地（包括仓库、流通中心，有时还包括工厂）称为结点（node)，把构成运输手段通路的铁路、公路、水路称为连线（link)，那么社会物流系统化可以说是完善连线，使结点与方式现代化，按照物流需求，从制度、运行、技术上有效利用方式的特性，选择最优方式进行组合。

社会物流系统化的方法有：

（1）提高运输效率的方法。1）联合一贯制运输；2）集装箱直达列车运输；3）共同运输；4）定时配送。

（2）提高结点功能的方法。1）复合终端；2）流通中心；3）配送中心；4）流通加工基地；5）自动化仓库。

（3）装卸合理化的方法。1）集装箱化；2）托盘化；3）装卸机械化。

（4）提高信息功能的方法。使用电子计算机，并逐步形成计算机联机系统，实现信息系统化。

社会物流系统化是以物价稳定、资源合理配置和社会资金有效利用为目标的，企业物流系统化则是以维持企业生存、增加企业利润、强化企业竞争力为目标的。因此，社会物流系统的最优化与企业物流系统化有时会出现矛盾。但当企业进行物流系统设计时，社会物流是作为必不可少的外部环境条件来考虑的，也是物流系统化的理想目标。

（四）物流系统化管理的基本方法

推进物流系统化，要实现以物流系统化为目标的物流革新，必然要实施机械化、自动化、标准化、单元化、联合一贯制运输等一系列技术革新，这些技术革新将带来物流现代化。但这并不是物流系统化的根本目的，只不过是手段而已，物流系统化的根本目的在于降低物流成本，提高经济效益。在推进物流系统化的初期，无论对社会物流还是企业物流而言，物流能力的扩大都是物流系统化的中心课题。这个时期，物流系统化的核心任务是硬件开发。社会物流要进行"综合运输网"、"大规模物流基地"、"复合终端"的建设；企业物流则要进行"机械化托盘货架仓库"、"计算机联机网络"和"系统设备"的建设。当我们以物流总成本最低为目标来协调各子系统时，物流总成本将分解到各子系统上，构成各子目标，通过子系统的优化及重新将物流总成本分解到各子系统的系统协调过程，最终可以找到使物流总成本最低的物流大系统最优或次优状态。总成本方法（total cost approach）就成为推动物流系统化的根本方法。

物流成本计算是推进物流系统化的基本方法，这一点已被美、日、西欧各发达国家的实践所证实。物流成本计算必将成为推动我国物流系统化的基本方法。

二、物流标准化管理

标准化是国民经济管理和企业管理的重要内容，也是现代科学体系的重要组成部分，是在社会大分化、生产大分工之后，为合理组织生产，促进技术进步，协调社会生活而出现的事物。标准化管理是有权威的、有法律效力的管理。

（一）物流标准化管理的概念和特点

物流标准化是指以物流为一个大系统，制定系统内部设施、机械装备，包括专用工具等的技术标准，包装、仓储、装卸、运输等各类作业标准，以及作为现代物流突出特征的物流信息标准，并形成全国以及与国际接轨的标准化体系。

物流标准化管理是物流管理的重要手段，是物流合理化的重要内容，同时也是实现物流现代化的基础。物流标准化管理（如托盘标准化、集装箱标准化、运输工具的标准化等）对物流成本、效率有重大决定作用。开展物流标准化管理，有利于加快物流系统的建设与整合步伐，提高物流的作业效率，并实现与物流以外系统的连接及与国际接轨。

物流标准化管理的特点主要有：

(1) 物流标准化涉及面较为广泛，涉及的部门多，其对象不像一般标准化系统那样简单，标准化管理的难度大。

(2) 物流标准具有非常强的国际性，随着世界经济全球化进程的加快，国际物流活动日益增加，在制定物流标准时，要充分考虑与国际标准接轨。

(3) 物流标准系统属于二次系统，组成物流大系统的各子系统在归入物流系统之前就已经制定了自身的标准。因此物流标准的制定并非要打破既有系统重新建设标准，而是要从整个系统出发，充分协调各子系统的标准。

(4) 物流标准化更要求体现科学性、民主性和经济性。科学性、民主性和经济性，是标准化的“三性”，由于物流标准化的特殊性，必须非常突出地体现这三性，才能搞好物流标准化。

(5) 物流标准化要在物流标准中对物流安全性、可靠性作出规定，并为安全性、可靠性制定统一技术标准、工作标准。物流保险的规定也是与安全性、可靠性标准有关的标准化内容。在物流中，尤其在国际物流中，都有世界公认的保险险别与保险条款，虽然许多规定并不是以标准化形式出现的，而是以立法形式出现的，但是，其共同约定、共同遵循的性质是通用的，是具有标准化内涵的。

(二) 物流标准化的原则

1. 要确定标准化的基点

要形成整个物流体系的标准化，必须在局部中寻找一个共同的基点，并使这个基点贯穿物流全过程，在此基础上形成物流标准化工作的核心。依据物流是“物之流动”的特点可以确认，集装系统是使物流过程连贯并建立标准化体系的基点。

物流全系统标准化取决于与集装的配合性。具体来讲，以集装系统为物流标准化的基点，这个基点的作用之一，就是以此为准来实现全面的标准化。因此，必须实现集装与物流其他各个环节之间的配合性。其中包括：

(1) 集装与生产企业最后工序（也是物流活动的初始环节）——包装的配合性。包装尺寸和集装尺寸的关系应当是：集装是包装尺寸的倍数系列，而包装是集装尺寸的分割系列。

(2) 集装与装卸机具、装卸场所、装卸小工具（如吊索、跳板等）的配合性。

(3) 集装与仓库站台、货架、搬运机械、保管设施乃至仓库建筑（净高度、门高、门宽、通路宽度等）的配合性。

(4) 集装与保管条件、工具、操作方式的配合性。

(5) 集装与运输设备、设施，如运输设备的载重、有效空间尺寸等的配合性。

(6) 集装与末端物流的配合性。

(7) 集装与国际物流的配合性。从国际经济交往来讲，由于中国是“后发性”国家，以国际标准为主体和与国际标准接轨是我们集装标准化应该做的事情。其中最重要的是与国际海运集装箱标准接轨。这种接轨可以使国际海运集装箱通过我国的铁路和公路运输直达内地，从而充分发挥集装箱联运“门到门”的优势。

2. 要实现物流系统各子系统的配合性

配合性是建立物流标准化体系必须体现的要求，是衡量物流系统标准化体系成败的重要标志。应以物流系统为出发点，研究各子系统与物流相关领域中技术标准与工作标准的配合性，按配合性要求统一整合整个物流系统的标准。

3. 要注意物流与环境的发展关系

现代物流正向着大型化方向发展，在进行物流标准化规划时，必须将物流对环境的影响（如噪声、废气）放在标准化的重要位置上。

4. 要由权威的组织来牵头制定和推广物流标准

由于物流标准化的制定涉及众多层面，因此在贯彻中要层层推进。国际标准化组织（ISO）是全世界标准化的权威机构，已经制定了许多物流标准，一些国家（如英国和韩国）则由自己的标准化协会制定本国的物流标准。

（三）物流标准化的种类

根据内容和性质的不同，物流标准化可以分为三类。

1. 物流系统标准化

物流系统标准化是指制定出在整个系统中各子系统共同使用的标准，包括基础编码标准化、专业计量单位标准化、物流基础模数尺寸标准化、集装模数尺寸标准化、物流专业名词标准化、物流单据（票证）标准化、物流标志和识别标准化、物流成本核算标准化、统计标准化等。

还有分系统技术标准。主要有：运输车船标准，作业车辆标准传输机具标准，仓库技术标准，包装、托盘、集装箱标准，其中包装、托盘、集装箱标准具体包括包装、托盘、集装系列尺寸标准，包装物标准，货架储罐标准等。

2. 物流技术标准化

物流技术主要包括设备、材料、信息管理等方面的技术。物流技术标准化具体包括运输工具标准化、仓库技术标准化、站场技术标准化、作业车辆标准化、传输机具标准化、包装材料及技术标准化、信息管理标准化等。

3. 物流组织工作标准化

物流组织工作标准化主要指为完成物流活动而进行的计划、管理等组织工作，包括对各项物流活动制定统一要求和规范化规定，明确划分各岗位的职责范围、权利和义务，做到工作方法、核查督导等方面的标准化。

三、物流合理化管理

（一）物流合理化管理的概念和内容

物流合理化管理是指在兼顾成本与服务的前提下，对物流系统的构成要素及其经营活动进行调整改进，使得物流系统不断走向整体优化的动态管理过程。物流合理化包括物流结构的合理化、物流运动的优质化和物流体制的科学化三个方面。物流结构的合理化是指物流系统的合理化架构；物流运动的优质化是指物流的各项作业的合理化；物流体制的科学化是指物流管理体制的科学化及政策法规的完善化。物流合理化的过程被人们喻为“挖掘企业脚下的金矿”。

（二）物流合理化管理的基本原则

在物流系统成本降低、效益和效率提高的前提下，物流合理化可以采取任何有利于上述目标实现的措施。不过，物流合理化改进仍要坚持一些基本原则（如表 9—1 所示）。

表 9—1　　物流合理化管理的基本原则

原　则	内容及侧重点
系统化原则	物流合理化的第一原则是把整体化和系统化放在首要位置
标准化原则	坚持使用国际标准或国家标准，保持物流系统的开放性和可接入性
柔性化原则	与生产的柔性化发展相对应，满足客户个性化需求（如配送中心小批量、多品种的柔性配送服务）
共同化原则	强调配送共同化、物流资源利用共同化、物流设施与设备利用共同化以及物流管理共同化等，减少重复建设和环境承载压力
优先化原则	优先考虑将彼此之间物流量大的设施布置得近一些，在物流系统的设计和规划上，或者其些业务操作上，要充分体现这一原则
近距离原则	尽量缩短物流流动或运输的距离，如一些企业的联合厂房设计和一些地区的园区化生产布局等都考虑了这一原则
零库存原则	追求库存最小，通过供应链管理和各种管理的改进使企业各种库存降到最低限度
集装化原则	使用标准化托盘、料箱、料架等工位器具，提高作业机械化和自动化水平
信息化原则	提高自动化与计算机应用水平，建立并完善物流信息管理系统，并努力向智能化自动管理阶段迈进
环保化原则	注意环境保护，物流系统规划、设计、改造要符合可持续发展原则和绿色制造要求，与其他系统相互协调

（三）物流合理化的思路与途径

开展物流合理化应坚持的基本思路是：

（1）通过改进管理体制和完善政策法规，改善物流系统的支撑要素。

（2）通过物流的系统化和现代化，提高物流系统自身的素质。

（3）通过提高战略层级推动企业物流的一体化发展，改善物流系统的内部作业流程。

（4）通过物流的专业化、社会化、共同化发展，改善物流系统的外部环境。

具体来说，为了推进我国物流的合理化，需从以下几个方面做出努力。

1. 加强宏观物流体系的布局规划，推进物流系统化

物流系统化是物流合理化的前提。物流系统作为一个涵盖范围广泛的开放系统，其运行是通过各子系统的有效运作和密切协调来实现的。广义的物流系统包括物质基础、体制、制度和政策等内容。物流系统化的发展不仅是企业的任务，政府也应发挥主导作用。政府主导宏观层面的物流系统化推进，具体要做到：一是加速创造现代物流发展的宏观环境（包括政策规划、立法、财政、人才培养等方面的支持）；二是加快构建良好的物流基础设施体系，其发展相对经济发展要有一定的超前性。

2. 积极推动物流标准化的发展

物流标准化是物流合理化的重要内容。

3. 大力发展电子商务，并促进物流的电子化发展

电子商务引发了新的“流通革命”，对物流服务的发展起到至关重要的推动作用，并提出更高的要求，这是因为电子商务的发展为物流过程的延伸提供了条件，并进一步提高了物流信息化程度与反应速度。电子商务和现代物流的发展是互相促进的。同样，大力发展电子商务，并促进物流的电子化发展，对中国物流合理化发展的意义相当重大。

4. 推进物流社会化和共同化的发展

物流社会化是建立在物流专业化发展的基础上的，隐含了专业化发展的前提；而物流共同化是在物流社会化基础上的一种延伸。物流社会化和共同化是物流合理化的发展方向。

5. 加快物流产业化的发展，加大物流服务市场的培育力度

其重点是促进专业化的物流服务企业的成长。

四、物流信息化管理

（一）物流信息化管理概述

物流信息化管理（informatization of logistics management）是指建立高效畅通的物流信息系统，实现从物流决策、业务流程到客户服务的全程信息化，对物流进行科学管理。物流信息化管理是物流信息化的重要内容之一，物流系统只有具有良好的信息处理和传输系统，才能快速、准确地获取销售反馈信息和配送货物跟踪信息，从而大大提高物流企业的服务水平。

企业在物流信息系统的建设中，一方面要重视新的信息技术（如 Internet）的应用，提高信息技术的水平，另一方面也要重视物流信息系统和物流管理的互动，既要根据自己的物流管理流程来选择适合的物流信息系统，也要通过物流信息系统来优化和再造自己的物流管理流程。

（二）物流信息化管理的必备条件

物流管理信息化的必备条件主要有三点：

（1）一套完整的物流信息管理系统，为物流运作提供电子化管理。

（2）一个能快速、方便、安全、可靠的交换数据的方法电子数据交换平台。

（3）为用户提供个性化的物流信息服务。

为此，企业应加大投入，建立有计算机支持的物流信息系统。

（三）物流信息化管理的内容

物流信息化管理的内容主要有：

（1）销售管理：通过销售管理建立客户档案与合同管理，健全客户信用监控体系；建立对客户订单的动态管理，快速响应客户订单，及时处理销售退/换货需求；建立灵活的销售价格策略和销售折扣管理；销售发票、应收款、成本核算与财务系统集成；销售预测、生产订单、采购订单等的业务应用集成。

（2）库存管理：通过库存物品的入库、出库、移动和盘点等操作对企业的物流进行全面的控制和管理，以达到降低库存，减少资金占用，杜绝物料积压与短缺现象，提高客户服务水平，保证生产经营活动顺利进行的目的。要求管理系统支持仓库、区域、货位等多层次管理；提供物料 ABC 分类，提供物料的分级、分类管理；支持对库存物品的批次、单件、保质期管理方式；支持分销模式下的内部订单调拨；掌握最大/安全库存量，支持超限报警处理、积压/短缺统计；支持多种仓库盘点，提供盘盈、盘亏调整处理；可以动态地查看各种物料库存、各类进/出情况等。

（3）采购管理：完善供应商档案管理，建立供应商评价体系；理顺采购询价流程，管理采购合同、采购订单，建立采购价格控制体系；支持采购申请计划的多级审批；理顺物料采购流程，支持采购物料的入库质量检验管理；动态地查看物料库存、采购到货情况；支持采购物料对应以及采购退/换货管理；支持采购发票、应付款、成本核算等财务系统集成；支持销售订单、生产订单等业务应用集成。

（4）财务管理：在物流系统实施前，财务是一个独立的系统，失去了对业务系统进行监控的功能。但对于中小企业来说，业务管理才是核心。因此，中小企业在物流信息化过程中，迫切希望实现财务系统与采购、销售、应收应付系统集成，实现物流、资金流、信息流的完美协调。

（四）物流信息化管理的意义

物流管理工作具备计划、组织、指挥、协调、控制等功能，是一项复杂的系统工程。物流信息化管理可以彻底改善物流管理工作费时费力的状况，大大提高物流管理工作效率。通过建立物流管理信息系统，可以使物流计划制定更加科学合理，更加切合实际，并具有前瞻性。

组织职能也将大大优化，更有效率。指挥路线不再是自上而下的单向指挥，而是自上而下和自下而上的双向指挥，指挥的效果能够得到及时反馈，各部门的协调交流更加快捷、直接、通畅。控制职能将进一步发挥作用，特别是事前控制将发挥更大的作用，各种误差和事故将及时得到反馈和纠正。

（五）信息化引发的管理革命

物流信息化的发展相应地引起了企业管理的变革，并且这一变革影响了企业经营管理的各方面。

1. 使企业实施全新的供应链管理成为可能

企业借助计算机网络技术和各种信息管理系统，实现了与它的上游供应商和下游顾客之间的有效连接，并通过物流、信息流和知识流的交流，重新定义并建立了新型的顾客关系。同时，信息网络的发展也使企业打破了时空的局限，能够在全球范围内选择自己的供应商，进行全球化的供应链管理，从而构成全新的供应链条，并形成新的竞争优势。

2. 改变了企业产品的存在形式和流通方式

过去，企业要保留相当数量的库存来确保生产和保证活动的顺利进行，同时，一些服务的提供也必须是面对面进行的。现在，由于采用了现代信息管理技术，企业的供应链管理水平得以提高，通过业务流程再造及新技术手段的应用，企业的“零库存”管理成为可能。企业的仓库由过去的“蓄水池”变成了流动的“河流”；同时，越来越多的产品流通采取“网上销售、网下配送”的方式来进行。

3. 改善了渠道质量，使企业具备及时决策的能力

企业利用网络与经销商协作，建立能够实时反映订货和库存状况的信息管理系统（如 VMI 系统）。通过这一管理系统，企业可以获知经销商销售的实时或及时信息，可以在这些信息的指导下，进行连续库存补充和销售指导。这种及时决策的能力，可提高企业销售渠道的效率，从而提高顾客的满意度。

练习题

一、单选题

1. 对（　　）来讲，物流服务是其客户服务的一个重要组成部分，是企业物流系统的输出。

A. 工商企业　　B. 物流企业
C. 运输企业　　D. 信息企业

2. 对（　　）来讲，物流服务是企业本身的产品。

A. 工商企业　　B. 物流企业
C. 运输企业　　D. 信息企业

3. 物流系统化管理是在提高物流功能要素的（　　）效率的同时，保证对客户的服务质量。

A. 共同　　B. 协同
C. 集合　　D. 分散

二、多选题

1. 物流管理的基本侧重点是（　　）。

A. 服务　　B. 成本
C. 运作　　D. 规划
E. 战略　　F. 战术

2. 物流服务的客户是（　　）。

A. 产品的需求方　　B. 物流服务的委托方
C. 第三方物流企业　　D. 物流服务的供给方
E. 竞争者　　F. 供应链链主

3. 物流管理的基本内容是（　　）。

A. 作业管理　　B. 成本管理
C. 服务管理　　D. 质量管理
E. 绩效管理　　F. 人力管理

4. 物流质量包括（　　）。

A. 物流商品质量　　B. 物流服务质量

C. 物流工作质量　　D. 物流工程质量

E. 物流人员质量　　F. 物流要素质量

5. 物流合理化的原则包括(　　)。

A. 系统化原则　　B. 标准化原则

C. 柔性化原则　　D. 共同化原则

E. 集装化原则　　F. 近距离化原则

三、判断题

1. 物流成本管理就是管理物流成本。(　　)

2. 削减物流成本和增加销售，对提高企业效益的结果是一样的。(　　)

3. 物流是一个整体概念，包含了“固有特性”。(　　)

四、简答题

1. 描述物流管理组织的演变，说明第三方物流发生的阶段。

2. 进行物流成本管理的难点在哪里?

3. 工商企业和物流企业物流服务的内容有哪些不同?

4. 物流标准化管理的特点是什么?

5. 分析物流信息化引发的管理革命。

案例分析一

安利降低物流成本的秘诀

同样面临物流信息奇缺、物流基础建设落后、第三方物流公司资质参差不齐的实际情况，国内同行物流成本高居高不下，而安利（中国）通过全方位物流战略的成功运用，使其储运成本仅占全部经营成本的4.6%。

安利的“店铺+推销员”的销售方式，对物流储运的要求非常高。安利的物流储运系统，其主要功能是将安利工厂生产的产品及向其他供应商采购的印刷品、辅销产品等先转运到位于广州的储运中心，然后通过不同的运输方式运抵各地的区域仓库（主要包括沈阳、北京以及上海外仓）暂时储存，再根据需求转运至设在各省市的店铺，并通过直销或店铺等销售渠道推向市场。与其他公司不同的是，安利储运部同时还兼管着全国近百家店铺的营运以及电话订货等服务。所以，物流系统的完善与效率，很大程度上影响着整个市场的有效运作。

但是，由于目前国内的物流信息沟通极为困难，安利很难获得物流企业的详细信息（如从业公司的数量、资质和信用等），而国内的第三方物流供应商在专业化方面也有所欠缺，很难达到企业的要求。在这样的状况下，安利采用了适应中国国情的“安利团队+第三方物流供应商”的全方位运作模式，其核心业务（如库存控制等）由安利统筹管理，实施信息资源最大范围的共享，使企业价值链发挥最大的效益。而非核心环节，则通过外包形式完成。例如，以广州为中心的珠三角地区主要由安利的车队运输，其他绝大部分货物运输都由第三方物流公司来承担。另外，全国几乎所有的仓库均为外租第三方物流公司的仓库，而核心业务（如库存设计、调配指令及储运中心的主体设施与运作）则主要由安利本身的团队统筹管理。目前已有多家大型第三方物流公司承担了安利公司大部分的配送业务。公司会派员定期监督和进行市场调查，以评估服务供货商是否提供了具竞争力的价格，并符合公司要求的服务标准。这样既能整合第三方物流的资源优势，与其建立坚固的合作伙伴关系，同时又通过对企业供应链的核心环节——管理系统、设施和团队的掌控，保持安利的自身优势。

从安利的物流运作模式来看，至少有两个方面是值得国内企业借鉴的。

首先是投资决策的实用主义。在美国，安利仓库的自动化程度相当高，而在中国，很多现代化的物流设备并没有被采用，因为美国土地和人工成本非常高，而中国这方面的成本比较低，两相权衡，安利弃高就低。刚刚启用的安利新的物流中心很好地反映了安利的“实用”哲学。新物流中心占地面积达40 000 平方米，是原来仓库的 4 倍，而建筑面积达 16 000 平方米。这样大的物流中心如果全部自建，仅土地和库房等基础设施方面的投资就需要数千万元。安利采取和另一物业发展商合作的模式，合作方提供土地和库房，安利租用仓库并负责内部设施的投入。安利只用了 1 年时间，投入 1 500 万元，就拥有了一个面积够大、设备先进的新物流中心。

其次是在核心环节的大手笔投入。安利仅在信息管理系统上就投资了9 000 多万元，其中主要的部分之一，就是用于物流、库存管理的 AS400 系统，AS400 系统使公司的物流配送运作效率得到了很大的提升，同时大大地降低了各种成本。安利先进的计算机系统将全球各分公司的存货数据联系在一起，各分公司与美国总部直接联机，详细储存每项产品的生产日期、销售数量、库存状态、有效日期、存放位置、销售价值、成本等数据。有关数据通过数据专线与各批发中心直接联机，使总部及仓库能及时了解各地区、各地店铺的销售和存货状况，并按各店铺的实际情况及时安排补货。在仓库库存不足时，公司的库存及生产系统亦会实时安排生产，并预定补给计划，以避免个别产品出现断货情况。

资料来源：根据深科纳公司提供的素材改编。

讨论题

1. 安利营销和物流的特点是什么？
2. 如果选择第三方物流公司，可以设置哪些 KPI 指标？
3. 如果销售系统扩展到县级城市，如何改进物流系统？

案例分析二

德邦强大竞争力的核心是标准化管理

谈联盟说整合，回归运营学德邦。德邦毫无疑问是中国零担货运行业的标杆。即便是在零担货运行业的第一阵营，德邦的营收和增长速度也大大超出紧随其后的天地华宇，佳吉和盛辉，用一骑绝尘来形容似乎不为过。那么，德邦强大竞争力的核心是什么？

根据 2012 年与 2013 年两年的《中国公路货运发展研究报告》，德邦每年以 50%～60%

的速度增长，2012年营业收入为62亿元，2013年是93亿元。一直有人在问：德邦能一骑绝尘靠的是什么？是4 800多家门店？是精准卡航产品？是网络化布局？是高品质服务？是人才战略？还是……也许这些都是原因，但我们认为：德邦强大竞争力的核心是标准化。

德邦区别于其他企业成为标杆的根本原因不是门店，或者说德邦为零担货运行业带来的创新发展不是网络本身，而是标准化。

首先，门店不是德邦的发明，而是天地华宇的发明；其次，德邦和天地华宇在相同的门店规模下曾经相持了一段时间，最终天地华宇不得不减少门店数量以降低亏损，而德邦得以继续扩张门店数量，脱颖而出。

标准化使得德邦在网点建设中保证了网点的成功率，实现了网络资源效率的均衡，资源使用率的均衡是网络整体效率和竞争力的基础。因此，运联传媒在《2013中国公路货运发展研究报告》中提出的观点是：德邦的独特贡献是快运网络的标准化运营。这体现在以下几个方面：

产品：零担货运服务的标准化

德邦是第一批提出精准卡航产品，并把产品的时效承诺作为整个公司运营核心的零担快运企业。继而，天地华宇推出“定日达”，佳吉推出“红色快线”。可以说，德邦开启了零担货运公司以时效承诺为核心的产品化竞争。而且，也恰恰是由于德邦的准达率在达到80%以上后的持续提升构成了品牌与其他公司相比的显著优势，因此新开网点的回报周期越来越短，从而支撑了德邦的可持续扩张。

管理：运营的标准化

德邦彻底贯彻了数据化业绩导向管理文化。依赖数字化、标准化的业绩导向，突破了传统货运企业依赖少数人经验，依赖分支机构利润驱动的管理模式，使得零担货运逐步实现了深度的标准化运营，带来了每个环节服务可靠性的持续提升，也带来了运营效率的持续提升。

信息技术：数据的标准化

要在海量订单、多个环节、分散地区里实现标准化产品承诺及标准化运营管理，精确、及时、自动的数据是基础。德邦在信息技术方面进行了大规模的投资，确保了对时效链、单车效率、单车费用等各种运营数据的获取能够支撑其标准化网络运营的经营特征。

正是由于产品、管理、技术等各方面的标准化达到了一定的程度，德邦的客户吸引力与网络规模形成了良性互动，实现了更大规模数量级的持续提升。这种已被证明正确的标准化运营模式，不仅会让德邦更加成功，也将成为更多领先企业的标准。

值得关注的是，德邦的增长是伴随服务价格的持续增长，目前德邦的平均货运价格达到2.3元/公斤（含所有增值服务收费），远远高于其他零担货运巨头，这也说明市场存在大量对服务品质的关注更胜于对价格的关注的客户，如同顺丰一样，德邦的成功也是品质竞争的成功。

资料来源：运联传媒：《2012中国公路货运发展研究报告》、《2013中国公路货运发展研究报告》。

讨论题

1. 德邦的标准化管理表现在哪些方面？

2. 德邦的营业收入每年以50%～60%的速度增长，其主要原因是什么？为什么？

第 10 章
物流发展的新趋势

学习目标

- 掌握供应链的含义和结构模型；供应链管理的内涵和内容；供应链管理的方法；供应链管理与传统管理模式的区别
- 掌握绿色物流的含义；绿色物流体系的含义
- 掌握第四方物流的概念和特点；第四方物流的价值贡献；第四方物流的作业模式
- 掌握物流金融的概念、意义和三种主要形式

随着科学技术水平的不断提高，以及物流环境的不断变化，物流领域出现了许多新的理念，呈现出一些新的发展势头。

第一节　供应链管理

一、供应链管理思想的产生背景

20 世纪 90 年代以来，由于科学技术的飞速进步和生产力的发展，顾客（customer）消费水平不断提高，企业之间竞争（competition）加剧，加上政治、经济、社会环境的巨大变化（change），使得需求的不确定性大大增加，导致需求日益多样化。顾客、竞争、变化这“3C”既是多样性与市场需求不确定性的根源，又是促进企业不断提高自身竞争能力的外在压力。在全球市场的激烈竞争中，企业面对一个变化迅速且无法预测的买方市场，传统的生产与经营模式对市场剧变的响应越来越迟缓和被动。为了摆脱困境，企业采取了许多先进的单项制造技术和管理方法（如计算机辅助设计、柔性制造系统、即时制生产、制造资源计划（MRPⅡ）等），虽然这些方法取得了一定的实效，但企业在经营的灵活性、快速满足顾客需求方面并没有实质性

改观。企业终于意识到问题不在于具体的制造技术与管理方法本身，而在于它们仍囿于传统纵向一体化的管理模式。20世纪40—60年代，企业处于相对稳定的市场环境中，这时的纵向一体化模式是有效的，但是在90年代科技迅速发展、世界竞争日益激烈、顾客需求不断变化的形势下，纵向一体化模式则暴露出以下种种缺陷。

1. 增加企业投资负担

无论是投资新建工厂，还是控股其他公司，企业都需要自己筹集必要的资金。这种做法给企业带来了许多不利之处。首先，企业必须花费人力、物力设法在金融市场上筹集所需要的资金。其次，资金到位后，随即进入项目建设周期（假设新建一个工厂）。为了尽快完成基本建设任务，企业还要花费精力做好项目实施的监管工作，这样又消耗了大量的企业资源。由于项目有一个建设周期，因此在此期间内企业不仅不能安排生产，而且还要按期偿还借款利息。显而易见，用于项目基本建设的时间越长，企业的利息负担越重。

2. 面临丧失市场时机的风险

对于某些新建项目来说，由于有一定的建设周期，因此往往出现“项目建成之日就是项目下马之时”的现象，市场机会早已在项目建设过程中逝去。这样的事例在我国有很多。从投资方向的选择看，当时的决策可能是正确的，但就是因为花在生产系统基本建设上的时间太长，到生产系统建成投产时，市场行情早已发生了变化，错过了进入市场的最佳时机，而使企业遭受损失。因此，项目建设周期越长，企业面临的风险越大。

3. 迫使企业从事不擅长的业务活动

纵向一体化管理模式的企业实际上是“大而全”、“小而全”的翻版，这种企业把产品设计、计划、财务、会计、生产、人事、信息管理、设备维修等工作看作本企业必不可少的业务工作，许多管理人员往往花费过多的时间、精力和资源去从事辅助性的管理工作。结果是，辅助性的管理工作没有做好，关键性业务也无法发挥出核心作用，不仅使企业失去了竞争特色，而且增加了企业成本。例如，1996年，办事机构设在密歇根州特洛伊的劳动力协会的一个顾问机构指出，通用汽车公司死抱着纵向管理思想不放，为它自己的公司生产70%的零部件，而福特公司只有50%，克莱斯勒只有30%。它指出，通用汽车公司由于顽固坚持自己的做法，不得不承受多方面竞争的压力。通用汽车公司因为生产汽车零部件而耗去的劳动费用高于其他两个公司，每生产一个动力系统，就比福特公司多付出440美元，比克莱斯勒公司多付出600美元，在市场竞争中始终处于劣势。这种情况在国内也经常出现。例如，某机器制造厂为了解决自己单位富余人员的就业问题，成立了一个附属企业，把原来委托供应商生产的某种机床控制电器转而自己生产。由于缺乏技术和管理能力，不仅成本比外购的高，而且产品质量低劣，最后影响到整机产品的整体性能和质量水平，一些老客户纷纷取消订单，使企业蒙受不必要的损失。

4. 在各业务领域都直接面临众多竞争对手

采用纵向一体化管理模式企业的另一个问题是，企业必须在不同业务领域直接与不同的竞争对手进行竞争。例如，有的制造商不仅生产产品，而且拥有自己的运输公司。这样一来，该企业不仅要与制造业的对手竞争，而且要与运输业的对手竞争。在企业资源、精力、经验都十分有限的情况下，四面出击的结果可想而知。事实上，即使是IBM这样的大公司，也不可能拥有所有业务活动所必需的才能。因此，从20世纪80年代末期起，IBM就不再谋求纵向发展，而是与其他企业建立广泛的合作关系。例如，IBM与苹果公司合作开发软件，协助MCT联营公司进行计算机基本技术研究工作，与西门子公司合作设计动态随机存储器，等等。

5. 增大企业的行业风险

如果整个行业不景气，采用纵向一体化模式的企业不仅会在最终用户市场遭受损失，而且会在各纵向发展的市场遭受损失。曾有这样一个例子。某味精厂为了保证原材料供应，自己建了一个辅料厂。但后来味精市场饱和，该厂生产的味精大部分没有销路。结果不仅味精厂遭受损失，与之配套的辅料厂也举步维艰。①

鉴于纵向一体化管理模式的种种弊端，从20世纪80年代后期开始，国际上越来越多的企业放弃了这种经营模式，随之而来的是横向一体化（horizontal integration）思想的兴起，即：利用企业外部资源快速响应市场需求，本企业只抓最核心的内容——产品方向和市场。至于生产，只抓关键零部件的制造，甚至全部委托其他企业加工。例如，福特汽车公司的嘉年华车就是由美国人设计，在日本的马自达生产发动机，由韩国的制造厂生产其他零件和装配，最后在美国市场上销售。制造商把零部件生产和整车装配都放在了企业外部，这样做的目的是利用其他企业的资源促使产品快速上马，避免自己投资带来的基建周期长等问题，赢得了产品在低成本、高质量、早上市等诸方面的竞争优势。横向一体化经营模式形成了一条从供应商到制造商再到分销商的贯穿所有企业的“链”。由于相邻节点企业表现出一种需求与供应的关系，因此，当把所有相邻企业依此连接起来时，便形成了供应链（supply chain）。

这条链上的节点企业必须达到同步、协调运行，才有可能使链上的所有企业都能受益，于是，产生了供应链管理（supply chain management，SCM）这一新的经营与运作模式。

二、供应链的含义

（一）供应链的概念

关于供应链，目前尚未形成统一的定义，许多学者从不同的角度出发给出了许多不同的阐释。

早期的观点认为，供应链是制造企业中的一个内部过程，是指企业把从外部采购的原材料和零部件，通过生产转换和销售等活动，再传递到零售商和用户的一个过程。传统的供应链概念局限于企业的内部操作层，注重企业自身的资源利用。有些学者把供应链的概念与采购、供应管理相关联，用来表示与供应商之间的关系，这种观点也得到了研究合作关系、JIT关系、精细供应、供应商行为评估和用户满意度等问

① 参见马士华：《供应链管理》，北京，机械工业出版社，2005。

题的学者的重视。但这样一种关系仅局限在企业与供应商之间，而且供应链中的各企业独立运作，忽略了与外部供应链成员企业的联系，往往造成企业间的目标冲突。

后来的学者注意将供应链的概念与其他企业以及供应链的外部环境相联系，认为供应链应是一个“通过链中不同企业的制造、组装、分销、零售等过程将原材料转换成产品，再到最终用户的转换过程”，这是更大范围、更为系统的概念。例如，美国的史蒂文斯（Stevens）认为：“通过增值过程和分销渠道控制从供应商的供应商到用户的用户的流就是供应链，供应链开始于供应的源点，结束于消费的终点。”这些定义都注意到了供应链的完整性，考虑了供应链中所有成员操作的一致性（链中成员的关系）。而到了最近，供应链的概念更加注重围绕核心企业的网链关系（如核心企业与供应商、供应商的供应商以及一切前向的关系，与用户、用户的用户以及一切后向的关系）。此时对供应链的认识形成了一个网链的概念，像丰田、耐克、日产、麦当劳和苹果等公司的供应链管理都是从网链的角度来实施的。哈里森（Harrison）进而将供应链定义为：“供应链是执行采购原材料，将它们转换为中间产品和成品，并且将成品销售到用户的功能网”。这些概念同时强调了供应链的战略伙伴关系问题。菲利普（Phillip）和温德尔（Wendell）认为，供应链中战略伙伴关系是很重要的，通过建立战略伙伴关系，可以与重要的供应商和用户更有效地开展工作。

目前，国内对于供应链的定义最具代表性的阐释是：供应链是围绕核心企业，通过对信息流、物流、资金流的控制，从采购原材料开始，制成中间产品以及最终产品，最后由销售网络把产品送到消费者手中的将供应商、制造商、分销商、零售商、直到最终用户连成一个整体的功能网链结构模式。供应链是一个范围更广的企业结构模式，包含所有加盟的节点企业，从原材料的供应开始，经过链中不同企业的制造加工、组装、分销等过程直到最终用户。供应链不仅是一条连接供应商到用户的物流链、信息链、资金链，而且是一条增值链，物料在供应链上因加工、包装、运输等过程而增加其价值，给相关企业都带来了收益。

（二）供应链的结构模型

根据以上供应链的定义，其结构可以简单地归纳为如图 10—1 所示的模型。

从图 10—1 中可以看出，供应链由所有加盟的节点企业组成，其中一般有一个核心企业（如产品制造企业、大型零售企业、物流企业），节点企业在需求信息的驱动下，通过供应链的职能分工与合作（如生产、分销、零售等），以资金流、物流和信息流为媒介，实现整个供应链的不断增值。

三、供应链管理的内涵

（一）供应链管理的概念

供应链至今尚无一个公认的定义，同样，在供应链管理的发展过程中，许多专家和学者对供应链管理的定义也有不同的见解。以下是对供应链管理的几个经典描述。

埃文斯（Evens）认为：供应链管理是通过前馈的信息流和反馈的物料流及信息流，将供应商、制造商、分销商、零售商，直到最终用户连成一个整体的管理模式。

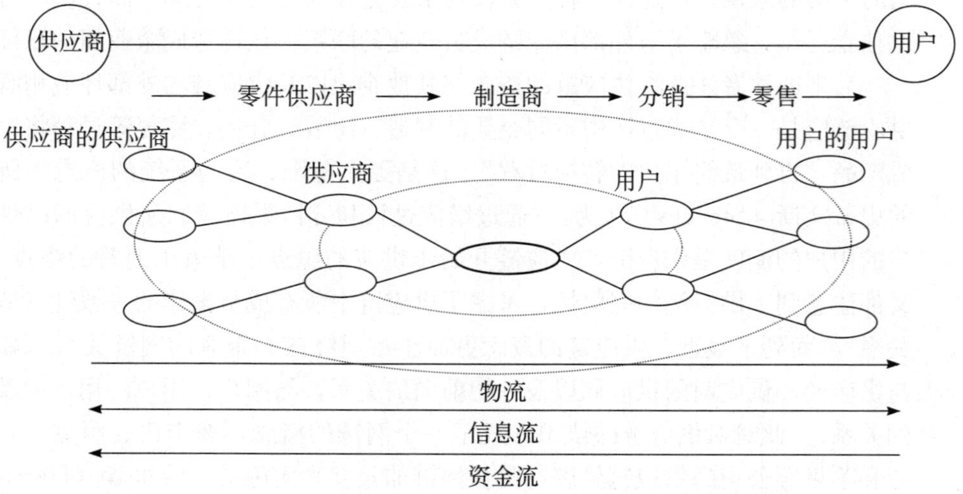

图 10—1　供应链的网链结构模型

菲利普认为，供应链管理不是供应商管理的别称，而是一种新的管理战略，供应链把不同企业集成起来以增加整个供应链的效率，注重企业间的合作。

美国供应链协会认为，“供应链管理包括贯穿整个渠道，管理供应与需求、原材料与零部件采购、制造与装配、仓储与存货跟踪、订单录入与管理、分销以及向顾客交货”。

2001 年，我国发布实施的中华人民共和国国家标准《物流术语》（GB/T18354—2001）对供应链管理的定义是：利用计算机网络技术全面规划供应链中的商流、物流、信息流、资金流等，并进行计划、组织、协调与控制。

我们认为，供应链管理是用系统的观点通过对供应链中的物流、信息流和资金流进行设计、规划、控制和优化，以寻求建立供、产、销企业以及客户间的战略合作伙伴关系，最大限度地减少内耗与浪费，实现供应链整体效率最优化，并保证供应链成员取得相应的绩效和利益，以满足顾客需求的整个管理过程。

（二）供应链管理的内容

供应链管理主要涉及四个主要领域，即供应（supply）、生产计划（schedule plan）、物流（logistics）、需求（demand）（如图 10—2 所示）。可见，供应链管理是以同步化、集成化生产计划为指导，以各种技术为支持，尤其是以互联网/企业内部网（intranet）为依托，围绕供应、生产计划、物流（主要指制造过程）、满足需求来实施的。供应链管理主要包括计划、合作、控制从供应商到用户的物料（如零部件、成品等）和信息。供应链管理的目标在于提高用户服务水平和降低总的交易成本，并且寻求两个目标之间的平衡（这两个目标往往有冲突）。

在以上四个领域的基础上，我们可以将供应链管理细分为职能领域和辅助领域。职能领域主要包括产品工程、产品技术保证、采购、生产控制、库存控制、仓储管理、分销管理。而辅助领域主要包括客户服务、制造、设计工程、会计核算、人力资源、市场营销。

由此可见，供应链管理关心的并不仅仅是物料实体在供应链中的流动，除企业内

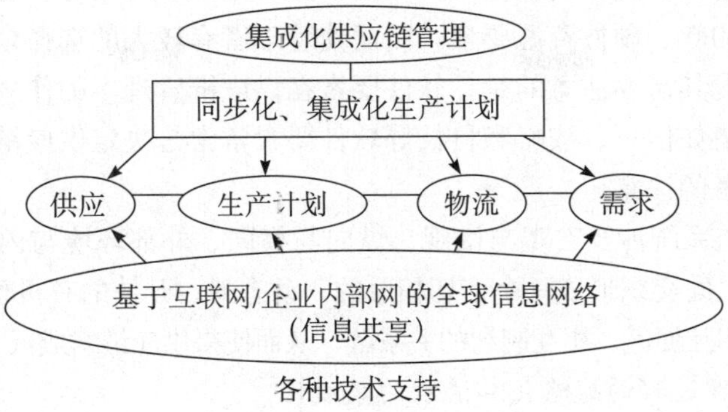

图10—2　供应链管理涉及的领域

部与企业之间的运输问题和实物分销外，供应链管理还包括以下主要内容：

(1) 战略性供应商和用户合作伙伴关系管理。

(2) 供应链产品需求预测和计划。

(3) 供应链的设计（全球节点企业、资源、设备等的评价、选择和定位）。

(4) 企业内部与企业之间物料供应与需求管理。

(5) 基于供应链管理的产品设计与制造管理、生产集成化计划、跟踪和控制。

(6) 基于供应链的用户服务和物流（如运输、库存、包装等）管理。

(7) 企业间资金流管理（如汇率、成本等问题）。

(8) 基于互联网/企业内部网的供应链交互信息管理等。

供应链管理注重总的物流成本（从原材料到最终产成品的费用）与用户服务水平之间的关系，为此，要把供应链各职能部门有机地结合在一起，从而最大限度地发挥出供应链整体的力量，达到供应链企业群体获益的目的。

四、供应链管理的特征

供应链管理的特征表现在以下几个方面。

1. 管理目标多元化和管理视野拓宽

传统管理往往针对现有问题，设计的管理行为着力最终解决问题，目标较为单一。供应链管理不仅强调问题的最终解决，而且关注解决问题的方式，以最快的速度、最低的成本、最佳的途径解决问题。供应链管理目标既有时间方面和成本方面的要求，又有效果方面的追求，呈现多元化。

供应链管理的视野打破了过去以某个企业、企业内部某个部门或某个行业的点、线以及面为管理区域的局限。供应链管理的触角从企业内的一个部门延伸到另一个部门，从一个企业延伸到另一个企业，从本行业扩展到其他相关的行业。供应链管理的视野是全方位、立体的。

2. 管理要素增多和管理系统的复杂程度增加

供应链管理要素的种类和范围比以往有较大的扩展，供应链管理要素不仅包含过去传统中的人、财、物，而且扩展到信息、知识、战略等。管理对象无所不包，几乎涉及所有的软、硬件资源要素，因而使管理者有较大的选择余地，同时管理难度进一步加大。尤其需要注意的是，软件要素在供应链管理中的作用显得日益重要，在许多情况下，诸如信息、战略和科技等软件要素常常是决定供应链管理成败的关键，故要引起管理者的注意。

供应链系统涉及宏观与微观、纵向与横向、外部环境与内部条件等部分的交互作用，彼此之间交织形成一个密切相关的、动态的、开放的有机整体。各部分之间构成相互依赖、相互促进、相互制约的关系链，从而使得供应链组成极其复杂，管理难度增大。

3. 管理过程的战略化和流程的集成化

供应链涉及供应商、制造商、销售商以及联系三者之间的物流、信息流、资金流等多个环节，各自的职能目标往往产生冲突，只有通过认识供应链管理的重要性和整体性，高管层从战略的角度出发，运用战略管理，才能有效实现供应链管理目标。

为实现整体目标最优，供应链管理需要一体化的集成管理模式，以流程为基础，以价值链为核心，强化供应链整体的集成与协调，通过信息共享、技术交流和合作、资源优化配置等手段，实现供应链一体化管理。

4. 新的库存管理观和以客户为中心的管理思想

供应链新的库存管理观改变了过去库存管理只强调“保护”（即使生产、流通、销售免受供需双方的影响）的管理方法，转而加快通向市场的速度，缩短从供应商到消费者的通道长度；把过去视为竞争对手的供应商变为合作伙伴，从而促使企业更快捷、经济地响应市场需求，大幅降低总体库存水平。

供应链类型及长度都是由顾客需求决定的，供应链上企业创造的价值只能通过客户的满意度以及产生的利润来衡量。只有客户取得成功，供应链才能得以生存和发展。所以供应链管理必须以客户为中心，把为客户服务、满足客户需求作为供应链管理的出发点，并贯穿管理的全过程，不断提高客户服务质量，实现客户满意，把促成客户成功作为创造竞争优势的根本手段。

五、供应链管理的方法

近年来，供应链管理发展迅猛，各种各样的供应链管理方法层出不穷，限于篇幅，这里主要介绍快速反应和有效顾客反应系统。虽然这两种方法产生的行业不同，各自的侧重点不同，但它们的实施目标都是相同的，即：减少供应链的不确定性和风险，从而积极地影响库存水平、生产周期、生产过程，并最终影响对顾客的服务水平。

（一）快速反应

1. 快速反应的含义

快速反应（quick response，QR）是指在供应链中，为了实现共同的目标，零售商和制造商建立战略伙伴关系，利用 EDI 等信息技术，进行销售时点的信息交换以及订货补充等其他经营信息的交换，用多频度、小批量配送方式连续补充商品，以缩短交货周期，减少库存，提高客户服务水平和企业竞争力的供应链管理方法。QR 最早由连锁零售商沃尔玛、凯马特等为主力开始推动，并逐步推广到纺织服装行业。

2. 快速反应成功的条件

QR 的成功实施必须具备以下五个条件：

(1) 改变传统的经营方式，革新企业的经营意识和组织结构。一是企业必须改变只依靠独立的力量来提高经营效率的传统经营意识，树立与供应链各方建立战略合作伙伴关系，从而利用供应链各成员的资源来提高经营效率的现代经营理念；二是零售商在垂直型 QR 系统中起主导作用，零售店铺是垂直型 QR 系统的起始点；三是在垂直型 QR 系统内，通过 POS 数据等销售信息和成本信息的相互公开和交换来提高各供应链成员企业的运作效率；四是明确垂直型 QR 系统内各企业之间的分工协作范围和形式，消除重复作业及无效作业，建立有效的分工协作框架体系；五是通过利用信息技术实现管理的无纸化与自动化。

(2) 必须开发和应用现代信息处理技术，这是成功进行 QR 活动的前提。这些信息技术有商品条形码技术、物流条形码技术（SCM）、电子订货系统、POS 数据读取系统、EDI 系统、预先发货清单技术（ASN）、电子支付系统（EFT）、供应商管理库存方式、连续补充库存方式（CRP）等。

(3) 与供应链上下游企业建立战略伙伴关系。其具体内容包括积极寻找和发现战略合作伙伴，并在合作伙伴之间建立分工和协作关系。合作的目标是既要削减库存，又要避免缺货现象的发生，还要降低商品风险，避免大幅降价现象发生，以及减少作业人员和简化事务性作业，等等。

(4) 改变对企业商业信息保密的传统做法。将销售信息、库存信息、生产信息、成本信息等与合作伙伴交流分享，并在此基础上，要求各方在一起发现问题、分析问题和解决问题。

(5) 缩短生产周期和降低商品库存。供应方必须做到缩短商品的生产周期；进行多品种、小批量生产和多频度、小批量配送，降低零售商的库存水平，提高为顾客服务的水平；在商品实际需要将要发生时参照 JIT 生产方式组织生产，减少供应商的库存水平。

（二）有效顾客反应

1. 有效顾客反应的背景及含义

20 世纪六七十年代，美国日杂百货业的竞争主要是在制造商之间展开的，竞争的重点是品牌、商品、经销渠道和大量的广告及促销，在零售商和制造商的交易关系中，制造商处于主导地位。80 年代末 90 年代初，竞争格局发生了变化，在零售商和制造商的交易关系中，零售商开始逐渐占据主导地位，竞争的重心开始转向流通中心、自有品牌、供应链效率和 POS 系统。同时在供应链内部，零售商和制造商之间为了获取供应链主控权，同时为零售商自有品牌和制造商品牌占据零售店铺货架空间的份额展开了激烈的竞争，这种竞争导致供应链的各环节间的成本不断转移，供应链整体的成本不断上升，而且很容易牺牲力量较弱一方的利益。

在此期间，新的零售业态（如仓储商店、折扣店）大量涌现，使得零售商能以相当低的价格销售商品，导致日杂百货业的竞争更趋激烈。在这种状况下，许多传统超市经营者开始寻找应对这种竞争方式的新管理模式与方法。而在这一期间由于日杂百货商品的技术含量不高，大量无实质性差别的新商品投放市场，使生产厂家之间的竞争趋同化。生产厂家为了获得销售渠道，通常采用直接或间接降价的方式作为向零售商促销的主要手段，这种方式往往会大量牺牲厂家自身的利益。但这时如果生产商能与供应链中的零售商结成更为紧密的战略联盟，则不仅有利于零售业的发展，而且可维护生产厂家自身的利益。

另外，从消费者的角度来看，企业过度竞争的结果往往是消费者的需求被忽视。通常消费者需要的是商品的高质量、新鲜度、优质服务以及在合理价格基础上的多种选择。然而，许多企业往往不是通过努力提高商品质量提供更好的服务和在合理价格基础上的多种选择来满足消费者，而是通过大量的诱导型广告和广泛的低品位促销活动来吸引消费者转换品牌，同时通过提供大量非实质性变化的商品让消费者选择。这样，消费者得到的往往是高价、不满意的商品。针对这种状况，客观上要求企业从消费者的需求出发，提供能满足消费者需求的商品和服务。

在上述背景下，美国食品市场营销协会（Food Marketing Institute，FMI）召集可口可乐、宝洁、西夫韦（Safeway）等六家企业与流通咨询企业 Kurt Salmona Associates 公司一起组成研究小组，对食品业的供应链进行调查、总结、分析，于 1993 年 1 月提出了改进该行业供应链管理的详细报告。该报告系统地提出了有效顾客反应（efficient customer response，ECR）的概念。经过美国食品市场营销协会的大力宣传，ECR 概念被零售商和制造商所接纳，并被广泛地应用于实践。

ECR 是一个制造商、批发商和零售商等供应链成员各方相互协调和合作，以凭借更好、更快的服务和更低的成本满足消费者需要为目的的供应链管理系统，其优势在于：供应链各方为提高消费者满意这一共同目标进行合作，分享信息和决策。ECR 是一种把以往处于分散状态的供应链节点有机联系在一起以满足消费者需求的工具。

2. 实施 ECR 的基本原则：

应用 ECR 时必须遵守五个基本原则：

（1）以较低的成本，不断致力于向供应链客户提供更优的产品、更高的质量、更好的分类、更好的库存服务以及更多的便利服务。

（2）ECR 必须由相关的商业带头人启动。该商业带头人应决心通过代表共同利益的商业联盟取代以往的贸易关系而达到获利之目的。

（3）必须利用准确、实时的信息以支持有效的市场、生产以及物流决策。这些信息将以 EDI 的方式在贸易伙伴间自由流动，将影响以计算机信息为基础的系统信息的有效利用。

（4）产品必须随其不断增值的过程，从生产、包装、流通直至到达最终客户的手中，以确保客户能随时获得所需产品。

（5）必须建立共同的成果评价体系。该体系注重整个系统的有效性（即：通过降低成本与库存以及更好的资产利用，实现最优价值），清晰地标识出潜在的回报（即增加的总值和利润），促进对回报的公平分享。

3. ECR 的四大要素

有效的产品引进（efficient product introductions）、有效的店铺分类组合（efficient store assortment)、有效的促销 (efficient promotion) 以及有效的补货 (efficient replenishment) 被称为 ECR 的四大要素 (如表 10—1 所示)。

表 10—1　ECR 的四大要素

有效的产品引进	通过采集和分享供应链伙伴间时效性强且高度准确的购买数据，提高新产品销售的成功率
有效的店铺分类组合	通过有效地利用店铺的空间和店内布局，最大限度地提高商品的盈利能力，例如，建立空间管理系统，开展有效的商品品类管理，等等
有效的促销	通过简化分销商和供应商的贸易关系，提高贸易和促销的效率，例如，可采取消费者广告 (如优惠券、货架上标明促销)、贸易促销 (如远期购买、转移购买) 等方式
有效的补货	从生产线到收款台，通过 EDI、以需求为导向的自动连续补货和计算机辅助订货等技术手段，使补货系统的时间和成本最小化，从而降低商品的售价

六、供应链管理与传统管理模式的区别

供应链管理与传统的物料管理和控制有着明显的区别，主要体现在以下几个方面。

1. 供应链管理把供应链中所有节点企业看作一个整体

供应链管理涵盖整个物流的从供应商到最终用户的采购、制造、分销、零售等职能领域 (如图 10—3 所示)。

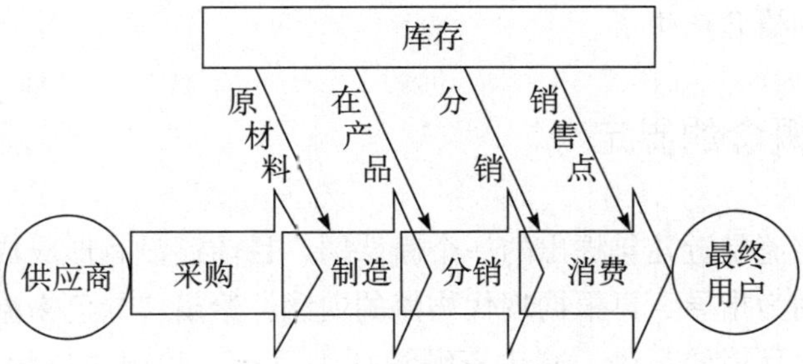

图 10—3　供应链管理的范围

2. 供应链管理强调和依赖战略管理

"供应" 是整个供应链中节点企业之间事实上共享的一个概念 (任意两个节点之间都是供应与需求的关系)。同时供应又是一个有重要战略意义的概念，因为它影响或决定了整个供应链的成本和市场占有份额。

3. 供应链管理强调使用集成方法

供应链管理最关键的是需要采用集成的思想和方法，而不仅仅是节点企业、技术方法等资源的简单连接。

4. 供应链管理具有更高的目标

通过管理库存和合作关系达到高水平的服务，而不仅仅是取得一定的市场目标份额。

第二节 绿色物流

一、绿色物流的产生

物流活动与社会经济的发展相辅相成。一方面，现代物流是经济发展的支柱；另一方面，经济的发展又会引起物流总量的增加。频繁的物流活动会增加燃油消耗，加重空气污染和废弃物污染，造成资源浪费，引起城市交通堵塞，等等，因此，对社会经济的可持续发展产生了消极影响。

在社会文明程度日益提高的今天，经济的发展必须建立在维护地球环境的基础上。当代对资源的开发和利用必须有利于下一代环境的维护以及资源的持续利用，因此，为了实现长期、持续的发展，必须采取各种措施来维护我们的自然环境，于是，可持续发展成为社会经济发展的必然选择。

可持续发展的原则之一，就是使今天的商品生产、流通和消费不至于影响未来商品的生产、流通和消费的环境及资源条件。将这一原则应用于现代物流管理活动，就要求从环境保护的角度对现代物流体系进行研究，形成一种与环境共生的综合物流系统，改变原来经济发展与物流之间的单向作用关系，抑制物流对环境造成危害，同时又要形成一种能促进经济和消费生活健康发展的现代物流系统。于是，“绿色物流”这一全新的概念产生了。

二、绿色物流概念的界定

绿色物流是近几年提出的一个新课题，目前还没有形成成熟的定义。我们以可持续发展原则为指导，再根据现代物流的内涵，给出“绿色物流”的定义：绿色物流是指以降低对环境的污染、减少资源消耗为目标，利用先进物流技术规划和实施的运输、储存、包装、装卸、流通加工等物流活动。绿色物流的行为主体主要是专业物流企业，同时涉及有关生产企业和消费者。

绿色物流的目标不同于一般的物流活动。一般的物流活动主要是为了实现物流企业的盈利、满足顾客需求、扩大市场占有率等，这些目标最终是为了实现某主体的经济利益。而绿色物流的目标除上述经济利益目标之外，还追求节约资源、保护环境这一既具有经济属性、又具有社会属性的目标。虽然从宏观角度和长远利益看，节约资源、保护环境与经济利益的目标是一致的，但对某特定的物流企业而言是矛盾的。

绿色物流是一个多层次的概念，既包括企业的绿色物流活动，又包括社会对绿色物流活动的管理、规范和控制。从绿色物流活动的范围来看，绿色物流既包括各单项的绿色物流作业（如绿色运输、绿色包装、绿色流通加工等），又包括为实现资源再利用而进行的废弃物循环物流。

三、发展绿色物流的意义[①]

发展绿色物流的意义主要表现在以下几个方面。

1. 绿色物流适应了世界社会发展的潮流，是全球经济一体化的需要

随着全球经济一体化的发展，一些传统的关税和非关税壁垒逐渐淡化，环境壁垒逐渐兴起，为此，ISO14000 成为众多企业进入国际市场的通行证。ISO14000 的两个基本思想就是预防污染和持续改进。ISO14000 要求企业建立环境管理体系，使其经营活动、产品和服务的各环节对环境的不良影响减到最小。国外物流企业起步早，物流经营管理水平相当完善，势必给国内物流企业带来巨大冲击。加入世界贸易组织（WTO）后，我国物流企业要想在国际市场上占据一席之地，发展绿色物流将是理性的选择。

2. 绿色物流是可持续发展的一个重要环节

绿色物流与绿色制造、绿色消费共同构成了一个节约资源、保护环境的绿色经济循环系统。绿色制造是制造领域的研究热点，指以节约资源和减少污染的方式制造绿色产品，是一种生产行为。绿色消费是以消费者为主体的消费行为。三者之间是相互渗透、相互作用的。

3. 绿色物流是最大限度降低经营成本的必由之路

专家分析认为，产品从投产到销出，制造加工时间仅占 10%，其余几乎 90%的时间处于储运、装卸、分装、二次加工、信息处理等物流过程。因此，物流专业化为降低成本奠定了基础。绿色物流强调的是低投入→大物流的方式。绿色物流不仅注重一般物流成本的降低，更重视绿色化和由此带来的节能、高效、少污染。

4. 绿色物流有利于企业取得新的竞争优势

日益严峻的环境问题和日趋严格的环保法规，使企业为了持续发展，必须积极解决经济活动中的环境问题，改变危及企业生存和发展的生产方式，建立并完善绿色物流体系，通过绿色物流来追求高于竞争对手的相对竞争优势。

四、绿色物流体系

（一）绿色运输

我们知道，运输是物流活动中最主要的活动，同时也是物流作业耗用资源、污染和破坏环境的重要方面。运输过程中产生的尾气、噪声以及可能出现的能源浪费等都对绿色物流管理提出了新的课题。近年来激烈的能源供求矛盾使运输的绿色化更加凸显出来。实现绿色运输，保证运输与社会经济和资源环境之间的和谐发展，实现运输的可持续发展模式，已成为我国物流业发展的重要内容。

绿色运输主要表现为减轻交通拥挤、降低环境污染，具体表现在以下几个方面：

---

① 本小节参考了赵玉侨：《论我国发展绿色物鎏的意义和对策》，载《商业现代化》，2009（16）。

减少高污染运输车辆的使用；提倡使用清洁的燃料和绿色交通工具；控制设备的资源消耗，降低固定资产折旧；控制汽车尾气，制定排气标准；加强交通管制，使道路设计合理化，减少堵塞；降低噪声；等等。

（二）绿色包装

绿色包装也称无公害包装，是指对生态环境和人类健康无害，能重复使用和再生，符合可持续发展要求的包装。它的理念包括两个方面的含义：一个是保护环境；另一个是节约资源。这两者相辅相成，不可分割。其中保护环境是核心，节约资源与保护环境又密切相关，因为节约资源可减少废弃物，其实也就是从源头上对环境的保护。

从技术角度讲，绿色包装是指以天然植物和有关矿物质为原料研制成的对生态环境和人类健康无害，有利于回收利用，易于降解、可持续发展的一种环保型包装，也就是说，其包装产品从原材料选择、产品的制造到使用和废弃的整个生命周期，均应符合生态环境保护的要求，应从绿色包装材料、包装设计和大力发展绿色包装产业三方面入手实现绿色包装。

在发展绿色包装时，应遵循以下原则。

1. 实行包装减量化

绿色包装在满足保护、方便、销售等功能的条件下，应是用量最少的适度包装。欧美等国将包装减量化列为发展无害包装的首选措施。

2. 包装应易于重复利用或易于回收再生

通过多次重复使用，或通过回收废弃物生产再生制品、焚烧利用热能等措施，达到再利用的目的。既不污染环境，又可充分利用资源。

3. 包装废弃物可以降解腐化

为了不形成永久的垃圾，不可回收利用的包装废弃物要能分解腐化，进而达到改善土壤的目的。世界各工业国家均重视发展可通过生物或光降解的包装材料。

4. 包装材料对人体和生物应无毒无害

包装材料中不应含有有毒物质，或有毒物质的含量应控制在相关标准以下。

实现绿色包装的途径主要有：促进生产部门采用尽量简化的以及由可降解材料制成的包装；在商品流通过程中，尽量采用可重复使用单元式包装；实现流通部门自身经营活动用包装的减量化；主动协助生产部门进行包装材料的回收及再利用；对包装废弃物进行分类；积极开发新型包装材料；节约包装资源，降低包装物成本，提高包装效率。

（三）绿色仓储

仓储是物流活动的一大构成要素，在物流活动中起到重要的作用。绿色仓储是指以环境污染小、货物损失少、物流成本低等为特征的仓储。绿色仓储一方面要求仓库选址合理、布局科学，有利于节约运输成本；另一方面，在储存环节要避免储存物品的损耗和对周围环境的污染。

发展绿色仓储的主要途径包括：

（1）仓库选址要合理，有利于节约运输成本。仓库距离过近，会增加能源消耗和污染物排放；距离过远，则会降低运输效率，增加空载率。

(2) 仓库布局要强调总体规划。依据企业可持续性发展战略要求，做到绿色仓储化；使仓库得以充分利用，实现仓储面积利用的最大化，减少仓储成本。

(3) 仓库建设前应当进行相应的环境影响评价。充分考虑仓库建设和运营对所在地的环境影响，易燃、易爆商品不应存储在居民区，有害物资仓库不应设置在重要水源地附近等。

(4) 在整个物流仓储和保管过程中要运用最先进的保质保鲜技术，保证存货的数量和质量，在无货损的同时消除污染。

(四) 绿色流通加工

流通加工是指物品在从生产地到使用地过程中，根据需要施加包装、分割、计量、分拣、组装、价格贴附、标签贴附、商品检验等简单作业的总称。流通加工具有较强的生产性，是流通部门对环境保护可以大有作为的领域。绿色流通加工主要包括两个方面的措施：一是变消费者加工为专业集中加工，以规模作业方式提高资源利用效率，减少环境污染，例如，饮食服务业对食品进行集中加工，以减少家庭分散烹调所带来的能源浪费和空气污染；二是集中处理消费品加工中产生的边角废料，以减少消费者分散加工所造成的废弃物污染，例如，流通部门对蔬菜集中加工，可减少居民分散加工造成的垃圾及相应的环境治理问题。

(五) 绿色装卸

装卸是跨越运输和物流设施进行的，发生在输送、储存、包装前后的商品取放活动。实施绿色装卸要求企业在装卸过程中进行合理装卸，避免商品体的损坏，从而避免资源浪费以及废弃物对环境造成污染。另外，绿色装卸还要求企业消除无效搬运，提高搬运的活性，合理利用现代化机械，保持物流均衡顺畅。

(六) 废弃物物流管理

废弃物物流是指将经济活动中失去原有使用价值的物品，根据实际需要进行收集、分类、加工、包装、搬运、储存，并分送到专门处理场所时形成的物品实体流动。废弃物物流的作用是，无视对象物的价值或认为对象物没有再利用价值，仅从环境保护的角度出发，将其焚化、化学处理或运到特定地点堆放、掩埋。废弃物物流管理需要建立一个包括生产、流通、消费的废弃物回收利用系统。企业不能只考虑自身的物流效率化，而是需要从整个产供销供应链的视角来组织物流，而且随着这种供应链管理的进一步发展，还必须考虑废弃物的循环物流。

五、绿色物流战略

绿色物流战略主要包括以下几方面的内容：

1. 树立绿色物流观念

在社会经济的发展过程中，资源的稀缺性越来越严重，绿色经济应运而生，引起人们经济行为的变化，甚至社会经济结构的转变，一系列新的市场制度和经济法规，迫使企业为降低环境成本而采用绿色技术，开展绿色生产、绿色营销以及绿色物流等经济活动。绿色经济要求政府以科学发展观为指导，以建设节约型社会为基本国策，开展全社会的绿色环保、节约资源教育，为实施绿色物流创造一个良好的社会氛围。绿色经济要求物流企业在经营决策的每时每刻，综合考虑人们的近期需求和长远利益、企业利益和社会利益、有形利益和无形利益，并以此观念规划绿色物流活动。因此，企业经营者必须尽快提高认识，转变观念，决不能存在“环保不经济，绿色要花费”的思想，把绿色物流作为世界全方位绿色革命的重要组成部分，使企业获得可持续发展的驱动力。

2. 加快绿色物流公共基础设施规划与建设

第一，要重视现有物流基础设施的利用和改造，通过对其规模、布局、功能进行科学的整合，提高现有设施的使用效率，发挥现有设施的综合效能。

第二，要加强新建物流基础设施的宏观协调和功能整合。应从整体战略的高度协调物流相关规划，理顺各种规划的关系，使物流规划、不同运输方式的场站建设规划、工业及商贸流通行业的仓储设施规划能够有机衔接和配合，防止重复建设，避免土地资源的浪费。

第三，要继续扩大交通基础设施投资规模，加大公路、铁路、水路、航空、管道和城市配送等设施的建设力度。政府对基础性、公益性设施要增加投入，对经营性设施应按照市场经济规律，扩大投融资渠道，鼓励企业经营。

第四，要注重加强各种运输方式的衔接，加快完善综合交通运输网络，大力发展多式联运。

3. 开发绿色物流技术

绿色物流的关键在于，不仅依赖绿色物流观念的树立、绿色物流经营的推行，更离不开绿色物流技术的应用和开发。没有先进物流技术的发展，就没有现代物流的立身之地；同样，没有先进绿色物流技术的发展，就没有绿色物流的立身之地。我国的物流技术与绿色要求有较大的差距，例如，在物流机械化、物流自动化、物流信息化及网络化方面，与西方发达国家的物流技术相比，大概有10～20年的差距。我们要提高自主创新能力，大力开发新型能源、新型材料、新型物流信息技术等绿色物流技术，加快物流技术创新，否则绿色物流就无从谈起。

4. 制定促进绿色物流发展的法规和政策

绿色物流的实施不仅是企业的事情，而且必须从政府约束的角度，对现有的物流体制强化管理。一些发达国家的政府非常重视制定政策法规，在宏观上对绿色物流进行管理和控制。虽然我国自20世纪90年代以来一直致力于环境污染方面政策和法规的制定和颁布，但专门针对物流行业的还不是很多。因此，必须建立一套完善的法律法规和政策体系来有效地规范、监督和激励物流企业的行为。通过环境立法、排污收费制度、许可证制度和建立绿色物流标准来约束、干预物流活动的外部不经济性；通过制定绿色补贴政策、税收扶持政策、贷款优惠政策等激励政策激励和引导物流主体的行为，促进绿色物流健康发展。

5. 加强对绿色物流人才的培养

绿色物流作为新生事物，对营运筹划人员和各专业人员的素质要求较高，因此，要实现绿色物流的目标，培养和造就一批熟悉绿色理论和实务的物流人才是当务之急。各相关大专院校和科研机构应有针对性地推行绿色物流人才的培养和训练计划，努力为绿色物流业输送更多的合格人才。还可以通过调动企业、大学以及科研机构相互合作的积极性，促进产、学、研的结合，使大学与科研机构的研究成果能转化为指导实践的基础，提升企业物流从业人员的理论水平。

第三节 第四方物流

一、第四方物流的概念

随着科技的进步和市场一体化的发展，供应链中的很多供应商和大企业为了满足市场需求，将物流业务外包给第三方物流企业，以降低存货成本和提高对顾客的服务水平。但是，由于第三方物流企业缺乏较综合的、系统性的技能和整合应用技术的局限性，以及全球化网络和供应链战略的局部化，使得企业不得不将业务外包给多个单独的第三方物流服务商，增加了供应链管理的复杂性和协调成本。市场的这些变化对企业提出了更高的要求，客观上要求将现代网络技术、电子商务和传统的商业运营模式结合起来，以在供应链中构造一个将供应链外包行为进行链接的统一主体。在这样的背景下，促使很多第三方物流企业与咨询机构、技术开发商开展合作，以增强竞争能力，由此产生了第四方物流。

第四方物流（fourth party logistics，4PL）是一个供应链的集成商，对公司内部和具有互补性的服务提供商所拥有的不同资源、能力和技术进行整合和管理，提供一整套供应链解决方案。从概念上来看，第四方物流是有领导力量的物流服务提供商，可以通过整个供应链的影响力，提供综合的供应链解决方案，为其顾客带来更大的价值。显然，第四方物流可以在解决企业物流问题的基础上，整合社会资源，实现物流信息充分共享和社会物流资源充分利用。

二、第四方物流的特点

与第三方物流注重实际操作相比，第四方物流更多地关注整个供应链的物流活动，这种差别主要体现在以下几个方面，并形成第四方物流独有的特点。

（一）第四方物流是个集成商

第四方物流集成了管理咨询和第三方物流服务的能力，利用分包商来控制与管理客户企业的点到点的供应链运作流程。

（二）第四方物流提供一整套完善的供应链解决方案

与第三方物流不同，第四方物流不是简单地为企业客户的物流活动提供管理服务，而是通过对企业客户所处供应链的整个系统或行业物流的整个系统进行详细分析后提出具有指导意义的解决方案。第四方物流的供应链解决方案共分为四个层次，即执行、实施、变革和再造。

1. 执行

指承担多个供应链职能和流程的运作。第四方物流服务商开始承接多个供应链职能和流程的运作责任。其工作范围远远超越了传统第三方物流的运输管理和仓库管理的运作，包括制造、采购、库存管理、供应链信息技术、需求预测、网络管理、客户服务管理和行政管理。虽然一家公司可以把所有的供应链活动外包给第四方物流服务商，但第四方物流服务商通常只从事供应链功能和流程的一些关键部分。

2. 实施

指流程一体化、系统集成和运作交接。第四方物流服务商帮助客户实施新的业务方案，业务方案的内容包括业务流程优化，客户和服务供应商之间的系统集成，以及将业务运作转交给第四方物流服务商的项目运作小组的安排。在项目实施过程中应该对组织变革多加注意，因为“人”的因素往往是决定把业务转给第四方物流服务商管理的成败的关键。最大的目标是把一个设计得非常好的策略和流程实施好，以免削弱方案的有效性，影响项目的预期成果。

3. 变革

指通过新技术实现各供应链职能的加强。变革的努力集中在改善某具体的供应链职能（包括销售和运作计划、分销管理、采购策略和客户支持）上。在这一层面上，供应链管理技术对方案的成败变得至关重要。领先和高明的技术，加上战略思维、流程再造和卓越的组织变革管理，共同组成最佳方案，对供应链活动和流程进行整合和改善。

4. 再造

指供应链过程协作和供应链过程的再设计。第四方物流最高层次的方案就是再造。供应链过程中真正显著的改善要么通过各环节计划和运作的协调一致来实现，要么通过各参与方的通力协作来实现。再造过程就是基于传统的供应链管理咨询技巧，使得公司的业务战略和供应链战略协调一致；同时，技术在这一过程中起到了催化剂的作用，可以整合和优化供应链内部和与之交叉的供应链的运作。

（三）第四方物流通过对整个供应链产生影响增加价值

第四方物流服务商可以通过物流运作的流程再造，使整个物流系统的流程更合理、效率更高，从而将产生的利益在供应链的各环节之间进行平衡，使各环节的企业客户都可以受益，以实现其对整个供应链价值增值所起的贡献作用。

（四）对人才素质的要求高

由于第四方物流服务商在实体上主要是提供技术服务的咨询型公司，对人力资源的素质要求相对较高，不仅要有丰富的现代管理技术和知识，还要有对环境变化的超强预见能力以及应变能力。因此，需要大力引进和培育掌握现代知识的物流复合型人才，形成一支适应现代物流产业发展的高素质人才队伍，以保障和促进未来第四方物流在我国的发展，提升我国物流产业的整体水平。

三、第四方物流的价值贡献

(一) 第四方物流对服务企业的价值贡献

第四方物流企业生命力在于能有效整合社会物流资源，将那些不是物流的利益方但拥有良好的信息共享平台，有足够的供应链管理能力和有区域化、全球化的地域覆盖能力以及支持能力的第三方物流公司、物流咨询公司、物流信息技术公司进行有效整合，为客户提供综合性的供应链服务，提升客户企业的价值。

1. 降低企业运营成本

企业运营成本是企业管理者最关心的问题。第四方物流既能使供应链上的企业专注于自身的核心专长，又能使供应链上各环节的计划和运作做到协调一致和集成，同时采用先进的物流设备和技术，可以极大地提高劳动生产率，降低企业运营成本。

2. 提高企业运作效率

第四方物流服务商强调过程优化，将改变用户原来的物流业务流程，并通过业务流程再造，减少供应链上的不确定因素与非增值环节，不仅控制和管理特定的物流服务，而且对整个物流过程提出策划方案，并通过信息技术将实现业务作业的企业进行集成，带来物流运作效率的提升。

3. 改善企业物流服务质量

由于第四方物流不是物流的利益方，即：不是客户企业的竞争对手，而是利益共享的战略合作伙伴。因此，企业可以利用第四方物流专业化的供应链物流管理运作能力和专业化高素质的物流人才，制定出以顾客为导向、快捷、高质量、低成本的物流服务方案，改善物流服务质量，提高市场满意度，从而极大地提升企业形象。

4. 增强企业的核心竞争力

根据核心竞争力理论，核心竞争力是企业在市场竞争中保持持续长久竞争优势的源泉。采用第四方物流，客户企业的物流等非主营业务全部外包给第四方物流服务商，改变了过去要与若干业务外包商打交道的局面。因此，客户企业可以专注于核心业务，从而极大地提升企业的核心竞争力。

(二) 第四方物流对社会的价值贡献

第四方物流以区域、国家乃至全球经济为背景，有效整合最优秀的第三方物流服务商、管理咨询服务商、信息技术服务商和电子商务服务商，优化配置全社会的物流资源，为客户提供整套供应链解决方案，因此而推动社会经济的发展，产生极大的社会价值。

1. 大幅降低社会物流费用

大力发展第四方物流可以从以下两个方面大幅降低社会物流费用：一是优化第三方物流。从局部来看，第三方物流是高效率的，但从地区和国家整体来说，第三方物流企业各自为政，不能最优整合社会资源，造成社会资源的大量浪费。而第四方物流发展满足整个社会物流系统的要求，最大限度整合社会资源，减少货物物流时间，节约资源，提高物流效率，减少了环境污染。二是提高社会物流设施的整体利用率。第四方物流的发展有助于促进现有交通工具、道路交通设施、仓储设备、电信设施等物流存量资源的整合，避免重复建设，提高社会物流设施的整体利用率。

2. 创造社会财富，促进国民经济的快速发展

根据中国物流与采购联合会、中国物流信息中心的统计报告显示：2008 年，我国社会物流总额达 89.9 万亿元，比 2000 年增长 4.2 倍，年均增长 23%，明显高于同期国内生产总值（GDP）的增长速度。物流总值的高速增长说明国民经济的增长越来越需要物流产业的大力发展，表明物流产业对经济增长的贡献越来越大。第四方物流的蓬勃发展正在为社会创造巨大的物质财富。

3. 打破地区封锁，促进经济体制改革

第四方物流是从整个社会物流系统的角度来运作物流的，最大限度地整合了整个地区、国家，甚至全球的社会资源，建立供应链联盟，有利于整合物流管理体制，打破行业垄断，消除部门分割、地区封锁现象，促进经济体制改革，推动社会建立良好的价值创造体制，从而产生巨大的社会经济效益。

4. 促进社会信息化的发展

强大的信息技术支持能力和广泛的服务网络覆盖支持能力是第四方物流开拓市场的利剑。第四方物流的发展有助于提升客户企业的信息化水平，改善供应链上相关企业的信息共享程度，整合供应链服务商的信息设备、技术和资源，同时将推动改善政府物流管理相关部门的信息化水平，加速社会信息化的发展，因而改善企业的发展环境，提升企业的竞争力，促进行业的发展。

四、第四方物流的运作模式

结合自身的特点，第四方物流分为三种运作模式。虽然三种运行模式之间略有差别，但是都突出了第四方物流的特点。

（一）协同运作模式

在协同运作模式下，第四方物流服务商和第三方物流企业共同开发市场，由第四方物流服务商为第三方物流服务商提供其缺少的服务（包括信息技术、管理技术、供应链战略技巧、战略规划方案、进入市场能力和项目管理专长），具体的物流业务实施则由第三方物流企业在第四方物流服务商的指导下完成。在这种模式中，第四方物流服务商往往会在第三方物流企业内工作，双方要么签有商业合同，要么结成战略联盟。第四方物流服务商和第三方物流企业一般会采用商业合同方式或者战略联盟方式合作。其运作模式如图 10—4 所示。

在这种方式中，以低资产和供应链管理为主的第四方物流服务商作为核心加入高资产的第三方物流企业，提供技术、供应链战略、专门项目管理等补充功能，为多个客户提供全面物流服务。

（二）方案集成模式

在方案集成模式下，第四方物流服务商为客户提供运作和管理整个供应链的解决方案。第四方物流服务商对自身和第三方物流企业的资源、能力和技术进行综合管

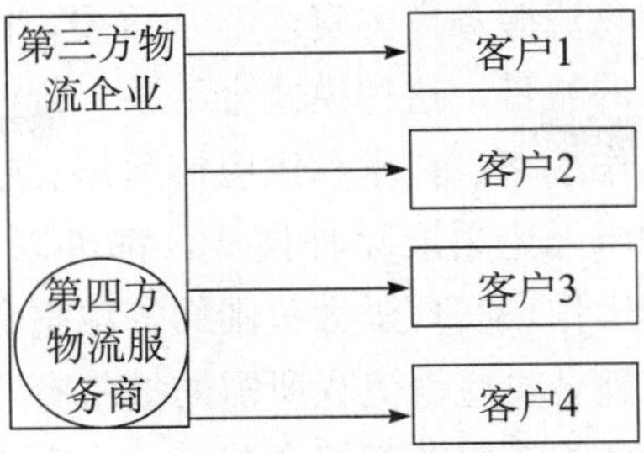

图 10—4　第四方物流的协同运作模式

理，从而为客户提供全面的、集成的供应链方案。第三方物流企业通过第四方物流服务商的方案为客户提供服务，第四方物流服务商作为一个枢纽，可以集成多个服务供应商的能力和客户的能力（如图 10—5 所示）。

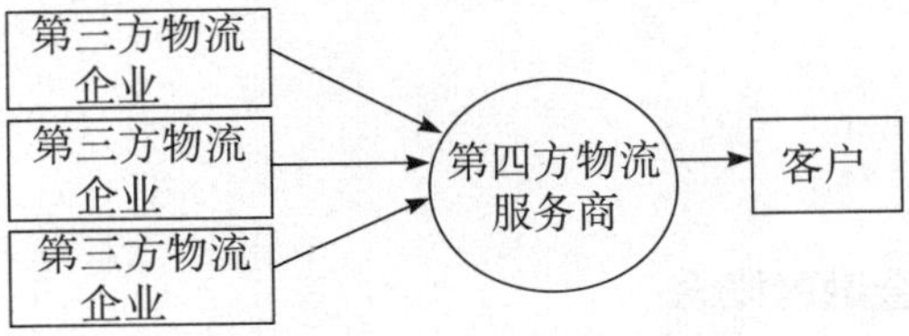

图 10—5　第四方物流的方案集成模式

执行该模式的好处是服务对象及范围明确，客户的商业和技术秘密比较安全。第四方物流服务商与客户的关系稳定，而且具有长期性。但重要的前提是客户的业务量足够大，使参与的第三方物流企业对所得到的收益较为满意，否则大多数服务商不愿把全部资源集中在一个客户上。在这种方式中，第四方物流服务商只为一个客户运作和管理，通常由第四方物流服务商与客户成立合资公司或合伙公司，客户在合资（合伙）公司中占主要份额，因为大多数物流公司不希望自己受制于在一个客户，而希望面向整个社会。

（三）行业创新者模式

这种模式是以第四方物流服务商为主导，联合第三方物流企业等其他服务商，提供运输、仓储、配送等全方位的高端服务，为多个行业开发提供供应链解决方案，并以供应链整合和同步为重点，第四方物流服务商将第三方物流企业加以集成，向下游的客户提供解决方案（如图 10—6 所示）。

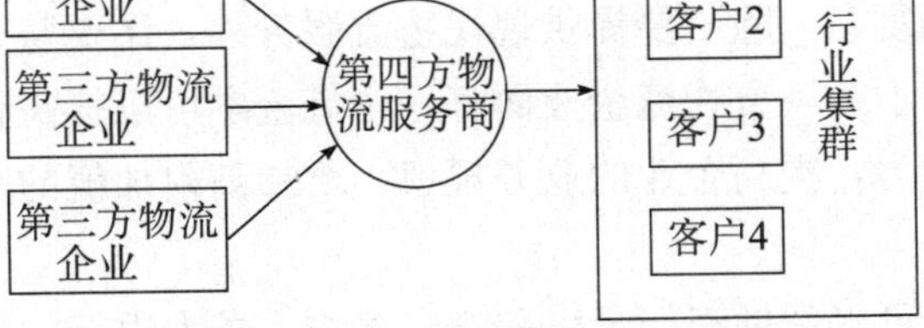

图 10—6　第四方物流的行业创新者模式

在这里，第四方物流服务商的责任非常重要，因为它是上游（第三方物流企业）集群和下游客户集群的纽带。这种模式会给整个行业带来最大的利益，第四方物流服务商会通过卓越的运作战略、技术和供应链运作实施来提高整个行业的效率。

总之，第四方物流无论采取哪种模式，都可以突破单纯发展第三方物流的局限性，真正地以低成本运作，实现最大范围的资源整合。因为第三方物流缺乏跨越整个供应链运作以及真正整合供应链流程所需的战略专业技术，所以第四方物流可以不受约束地将各领域的最佳物流服务商组合起来，为客户提供最佳物流服务，进而形成最优物流方案或供应链管理方案。

第四节　物流金融

一、物流金融概述

（一）物流金融的概念

物流金融是指物流企业在提供物流服务的过程中，通过应用和开发各种金融产品，有效地组织和调剂物流领域中货币资金的运动的一系列服务活动。

在物流金融服务中涉及三个主体：物流企业、客户和金融机构。物流企业与金融机构联合起来为资金需求方企业提供融资，这三方对物流金融的开展都有非常迫切的现实需要。物流金融服务使小企业获得了“以动产融资”的新融资渠道；为现代物流企业开辟了新的服务领域，对社会商品的流通提供了有利支持；同时也创造了银行业的新的增值服务领域。

物流金融的功能是由第三方物流企业帮助金融机构扩大贷款规模，降低信贷风险，在业务扩展服务上能协助金融机构处置部分不良资产、有效管理 CRM 客户，提升质押物评估、企业理财等顾问服务项目。

（二）物流金融的产生、发展及前景

在中国，由于中小型企业存在信用体系不健全的问题，所以融资渠道匮乏，生产运营的发展资金压力大。物流金融服务的产生，可以有效支持中小型企业的融资活动。另外，物流金融可以盘活企业暂时闲置的原材料和产成品的资金占用，优化企业资源。

物流金融服务是第三方物流服务的一次革命。在物流金融服务中，第三方物流企业的业务更加复杂，除了要提供现代物流服务外，还要与金融机构合作一起提供部分金融服务。对于第三方物流企业而言，物流金融可以提高企业一体化服务水平，提高企业的竞争能力，提高企业的业务规模，增加高附加值的服务功能，扩大企业的经营利润。

物流金融可以帮助银行吸引和稳定客户，扩大银行的经营规模，增强银行的竞争能力；可以协助银行解决质押贷款业务中银行承担的“物流瓶颈”——质押物仓储与

监管；可以协助银行做好质押贷款业务中由银行承担的质押物评估、资产处理等服务。

发达国家的物流金融业务开展较早。早在 1916 年，美国就颁布了美国仓库存贮法案（US Warehousing Act of 1916），并以此建立起一整套关于仓单质押的系统规则。这一体系的诞生，不仅成为家庭式农场融资的主要手段之一，同时也提高了整个农业营销系统的效率，降低了运作成本。

我国金融物流服务的推动者主要是第三方物流公司。中国储运集团从 1999 年开始从事部分物流金融业务。物流金融给中国储运集团带来了新的发展机遇，最近该集团公司总结了部分物流金融业务模式，并在集团所有子公司进行推广。

随着经济全球化进程的加快，世界各国在供应链上的竞争日益加剧，中国经济的调整发展以及政策的逐步开放，物流金融不仅逐渐成为中国经济发展的必要，而且正在形成巨大的市场需求。保守估计，我国物流金融的市场规模至少在万亿元以上。以目前的发展规模来看，未来我国物流金融市场空间依然巨大。

（三）物流金融的作用

物流金融的作用表现在以下几个方面：

（1）物流金融在宏观经济结构中的功能与作用表现在，在国民经济核算体系中，对提高流通服务质量减低物资积压与消耗、加快宏观货币回笼周转起着不可取代的杠杆作用。

（2）物流金融在微观经济结构中的功能突出的表现为物流金融服务，特别是在供应链中第三方物流企业提供的一种金融与物流集成式的创新服务，其主要服务内容包括：物流、流通加工、融资、评估、监管、资产处理、金融咨询等。物流金融不仅能为客户提供高质量、高附加值的物流与加工服务，还为客户提供间接或直接的金融服务，以提高供应链整体绩效和客户的经营和资本运作效率等。物流金融也是供应链的金融服务创新产品，物流金融的提供商可以通过自身或自身与金融机构的紧密协作关系，为供应链的企业提供物流和金融的集成式服务。

（3）物流金融利用它特殊的身份，将物流活动演化成了一种金融交易的衍生活动，这时物流金融变成了一种特有的金融业务工具，一种特有的复合概念，一种特有的金融与物流的交叉学科。

二、主要几种物流金融服务形式

（一）仓单抵押

仓单抵押是仓储企业代表银行将货主存货作为抵押实物进行监管，银行为货主企业发放贷款的一种业务形式。

1. 仓单抵押的含义

仓单（warehouse receipt）是物流仓储企业收到仓储物后给存货人或货主开具的提取仓储物的凭证。仓单除作为已收取仓储物的凭证和提取仓储物的凭证外，还可以通过背书，转让仓单项下货物的所有权，或者用于出质。

仓单质押是以仓单为标的物而成立的一种质权。仓单质押作为一种新型的服务项目，为仓储企业拓展服务项目，开展多种经营提供了广阔的舞台，特别是在传统仓储企业向现代物流企业转型的过程中，仓单质押作为一种新型的业务，应该得到广泛应用。

2. 仓单抵押的特点

仓单抵押主要有以下三个特点：

（1）多用于商品流通企业。仓单抵押业务可以减少企业的资金占压量，缓解企业因库存商品而造成的短期资金不足的状况，在很大程度上加快资金的周转。

（2）便利性。对于既无固定资产作为抵押，又无合适担保的企业，可以用仓单抵押向银行取得贷款，以解决融资问题。

（3）风险性。由于这项业务在我国发展较晚，对风险的控制和规避还不完善，银行面临严重的信贷风险，物流企业则面临对质押商品的管理风险。且由于我国现行法律对有些问题还没有做出明确的规定，容易使人钻法律的空子。

3. 仓单抵押的形式

仓单抵押的形式主要有以下三种：

（1）保兑仓。保兑仓俗称承兑汇票。是指以银行信用为载体，以银行承兑汇票为结算工具的金融服务。主要涉及银行、物流提供者、买方和卖方，他们通过签订《保兑仓协议》来达到四方获利的目的。具体操作流程是：买方向合作银行交纳一定比例的承兑保证金，银行为为买方签发承兑汇票，专项用于向卖方支付货款。物流提供者为买方提供承兑担保，买方以货物抵押的方式为物流提供者提供反担保，并签回购承诺。当汇票兑现时，银行把货款付给卖方，当买方完成还款时，物流提供者将货物交还给买方。若融资企业到期无法偿还银行贷款，则上游生产商负责回购质押货物。保兑仓业务能为买方提供间接融资，可以缓解买方流动资金紧张的情况。

（2）海陆仓。海陆仓是指在仓单抵押融资模式基础上，根据客户的具体业务需求，利用物流控货服务的渠道范围，结合银行的贸易融资产品，创造性地设计和组合，运用传统的和非传统的融资方式，给予客户授信支持。它以“仓储抵押监管、陆地运输监管、铁路运输监管、远洋运输监管”等任意方式提供供应链的全程质押融资监管。

（3）物流全程质押。物流全程质押指由银行委托第三方监管企业从发货地到目的地整个物流过程对货物进行全程监管，以商品价值作为还款保障，为企业提供融资的融资模式。适用于采购或销售环节运输过程较长，交货地为港口、铁路站点，运输货物一般为大宗产品的中小企业、贸易公司。

（二）融资租赁

1. 融资租赁的含义

融资租赁（financial leasing）又称设备租赁或现代租赁，是指出租人对承租人所选定的租赁物件进行以其融资为目的的购买，然后以收取租金为条件，将该租赁物件中长期地出租给该承租人使用。融资租赁实质上就是转移与资产所有权有关的全部或绝大部分风险和报酬的租赁。

融资租赁是集融资与融物、贸易与技术更新于一体的新型物流金融服务方式。它是市场经济发展到一定阶段出现的一种适应性较强的融资方式。一旦出现问题，出租人可以回收、处理租赁物，因而在办理融资时，对企业信誉和担保的要求不高，适合中小企业融资。融资租赁的主要对象是寿命长、价值较高的物品，如物流设备等。

2. 融资租赁的特征

融资租赁的特征有以下几点：

（1）租赁物由承租人选定。承租人自己选择要租赁的物件和供货人，出租人出资购买并租赁给承租人使用，并且在租赁期间内只能租给一个企业使用。承租人负责检查验收制造商所提供的租赁物，出租人不对该租赁物的质量和技术条件向承租人做出担保。

（2）融资租赁设涉及三方，即出租人、承租人、供货人；有两个合同，即出租人与承租人之间的融资租赁合同，以及出租人与供货人之间的租赁物购买合同。

（3）融资租赁过程中所有权与使用权分离。出租人保留租赁物的所有权，承租人在租赁期间支付租金而享有使用权，并负责租赁期间租赁物的管理、维修和保养。

（4）租赁合同的不可撤销性。租赁合同一经签订，在租赁期间任何一方均无权单方面撤销合同。租赁期间，承租人不能以退还租赁物为由终止租赁合同；出租人不能以租赁物的市场价格上涨为由提高租金或撤销合同。只有在租赁物毁坏或被证明为已丧失使用价值的情况下方能中止执行合同，无故毁约则要支付相当重的罚金。

（5）租赁物的所有权最终可能转移，也可能不转移。租期结束后，承租人对租赁物一般有留购和退租两种选择，若要留购，购买价格可由租赁双方协商确定。

3. 融资租赁的类型

融资租赁可分为以下几种：

（1）简单融资租赁。简单融资租赁是指：由承租人选择需要购买的租赁物件，出租人在对租赁项目进行风险评估后将租赁物件出租给承租人使用。在整个租赁期间承租人没有所有权但享有使用权，并负责维修和保养租赁物件。出租人对租赁物件的好坏不负任何责任，设备折旧在承租人一方。

（2）杠杆融资租赁。杠杆租赁（leveraged lease）又称第三者权益租赁（third-party equity lease）。杠杆租赁源于承租人、出租人及贷款人（Lenders）间的三边协定；由出租人（租赁公司或商业银行）本身拿出部分资金，然后加上贷款人提供的资金，以便购买承租人所欲使用的资产，并交由承租人使用；而承租人在使用租赁资产后，应定期支付租赁费用。通常出租人仅提供其中 20%～40%的资金，贷款人则提供 60%～80%的资金。

租赁公司既是出租人又是借资人，既要收取租金又要偿还债务。这种融资租赁方式由于租赁收益一般大于借款成本支出，出租人借款购物出租可获得财务杠杆利益，故被称为杠杆租赁。它侧重于做大型的、具有税收好处的融资租赁。

（3）委托融资租赁。出租人同时是受托人。出租人接受委托人的资金或租赁标的物，根据委托人的书面委托，向委托人指定的承租人办理融资租赁业务。在租赁期内租赁标的物的所有权归委托人，出租人只收取手续费，不承担风险。这种委托租赁的一大特点就是，让没有租赁经营权的企业可以“借权”经营。

(4) 项目融资租赁。项目融资租赁（project financial leasing）是一种创新的、灵活的融资租赁业务。承租人以项目自身的财产和效益为保证，与出租人签订项目融资租赁合同。出租人对承租人项目以外的财产和收益无追索权。租金的收取也只能根据项目的现金流量和效益来确定。出卖人往往通过自己控股的租赁公司采取这种方式来推销产品，扩大市场份额。通讯设备、大型医疗设备、运输设备、甚至高速公路经营权都可以采用这种方式。

(5) 经营性租赁。经营性租赁（operating leasing）又称服务租赁、管理租赁或操作性租赁，是指出租人将自己经营的租赁资产反复出租给不同的承租人使用，由承租人支付租金，直至资产报废或淘汰为止的一种租赁方式。

这种租赁的出租人除提供租赁物外，还负责租赁物的维修和保养等服务。特点是：

(1) 租赁物由出租人采购；

(2) 租期较短；

(3) 出租人不但提供融资便利，还提供维修、保养等技术性服务；

(4) 经营性租赁合同是可撤销的。

(三) 代客结算

在流通环节，很多时候买卖双方不能见面。物流公司是买卖双方的中介，于是产生了代客结算这种金融业务模式。代客结算主要有以下两种方式。

1. 代收货款

在代收货款模式中，首先物流服务公司要与发货方签订《委托配送和委托收款合同》，物流服务公司在按合同规定将货物送至需求方的同时，帮助发货方向需求方收取货款。然后将货款转交发货方，并从中收取一定比例的费用。对于资金实力弱的物流公司来说，这种模式能改善其现金流。

以 EMS 为例，其代收货款是邮政专门为电视销售、电话直销、电子商务公司、商贸企业、邮购等客户量身定制的一站式物流服务，包括商品配送、代收货款和并代为统一结算，让商家足不出户，轻松完成交易。

依托中国邮政强大的网络优势，目前 EMS 代收货款的覆盖范围已经通达全国 31 个省（台湾除外）、自治区、直辖市，1 875 个地级以上城市，基本覆盖全国。

代收货款业务执行邮政 EMS 的收费标准，基本资费可以享有比普通 EMS 更大的优惠，按国家邮政局标准，收取全国统一的代收手续费、资金结算费等费用。

2. 代付货款

代付货款的流程是：物流公司为发货人承运一批货物时，物流公司首先按合同代付扣除物流费用的部分或者全部货款；物流公司在向受货人交付货物的同时，向收货人收取应收账款。最后物流公司与发货人结清货款。

除了发货人与提货人签订的《购销合同》之外，物流公司还应与发货人签订《物流服务合同》，在该合同中发货人应无条件承担回购义务。这种模式可以解决买方资金流的时间差问题，物流公司承担的风险较大。一般资金比较雄厚、规模较大的物流公司会采取这种模式。

练习题

一、单选题

(　　)运作方式体现了第四方物流服务商对自身和第三方物流服务商的资源、能力和技术进行综合管理，从而为客户提供全面的、集成的供应链方案的功能。

A. 协作运作型　　B. 方案集成型

C. 行业创新型　　D. 团队合作型

二、多选题

1. 供应链管理的内容主要包括(　　)基本领域。

A. 供应　　B. 物流

C. 需求　　D. 生产计划

E. 信息技术　　F. 销售

2. 绿色物流体系包括(　　)。

A. 绿色运输　　B. 绿色仓储

C. 绿色包装　　D. 废弃物管理

E. 绿色流通加工　　F. 绿色卸载

3. 在物流金融服务中涉及三个主体，它们是（　　）。

A. 物流企业　　B. 客户

C. 金融机构　　D. 政府机构

三、判断题

1. 供应链管理是管理“纵向化”的思想体现。(　　)

2. 供应链的核心企业都是生产制造企业。(　　)

3. 从主体上讲，第四方物流服务商就是一个供应链的集成商。(　　)

4. 绿色物流的目标不同于一般的物流活动，除追求经济目标外，还追求节约资源、保护环境的社会目标。(　　)

5. 物流金融服务使小企业获得了“以动产融资”的新融资渠道。(　　)

四、简答题

1. 供应链管理的内涵和特征是什么?

2. 供应链管理方法有效顾客反应（ECR）的构成要素是什么?

3. 简述供应链管理与传统管理模式的区别。

4. 绿色物流体系的构建主要有哪些方面?

5. 第四方物流的概念和特点是什么?

6. 物流金融是其参与的主体得了哪些好处?

五、论述题

1. 请说明供应链管理和物流管理的联系和区别是什么。

2. 请说明第三方物流与第四方物流的异同。
3. 试分析第四方物流三种运营方式各自的适用条件。
4. 论述物流金融的作用。

案例分析

东航物流：以供应链管理应对航空货运亏损

近几年来，国内货运航空公司陷入发展低谷，业绩连年亏损。“航空货运在中国一直处于一个十年九荒的状态。”东航物流公司认为，航空公司本身解决不了航空公司的问题，要从更高的层面，即物流解决方案或供应链管理的层面，来系统解决航空公司常年亏损的问题。

国内航空货运之所以如此，是因为传统的航空运输业处于整个物流曲线的前端，面对的主要是几十家代理商，同时货物运量的周期性波动性非常大。好在电子商务的发展和互联网的兴起，给航空货运提供了发展的机会。

2009 年开始，东航探索转型，希望通过商业模式转型来摆脱困境。2012 年，东航成立了东航物流有限公司，由其控股中国货运航空有限公司。作为东航全资子公司的东航物流公司，就此成为世界上独一无二的既被航空公司拥有，又拥有航空公司的物流公司。

他们根据新的思路调整了组织架构，包括航空运输和地面运输在内的运输部门都处在物流之下，同时转变经营理念，从过去追求自有运力编排，依靠自有运力满足客户需求，转变为通过整合自有运力和社会运力共同满足需求。“我们确定的指导思想之一就是重客户轻资产，不追求自身拥有多少运力。全世界航空货运业有很多货机是停在那里的，利用率实际上非常低，我们希望能够整合所有资源，去满足客户的需求。”

除了发展需求满足需求外，东航物流还积极探索创造需求。2013 年，东航物流成立了自身的电商平台——东航产地直达。“我们希望世界上所有好的东西都能通过航空运到中国。”

2013 年底，东航物流和智利有关方面合作联合，利用货运包机，花了 36 小时，将南美大陆的车厘子首次带到中国市场。2014 年，他们又和美国相关部门合作，把美国西北的 600 吨车厘子运到中国市场……

通过过去一年多的实践探索，中货航在 2013 年大幅减亏，2014 年上半年又进一步减亏。与此同时，其传统的货站业务的收入也有所增长。“去年刚开始摸索时，做了 5 000 万元左右的生意，今年上半年，我们主要做物流解决方案就收入了近 2 亿元。”在东航看来，航空货运和现代物流紧密相关，而现代物流和经济发展是紧密相关的，因为经济在发展，现代的航空物流、航空货运的前景是非常让人看好的。

资料来源：《中国民航报》，2014 - 09 - 09。

讨论题

1. 航空货运在中国一直处于一个十年九荒的状态的原因是什么？
2. 东航物流公司是如何以供应链管理的思想来推动航空货运的发展的？

参考文献

1. 夏春玉主编．现代物流概论（第三版）．北京：首都经济贸易大学出版社，2013.

2. 何明柯．物流系统论．北京：高等教育出版社，2004.

3. 国际贸易中心（ITC联合国贸发组织/世界贸易组织）编著．如何进行供应链中的物流管理．北京：中国物资出版社，2006.

4. 钱东人，朱海波编著．新编现代物流学．北京：中国物资出版社，2006.

5. 郝渊晓主编．现代物流管理．广州：中山大学出版社，2005.

6. 赵启兰主编．企业物流管理．北京：机械工业出版社，2007.

7. 钱东人，彭磊等编著．珠三角物流．北京：中国物资出版社，2010.

8. 骆温平主编．第三方物流——理论、操作与案例．上海：上海社会科学院出版社，2004.

9. 陈雅萍等编著．第三方物流．北京：清华大学出版社，2008.

10. 高举红．物流系统规划与设计．北京：清华大学出版社，北京交通大学出版社，2010.

11. 马士华．供应链管理（第三版）．北京：高等教育出版社，2012.

12. 王耀球．供应链管理（第2版）．北京：机械工业出版社，2012.

13. 夏露等主编．物流金融．北京：科学出版社，2008.

14. 王玫．绿色物流——21世纪物流管理趋势．中国市场，2007（1）.

15. 陈建波．发展我国绿色物流的建议．商业时代，2007（1）.

16. 闫国庆等著．第四方物流．北京：清华大学出版社，2011.

17. 任新平主编．区域物流布局．北京：化学工业出版社，2011.

18. 孙莹著．区域物流规划、理论方法及布局．北京：冶金出版社，2012.

19. 甘明等编著．采购管理．北京：中国石化出版社，2010.

20. 周兴建，张北．现代仓储管理与实务．北京：北京大学出版社，2012.

21. 徐天亮．运输与配送（第2版）．北京：中国财富出版社，2012.

22. 王欣兰．物流成本管理．北京：清华大学出版社，北京交通大学出版社，2010.

23. Pierre David，Richard Stewart. *International Logistics-The Management of International Trade Organizations*. Second Edition. Thomson Learning. 2007，Beijing.

24. Alan Harrison，Remko van Hoek. *Logistics Management and Strategy*. Second Edition. 北京：中国机械工业出版社，2006.

教师教学服务说明

中国人民大学出版社工商管理分社以出版经典、高品质的工商管理、财务会计、统计、市场营销、人力资源管理、运营管理、物流管理、旅游管理等领域的各层次教材为宗旨。

为了更好地为一线教师服务，近年来工商管理分社着力建设了一批数字化、立体化的网络教学资源。教师可以通过以下方式获得免费下载教学资源的权限：

在中国人民大学出版社网站 www.crup.com.cn 进行注册，注册后进入“会员中心”，在左侧点击“我的教师认证”，填写相关信息，提交后等待审核。我们将在一个工作日内为您开通相关资源的下载权限。

如您急需教学资源或需要其他帮助，请在工作时间与我们联络：

中国人民大学出版社　工商管理分社

联系电话：010-62515735，82501048，62515782，62515987

电子邮箱：rdcbsjg@crup.com.cn

通讯地址：北京市海淀区中关村大街甲 59 号文化大厦 1501 室（100872）